普通高等教育"十二五"旅游与饭店管理专业系列规划教材

总主编 刘住

旅游景区管理

主　编　张昌贵　李　勤
副主编　岳　杰　李　华　赵　静

西安交通大学出版社
XI'AN JIAOTONG UNIVERSITY PRESS

内 容 提 要

　　本教材从景区职业分析入手，根据旅游景区职业岗位要求，以任务驱动为导向，确定教学内容。具体内容分为旅游景区的认知、旅游景区服务质量管理、旅游景区游客管理、旅游景区安全管理、旅游景区解说管理、旅游景区营销管理、旅游景区设施管理、旅游景区资源管理、旅游景区社区与环境管理、旅游景区的危机与创新管理等10个项目，23个任务。每一项目包括学习目标、项目分析及若干任务，每一任务又包括情境设计、任务分析、相关知识、任务实施、考核评价、拓展知识、案例与讨论、思考与讨论、技能训练题，便于教师在教学中以实际任务驱动学生主动参与，突出知识应用与技能训练，让学生在做中学，学中会，提高应用操作能力。

　　本教材可作为高职高专旅游类相关专业的教学用书，也可作为旅游景区相关人员提高景区管理能力的自我训练手册和旅游景区培训教材。

李华编写项目三；赵静编写项目六；张俊（武汉城市职业技术学院）编写项目□城市职业技术学院）、张昌贵编写项目四。张昌贵对全书内容进行了统稿。

□写过程中，参考了大量国内外旅游景区诸多研究成果，吸收了崔凤军、张凌云、董□阙如良等学者的成果，在此，一并向各位专家、学者表示衷心的感谢！作为尝试□编者学识有限，书中疏漏不妥之处在所难免，敬请广大读者提出宝贵的建议和意□分后修订完善。

编　者

2012 年 12 月

前言 Preface

截至 2011 年底，全国旅游景区已达 20976 家，其中，A 级旅游
已成为居民旅游消费的热点之一，景区收益不断增加，增速明显高于旅
行社行业，旅游景区的主体地位进一步增强。旅游景区有力地带动了地
成了"开发一个景区、形成一个产业、带动一方百姓"的格局。与此同时，我
贸"缓冲期"已过，国内外旅游企业同台共技，这使得原本竞争激烈的国内旅
烈。在激烈的旅游竞争中，全面提升旅游景区从业人员与管理者的知识与技能
务质量，塑造景区品牌形象，成为旅游企业增强竞争力的有效途径。

如何培养合格的旅游景区服务与管理人才，这是一个不老的话题。相对于旅
店，旅游景区方面的教材仍然偏少，特别是适合高等职业教育的更少。鉴于此，我们不
薄编写了《旅游景区管理》一书。我们从景区职业分析入手，根据旅游景区职业岗位要求，
任务驱动为导向，确定教学内容。具体内容分为旅游景区的认知、旅游景区服务质量管理、
旅游景区游客管理、旅游景区安全管理、旅游景区解说管理、旅游景区营销管理、旅游景区设
施管理、旅游景区资源管理、旅游景区社区与环境管理、旅游景区的危机与创新管理等 10 个
项目，23 个任务。每一项目包括学习目标、项目分析及若干任务；每一任务又包括情境设计、
任务分析、相关知识、任务实施、考核评价、拓展知识、案例与讨论、思考与讨论、技能训练题。
"学习目标"是该项目经过学习应该达到的知识目标和技能目标；"项目分析"是简要概述项
目的内容、关键点与重难点以及在整个景区管理中的地位与作用；"任务"是具体活动中应该
完成的知识与技能任务。"情境设计"是在面临实际的景区问题情境下引出亟待解决的任
务；"任务分析"是对需要解决的问题任务进行分析；"相关知识"是解决任务"所需够用"的知
识；"任务实施"是提出教学中解决问题的方法与步骤；"考核评价"是任务完成情况及技能评
价的综合考查；"拓展知识"是对任务中相关知识的拓展与延伸；"案例与讨论"是对任务中的
典型案例的分析与讨论；"思考与讨论"是任务中出现的值得思考、容易混淆，可集思广益的
问题；"技能训练题"是根据实际的教学与本地情况设计的课外实训题。通过以上教学模式
的组织，突出知识应用与技能训练。建议教学中教师当好"教练"角色，组织与指导学生当好
"运动员"角色，以期实现教师在教学中以实际任务驱动学生主动参与，让学生在做中学，学
中会，提高应用操作能力。

本书由张昌贵（杨凌职业技术学院）、李勤（武汉交通职业技术学院）任主编，岳杰（焦作
师范高等专科学校）、李华（陕西省旅游学校）、赵静（武汉交通职业技术学院）任副主编。具
体编写分工如下：张昌贵编写项目一、项目二和附录；李勤编写项目五、项目八；岳杰编写项

目录 Contents

项目一　旅游景区的认知

学习目标

知识目标：理解旅游景区的概念与相关概念；掌握旅游景区的范围界定；理解旅游景区的类型。

技能目标：能界定什么样的地方是旅游景区；能辨析旅游景区与相关概念的区别与联系。

项目分析

旅游景区是旅游吸引物的载体，是旅游者出游的归宿，也是激发旅游者出游的最重要的因素之一。由此，旅游景区是旅游产业的核心，可以说没有旅游景区就没有旅游业。通过本项目的学习，学会界定什么样的地方可以称为旅游景区，景区有哪些类型，景区与相关概念的区别与联系。本项目的学习重点是旅游景区的界定与相关概念辨析，难点是旅游景区与相关概念的辨析。本项目是学习本课程的基础，是掌握景区管理知识与技能的入门必备内容，使学生在了解景区管理之前，先对景区的基本概念有一个较为全面的背景性认知。

任务一　旅游景区概念的界定

情境设计

小张一直向往去张家界旅游，通过网络查找了一些相关资料，了解了一些关于张家界的情况。张家界主要指"张家界武陵源地质公园（武陵源世界自然遗产）"，其中除了"张家界国家森林公园"以外还有"天子山自然保护区"和"索溪峪自然保护区"。其中"张家界国家森林公园"包含袁家界、杨家界、金鞭溪、黄石寨、砂刀沟、鹞子寨等景点；"天子山自然保护区"包含大观台、老屋场、鸳鸯瀑布、神堂湾、贺龙公园、卧龙岭等景点；"索溪峪自然保护区"包含十里画廊、黄龙洞、宝峰湖等景点。张家界武陵源地质公园实行三大景区通票制度 248/2 天、298/7 天，其中不包含黄龙洞、宝峰湖两个景点。

打开张家界市内景区地图（见图 1-1），小张还是泛起了疑惑：大家心目中的张家界到底指的是什么地方？人们常说的张家界是旅游地、旅游区、旅游景区、旅游景点，还是旅游资源或旅游景观？

根据以上情境，完成下列任务：

1. 请指出张家界市区域内，哪些区域范围属于旅游地、旅游区、旅游景区、旅游景点，并讨论它们之间的区别与联系，它们与旅游资源、旅游景观是什么关系。

2. 请讨论如果要成为旅游景区应具备哪些条件。

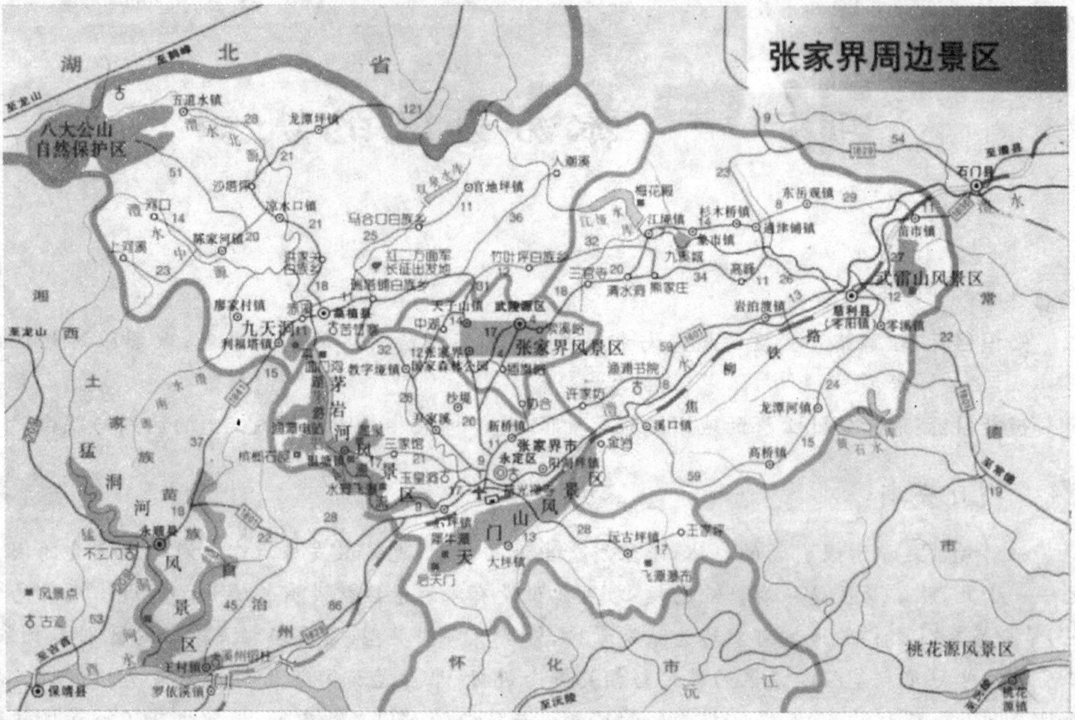

图 1-1　张家界景区示意图

任务分析

　　旅游景区，常常被简称为景区。相关的概念中，旅游地、旅游区、旅游景点、旅游资源、旅游景观这几个概念最容易与景区相混淆。除此之外，风景旅游区、旅游风景区与旅游景区也常混用。由于历史、国内外等原因，业界对于景区的界定尚未统一。那么要界定景区的范围，就要把各概念的范围予以确定，这样就容易把景区与相关概念清晰地区别开。景区的构成要素或具备的条件有哪些？这应该从景区的特点及功能方面入手，进一步分析哪样的地方能构成景区。

相关知识

一、旅游景区的范围界定

　　旅游景区在英语中，通常是用 visitor attractions、tourist attractions 或 attractions 等词，有时也用 places of interests、site、scenic spot、scenic sights、scenic areas 等词。《旅游区（点）质量等级的划分与评定》(GB/T 17775—2003)标准中旅游区（点）使用的译文是 tourist attraction，而一般国内学者大多将 tourist attractions 译为旅游吸引物。

（一）国内外典型的旅游景区概念

　　1. 国外典型的旅游景区概念

　　目前，即使在旅游研究较先进的英美国家，对于旅游景区的定义都不是非常严格的，外延也都不周延，基本上可分为广义和狭义两大类：广义的旅游景区几乎等同于旅游目的地，而狭义的旅游景区则是一个吸引游客休闲和游览的经营实体。

　　2. 国内典型的旅游景区概念

　　我国学者或相关部门机构对旅游景区的界定，有的属于学术定义或概念，有的属于解释与说明便于技术性操作管理,这些观点虽然侧重点不同,但基本含义大同小异。结合我国旅游业的发展实际情况,本书中采用的"旅游景区"概念范围基本等同于《旅游区(点)质量等级的划分与评定》标准中的"旅游区(点)"。

旅游景区是指具有参观游览、休闲度假、康乐健身等功能,具有相应旅游服务设施并提供相应服务的独立管理区。该管理区应有统一的经营管理机构和明确的地域范围。包括风景区、文博院馆、寺庙观堂、旅游度假区、自然保护区、主题公园、森林公园、地质公园、游乐园、动物园、植物园及工业、农业、经贸、科教、军事、体育、文化艺术等各类旅游景区。

(二)旅游景区的构成要素

根据以上旅游景区的概念分析,旅游景区一般包括以下要素:

(1)特定的旅游吸引物(旅游资源)。旅游吸引物是吸引游客向往的根本所在,其中旅游资源是旅游景区吸引游客的素材,景区内的景点或活动是吸引游客的载体。当然,景区开发旅游资源的主要目的是吸引游客,为其提供一种快乐、愉悦和审美的体验。

(2)综合的旅游功能。旅游功能是旅游景区吸引力的主要体现,也是满足游客体验需求的功能要素,包括游览、交通、导游服务、餐饮、购物娱乐、住宿等。当然,不同的旅游景区类型具有差异性的旅游功能,可能不具有某些旅游功能,如住宿、娱乐等。

(3)统一的管理机构。即每个旅游景区要有明确的一个管理主体,对旅游景区内的旅游资源保护与开发、服务与经营,进行统一的管理。它是旅游景区管理的主体,是服务的供给方。这个主体可以是政府机构,或是具有部分政府职能的事业单位,也可以是独立的法人企业。

(4)清晰的空间范围。不论旅游景区的规模有多大,都有一个确定的管辖空间范围,常表现为进入的限制性,也即门票范围。有一点需指出,往往很多景区,特别是自然型景区一般分为开发区域和非开发区域,不论其开发与否都应属于景区的范畴。

(5)必要的设施与服务。旅游资源经开发后,配备必要的旅游设施与服务,这时旅游景区的旅游功能才能得以发挥。没有设施与服务,再好的旅游资源也还是旅游资源,不会成为可供旅游者消费的旅游景区产品。

二、旅游景区相关概念的辨析

(一)空间范围上与旅游景区相关的概念

在空间范围上与旅游景区存在差异的概念,主要有旅游地、旅游区、景点、各类型景区,它们与景区在空间范围上的关系可表现为包含与从属关系(见图1-2)。

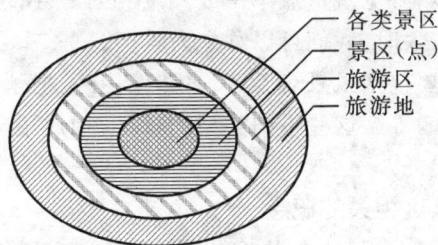

图1-2　景区相关概念的空间范围

旅游地是旅游目的地的简称,具有最大的旅游空间尺度,从一般意义理解,旅游地常常是指行政区域范围。一般而言,旅游地往往包含了不同数量的旅游区或旅游景区,从功能上看,基本能构成旅游业中各要素,能够满足游客的综合性旅游需求,是一个相对复杂的旅游系统。所以,旅游地在内容和范围上一般都比旅游景区大得多,可以是城市(镇),也可以是一个国家。例如要去秦始皇陵兵马俑,人们首先想到的是陕西或西安,而该景区其实位于西安市临潼区,距西安市区有 30 公里。同样,要去九寨沟,人们首先想到四川,而很多人不知,其实从成都往九寨沟路途遥远,而甘南地区和九寨沟近在咫尺。

旅游区是和旅游地十分接近的一个概念,是一个比较宽泛的概念,具有较大的旅游空间尺度,没有清晰明确的空间范围,只是一个大致的模糊的游客活动区域。旅游区具有多种层次的地理区划空间尺度:第一种是国家范围的区域尺度,地跨数省的区域范围,如西北旅游区、西南旅游区等;第二种是地区范围的区域尺度,地跨数省的多个地市区域范围,如三峡旅游区、大香格里拉旅游区等;第三种是省域范围的区域尺度,如陕西十大旅游区之延安三黄一圣旅游区、太白山旅游区等。一般认为,旅游区是由一定数量的旅游景区(点)、一定规模的旅游设施和一定的游客相对集中的自由活动空间范围所构成的一个区域。一般来说,旅游区总是以一个或多个能提供服务功能的城市为依托的。但旅游地不能等同于旅游区,二者之间的差异在于,旅游地中并不是所有地方都有游客或相对集中的游客,而旅游区内有相对集中的游客分布且很多区域是可以自由进出的。

这里有一点需要说明:国家质检局 2004 年发布的《旅游区(点)质量等级的划分与评定》标准中的"旅游区(点)"应该是指旅游景区或景区。因为,国家质检局的标准中使用的是"旅游区(点)",而国家旅游局于 2005 年发布的《旅游景区质量等级评定管理办法》中使用了"旅游景区",没有沿用"旅游区(点)",所以认为如此。

显然,旅游地和旅游区在功能上要比旅游景区完善得多,空间尺度也要大得多,旅游地和旅游区一般是一个较大的地理区域,如一个国家、一个海岛和一座城市等,而旅游景区只是旅游地、旅游区的核心部分。当然,有时两者之间也并非总是泾渭分明,非此即彼的,如一些小型的旅游地和超大型的旅游景区也可能出现亦此亦彼的情形。

习惯中,景区与景点经常混在一起,甚至不加区别地使用,两者的差异仅在于空间尺度的不同。一般而言,景点的区域范围较小,而旅游景区的区域范围要大一些,往往包含若干个景点。但有些景点空间范围较大时,可直接视为一个旅游景区。因此,旅游景区应该是由旅游景点构成的,包含服务设施、独立的管理机构的地域系统。但同时旅游景点也可能单独存在,如西北农林科技大学(中科院水土保持研究所)所属的人工降雨大厅,仅仅一个实验场地,所以称其为景点,如称其为景区就牵强了。旅游景点可以是旅游景区的组成部分,旅游景区包含若干旅游景点,旅游景点也可以独立存在。所以,游览观赏点单一或尺度相对较小时,我们可以称之为景点,游览观赏点丰富多样或尺度相对较大时,我们可以称之为景区。

旅游景区的类型多样,主要包括风景名胜区、自然保护区、主题公园、森林公园、地质公园、博物馆、动物园、植物园、国家公园等。这些不同类型的景区,构成了丰富多彩的旅游景区,这也满足了不同类型游客的旅游需要。

(二)资源内容上与旅游景区相关的概念

在资源内容上与旅游景区非常接近的概念,主要有旅游吸引物(tourism attractions)、旅游资源(tourism resources)、景观(landscape)。一般认为旅游资源基本上等同于旅游吸引物,只是国内学者习惯于旅游资源概念,而西方学者习惯于使用旅游吸引物。

旅游吸引物是一个比较宽泛的概念,通常指旅游地中对旅游者具有吸引力的要素。

《旅游资源分类、调查与评价》(GB/T 18972—2003)将旅游资源定义为:自然界和人类社会凡能对旅游者产生吸引力,可以为旅游业开发利用,并可产生经济效益、社会效益和环境效益的各种事物和因素。这一定义被普遍使用。

景观一词广泛应用于建筑学、地理学、美学、园林学、文学、美术等多个学科领域,它的最初含义就是视野中的一切景物,通常是由地貌、水体、生物、建筑等景观要素构成的一个有机整体。在地理学上,景观还可以是一个类型概念,如城市景观、乡村景观等。景观的尺度一般较大,应该大于景点,存在于景区中,也可能大于景区,但应小于旅游区,或与景区和旅游区交叉重叠。当把旅游景区一词用于旅游研究中时就派生出一个新概念,即旅游景观。

崔凤军(2002)认为,旅游吸引物(旅游景区)和旅游资源在概念上并无根本区别,在大多数情况下旅游吸引物(旅游景区)是旅游资源的代名词,因此通常情况下两者可以通用。旅游吸引物与旅游景区之间也有细微的差异,如气候、特殊的民俗民风等是旅游吸引物,但不能说是旅游景区。但从总体上看,两者大部分内容是重合的。

显然,旅游吸引物、旅游资源与旅游景观在内容上是较多重叠的,多种旅游资源形成旅游景观,而旅游景观可以成为旅游吸引物,成为吸引游客的物质基础。它们和旅游景区的关系为,旅游景区一定是包含有旅游吸引物、旅游资源、旅游景观的区域,而且旅游景区一般是旅游吸引物比较集中、旅游资源比较丰富、景观具有一定规模和特色的区域。这些区域经过规划开发,能接待游客,才成为旅游景区。因此,旅游吸引物、旅游资源和旅游景观是旅游景区得以存在的物质基础。

(三)用语习惯上与旅游景区相关的概念

在用语习惯上与旅游景区相关的概念,主要有风景旅游、旅游风景区、景区。这几个概念基本可以等同,但因为汉语习惯的差异,相互之间稍有差异。

风景区,习惯上是风景名胜区的简称。1985 年国务院颁布了《风景名胜区管理暂行条例》,尔后,改革开放,旅游业迅速发展,风景名胜区成为游客向往之地并构成了我国旅游景区的主体,旅游界因此造就了一个新名词"风景旅游区"或"旅游风景区"。

风景旅游区、旅游风景区、景区,这几个概念中,风景旅游区与旅游风景区完全可以等同,而风景旅游区、旅游风景区与景区稍有差异。旅游景区可简称为景区,崔凤军认为其是指以原生的、自然赋存的或历史遗存的景观为载体,向大众旅游者提供的旅游观光对象物。它应当包括向大众游客开放的风景名胜区、森林公园、历史文化名城(镇)、自然保护区、主题公园等,原则上不包括游乐园、室内博物馆、美术馆等旅游区。按汉语习惯,"风景"更多的是指由自然构成,而像一些博物馆、历史遗迹地等主要以历史文化为主的景区,称其为"风景区",确实有些勉强。所以,风景旅游区和旅游风景区,从概念上其内涵比旅游景区应该小一些,旅游景区内涵较广,是业界比较认同的名称。

早期的旅游景区方面的教材主要有 1997 年陈瑛编著的陕西旅游出版社出版的《旅游风景区管理》、1998 年岳怀仁主编的云南大学出版社出版的《风景旅游区经营与管理》、2001 年崔凤军著的中国旅游出版社出版的《风景旅游区的保护与管理》,可见先前的学者们主要使用"风景旅游区"或"旅游风景区",但此后的景区管理方面的教材,普遍使用的名称为"旅游景区"或"景区",并且在一些教材或文献中《旅游区(点)质量等级的划分与评定》常常被称为《旅游景区质量等级的划分与评定》,这也有可能是笔误。《中国旅游报》中专门有一栏目:景区专刊。以上这些说明"旅游景区"或"景区"这一名称基本为业界接受,并成为比较规范的名称。

(四)其他与旅游景区相关的概念

除以上与旅游景区概念或范围容易混淆的概念之外,还有工农业旅游示范点、文化产业示范园区、世界遗产、旅游胜地等头衔(称号)也容易与景区产生混淆。

1. 工农业旅游示范点

工业旅游示范点是指以工业生产过程、工厂风貌、工人工作生活场景为主要旅游吸引物的旅游点。农业旅游示范点是指以农业生产过程、农村风貌、农民劳动生活场景为主要旅游吸引物的旅游点。

工业旅游和农业旅游,在欧美和日本等发达国家早已有之。在我国的出现与发展,则是最近十多年间的事情,但发展势头迅猛,意义重大,已经引起了各方面的高度关注和重视。2002 年 10 月 14 日国家旅游局局长办公会议审议通过了《全国农业旅游示范点、全国工业旅游示范点检查标准(试行)》。该标准分为"示范点的接待人数和经济效益"、"示范点的社会收益"、"示范点的生态环境效益"、"示范点的旅游产品"、"示范点的旅游设施"、"示范点的旅游管理"、"示范点的旅游经营"、"示范点的旅游安全"、"示范点周边环境可进入性"、"示范点的发展后劲评估"10 项。标准检查得分最高为 1000 分,另有加分项目最高为 50 分。农业旅游点合计得分在 700 分(含)以上、工业旅游点合计得分在 650 分(含)以上,方具有被评定为"全国农业旅游示范点"和"全国工业旅游示范点"的资格。国家对西部地区采取扶持发展的特殊政策,即农业旅游点合计得分在 650 分(含)以上,工业旅游点合计得分在 600 分(含)以上。2004 年国家旅游局公布了 306 家单位为首批全国工农业旅游示范点,其中,农业旅游示范点 203 个,工业旅游示范点 103 个。大力发展农业旅游和工业旅游,对于解决"三农"问题,促进工业产业结构调整、城乡统筹发展,丰富优化旅游产品,扩大就业与再就业等,均具有十分重要的意义。

工农业旅游示范点不是严格意义上的旅游景区,其主要功能也不是旅游,只是可以大力或附带发展旅游;并且其范围也是模糊的,很多示范点更像旅游区。如工业旅游示范点长春市一汽集团,其旅游功能与旅游范围是很有限的;又如,工农业旅游示范点杨凌农业高新技术产业示范区,其内有博览园等知名景区,有较大的旅游功能,但旅游范围模糊不定,更像旅游区。所以工农业旅游示范点更多是旅游地或旅游区或景区的认证标准。但也有可能就是景区本身,按该标准的加分项目,示范点被评为 1A~4A 景区,分别加分 4~10 分,即反证了景区可以参加工农业旅游示范点的评定。

2. 文化产业示范园区

文化产业示范园区是指进行文化产业资源开发、文化企业和行业集聚及相关产业链汇聚,对区域文化及相关产业发展起示范、带动作用,发挥园区的经济、社会效益的特定区域。我国文化产业示范区有国家级文化产业园区和省级文化产业园区两个等级。

在我国文化产业的发展体系中,产业园区具有集聚企业、人才和资源的功能,能够在较短的时间内为文化产业发展创造出较好的环境和服务体系,对产业发展具有重要的推动和促进作用。基于产业园区的这些突出功能,自 2006 年以来,文化部先后命名了两批四家国家级文化产业示范园区,而各地随后也命名了多家文化产业示范园区。但是,一段时间以来,文化产业示范园区建设也出现了过多过滥、缺乏文化内容的问题,甚至出现过度商业化和地产化的倾向。文化产业发展的红火及背后隐现的部分乱象,促使文化部于 2010 年 12 月出台《国家级文化产业示范园区管理办法(试行)》,用以规范国家级文化产业示范园区的申报、命名、管理工作。该办法指出,园区每两年申报、命名一次,原则上每个省级行政区内园区总量不超过两个;还特别提到,园区内非文化类商业及其他配套面积不得超过园区总建设面积的 20%,文化企业数量占园区企业总数的 60%以上。文化部还将对已命名的园区进行建设目标考核,每两年一次。考核结果分为通过考核、限期整改、撤销命名三种。限期整改的期限不超过六个月。这一规定意味着国家级文化产业示范园区"终身制"被废止,不符合相关规定的园区将被文化部撤销其称号。截至 2011 年 7 月,文化部先后命名了两批四家国家级文化产业示范园区,包括华侨城集团公司、西安曲江新区、曲阜新区文化产业园、沈阳棋盘山开发区。

由上可知,文化产业示范园区,具有一定的旅游功能,但旅游范围不定,更像旅游区,也是旅游地的品牌(称号或头衔)。例如,西安曲江新区属于西安雁塔区,近期规划面积15.88平方公里,远期规划面积47平方公里,区内有大雁塔、大唐芙蓉园、曲江海洋世界、大唐不夜城等旅游景区(点)。

3.世界遗产

1972年11月16日,联合国教科文组织大会第17届会议在巴黎通过了《保护世界文化和自然遗产公约》。被世界遗产委员会列入《世界遗产名录》的地方,将成为世界的名胜,可受到世界遗产基金提供的援助,还可由有关单位招徕和组织国际游客进行游览活动。《保护世界文化和自然遗产公约》是目前加入缔约国最多的国际公约之一。自1975年公约正式生效后,在全球范围内,迄今共有187个国家和地区加入,成为缔约成员。中国于1985年12月12日加入《保护世界文化和自然遗产公约》。1999年10月29日,中国当选为世界遗产委员会成员。

世界遗产地,是我国最重要的景区,除个别世界遗产如北京周口店北京猿人遗址、安阳殷墟等的旅游经济效应不是很明显之外,大部分其他世界遗产均带来了较大的旅游经济效应。许多地方,因世界遗产而带动了当地的经济发展。因此,近些年,受地方经济利益的驱动,我国现在正掀起一股申报世界文化遗产热,简称"申遗热",争相为获取世界遗产这一"金字招牌"。由于世界遗产几乎是旅游景区含金量或品牌价值最高的头衔(品牌或称号),所以具备申遗条件的各地均不遗余力地进行申遗,但许多专家认为遗产更应该注重保护,而不是仅仅考虑其带来的巨大旅游经济效应。

4.旅游胜地

旅游胜地是指知名度较高,具有一定特色,对旅游者产生较大吸引力的游览区或游览地。它可以是风光优美的山水名胜,如中国的桂林山水、克罗地亚的达尔马提亚海岸、瑞士的日内瓦湖;也可以是人文荟萃的文化名邦,如北京、巴黎、阿姆斯特丹、爱丁堡和佛罗伦萨。气候温暖、阳光充足的地中海海湾是世界首屈一指的沿海旅游胜地;海湾隐蔽、港口优良的英格兰考斯胜地是国际快艇航游的重要中心;以开展滑雪等现代冬季体育运动为特色的阿尔卑斯山和喀尔巴阡山脉是著名的冬游胜地。其他如天然狩猎场、温泉疗养地、宗教朝拜目标、著名文化古迹、有特定历史意义的乡间别墅、充满民族风情的异族聚居地、特殊的动植物群落以至重大的体育比赛场馆、人工创造的游乐场、独具特色的购物中心等都可成为有吸引力的旅游胜地。

中国十大旅游胜地:人间天堂是杭州——浙江杭州西湖;桂林漓江独秀美——广西桂林;心驰神往张家界——湖南张家界;苏州园林甲天下——江苏苏州;心灵圣地在西藏——西藏;黄山归来不看岳——安徽黄山;九寨归来不看水——四川九寨沟;风光旖旎海南岛——海南;锦绣丽江如仙境——云南丽江;见证历史兵马俑——陕西西安。

🔧 任务实施

分组(4~6人)共同完成任务,以下为完成任务的具体步骤:

步骤一　领受任务

教师介绍任务的内容、要求、关键点及注意事项。各小组提问,教师答疑,准确理解任务,完成任务领受。

步骤二　实施任务

请各小组按教师的要求,制订完成任务的工作程序及任务分配方案,阅读相关知识,查阅其他相关资料,分析景区的概念,完成情境中提出的任务,写成任务报告,做成 PPT。既做好预演,准备汇报,又扮演听众,准备提问。

步骤三 任务汇报

各小组根据任务的要求,在教室中汇报并相互提问。指导教师及时控制汇报进程,最后进行点评与总结。各小组对本次汇报及时进行总结,形成文字材料,作为作业上交指导教师。指导教师依据该项目任务考查表,给出各小组评价综合得分。

考核评价

旅游景区概念的界定任务考核表

学习目标	评价标准	小组评价（50%）	教师评价（50%）	综合得分（百分制）
理论知识（20分）	对旅游地、旅游区、旅游景区、旅游景点及相关概念,旅游景区的界定,旅游景区应具备的条件等的理解程度			
专业技能（20分）	能辨析旅游景区与相关概念的区别与联系;能理解旅游景区应具备的条件			
通用技能（20分）	具有团队协作能力;具有团队运作信息收集能力			
任务完成（20分）	纸质作业、PPT 及任务问答的有效性			
学习态度（20分）	完成任务的态度、责任感			
综合评价及建议:				

拓展知识

英国旅游学者帕特·耶尔(Pat Yale)对于旅游景区在概念中存在一些界限不明确的地方,在他的《从景区到遗产旅游》(第 2 版)一书中提出了自己的看法:

第一,景区未必是一个地域上有明确边界的地方,博物馆、公园和一些历史古迹遗址是有明确地域边界的,但一些风景宜人的海滨或海滩、滑雪坡地的地域边界就很难确定。

第二,景区不一定是长久性的、长期存在的。一些著名的节事赛事,景区内的各种活动、表演都是有时间性的,如巴西里约热内卢的狂欢节、伦敦白金汉宫前的换岗仪式或一些应季的花卉展览等,错过了一定的时间这个吸引物就不存在了。

第三,虽然有越来越多的景区由专门机构或企业进行商业运作,但不是所有景区都是被有效地控制和管理起来的,如一些避暑胜地,其主要吸引游客的地方是当地的气候条件。

第四,根据多数学者的定义,我们无法确定体育运动场所、购物场所、剧场戏院及其他娱乐设施是否属于旅游景区范畴。

资料来源:张凌云.旅游景区管理[M].3 版.北京:旅游教育出版社,2009.

思考与讨论

1. 什么样的地方属于旅游景区,如何对其界定?
2. 辨析旅游景区与相关概念的区别与联系。

技能训练题

1. 对本地的旅游区域进行调查,分析哪些范围属于旅游地、旅游区、旅游景区、旅游景点。
2. 对网络宣传和文献资料进行调查,分析旅游景区、风景旅游区、旅游风景区、景区、景点使用频度。

任务二 旅游景区类型的划分

情境设计

张家界为中国湖南省的省辖地级市,位于湖南西北部,澧水中上游,属武陵山脉腹地,为中国最重要的旅游城市之一(见图1-3)。今年暑假,小张终于如愿以偿,圆了张家界一游之梦。小张对张家界有了进一步了解:1982年,被原国家林业部确定为第一个国家森林公园,同时设立省级自然保护区:天子山自然保护区和索溪峪自然保护区;1988年,被国务院确定为国家重点风景名胜区;1992年,被联合国教科文组织列入《世界遗产名录》;2000年,被国家旅游局确定为AAAA级风景区;2001年,被国土资源部确定为国家地质公园;2004年,被联合国教科文组织列为世界地质公园;2006年,被国家旅游局确定为AAAAA级风景区。但张家界的这些称谓,又让小张泛起了疑惑:风景名胜区、自然保护区、森林公园、世界自然遗产、世界地质公园、AAAAA级景区等,这些与景区到底是什么关系?它们是国家公园或保护区吗?

图1-3 张家界市景区(点)分布示意图

(图片来源:www.cn-zjj.com)

根据以上情境,完成下列任务:

1.请为小张解惑:风景名胜区、自然保护区、森林公园、世界自然遗产、世界地质公园、AAAAA级景区等,这些与景区到底是什么关系?

2.请讨论风景名胜区、自然保护区、森林公园、地质公园、A级景区等的管理部门、管理职能以及等级划分。

3.讨论我国的主要景区类型(自然保护体系)与美国国家公园、世界自然联盟的保护区有何区别与联系。

任务分析

旅游景区相关的称谓中,风景名胜区、自然保护区、森林公园、地质公园、A级景区等这几个概念与景区的管理与发展紧密相关。因我国部门的条块分割,各景区分别隶属不同的部门,所以就有了不同的称谓。要区别以上概念,就得弄清这些称谓产生的来龙去脉。同时,我国的各类型景区,主要景区大都涵盖于我国的自然保护系统中。同时,由于世界各国发展的差异,现今存在我国自然保护系统与美国国家公园系统、世界自然联盟的保护区体系这三大系统,在理解它们之间的区别与联系之后,就容易理解它们之间的衔接问题了。

相关知识

旅游景区具有多种形态,类型复杂多样。相应地,在旅游景区分类的问题上也没有统一的标准。国内外不同的专家学者根据各自研究的目的和各地的旅游景区实际状况,采用不同的分类标准,形成了不同的旅游景区分类体系,这些体系之间并不是相互排斥的,而是相互渗透、相互促进的。正确地理解这些分类标准及意义,有助于做好旅游景区管理工作。本书仅介绍目前比较常见的、有代表性的旅游景区分类,并对我国主要的旅游景区类型进行介绍。

一、旅游景区类型的划分

(一)按旅游资源的特征分类

按照旅游资源的特征,旅游景区可分为以下五大类:

1.自然类旅游景区

自然类旅游景区是指以自然景观和自然资源为主要吸引物的旅游景区。根据自然景观的类型,自然类旅游景区又可分为山岳型、森林型、江河型、湖泊型、瀑布型、泉水型、洞穴型等多种类型。我国大多数自然类旅游景区都包含有一定的人文景观,但在自然类旅游景区中,主体的吸引物是自然风景,而不是人文景观。典型的旅游景区如九寨沟、张家界、华山等。

2.人文类旅游景区

人文类旅游景区是指以人文景观和人文资源为主要吸引物,并辅以一定的自然景观的相对独立的旅游景区。根据人文景观资源的不同,人文类旅游景区可分为历史文化名城、古代工程建筑、宗教文化、古典园林、博物馆、历史遗迹等多种类型。在人文旅游景区中,主体的吸引物是人文景观,而不是自然景观。典型的人文类旅游景区如北京故宫、八达岭长城、圆明园、颐和园、兵马俑等。

3.主题公园

主题公园(theme park),是根据某个特定的主题,采用现代科学技术和多层次活动设置方式,为游客设计的集诸多娱乐休闲活动为一体的活动空间。主题公园,是一种人造旅游景区,是一种资源脱离型的旅游产品。典型的主题公园如迪斯尼乐园、深圳欢乐谷、大连老虎滩极地海洋公园、杭州宋城、开封清明上河园、西安大唐芙蓉园、西安大明宫国家遗址公园、宝鸡法门寺文化景区等。

4.复合类旅游景区

复合类旅游景区是指具有丰富的自然资源和人文资源,两者相互映衬、相互依存,共同形成吸引游客的旅游吸引物,而相对独立的旅游景区。典型的复合类旅游景区有泰山、峨眉山、黄山、普陀山、西湖等。

5.社会类旅游景区

社会类旅游景区是以社会资源为吸引物的核心来源而形成的一种景区形态。它突破了传统上人们对旅游景区概念的理解,是一种新的旅游景区类型。典型的社会类旅游景区就是利用工农业企业或工农业园区为吸引物的工农业旅游示范区或旅游观光区。

(二)按景区的主要功能和设施分类

按旅游景区的主导功能和设施进行分类,旅游景区可分为观光型旅游景区、度假型旅游景区、生态型旅游景区、科考型旅游景区、游乐型旅游景区。

(1)观光型旅游景区以观光为主导功能,旅游吸引物主要以观赏性较强的自然景观和人文景观为主,观光游览为主要的旅游活动,其设施主要以方便游客观赏而建设。这类旅游景区一般都具有较高的审美价值,能够满足游客观赏游览需求。通常旅游景区内的设施较少,主要以辅助游客观赏而建设一些旅游设施。典型的旅游景区如张家界、黄山等。

(2)度假型旅游景区以度假为主要功能,旅游吸引物主要是宜人的气候、安静的环境、高等级的环境质量、优美的景观和舒适的度假设施。依据其度假活动的内容可分为海滨度假区、山地度假区、温泉度假区、滑雪度假区、高尔夫旅游度假区等。典型的度假区如大连金石滩、昆明滇池、美国的夏威夷等。

(3)生态型旅游景区以保护生态环境、珍稀物种,维护生态平衡为主要功能。这类旅游景区的生态环境较好,一般都拥有一些珍稀物种,需要进行保护,对于维护区域生态平衡和保持生物多样性具有重要作用。目前建设的森林公园和自然保护区,如卧龙自然保护区、张家界森林公园等。

(4)科考型旅游景区是以科学考察和普及科教知识为主要功能,旅游景区的旅游吸引物以具有较高科学研究价值和科学教育价值的景观资源为主,提供的设施主要是以满足游客求知为目的,如各种地质公园、天文馆等。

(5)游乐型旅游景区以满足游客游乐为主,旅游景区吸引物主要是现代化游乐设施,如深圳的欢乐谷、上海锦江乐园、美国迪斯尼乐园等。

(三)按景区的管理部门分类

我国旅游景区管理体制是不同部门共同管理公共资源,管理部门多,管理体制复杂,不同类型的旅游景区往往隶属于不同的管理部门,因此,可按管理部门对旅游景区进行分类(见图1-4)。

具体分类方式是:

(1)风景名胜区,由住房和城乡建设部归口管理。

(2)森林公园,由林业局归口管理。

(3)自然保护区,由环保部归口管理,具体主要由林业局和环保部管理。此外,农业、国土资源、海洋、水利、建设、中医药、科研、教育和旅游等共十几个部门分别管理一定数量的自然保护区。

(4)博物馆等文物保护单位,由文物局归口管理。现今,个别博物馆由企业或个人投资经营与管理。

(5)地质公园,由国土资源部归口管理。

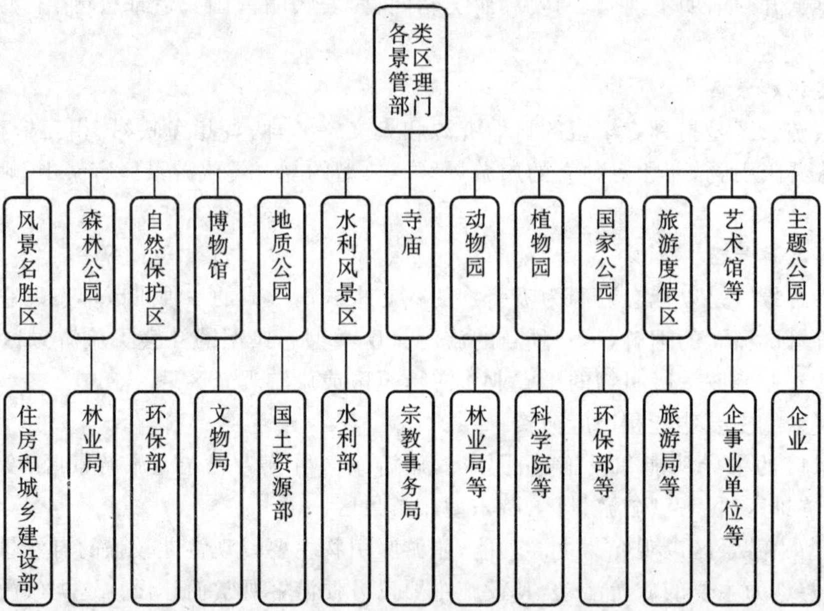

图 1-4　我国各类型景区管理部门

（6）水利风景区，由水利部门归口管理。

（7）寺庙，由宗教事务局归口管理。

（8）动物园（野生动物园），由林业局、农业部归口管理。

（9）植物园，由科学院（中科院、地方科学院）、林业局等归口管理。

（10）国家公园，由环保部、林业局、旅游局等归口管理。

（11）旅游度假区，由地方组建的管理委员会同发改委、城建、林业、水利、旅游等部门归口管理。

（12）主题公园，由企业投资经营与管理。

（13）艺术馆、游乐园（场）、海洋馆等，由企业或个人投资经营与管理。

以上是我国景区的主要管理部门或单位。现今，很多单个景区依据管理资源的不同形成了多个管理主体，也即多头管理。自然保护区境内的资源常分属几个部门主管，如一个典型的红树林自然保护区，海洋和海岸带属海洋部门，浅海和滩涂中的水生动物属农业部门，林木和栖息于保护区中的鸟类则属林业部门，但又都归口环保部门管理。

（四）按景区的等级划分

为了加强旅游景区保护与管理，我国采取分级管理方式对旅游景区进行管理。

根据 2004 年国家质检局发布的《旅游区（点）质量等级的划分与评定》，旅游景区划分为 A、AA、AAA、AAAA、AAAAA 这五个等级，俗称 1A、2A、3A、4A、5A，其中 1A 等级最低，5A 等级最高。

根据 2006 年国务院颁布的《风景名胜区条例》，风景名胜区划分为国家级风景名胜区和省级风景名胜区两级。

根据 1994 年国务院颁布的《自然保护区条例》，自然保护区分为国家级自然保护区和地方级自然保护区。其中地方级自然保护区又分省级自然保护区和市级自然保护区。

我国的森林公园分为国家森林公园、省级森林公园和市（县）级森林公园等三级。

依据国家旅游局 2011 年发布的《旅游度假区等级划分标准》，旅游度假区划分为国家级旅游度假区和省级旅游度假区两个等级。

根据 2008 年国家文物局颁布的《全国博物馆评估办法（试行）》，博物馆经评估确定相应等级，从高到低依次为一级博物馆、二级博物馆、三级博物馆。博物馆，又称博物院，二者没有规模大小、级别高低之别。

根据 2004 年水利部颁布的《水利风景区管理办法》，水利风景区划分为两级，即国家级水利风景区和省级水利风景区。

根据原地质矿产部 1995 年颁布的《地质遗迹保护管理规定》，对具有国际、国内和区域性典型意义的地质遗迹，可建立国家级、省级、县级地质遗迹保护段、地质遗迹保护点或地质公园。国家级地质公园可以申报世界地质公园。

以上是我国景区的主要等级划分方法。需要指出的是，很多单个景区从不同角度进行了多种等级评定，这也是景区提升服务与管理质量，扩大知名度与美誉度的有效办法。

二、我国旅游景区的主要类型

1. 风景名胜区

风景名胜区，是指具有观赏、文化或者科学价值，自然景观、人文景观比较集中，环境优美，可供人们游览或者进行科学、文化活动的区域。

1985 年 6 月 7 日国务院发布了《风景名胜区管理暂行条例》，2006 年 9 月 6 日国务院通过了经修订的《风景名胜区条例》。新条例进一步规范了风景名胜区的管理，规定设立风景名胜区，应当有利于保护和合理利用风景名胜资源。新设立的风景名胜区与自然保护区不得重合或者交叉；已设立的风景名胜区与自然保护区重合或者交叉的，风景名胜区规划与自然保护区规划应当相协调。强调在严格保护下，可合理利用风景名胜资源，改善交通、服务设施和游览条件，并对违法行为给予相应的处罚，构成犯罪的，依法追究刑事责任。

新条例将风景名胜区划分为国家级风景名胜区和省级风景名胜区。自然景观和人文景观能够反映重要自然变化过程和重大历史文化发展过程，基本处于自然状态或者保持历史原貌，具有国家代表性的，可以申请设立国家级风景名胜区；具有区域代表性的，可以申请设立省级风景名胜区。

自 1982 年起，国务院共 7 次审定了 208 处国家级风景名胜区。风景名胜区是国家的自然和文化遗产精华，其中，列入联合国教科文组织《世界遗产名录》的国家重点风景名胜区已达 22 处，其中包括泰山、黄山、峨眉山—乐山、武夷山、庐山、武陵源、九寨沟、黄龙、青城山—都江堰、三江并流等闻名世界的风景名胜区。风景名胜区也是我国最主要的旅游景区，加强保护和管理使其能永续利用是一项极为重要的任务。

2. 森林公园

森林公园是指具有一定规模和质量的森林风景资源与环境条件，可以开展森林旅游，并按法定程序申报批准的森林地域。

我国森林公园分国家、省和市（县）三级。国家森林公园指森林植被具有一定区域代表性，自然景观特别优美，观赏、科学、文化价值较高，享有较大知名度的森林公园。目前国家森林公园均由国务院林业主管部门批准建立。省、市（县）级森林公园分别由相应的地方政府林业主管部门批准建立。

建立森林公园，应当具备以下条件：①森林景观具有特色或者在生态、历史、学术方面具有保护和科学文化教育价值；②具有一定的旅游开发价值；③面积不小于 200 公顷，森林覆盖率不低于 60%（具有特别开发价值的除外）；④森林资源权属清楚，界线明确，具有林地林权证。

为规范森林区划及编制经营方案等工作,确保对森林风景资源的合理经营,国家林业局于1996年1月颁布《森林公园总体设计规范》。该规范强调森林公园建设"应以良好的森林生态环境为主体,充分利用森林旅游资源,在已有的基础上进行科学保护、合理布局、适度开发"的指导方针,在有关景区与游览线路、旅游服务设施、基础设施等的设计要求中始终贯彻"生态保护"的中心思想,并对"生态环境容量"、"植物景观工程"及"保护工程"作出具体规定。

森林公园管理的主要内容:

(1)森林风景资源和自然生态环境管理。森林风景资源和自然生态环境管理是森林公园管理的首要任务,它主要通过对森林公园实施分区管理来实现。

(2)行政与旅游服务管理。行政与旅游服务管理是森林公园能否获得进一步发展的决定性因素,必须依靠健全的制度来实现。

(3)居民生产生活管理。加强对森林公园内和周围居民生产生活的管理,采取积极措施引导居民从事有关的旅游服务活动,有效帮助他们提高生产生活水平。

(4)游客的管理。通过开发避暑、度假、野营健身、探险、科考等多种生态旅游项目,向游客尤其是青少年传播自然科学知识和环境保护常识,并对其进行加强引导与管理,使其崇尚自然,热爱自然,保护自然。

1982年9月,我国第一个森林公园——张家界国家森林公园成立。经过20多年的发展,我国森林公园事业已初具规模,已基本形成了以国家森林公园为骨干,国家、省和市(县)级森林公园相结合的森林公园体系。近年来,我国森林公园的生态旅游或森林旅游发展迅猛,旅游人数和总产值的增速每年达20%以上,森林公园旅游已成为我国生态旅游的主力军。据统计,截至2008年年底,全国共建立各级森林公园2277处,面积达1629.83万公顷,国家级森林公园数量达709处,规划面积超过1160万公顷,旅游人数达3亿人次,综合产值达1400亿元。

3.自然保护区

自然保护区,是指对有代表性的自然生态系统、珍稀濒危野生动植物物种的天然集中分布区、有特殊意义的自然遗迹等保护对象所在的陆地、陆地水体或者海域,依法划出一定面积予以特殊保护和管理的区域。我国的自然保护区是世界上泛称的保护区中保护更严格的一种类型,建立自然保护区是人类面临生物多样性丧失这一全球性严重生态危机而采取的一种"抢救方式"。

依据1994年国务院颁布的《自然保护区条例》,我国自然保护区分为国家级自然保护区和地方级自然保护区。在国内外有典型意义、在科学上有重大国际影响或者有特殊科学研究价值的自然保护区,列为国家级自然保护区。除国家级自然保护区外,其他具有典型意义或者重要科学研究价值的自然保护区列为地方级自然保护区。

自然保护区实行分区管理,区内保存完好的天然状态的生态系统以及珍稀、濒危动植物的集中分布地被划为核心区;核心区外围划定一定面积的缓冲区;缓冲区外围划为实验区。1994年的《自然保护区条例》和1995年《自然保护区土地管理办法》中确定了各区的管理目标和管理规定(见表1-1)。

表1-1 自然保护区内不同分区的管理规定

管理分区	目的或范围	管理规定
核心区	保护完整的珍稀濒危动植物集中分布的生态系统	禁止进入,除非经特殊批准,禁止在保护区内从事科学研究活动。如果有必要,将区内的居民迁移,重新定居。禁止修建生产设施。

管理分区	目的或范围	管理规定
缓冲区	核心区周围的区域	禁止旅游、生产或贸易活动。经特殊批准,允许进入保护区开展非破坏性研究、采集标本、教育活动等。禁止修建生产设施。
实验区	缓冲区周围的区域	经特殊批准,允许参观、旅游。发展旅游业不应该破坏或者污染原有的地貌和风景。凡违反自然保护区的总指导方针的参观和旅游项目都予以禁止。禁止修建可能污染环境或者破坏自然资源或者风景的生产设施。要求现有设施减少排放量,并且将排放的污染物控制在规定的标准之内。
外围保护带(可选)	有必要在自然保护区周围设立的区域	建设项目应该不影响自然保护区内的环境质量。人们可以在自然保护区外围带居住,从事生产活动,但是不能开展破坏自然保护区功能的活动。

自然保护区目前的类型结构有三大类九种类型:①自然生态系统类,包括陆地生态系统保护区和海洋生态系统保护区两部分。陆地生态系统中,有森林生态系统类、草原与草甸生态系统类、荒漠生态系统类、内陆湿地及水域生态系统类,其中森林是陆地生态系统的主体,森林生态系统类型数量最多。②野生生物类,包括野生动物类和野生植物类。③自然遗迹类,包括地质遗迹类和古生物遗迹类。

自然保护区管理机构的主要职责是:

(1)贯彻执行国家有关自然保护的法律、法规和方针、政策。

(2)制定自然保护区的各项管理制度,统一管理自然保护区。

(3)调查自然资源并建立档案,组织环境监测,保护自然保护区内的自然环境和自然资源。

(4)组织或者协助有关部门开展自然保护区的科学研究工作。

(5)进行自然保护的宣传教育。

(6)在不影响保护自然保护区的自然环境和自然资源的前提下,组织开展参观、旅游等活动。

从1956年我国建立了第一个自然保护区——广东肇庆鼎湖山自然保护区起,50多年以来,我国自然保护区得到迅速发展。截至2011年年底,全国(不含香港、澳门特别行政区和台湾地区)已建立各种类型、不同级别的自然保护区2640个,总面积约14971万公顷,其中陆域面积约14333万公顷,占国土面积的14.9%。其中,国家级自然保护区335个,面积9315万公顷。并且,28处国家级自然保护区已被联合国教科文组织的"人与生物圈计划"列为国际生物圈保护区。

鉴于自然保护区的保护性质,许多自然保护区推出了生态旅游项目。据调查我国目前约有82%的自然保护区不同程度地开展了生态旅游。通常旅游收入也是保护区的经费来源之一,特别是像九寨沟、黄龙等有巨额旅游收入的保护区,这样的保护区的经费就显得较为充裕。但对于大部分保护区来说,旅游收入十分少,甚至基本为零。也有相当多的保护区周边地区,甚至是保护区内的旅游收入被旅游部门或一些企业掌握,保护区主管部门和当地社区获得的收入十分有限,因而造成利益分配不均,为保护而作出贡献的单位和个人却得不到应有的补偿,使保护和经济利益之间的矛盾更加突出,也使保护经费不足成为突出问题。

4.地质公园

地质公园(geoparks)属自然公园的一种,是由联合国教科文组织在开展"地质公园计划"进行可行性研究中创立的新名称。它是指具有特殊地质意义、珍奇或秀丽景观特征的自然保护区。这些特征是该地区地质历史、地质事件和形成过程的典型代表。

地质公园实质上就是地质遗迹保护区。地质遗迹是指在地球演化的漫长地质历史时期,由于内外力的地质作用,形成、发展并遗留下来的珍贵的、不可再生的地质自然遗产。其主要类型包括:有重大观赏和重要科学研究价值的地质地貌景观;有重要价值的地质剖面和构造形迹;有重要价值的古人类遗址、古生物化石遗迹;有特殊价值的矿物、岩石及其典型产地;有特殊意义的水体资源;典型的地质灾害遗迹等。

地质公园融合了自然景观和人文景观,并具有生态、自然和文化三重内涵,为人们提供具有科学品位的观赏游览、度假休闲、保健疗养、文化娱乐的场所。同时它也是科学研究、普及教育的基地,是集科学性、经济文化价值和旅游功能于一体的地质景观综合体。所以,地质公园往往也是一个重要的自然类旅游景区。

我国对于地质遗迹的保护工作始于 20 世纪 70 年代末期,多是作为其他类型自然保护区中的一项保护内容。1987 年由原地质矿产部颁布了《关于建立地质自然保护区的规定》,我国开始建立一批地质自然保护区。1992 年以前,共建立地质自然保护区 52 处,其中国家级 4 处,省级 31 处,县级 17 处。1995 年,原地质矿产部颁布了《地质遗迹保护管理规定》,使地质遗迹保护工作得到了比较快的发展。

为了响应联合国教科文组织提出的建立世界地质公园计划,履行国务院赋予国土资源部"保护地质遗迹"的职能,2001 年 8 月 25 日成立了国家地质遗迹保护(地质公园)领导小组和国家地质遗迹(地质公园)评审委员会,并邀请了财政部、国家环保总局、国家旅游局等部委领导作为成员,参照世界地质公园的标准,先后制定了《国家地质公园评选办法》、《国家地质公园总体规划工作指南》、《国家地质公园评审标准》、《国家地质公园综合考察报告提纲》等文件。

我国的地质遗迹按形成原因和自然属性,可分为标准地质剖面、著名古生物化石遗址、地质构造形迹、典型地质与地貌景观、特大型矿床和地质灾害遗迹等六种类型。截至 2011 年 11 月,国土资源部公布六批共 218 家国家地质公园。

国际上对地质遗迹的保护工作十分重视,联合国教科文组织设立了地质遗产工作组,专门负责全球地质遗产保护工作。1999 年 4 月 15 日联合国教科文组织常务委员会第 156 次会议(巴黎)提出了在世界遗产创建世界地质公园计划(UNESCO Geoparks)。目标是每年建立 20 个,全球共创建 500 个,并建立全球地质遗迹保护网络体系。联合国教科文组织将我国作为世界地质公园计划试点国家之一。

联合国教科文组织为世界地质公园提出了六条标准:

(1)有明确的边界,有足够大的面积使其可为当地经济发展服务,由一系列具有特殊科学意义、稀有性和美学价值的地质遗址组成,还可能具有考古、生态学、历史或文化价值。

(2)这些遗址彼此联系并受公园式的正式管理及保护,制定了官方的保证区域社会经济可持续发展的规划。

(3)支持文化、环境可持续发展的社会经济发展,可以改善当地居民的生活条件和环境,能加强居民对居住区的认同感和促进当地的文化复兴。

(4)可探索和验证对各种地质遗迹的保护方法。

(5)可用来作为教育的工具,进行与地学各学科有关的可持续发展教育、环境教育、培训和研究。

(6)始终处于所在国独立司法权的管辖之下。所在国政府必须依照本国法律、法规对公园进行有效管理。

截至 2012 年 5 月,联合国教科文组织支持的世界地质公园网络(GGN)共有 88 个成员,分布在全球 27 个国家,遍布欧洲、亚洲、南美洲、北美洲、大洋洲及中东地区。其中我国世界地质公园共有 26 处,名列世界第一,约占总数的 30%。

5.博物馆

博物馆是指征集、收藏、保护、研究、展示人类活动和自然环境的见证物,经过文物行政部门审核、相关行政部门批准,取得法人资格,向公众开放的非营利性社会服务机构。

自 1978 年起,国际博物馆协会将每年 5 月 18 日定为国际博物馆日,借此引起世界各国对博物馆的关注。

中国在博物馆发展方面尚处于起步阶段,但博物馆业在中国这样一个具有丰富人文历史遗存和自然物产的国家前景广阔。我国国家文物事业管理局在 1979 年颁布了《省、市、自治区博物馆工作条例》,对博物馆的性质、任务和博物馆各项业务工作都作了明确的规定。1980 年,统计公报中首次披露全国博物馆数量为 365 个。而 10 年后,这一数字迅猛增加到 1012 个。2005 年,我国已有博物馆 2200 余个,平均每年举办的展览超过 8000 个,年接待观众达 1.6 亿人次。截至 2010 年底,我国博物馆数量已增至 3020 个。2008 年 2 月,国家文物局发布了《全国博物馆评估办法(试行)》、《博物馆评估暂行标准》,这对于加强博物馆公共服务体系建设,规范博物馆行业管理,建立以展示教育、开发服务为核心的质量评价体系,促进博物馆事业全面发展,具有重要意义。

除了原来较为发达的历史类、革命史类博物馆、纪念馆以外,艺术、科技、民族、民俗、自然、地矿等专业或行业性博物馆如雨后春笋般出现。一些具有全新理念的生态博物馆、借助高科技的网络博物馆也崭露头角。互联网信息技术改变了人类的生活方式和生存状态,也为博物馆的发展提供了新的机会。虚拟博物馆发展的初级阶段即传统网站模式阶段,其表现形式主要是静态的图像、文字、小段视频、二维动漫等,浏览者只能被动地接受从服务器端传来的页面,无法与界面进行交互,因此缺少临场感与交互性。具有三维动画效果的文件又太大,受网络带宽、传输速度等的限制,不适于网上传播。可以预计在不远的将来应用虚拟现实技术(virtual reality)可以通过计算机创建一种虚拟环境,通过视觉、听觉、触觉等作用,使用户产生和现实一样的逼真感觉。

根据中国的实际情况,中国博物馆可划分为历史类、艺术类、科学与技术类、综合类这四种类型。艺术类博物馆:主要展示藏品的艺术和美学价值,如故宫博物院、广东民间工艺馆、徐悲鸿纪念馆、天津戏剧博物馆等;历史类博物馆:以历史的观点来展示藏品,如中国国家博物馆、西安半坡遗址博物馆、秦始皇兵马俑博物馆等;自然、科学类博物馆:以分类、发展或生态的方法展示自然界,以立体的方法从宏观或微观方面展示科学成果,如中国地质博物馆、自贡恐龙博物馆、中国科学技术馆等;综合类博物馆:综合展示地方自然、历史、革命史、艺术方面的藏品,如山东省博物馆、湖南省博物馆、内蒙古自治区博物馆等。

博物馆一般具有收藏、教育、研究和娱乐四大基础功能。现代博物馆将四大基础功能扩展到收藏保护、创造、研究、观光、宣传、展示、休闲、娱乐、教育和经济等十大功能。

博物馆不仅是一个场所,而且还是一种展示和表现自然和文化的方式和手段。博物馆在创建之初纯属于一种科普机构,到 20 世纪末,博物馆越来越成为受人欢迎的旅游景区。但随着旅游景区(点)市场的竞争日益激烈,博物馆要在主题公园、风景名胜、野生动物园等各类景区(点)中站稳一席之地,争得一部分客源,就必须借助各种手段对自身的展示和功能进行丰富以适应市场的需求。

6.旅游度假区

旅游度假区是环境质量好,区位条件优越,以满足康体休闲需要为主要功能,并为游客提供高质量服务的综合性旅游景区。其主要特征是：对环境质量要求较高，区位条件好，服务档次及水平高，旅游活动项目的休闲、康体特征明显。

度假区的旅游项目主要满足游客休闲、健身的需求，以丰富假期生活，使其身心健康、精神愉快、感受深刻。度假区的项目包括：娱乐类，如划船、垂钓、歌舞、棋牌、观看文艺演出等；体育类，有游泳、高尔夫、网球、门球、保龄球、壁球、骑马、射箭、射击、潜水、滑板、冲浪、滑雪、滑冰等；健身类，有健身房、桑拿、按摩、气功和医疗保健等。度假区众多的项目中，高尔夫球、网球、游泳和健身是主要项目。

1992年，为进一步扩大对外开放，开发利用我国丰富的旅游资源，促进我国由旅游观光型向观光度假型转变，加快旅游事业发展，国务院决定在条件成熟的地方试办国家旅游度假区，鼓励国外和我国台湾、港澳地区的企业、个人投资开发旅游设施和经营旅游项目，并对其实行优惠政策。批准了大连金石滩、青岛石老人、苏州太湖、无锡太湖、上海佘山、杭州之江、福建武夷山、莆田湄洲岛、广州南湖、北海银滩、昆明滇池、三亚亚龙湾等12家国家旅游度假区。

中国的国家旅游度假区，是指符合国际度假旅游要求、以接待海外旅游者为主的综合性旅游区，有明确的地域界限，适于集中设置配套旅游设施，所在地区旅游度假资源丰富，客源基础较好，交通便捷，对外开放工作已有较好基础。与国家级风景名胜区等自然保护区域不同的是，国家旅游度假区属国家级开发区。

国家旅游度假区的建设带动了一大批地方级旅游度假区和度假村的建设。至1998年年底，各地经省（市、区）人民政府批准建立的省级旅游度假区已达100多家。这些度假区中，三分之一为海滨度假，三分之一为内湖度假，其他三分之一为山地、温泉、江河、森林、人文景观、冰雪旅游等度假类型，产品分布广泛，种类齐全，再加上其他各种类型的度假村和度假点，我国旅游度假产品覆盖的面积已超过2000平方公里，形成了相当的规模。

现今，以12个国家旅游度假区为核心，100多个省级旅游度假区（旅游开发区）为基础，1000多个不同类型的度假村、度假点为补充，我国的旅游度假产品初步形成金字塔式的产品体系，并具备了发展为多层次的、适应国际国内不同需求档次的度假产品体系的条件，为进一步扩大我国旅游产品市场奠定了基础。

旅游度假区是否是严格的景区，还应分情况而定。例如大连金石滩国际旅游度假区，属于国家旅游度假区，2000年成为全国首批AAAA级旅游景区；太湖旅游度假区为省级旅游度假区，被评为国家AAAA级旅游景区和国家级水利风景区；北戴河海滨风景度假区是全国44个国家重点名胜风景区之一；以上度假区已经被评为AAAA级景区或属于风景名胜应该属于景区无疑。但杭州之江国家旅游度假区，建成有宋城、未来世界、杭州西湖国际高尔夫场三大主题项目和九溪玫瑰园等一批度假单元，其已经不单单是一个景区了，而是包含了若干景区的旅游区。所以，可以这样理解旅游度假区属于景区或旅游区。

这里值得注意的是，"三亚亚龙湾AAAA级国家旅游度假区"，这种宣传说法容易让人产生混淆，给人的意思是：AAAA级国家旅游度假区，而根据《旅游度假区等级划分标准》，根本没有"A级"这种评定标准，这是把《旅游区（点）质量等级的划分与评定标准》中的"A级"评定标准和国家旅游度假区混用了。

7. 国家公园

国家公园是指国家为了保护一个或多个典型生态系统的完整性，为生态旅游、科学研究和环境教育提供场所，而划定的需要特殊保护、管理和利用的自然区域。它既不同于严格的自然保护区，也不同于一般的旅游景区。

国家公园(national park),最早由美国艺术家乔治·卡特林(George Catlin)首先提出。1832年,他在旅行的路上,对美国西部大开发对印第安文明、野生动植物和荒野的影响深表忧虑。他写到"它们可以被保护起来,只要政府通过一些保护政策设立一个大公园……一个国家公园,其中有人也有野兽,所有的一切都处于原生状态,体现着自然之美"。之后,即被全世界许多国家所使用,尽管各自的确切含义不尽相同,但基本意思都是指自然保护区的一种形式。

自从1872年世界上第一个国家公园——美国黄石国家公园建立以来,国家公园在世界各国迅速发展。目前,在200多个国家和地区已建立了近10000个国家公园。

尽管有关国家公园的定义和标准各国不一,但国家公园所具有的价值及功能相当一致。国家公园具有保护环境、保护生物多样性、供公众游憩、繁荣地方经济、促进学术研究及国民环境教育等方面的功能。

西方学者根据美国和加拿大国家公园的发展情况把国家公园的发展历史分为三个阶段:

(1)1872—1933年,早期的概念形成阶段。黄石国家公园的成立标志着这个阶段的开始。在这个阶段中国家公园的概念及主要原则得到了确立,并在美国、加拿大、澳大利亚、新西兰等国初步推广。

(2)1934—1972年,国家公园体系的发展阶段。国家公园的概念和应用范围得到了拓展,人文历史遗迹被包括进国家公园系统,从而逐渐形成了一个新的国家公园体系,这个体系包括三个基本构成部分:具有自然风景价值的公园、具有历史人文价值的公园以及具有娱乐休闲价值和功能的公园。此外,在这个阶段,北美开始对国家公园规划实施公共听证通过方案。

(3)1973—1990年,近期的发展。在这个阶段,更多的人文历史类和娱乐休闲类公园被纳入国家公园系统。这个阶段的主要政策趋势是加强对公园开发规划的管理,更强调对公园环境和生态系统的保护。

在美国,国家公园与国家公园体系是相互联系的两个概念。国家公园是指面积较大的自然地区,自然资源丰富,有些也包括历史遗迹,禁止狩猎、采矿和其他资源耗费型活动。美国的国家公园多数位于西部,现有54个,面积约20万平方公里。数量上仅占国家公园体系总数的14%,但面积却占到总占地面积的60%。美国的国家公园体系则是指由美国内政部国家公园局管理的陆地或水域,包括国家公园、纪念地、历史地段、风景路、休闲地等。美国国家公园体系目前包括20个分类,379个单位,总占地面积33.74万平方公里,占美国国土面积约3.64%。每年接待的游客近3亿人次,年财政预算为20亿美元。美国的国家公园经过130余年的发展,已经建立了较为完善的国家公园体系。

与国家公园体系关系紧密、互有交叉的是世界自然保护联盟(World Conservation Union, IUCN)制定的保护区体系。世界自然保护联盟是一个专职于世界自然环境保护的国际组织,其把保护区的管制级别制定为六类型,具体如下:

Ⅰa严格的自然保护区:一个地区或海域,拥有出众或具代表性的生态系统/地质或生理特点与/或物种,可作为科学研究或环境监察。

Ⅰb自然保护区:一大片未被改动或只被轻微改动的陆地与/或海洋,仍保留着其天然特点及影响力,没有永久性或重大的人类居所,受保护或管理以保存其天然状态。

Ⅱ国家公园:一个天然陆地与/或海洋区域,指定为保护该区的一个或多个生态系统于现今及未来的生态完整性;禁止该区的开发或有害的侵占;提供一个可与环境及文化相容的精神、科学、教育、消闲、访客基础。

Ⅲ自然遗址:一个地区拥有一个或多个独特天然或文化特点,而其特点是出众,或因其稀有性、代表性、美观质素或文化重要性而显得独有。

Ⅳ生境/物种管制区：一个地区或海洋，受到积极介入管制，以确保生境的维护与/或达到某物种的需求。

Ⅴ景观保护区：一个附有海岸及海洋的陆地地区，在区内的人类与自然界长时间的互动，使该区拥有与众不同及重大的美观、生态或文化价值特点，以及有高度的生物多样性。守卫该区传统互动的完整性，对该区的保护、维持及进化尤其重要。

Ⅵ资源保护区：一个地区拥有显著未经改动的自然系统，管制可确保生物多样性长期地受保护，并同时可持续性地出产天然产物及服务，以达到社会的需求。

近年，我国的国家公园体系也开始得到初步发展。1984 年在我国的台湾省建立了第一个"国家公园"，即"垦丁国家公园（Kenting National Park）"。这是我国第一个以"国家公园"为名称的保护区。2008 年 10 月 8 日，我国环境保护部和国家旅游局已批准建设我国内地第一个国家公园试点单位——黑龙江汤旺河国家公园。据称，今后一段时间内我国还将在全国各地范围内选择一批有独特性、代表性、稀有性的地方作为国家公园试点单位。此外，一些地方也在积极筹建国家公园。2005 年，《中国国家地理》杂志率先提出"秦岭中央国家公园"的设想后，地处秦岭主峰的太白山国家森林公园，旅游宣传中自称是"中国中央国家公园核心景区"。2008 年，借助终南山世界地质公园的申报工作，西安市明确提出了"秦岭——中国人的国家中央公园"这一品牌形象。2009 年 3 月，全国人大代表徐明正正式递交自己的提案，提案内容是建议"把秦岭生态功能保护区建成国家中央公园"。

目前，我国尚未建立真正的国家公园管理体系或保护区体系。但普遍认为我国的国家森林公园、自然保护区、风景名胜区、生态功能保护区、地质公园等构成了我国的自然保护体系或国家公园体系，只是至今没有统一的管理机构，而是分属各部门管理而已。

诚然，国家公园实践中，各国在执行国家公园的定义和标准上也不尽相同。例如人口众多的国家，其自然环境受到人类活动影响较多，而人口稀少的国家，自然环境基本上保持自然进化状态。另外，各国对国家公园使用的标准也不一样，在有些国家符合上述标准的区域未必被冠以国家公园，而不符合上述标准的区域却被称为国家公园。世界自然联盟要求各国政府不能再以"国家公园"的名义划分各种自然保护区；同时，那些由私人设立并管理或由地方机构设立并管理的自然保护实体，除非得到中央一级政府的完全承认和控制，否则也不能算为国家公园。

通过对美国的国家公园体系、世界自然联盟的保护区体系和我国自然保护体系的认识，我们对国家公园的理解，狭义上可以认为是国家公园体系或保护区体系或我国自然保护体系中的一种类型，广义上可以认为是一个体系即国家公园体系。

此外，以上三个体系之间的区别与衔接，这还是一个难题。简言之，严格保护的区域可以称其为我国的国家级自然保护区或世界自然联盟的严格的自然保护区或严格的国家公园。我国的国家森林公园、自然保护区、风景名胜区、生态功能保护区、地质公园等可以认为是国家公园体系中的一种类型。

8. 水利风景区

水利风景区是指以水域（水体）或水利工程为依托，具有一定规模和质量的风景资源与环境条件，可以开展观光、娱乐、休闲、度假或科学、文化、教育活动的区域。水利风景区景物具体包括：江、河、湖、库、渠、池等天然或人工形成的具有旅游价值的水域及所属岛屿、滩、岸地；堤防、水利枢纽、渠闸、水电站等工程建筑；水文化遗迹等景观；区内的自然景观、水文景观等。

根据 2004 年 5 月水利部发布的《水利风景区管理办法》，水利部主管全国水利旅游工作，县

（含县级市、区，下同）以上水利行政主管部门主管本行政区域内的水利旅游工作。跨行政区域或不隶属于本级水利行政主管部门管理的水利旅游工作由上一级水利行政主管部门负责管理。

按照水利风景资源的观赏、文化、科学价值和水资源生态环境保护质量及景区利用、管理条件，水利风景区划分为两级，即国家级水利风景区和省级水利风景区。

国家级水利风景区：水域景观优美，自然景观和人文景观集中，文化遗迹具有历史意义，观赏、科学、文化价值高，地理位置优越，旅游服务设施齐全，有较高的知名度。

省级水利风景区：水域景观优美，自然景观和人文景观相对集中，水工程设施规模较大，观赏、科学、文化价值较高，在本行政区域内具有代表性，具备必要的旅游服务设施，有一定的知名度。

2001—2011年，我国共评定了十一批475个国家水利风景区。

9. 野生动物园

野生动物园指将野生动物生活区域圈定下来，使区域内的动物数量和品种处于一个相对稳定和封闭的状态（圈外的动物进不来，圈内的动物也出不去），保护区域内的动物不被捕杀，并采取必要的措施养殖区域内的动物或对动物进行适量补充以满足游客观赏的需要。野生动物园的面积一般非常广阔，如坦桑尼亚的塞伦盖蒂公园占地面积达14763平方公里，而且距离城市较远，因为动物聚居区都不会位于城市附近，少量距离城市较近的野生动物园为了满足游客的观赏需要会引进部分动物以增加园中的动物品种和数量。由于地域面积大，而且动物生活于接近天然的环境下，野生动物园的游客都需乘车游览。2002年底南非克鲁格国家公园与邻国的莫桑比克分别拆除了两国相邻的国家公园围篱成立了世界上最大的跨国界的动物保护区——大林波波跨国公园（Great Limpopo Transfrontier Park），面积超过整个瑞士国土。因此，野生动物园属于自然景区类，是在野生动物生活的自然环境的基础上加上少量的服务设施和景区。

我国"野生动物园"的兴建热潮源于20世纪90年代。从严格意义上讲，目前我国尚不存在真正的野生动物园，大部分城市中所谓的野生动物园只是借用野生动物园的游览方式建造的规模较大的动物园而已，这与城市动物园一样应属于人造景区。这是因为，首先，这些动物园并不是在"野生动物生活区域"圈定而成的，这些野生动物是从外地甚至外国千里迢迢从四面八方引进的，也就是说，这些动物并非是在原生态环境下栖息，而是在人造的模拟环境下寄居的，有的野生动物园还是采用笼养或笼养与散养相结合的方式，动物的活动空间受到限制。其次，动物园是以为游客展示、娱乐和休憩为建设和经营目的，而不是以尽可能少地骚扰这些动物的活动为目的。因此，在这些野生动物园里，往往气氛热烈，动物表演、人兽同乐、马戏杂耍就如同赶集，甚至还有跑马、赛狗等博彩或变相博彩的项目。这离野生动物真实的自然环境相差较远。而真正的野生动物栖息地又因远离人口密集的城市，交通不便，人迹罕至，接待条件艰苦，动物的种群规模较小，观测难度大，观赏性不强等原因，普通旅游者很少喜欢这类专项旅游。而过少的旅游需求规模，使得开发商也不会去经营严格意义上的野生动物园。

但短短10年间，中国野生动物园从无到有，至2004年已经达到30多个，这一数量是日本野生动物园的6倍、美国的3倍。但是重复建设，恶性竞争，导致经营不善。目前我国的野生动物园绝大多数都是建在人口居住较为密集的大城市附近，并大量引进外来动物，有的动物因离开了原生态环境，捕食技能退化，野性丧失；有的野生动物园因为经费紧张，食物供应不足，使园内一些大型肉食动物食不果腹，严重影响到这些动物的生长发育，动物伤人甚至同种动物之间自相残杀的事件时有发生；有的野生动物园已处于难以为继的尴尬境地。

虽然有关法律规定野生动物资源分别由林业、农业行政主管部门管理，但对野生动物园里的动物如何保护及机制怎样运转规定尚不够明朗。在我国，国家保护的陆生野生动物归口管理部门是林业主管部门,而野生动物园的具体投资、建设、运营则涉及城建、环保、旅游、园林等部门。实际上,林业主管部门只能对野生动物的进出口和驯养繁殖行使审批权,不能够对野生动物园的建设及经营状况进行有效的监督。这种多头管理体制削弱了对野生动物园的监管力度,从而使野生动物园漠视公益职能,刻意追求营利。

10.主题公园

主题公园,是根据某个特定的主题,采用现代科学技术和多层次活动设置方式,集诸多娱乐活动、休闲要素和服务接待设施于一体的现代旅游目的地形态。主题公园也有称之为主题乐园,这是一个约定俗称的概念,普遍仍称之为主题公园。

主题公园是一种人造旅游资源,它着重于特别的构想,围绕着一个或几个主题创造一系列有特别的环境和气氛的项目吸引游客。主题公园的一个最基本特征即创意性,具有启示意义。园内所有的建筑色彩、造型、植被游乐项目等都为主题服务,共同构成游客容易辨认的特质和游园的线索。有着"中国主题公园之父"美誉之称的马志民先生认为主题公园是作为某些地域旅游相对贫乏,同时也是为了适应旅客多种需要与选择的一种补充。这个观点说明了"主题乐园"的一个基本特征——相对性,即相对于旅游者的选择而言的,与旅游资源概念紧密联系在一起的特性。

随着旅游业的发展,主题公园已成为游客休闲度假的又一选择,新型的主题公园不断涌现。主题公园按内容可以分为以下几种:演绎生命发展史、展望未来、探索宇宙奥秘、科学幻想、表现童话世界和神话世界的主题公园,如迪斯尼乐园;表现历史文化和民俗风情的写实性主题公园,如中华民俗村;表现世界各地名胜的主题公园,如世界之窗;以表现自然界生态环境、野生动植物、海洋生态为主的仿生性主题公园,如大连老虎滩极地海洋公园;以文学影视为主题,再现作品情节和场景的示意性主题公园,如横店影视城;以参与活动项目为主的游乐园和游乐场,如大连金石滩的发现王国。

主题公园良好的经济效益和社会效益起到了强烈的示范作用,引致了20世纪90年代初主题公园的又一次投资热潮。20世纪80年代至今,全国已累计开发主题公园式旅游点2500多个,投入资金达3000多亿元。我国主题公园的时代已经来临,大大小小的主题公园如雨后春笋般再次崛起,整个中国似乎都刮起了一场主题公园的旋风,北京的欢乐谷、芜湖的方特欢乐世界、广州的长隆欢乐世界、珠海的神秘岛、大连的发现王国、宁波的凤凰山主题乐园、抚顺的皇家极地海洋世界、香港的迪士尼,以及青岛的极地海洋世界等纷纷开业迎客,接下来还有天津还在筹划的环球影城主题公园、上海仍在建设的上海迪斯尼。主题公园成为景区投资"新贵"。

据北京零点市场调查分析公司《新型娱乐设施市场潜力调查报告》指出,国内主题公园有70%处于亏损状态,20%持平,真正盈利的只有10%左右。一边是不断涌入的热钱,一边是难以为继的经营局面,主题公园的投资仍有许多值得思考的地方。

目前我国的主题公园产业在各种乐观和不乐观的因素的影响下,处于喜忧参半的局面,但经过精心规划和设计、不断推陈出新并且管理严格的主题公园将拥有良好的发展前景。

任务实施

步骤一 领受任务

教师介绍任务的内容、要求、关键点及注意事项。各小组提问,教师答疑,准确理解任务,完成任务领受。

步骤二 实施任务

请各小组按教师的要求,制订完成任务的工作程序及任务分配方案,阅读相关知识,查阅其他相关资料,分析景区的各种类型,完成情境中提出的任务,写成任务报告,做成PPT。既做好预演,准备汇报,又扮演听众,准备提问。

步骤三 任务汇报

各小组根据任务的要求,在教室中汇报并相互提问。指导教师及时控制汇报进程,最后进行点评与总结。各小组对本次汇报及时进行总结,形成文字材料,作为作业上交指导教师。指导教师依据该项目任务考查表,给出各小组评价综合得分。

考核评价

旅游景区类型的划分任务考核表

学习目标	评价标准	小组评价 (50%)	教师评价 (50%)	综合得分 (百分制)
理论知识 (20分)	对风景名胜区、自然保护区、森林公园、世界地质公园等各种类型景区的概念、等级划分、管理部门、管理内容等的理解程度			
专业技能 (20分)	能辨析各种类型景区的区别与联系;能辨析国家公园体系与我国自然保护体系、世界自然联盟保护区体系的区别与联系			
通用技能 (20分)	具有团队协作能力;具有团队运作信息收集能力			
任务完成 (20分)	纸质作业、PPT及任务问答的有效性			
学习态度 (20分)	完成任务的态度、责任感			
综合评价及建议:				

拓展知识

我国自然保护体系与世界自然联盟保护区体系的衔接

IUCN 将保护地定义为:通过法律及其他有效方式特用以保护和维护生物多样性、自然及文化资源的土地或海洋。尽管所有保护地都基本以这一总目的为目标,实际管理上各保护地的保护目标却大有迥异。国际对"protectedareas"(保护地)的定义是很广泛的,泛指各种类型受保护的地区或地域;保护区或自然保护区则指特定的一类严格意义的保护地,相当于国际上的"reserves"或"nature reserves",保护地也包括国家公园(national parks)或公园(parks)。我国的保护地包括了自然保护区、风景名胜区和森林公园,它们大约占国土面积的15%左右,但自然保护区就占了13.2%。我国的这些保护地名称虽然和国际定义的"保护区"、"国家公园"和"公园"似乎相同,但从实际的管理方式和目标来说,有本质的区别。IUCN根据保护地主要管理目标,把保护地管理分为六个类别。

按照《自然保护区条例》严格讲,我国所有的自然保护区都属于类别Ⅰa,即严格意义的保护区。但是从实际的管理方式上讲,我国的许多自然保护区按照《自然保护区条例》起到生物多样性保护的作用,但同时对游客开放,因此有许多自然保护区实质上属于类别Ⅱ"国家公园"。类别Ⅱ"国家公园"虽然部分作为旅游区对游客开放,但要求对生物多样性的保护力度很大。我国的"风景名胜区"或"公园"按理应该算入类别Ⅱ,但实际上这些地方主要按照旅游景点进行管理,基本上没有从保护生物多样性和生态系统的角度进行考虑。在大部分这些风景名胜区很少见到(甚至基本见不到),当地鸟类就是一个重要证明。所以按照国际标准或含义,这些保护地不能被称为"国家公园",更多的应该属于类别Ⅴ"景观保护区"。我国的"森林公园"有很多是过去的林场转变来的,其中有相当一部分是单一的人工种植林,虽然目前被保护起来,但实际上没有起到真正保护生物多样性或者生态系统的作用,因此这部分又不能算作其本应该算入的类别Ⅴ。另外我国还基本没有明确属于类别Ⅳ"生境/物种管理区"和类别Ⅵ"资源保护区"的自然保护区。

针对IUCN制定的这六类保护地,根据不同的保护和利用目的,可以采用不同的管理方法和要求。我国保护区的级别和类型分类方式基本上无法与IUCN的这套保护地管理类别体系兼容。同时我国虽然有不同的保护区级别和类型,但目前这些分类体系都不能体现出在管理目标、检查标准和管理方式上的差别,因此所有的保护区管理要求都应按照我国《自然保护区条例》严格管理。

事实上,一些保护区如果加强对当地社区的经济活动的管理,限制和控制对生物多样性带来威胁的活动,可以和保护目标相协调,使当地经济不会因为保护区的建立而遭受严重影响。目前,这种严格的管理要求,导致了在相当大数量的保护区,如面积大的或人口压力大的保护区,出现保护管理和当地社区发展的严重冲突。这往往使一些建立起来的保护区不能达到相应的保护目的。同时有些保护区因为无法禁止一些经济活动,例如许多新疆保护区内的矿产开发活动,因此造成有法不依、执法不严等情况屡见不鲜。因常常无法对这些宏观的破坏行为采取有力的处罚措施,因而造成处罚偏重微观破坏行为,而轻宏观破坏行为的局面。这种情况又导致本来可以严格执法的保护区有理由不严格执法,同时给保护区管理质量监测标准体系的建立带来障碍。

资料来源:解焱,汪松.中国的保护地[M].北京:清华大学出版社,2004.

案例与讨论

一个濒临灭绝的理念

国家公园通常是集体意志自相激烈冲突的产物:异想天开而高瞻远瞩,自私自利而舍己为人,地处一隅而泽被全球。与国歌或国旗不同的是,国家公园在蕴含象征意义的同时,还拥有地理学、生物学和经济学等多个现实层面的内涵。它有生存于其中的动植物"居民"和实实在在的边界;它带来诸多益处,但也所费不赀;它广结朋友,有时也多树仇敌。作为人类社会拣选出来留作专用并施以永久保护的地方,国家公园沐浴着神圣的永恒之光。

但是,永久能有多久呢?

在过去20年里,"国家公园"这个观念本身——或者说最起码是这个观念的最苛刻专横的形式——遭到了某种程度的抵制。简而言之,争端的主题是"公园与人类对峙"。反对派的中心思想是:圈出一块块风景区,名之曰公园,把想在那片土地上讨个温饱的穷人轰走或关在门外,只靠这种手段无法实现自然保护的目标。

这种批评无疑是正确的。在我们这颗有着65亿人口的星球上,纯粹靠封锁来实施自然保护从政治上也是行不通的；同样重要的是，这种方式缺乏人道和公允。国家公园的好处主要是那些住在远方的有钱人在享用，而代价却大都由在园区附近艰辛谋生的草民来承担。"拯救动物，撵走人群"的对策不会，也不应当行得通。人所受的压迫、所怀的需求终将如潮水高涨，令失民心、悖民意的公园悉数覆没，就像船舷不够高的方舟。

但是，假如把这个观点推向极端，你将得出以下结论：通过建立国家公园来保护风景和生物多样性，不过是文化帝国主义的又一种精英形式罢了。

把对立观点也以最极端的形式表达出来，就成为：公园必须有公园的样子，保护必须有保护的效果，要是铁丝网围栏和荷枪实弹的看守必不可少，那就照此办理吧。

以上两方观点都不能说全对或是全错，但事实证明，要调和它们的矛盾并不容易。

最近发表在《保护生物学》杂志上的一篇评论对此表示了忧虑："有关公园的探讨和辩论正被推向力不从心的地步。"国际野生生物保护学会的肯特·H·雷德福和他的两位同行撰写了这篇颇有见地的文章，标题是《成为"示播列"的公园》。

你可能没有听说过这个来自《旧约》中的词汇——示播列（Shibboleth）是一种暗语，用来表示对某个集体或者特定观念的忠诚。雷德福与合著者们写道：现在连"公园"这个词都变成了"内涵模糊的术语，越来越缺乏意义"；自然保护主义者和社会福利倡导者把这个词挂在嘴边，主要是为了迎头痛击对方。文章指出，那种力不从心的辩论"既无益于保护区，也无益于住在区内或附近的居民"。

如今这争端已上升到不只是辩论而已了。2005年5月在危地马拉，一百多名武装人员突然间攻占了蒂格雷湖国家公园内一个负责研究和管理的营地，强行要求自己在公园内的合法居住权得到官方承认，并在一番交涉后劫持了四名人质。政府当局最终满足了他们的要求，并承诺对其提供物质帮助以换回人质。

四个月以后，肯尼亚的野生生物与旅游部部长宣布，安博塞利国家公园将被降级为国家保护区，交还给马赛民族的一个管理委员会来监管（马赛人是这片土地原来的主人）。气象万千的安博塞利尤以大象闻名，被尊为东非自然保护区的明珠之一。在致肯尼亚总统的一封公开信中，29个组织联名控诉，说这次降级只在《肯尼亚公报》（官方立法公报）上发表了公告，之后未经有关部门磋商便执行了，是不合法的。

这下我们又要翻词典了。有这么一个英文单词，没有"示播列"那么古老，英国等地用它来表示这类撤销国家公园的行为——degazetting（废除）。我们大家都该来认识一下这个词：很不幸，它是个昭示未来的词。为何如此？因为可能过不了多久，一旦各国公民发现眼前的欲望比长远的理想更为迫切，种种废除国家公园的努力就会付诸行动。

我先前已经指出过这一点，即：国家公园除地理学、生物学和象征意义的层面外，还存在于经济学的层面中。此外还要再加上两条：政治与历史的层面。过去成就的功业，无论如何崇高、如何富有远见，都可以被毁掉。

当然，国家公园并不是自然保护的唯一目标。它只是一种方式，一种工具，与其他形式相比，只不过稍为惹人注目和复杂而已。许多国家采取了别的手段来保护自然景观，例如野生动物禁猎区、狩猎保留区、指定荒野区、科研自然保护区等。世界自然保护联盟定义了除国家公园以外的五种保护区类型，它们占地球上所有受保护区域面积的60%，而严格意义上的国家公园仅占22.7%。

然而，在其他那些保护形式中，没有一个具备国家公园的功能和象征意义；没有一个体现出这样的理念：国家的公民作为现时的享受者和未来的保护者，与自然界那些被珍视的地域建立了特别的关系。只有国家公园能做到这一点。它们清晰而自豪地展现了一个国家的物华天宝和理想。

......

在自然保护专业人士圈子里，流传着一句冷酷的警句：胜利都是暂时的，失败才是永久的。这话对北极国家野生动物保护区之争和1872年黄石法案同样适用。不过，我在此谨奉上自己的格言，较之前那句话略为乐观：国家公园好不好，看你是否拿它当个宝。

资料来源：戴维·夸曼.一个濒临灭绝的理念[J].华夏地理，2006，10.

案例讨论题：

1.建立国家公园的主要理念是什么？

2.对于"一个濒临灭绝的理念"，您是如何理解的？

思考与讨论

1.如何理解国家公园的概念，它与景区是什么关系。

2.思考我国的各种类型景区与我国的自然保护体系之间是什么关系？它们之间有何区别与联系？

3.讨论我国内地第一个国家公园应该是指哪处景区？我国景区已经有那么多类型了，为什么还要引入国家公园概念？

技能训练题

调查本地区主要有哪些类型的景区，它们又有哪些等级，对当地的旅游有哪些促进作用？

项目二　旅游景区服务质量管理

📖 **学习目标**

　　知识目标:理解旅游景区服务质量的内容;掌握旅游景区等级评定方法与程序。

　　技能目标:能分析旅游景区出现的服务质量问题;能初步进行 A 级旅游景区评定。

⏱ **项目分析**

　　服务质量管理是旅游景区管理的核心内容之一,服务质量是景区生存的重要因素,是景区可持续发展的重要保障。旅游景区的服务质量越来越为人们所重视,以顾客满意为宗旨、以服务质量为核心的现代质量观念正在逐步确立。服务质量的竞争成了景区竞争的新领域。景区只有在提供良好的服务质量的基础之上,维护旅游者的合法权利,才能获得良好的经济效果。做好景区服务质量管理的核心在于构建服务质量体系,稳定和提高景区服务质量,而关键点在于服务质量控制。通过本项目的学习,主要理解旅游景区服务质量的内容,掌握旅游景区等级评定方法与程序。本项目的学习重点是旅游景区等级评定方法与程序。本项目是本课程的深入部分,是提升景区管理知识与技能的关键,使学生具备景区管理的专项知识与技能基础。

任务一　旅游景区服务质量的分析

✒ **情境设计**

武夷山景区服务质量问题见闻

　　记者陪同一些客人,以散客的身份走访武夷山,却听到很多游客都在抱怨,5A 景区为何达不到 4A 标准?中国质量新闻网对此进行报道后,引起了舆论关注。5 月 20 日,武夷山景区管委会来函,对记者报道中所反映的问题作出解答,但仍让人疑问重重。

　　记者爬上武夷山的天游峰时,峰顶摊点售卖的矿泉水引起了记者的注意。一瓶很普通的矿泉水在山脚下的售价是 2~3 元/瓶,可到了天游风景区之后变身为 8 元/瓶,差价竟达三四倍之多。今年武夷山景区添加了景区旅客小火车。本想有了小火车,往返景区和旅馆会更方便,但遗憾的是,从景区到旅馆根本不是一站式,而是下了火车换汽车。这还不算,原来福州旅行社每人报价 480 元左右的散客游,现今已悄然提到 570 元。

　　当记者到销售摊位购买大红袍时,知情人又告诉记者另一个"潜规则"。"我们业内有个笑话,进了景区,价翻 10 倍。举例说,有商家出售 500 克的大红袍,叫价 1500 元,后游客还价到 680 元,成交后商家还会告诉你,基本没赚钱。其实这个茶叶的实际市价可能不到 100 元。"据介绍,在景区销售的岩茶有相当一部分不是武夷山产的,而是从附近区县收购到武夷山加工,然后冒充武夷岩茶赢利。

　　记者到九曲溪漂流准备买票时,却犯了迷糊。景区售票窗口告知不出售散客票,只对旅行社

— 27 —

团体售票，或者散客自己拼足了6个人才可以买票。记者一行只有4人，还得再凑两个人才能购票。看着不断前来的旅行团一批批地买到了票去漂流，记者不禁觉得奇怪，难道散客就不能来九曲溪漂流了？如果真是如此，景区管理层应该在媒体上说明散客不要来漂流啊。福建的4月已开始转热，在太阳下晒了一个多小时，一位从北京来的先生有点受不了，询问售票口为什么会这样规定？里面一人回答："没办法，谁让你们不跟旅行社预订的！"我们听了都很生气却也无奈。第二天，记者终于找到了有关部门，打了招呼后，才让我们的客人购了4张票。

记者一行来到九曲溪1号码头，从门口到上竹排，大约还有200多米的路程，但这短短的一段路却让人有些担心。三五成群的游客在路上走着，却时而有大卡车横穿而过，原来当竹排漂到下游后，都是由大卡车载回起点。可是，记者却没有看到这条路区分车道和人行道，而是卡车与行人交叉，让人感觉很不安全。一位台湾南投县游客看到如此混乱的情景后，不禁感叹道："武夷山的风景比日月潭漂亮，但是管理水平就差得远了。"

记者一行好不容易登上了竹排，可是还没划出多远，艄公便暗示我们给小费。"我们不是买了票嘛，还要付小费？"记者吃惊地问，"票的收入是给公家的，小费是各位老板自愿给我们个方便。给了小费，我保证让大家玩得更开心点。"艄公回答。"那不给小费，就不会玩得开心吗？"记者追问。"如果我划得快点，这沿途的有些美景恐怕大家就会错过了。"买票拼排时积攒的怒火刚平息，这会儿又被艄公给燃起了。当记者要跟艄公理论的时候，旁边一位游客拉住记者悄悄说：以前有个学生坐竹排想站起来拍照，因为没给小费就被艄公拦住了，学生不服气，刚站起来就被艄公拍了一巴掌。后来到景区管理处投诉，工作人员却说，这些艄公都是当地的农民，素质不高没法管，最后不了了之。

记者一行骑着租来的自行车来到水帘洞后，居然在门口买不到门票。在工作人员多次指引下，记者骑了好长一段路后，才终于买到了票。进了水帘洞，我们想照相留念，随即叫来旁边照相小摊的摄影师，但奇怪的是他手中拿的还是老式胶片机。记者提出换用数码相机拍照，摄影师却一脸无奈地说道："不瞒您说呀，我们也想用数码相机，可是我们这里有个'潜规则'，必须要到指定的地方去买胶卷、洗照片，我们才能经营。"

资料来源：江东，刘丽莎. 好山好水期待好心情——武夷山景区服务质量问题见闻[N/OL]. 中国质量报，2009-06-05. http://finance.sina.com.cn/roll/20090605/07332878114.shtml.

根据以上情境，完成下列任务：

1. 请讨论武夷山景区出了什么问题，该旅游景区主要存在哪些服务质量问题及原因。

2. 请讨论如何控制景区服务质量，关键点是什么。

任务分析

虽然武夷山景区已经导入ISO9001质量管理和ISO14001环境管理国际标准，但不关注游客的利益，没有质量意识，没有良好地控制服务质量，必然导致出现诸多服务质量问题。景区管理必须重视和抓好这项工作。要加强景区服务质量管理，就必须建立和完善景区服务质量管理体系，及时对其组织实施和评价，持续改进服务工作，提高服务质量，增强游客满意度，甚至感动游客。景区服务质量控制不仅对管理的其他职能起到监督调控的作用，而且直接影响到管理效益，即管理目标的实现，影响景区经济、社会、环境三大效益的获取与提升，进而影响到景区未来的发展与走向。虽然服务质量控制不一定能令依托自然的景观更美，但可以使游客的体验更高，服务质量更优。由此可见，服务质量控制的意义重大。

📖 相关知识

一、景区服务质量概述

景区质量问题的研究一直滞后于旅游业中的饭店业。其原因在于饭店以企业化经营为主,对服务质量管理相对重视,而景区由于其属性的多样化以及产品的特殊性,对服务质量问题并没有引起高度重视。即使像美国、英国那样的旅游业发达国家,景区服务质量管理也处于相对弱势地位,当然,商业化运作的主题公园类型的景区对服务质量的管理与控制是十分重视的。

(一)景区服务的概念

国家质监局和国家标准化委员会于 2011 年 1 月 14 日联合发布了《旅游景区服务指南》(GB/T 26355—2010),此标准将旅游景区服务定义为:管理者和员工借助一定的旅游资源(环境)、旅游服务设施及通过一定的手段向游客提供的各种直接和间接的方便利益,满足其旅游需要的过程和结果。并将服务内容概括为:人员服务,包括停车场服务、售检票服务、入口服务、景区工作人员服务、导游讲解、交通服务、餐饮服务、购物服务、卫生保洁、咨询服务;服务设施和管理,包括停车场设施和管理、售检票设施和管理、入口区设施和管理、游步道设施、交通通信设施、标志指引、游览和活动项目设施设备、餐饮设施和管理、购物服务设施、卫生设施;安全设施和管理,包括设立安全管理部门、特种设备安全、旅游景区治安、医疗救援;投诉处理和管理。

(二)景区服务质量的含义

《旅游景区服务指南》将旅游景区服务质量定义为:"服务能够满足规定和潜在需求的特征和特性的总和,即服务工作能够满足被服务者需求的程度。是企业为使目标顾客满意而提供的最低服务水平,也是企业保持这一预定服务水平的连贯性程度。"

服务质量是游客在游览过程中享受到的服务劳动的使用价值,得到某种物质和心理满足的一种感受。它的内容包括两个方面:一是有形产品的质量;二是无形产品的质量。

有形产品的质量主要表现为旅游景区的各种设施、设备和实物商品的质量。无形产品的质量是旅游景区所提供的各种劳动服务的使用价值的质量。就二者关系而言,有形产品的质量是无形产品质量的凭借和依据,无形产品的质量是在有形产品的基础上通过服务劳动来创造的,是景区服务质量的本质表现。两者之间互相依存,互为条件,缺一不可。

景区服务质量的高低主要表现为客人享受到服务后的物质和心理满足程度的高低。消费过程享受服务是衡量服务质量高低的必要前提。消费者对景区服务质量的满足程度可分为两个层次:

第一个层次是物质上的满足程度。它通过设施、设备和实物产品表现出来,如设施、设备的舒适程度、完好程度、安全程度、档次高低,饮食产品的色、香、味、形,服务用品和客用消耗用品的美观、完美程度等。

第二个层次是心理上的满足程度。它主要是通过直接劳动方式所创造的使用价值表现出来,是服务质量最终的满足程度。它一方面取决于设施、设备和实物产品的质量,另一方面又表现为服务人员的服务观念、服务态度、服务方式、服务技巧、服务内容、礼节礼貌、语言动作、清洁卫生等。因此,景区服务质量既要重视有形服务质量,又要重视无形服务质量,两者不可偏废。

二、景区服务质量管理的内容

(一)景区服务质量的内容

1.服务设施和设备质量

设施、设备是提供旅游质量的基础。在客人未到来之前,它反映旅游企业的服务能力;在客人到来后,它是旅游企业有形服务的表现形式。在游览服务过程中,设施、设备可分为两大类:一类是生产性设施设备,其完好程度间接影响服务质量;另一类是直接供客人使用、发挥服务功能的设施设备,其舒适程度、完好程度、美观完善程度在很大程度上决定服务质量的高低。

2. 服务环境质量

服务环境的良好程度是满足客人精神享受需要的重要体现,美观良好的服务环境能够给旅游者提供舒适、方便、安全、卫生的服务,是游览服务质量的重要组成部分。服务环境的质量主要表现为服务设施和服务场所的装饰布置、环境布局、空间构图、灯光气氛、色调情趣、清洁卫生和外观形象等方面的质量。它们形成服务环境的整体效果。

3. 服务用品质量

服务用品包括服务人员使用的用品和直接供客人需求的用品,后者是满足客人物质消费需要的直接体现。如餐厅的餐茶用品、旅游交通的服务用品等。这些服务用品的质量必须符合企业的等级规格,做到用品齐全、清洁规范、定额配备、供应及时,才能提高服务质量。

4. 实物产品质量

实物产品质量是满足客人消费需求的重要体现。其内容主要表现为饮食产品的质量和满足客人购物需要的商品质量。前者包括产品风味、原料选择、原料配备、炉灶制作、食品卫生等。最终体现为以商品本身的内在质量为主。

5. 劳务活动质量

劳务活动质量即以劳动的直接形式创造的使用价值的质量。上述各种实物形式的服务质量最终都要先靠劳务活动来组织,也就是说,其质量高低在实物产品配备完成的基础上,主要是由劳务活动来创造的。因此,劳务活动质量是旅游服务质量的主要表现形式,其内容包括服务态度、服务技能、服务方式、仪容仪表、服务语言、礼节礼貌、行为举止、服务规范、劳动纪律、服务效率、职业道德、精神面貌等。劳动过程的组织和管理水平的高低是旅游服务质量的本质表现。

6. 客人满意程度

客人满意程度是旅游服务质量高低的最终体现。旅游服务劳动是为客人提供的,也是在客人的支配下进行的。其质量高低主要表现为他们在旅游过程中享受到服务劳动的使用价值,得到物质和心理满足的感受、印象和评价。上述五个方面的质量高低最终都通过客人满意程度表现出来。因此,提高旅游服务质量必须从客人的消费需求、消费心理出发,有针对性地提供各项服务,重视客人的满意程度,并随时掌握客人心理变化、不断改进服务工作,才能提高客人的满意程度,取得高水平的服务效果。现在,某些景区甚至提出"让游客感动"的服务理念。

(二)服务质量管理的内容

景区服务质量管理的内容主要包括五个方面:

1. 确定质量管理目标

服务质量管理是围绕着质量目标展开的。其质量目标主要包括国家目标和企业目标两个层次。

国家旅游服务质量管理目标:规范服务质量管理市场体系,建立服务质量等级标准,增强我国旅游业参与国际市场竞争的能力,维护旅游经营者和消费者的合法权益。现阶段,这一质量管理目标集中表现为旅游服务质量等级管理的建立和贯彻实施。服务质量等级标准一经制定,就成为旅游行业服务质量的基本标准,成为各级各类旅游企业服务质量管理的目标和必须遵循的准则和依据。

企业服务质量管理的目标:根据国家旅游服务质量管理目标及服务质量等级标准,确定自己的质量管理方针、政策和措施,贯彻行业质量标准,参加服务质量等级评定,制定具体操作标准、程序、管理制度,采取切实有力的措施,提高自己的服务质量。

2.建立服务质量管理体系

围绕服务质量等级标准,建立一整套为贯彻实施这种质量标准的管理体系,包括:服务质量管理的组织机构、人员分工;责任体系的建立,职责权限的划分;服务质量等级标准的贯彻落实,检查评定;企业内部服务质量管理标准化、程序化、规范化的操作体系;质量信息的收集、传递、反馈及其质量改进措施;服务质量投诉处理的方法、措施等。

3.开展服务质量管理教育

贯彻服务质量等级标准,不断提高服务质量,必须坚持始于教育、反复教育的原则。它只有阶段性的总结,而没有终点。服务质量管理教育的内容主要包括基础理论教育、质量意识教育、质量标准教育、服务技能培训、质量管理方法教育、质量投诉处理教育、职业道德教育、语言艺术教育、礼节礼貌教育等。

4.组织服务质量管理活动

服务质量管理活动贯穿于企业旅游服务的全过程,其具体工作主要包括接待服务活动本身的组织和质量管理活动组织两个方面。前者以贯彻服务质量标准,在服务准备、各项组织、迎接客人、现场服务、后勤保障、接待客人、善后服务等各个方面认真执行标准、遵守操作规程等为主,它是服务质量管理的本质表现和最终目的;后者以开展服务质量管理小组活动、评比活动等为主,目的是动员群众,造成声势,贯彻质量标准,以期提高服务质量。

5.评价服务质量管理效果

服务的效果主要表现在各项服务工作是否符合服务质量等级标准的要求及客人的物质和心理满足程度。因此,旅游景区评价服务质量管理效果必须以此为唯一的尺度。其评价方法是:检查景区各部门、各环节的各项具体服务操作是否贯彻服务质量等级标准;服务程度、服务方法和操作规程是否符合客人的消费需要;宾客至上、服务第一的宗旨是否深入人心并在服务操作中得到具体贯彻落实;客人的满意程度是否达到了规定的标准,以此作为评价景区服务质量管理效果的客观依据。并针对存在的问题,查明原因,提出改进措施,不断提高服务质量。

三、景区服务质量标准的建立

(一)服务质量标准

1.内部标准

内部标准是指符合服务工作规律,适合游客需求和特点的服务规范和质量标准,是景区提供有效服务的基本保证。长期以来,我国许多景区的管理重心是旅游资源、环境的开发与保护,没有把游客作为考虑问题的出发点,服务的规范化管理落后,服务质量内部标准的制定没有得到应有的重视。

但这种局面正改观,2003年国家质监局发布了《旅游区(点)质量等级的划分与评定》(GB/T 17775—2003),该标准替代了GB/T 17775—1999。特别是近几年,国家加紧制定了更为细化的服务质量标准。如:主题公园服务规范(GB/T 26992—2011)、游乐设施安全规范(GB 8408—2008)、绿色旅游景区(LB/T 015—2011)、旅游娱乐场所基础设施管理及服务规范(GB/T 26353—2010)、宗教活动场所和旅游场所燃香安全规范(GB 26529—2011)、客运索道安全服务质量(GB/T 24728—2009)、旅游餐馆设施与服务等级划分(GB/T 26361—2010)、旅游购物场所服务质量要求(GB/T 26356—2010)、旅游景区服务指南(GB/T 26355—2010)、旅游景区公共信息导向系统设置规范(LB/T 013—2011)、旅游景区游客中心设置与服务规范(LB/T 011—2011)、旅游景区讲解服务规范(LB/T 014—2011)、游览船服务质量要求(GB/T 26365—2010)、内河旅游船星级的划分与评定(GB/T 15731—2008),等等。

景区(点)内部质量标准必须与自身服务规律相吻合。故而,景区内部标准的制定不仅要以国家标准为依据,还应该结合自身服务的实际需求,这样才能制定出具体、全面、重点突出、具有可操作性的、为游客和服务人员所接受的服务质量内部标准。需要指出的是,景区服务质量方面相应的地方标准和企业(景区)标准的出现很大程度上促使了国家标准的出台。

2.外部标准

外部标准是指景区服务产品质量应符合并满足游客的期望,是游客对实际所提供服务,或其享受到的服务的评判。

游客在这一评价过程中是以自身体验为基础的,评价通常非常笼统、直观,以满意度(顾客对其要求已被满足程度的感受)来表示,一般会产生以下三种情况:

当体验到的质量＝预期的质量时,游客感到满意;

当体验到的质量＜预期的质量时,游客感到不满意;

当体验到的质量＞预期的质量时,游客感到非常满意。

外部质量标准仅以满意度来区分显得过于笼统,而且满意度中也隐含有很大的可变性。

(二)景区服务质量存在的主要问题

1.服务质量不稳定

(1)不同服务项目的质量差异性。目前景区提供的服务项目中,游览服务,包括游览环境、游览秩序,以及景点建设等方面游客的满意度较高,但购物服务、信息服务、服务人的服务态度等满意度还较低。目前,景区服务质量问题较多的还有安全服务问题。

例如,景区信息服务短缺是目前暴露出来的主要问题,特别是随着散客旅游、自助式旅游的增加,游客迫切需要得到大量旅游信息以帮助自己完成在景区内的旅游活动。但目前在信息服务上存在着沟通方向单一、沟通渠道单一、信息内容单一、信息展示方式单一等问题。

景区向游客提供的信息严重不足,使游客明显处于信息劣势的境地。有的散客由于不能及时得到景区的详细信息,整个游览活动处于盲目状态,经常发生找不到景点,找不到赏景的最佳角度(如对一些象形山石的观赏),游览完景点,还不知道精华在何处;而一些团队客人虽然由导游带路,不会迷失方向,但如果遇上不负责任的导游,暗自减少活动内容,游客也许根本不知道。

另一方面,游客向管理者方向的信息传播渠道不畅,或信息反馈存在很长的时间,游客在游览过程中出现的问题不能及时得到解决,而管理者也不能及时了解突发情况,应急服务无法跟上,损害了游客的利益,也影响了景区的形象,有的甚至产生意想不到的严重后果。

目前我国大多数景区提供的信息内容也是十分有限的,表现在:

第一,与景点有关的信息多,与服务有关的信息少。如游客能较容易地得到景区内有关游览点、游乐设施的介绍,而对景区内厕所分布的信息很难知晓。

第二,静态信息多,实时动态信息少。一般的游客对于游览点即时游客的流向、流量信息根本无法及时了解,依惯例选择游览线和游览点,不能根据景点的游人情况作出调整,容易造成游客在景区内的分布不均,产生局部拥挤,而游客也不能获得更好的体验。

第三,固定展示方式多,灵活展示方法少,信息服务缺少人性化。

(2)不同时间段服务质量的差异性。不同时间段服务质量的差异性主要指服务质量会随着旅游的淡、旺季发生波动。旺季的主要问题是服务供给不能满足服务需求,以资源及观赏点空间、环境空间、服务设施和服务人员短缺引起服务质量问题最为突出。淡季的主要问题是由服务上的偷工减料引起的,一些景区为控制成本减少服务次数,不按承诺服务项目,如减少演出次数等。也有一些服务人员因服务减少而出现服务上的松懈、串岗、聊天、打电话、处理私事,对游客的到来视而不见。

景区服务质量的不稳定还表现在不同服务人员提供服务的差异性和不同服务对象享受服务的差异性。

2.服务质量低劣

(1)服务意识淡薄。服务意识由四个方面组成:一是,预测并提前或及时到位,解决客人遇到的问题;二是,发生情况时,按规范化的程序解决;三是,遇到特殊情况能提供专门服务、超常服务以解决客人的特殊要求;四是,不发生不应该发生的事情。

(2)服务态度生硬。服务过程中缺乏技巧,服务工作程序化,不能柔性服务。

(3)服务技巧低劣。服务技巧主要指基本的语言技巧、服务程序的规范性、沟通技巧。

3.服务缺乏时效性

游客对于服务等待时间与服务过程时间都会有一个心理预期。

最常见的排队现象包括以下几个方面:排队等待游览景点;排队等候参加游乐项目;排队等待享受旅游配套服务;交通拥挤造成等待;投诉处理结果需要等待。

(三)景区服务质量问题系统分析

1.服务质量标准不能反映游客需求

游客与管理者之间存在认识上的偏差。在我国主要原因在于:第一,风景名胜区、自然保护区、森林公园等是我国景区最重要的组成部分,但这些区域的设立初衷或其主要功能并不仅仅是为了旅游,风景名胜区的主要功能是"游览、审美、科研、教育及维护态平衡等"。第二,这类景区的资源和环境往往是独有的,具有一定的垄断性,因此容易使管理者夸大旅游资源、环境在服务质量中的作用。

2.服务质量标准难以做到统一、规范

管理者在把对旅游功能与服务需求的认识转化为具体的可执行的服务质量标准过程中可能存在偏差。主要原因有:景区管理主体多元化;标准可操作性差;服务标准过高,在实践中难以实施。

3.实际提供的服务与质量标准不符

服务人员按照标准在提供服务时可能存在偏差,它导致服务人员在提供服务时不能严格按照既定的服务质量标准行事,是目前景区服务随意性大、服务质量波动性大的主要原因之一。主要原因是:质量管理力度不足;客观因素加大"提供服务"质量的波动性;服务人员素质不高,不能按照服务标准中的要求传递服务。

4.游客的实际体验服务与期望服务不符

在"期望服务"与实际"体验服务"的环节中,游客不能体验到期望中的服务。

(1)影响游客服务期望的因素。游客服务期望受所收集到的各种信息的影响,受景区长期以来所形成的形象的影响,受游客个人因素的影响。有丰富经历、阅历,素质较高的游客更善于辨别、判断来自各种渠道的信息,善于去伪存真,有利于形成对景区服务质量的期望。特别是一个成熟的游客,他会对景区服务有更高的期望。

(2)游客实际体验服务与期望服务不相符的主要原因。①景区的宣传促销活动与内部经营管理、服务质量相脱节。景区在举办大型节庆活动、推出特殊项目时,一般促销在先,但必须注意与经营的同步性,因为人们受促销影响,有先睹为快的心理,景区经营活动如果不能同步就会使游客感到遗憾。另一方面,在促销中明确承诺的服务,也会由于某些特殊的原因如停电、检修、人满为患而不能如期进行。②景区宣传促销夸大其事。③朋友的介绍与亲身体验不符。④不切实际的新闻报道以及影视故事中不真实场景。新闻报道本身应该具有公正性、客观性,是可信度较高的信息渠道。但在目前市场经济的大环境下,也不排除失真报道的存在。主要有两方面的原因,一是新闻单位为了增加报刊阅读量,故意炒作;二是新闻记者成为景区代言人,故意夸大事实,带有明显的暗示性、导向性。⑤游客的主观原因。游客个体的差异性是导致服务期望差异性的重要原因。如旅游资源、环境是景区产品质量重要组成部分,而这极易受到来自各方面因素的影响,特别是受到来自自然变化的影响,具有很大的可变性。游客若不能认识到这一点会使旅游期望与体验产生偏差。⑥不可控制的客观原因。客观原因是人们不可控制的,有的甚至是不可预测的。"天有不测风云",景区的经营活动,产品质量经常受各类因素的影响。

(四)制定景区服务质量标准

制定每一个项目的质量标准时都要根据实际情况,有的可以参照国家已颁布的标准,如环境空气质量标准、城市区环境噪声标准、地面水环境质量标准、公共信息标志用图形、服务质量标准等以及地方上颁布的一些标准,有的需要进行反复推敲,经过实践检验才能确定。

1.制定景区服务质量标准的要求

一个好的服务质量内部标准的制定应该反映以下四方面的要求:

(1)满足游客的需求。质量标准的制定本身就是为游客服务的,若不能反映游客的需要,就没有制定的必要。景区内垃圾箱的数量、布局、风格、垃圾清理等标准都要根游客的需要、游客游览空间活动的规律来制定,否则,外观漂亮、材料再考究的垃圾箱也不能为游客丢垃圾带来方便。

(2)符合景区自身状况,能为员工所接受。不符合景区自身状况的质量标准是空中楼阁,是无法实现的。同样,员工是服务质量标准的具体执行者,只有为员工理解的质量标准才能得以实施。如对于环卫服务来说,平原型景区的标准就不能硬套用在山地型景区中,要根据环卫人员的体力付出作适当的调整。

(3)重点突出,具有挑战性。过于繁琐的质量标准会使员工无法了解管理者的主要意图,陷入机械、程序性的操作之中。因此,标准的制定应该强调重点,充分反映景区特色,能激发工作热情,并使员工感到工作具有挑战性。

(4)能及时修改。服务质量标准确定后,并不是一成不变的,随着景区经营外部条件和内部条件的变化、目标客源市场的变化、消费者生活水平的提高等,景区服务质量标准要作相应的调整。

2.制定服务质量标准应注意的问题

(1)重视市场对质量的看法。景区应做好以下工作:①设立专门机构,配备专职人员来系统地从事游客市场的分析研究工作。②创建市场信息网络,收集各种市场信息。③把握市场对质量的看法。④制定出质量标准,在小范围内进行试验,并逐步加以推进,使产品和服务能更好地满足游客的需求。⑤跟踪市场,调整服务标准。

(2)进行信息沟通与收集,修正与完善标准。对游玩结束的游客进行现场调查,可用问卷调查的形式,也可用其他形式,了解游客对景区服务的总体看法,了解游客的满意度。①暗查。工作人员可以在景区内的人员集散中心对游客进行暗访,以了解游客对景区服务的真实评价。②重视游客的投诉与抱怨。游客的投诉与抱怨反映了景区服务质量的薄弱环节,一定要引起高度重视,对游客的抱怨进行分类并加以分析,可以找出问题的症结所在。直接听取游客的意见,掌握第一手资料,避免信息在传播途中的漏损与扭曲。③定期互通部门之间信息。景区地域广,景点分散,部门多,因此一定要经常沟通信息,如定期召开部门协调会、发布通报,以相互理解,相互支持,形成景区整体形象。建立、完善必要的通信设备、问讯设施及相关公共设施,保证信息的有效收集和传播。④创建信息管理网站。建立开放式、交互式的景区网站,方便各部门之间、景区与游客之间的信息交流,及时处理各种数据,做到信息共享。

（3）确定基本空间标准。实践中，容量理论在旅游旺季及旅游淡季均有其运用价值。目前，人们普遍认识到景区一定时段内人数太多会影响观赏效果，损坏旅游资源与环境，因此，在旅游旺季运用容量理论来控制旅游人数，以保证游客在景区内有一个基本的活动空间。但当游客人数太少，即游客活动空间太大时，也会影响景区的服务质量。服务人员会由于没有服务对象而放松对自己的要求，景区为了节约成本取消服务项目或减少服务频率。从游客角度分析，景区内游客人数太少会感到凄凉，甚至不安全，有些特定的项目没有人气就不能烘托出应有的气氛，游客的满意度也会下降。因此，在旅游淡季，景区同样需要通过各种方法，如价格、特殊活动来吸引一些特殊的人群，增加旅游人数，以达到理想的容量。

（4）细化质量标准。目前许多景区在环卫管理中对环卫人员日清扫工作有明确的量化要求，一般提倡"5分钟"保洁法，即环卫人员在自己管辖范围中必须在5分钟内将地上的垃圾清扫干净。当然，由于景区服务产品上服务运作系统的特殊性，全面严格规范化与量化存在一定的难度，但可在以下方面进行大胆尝试：①服务界面的服务流程操作规范。景区中，通常能与游客面对面接触的服务有停车服务、票务服务、景区内交通服务、游乐项目服务、文艺演出服务、景区导游服务、购物与餐饮服务等。以售票服务为例进行说明：售票处要明码标价，注明各类票证的用途和价格。售票员服务要求做到微笑，问候，收款，撕票证、找零钱用双手将票证与余款交至游客手中；并要做到有问必答、热情周到。保持售票处环境的清洁卫生。②服务工作内容量化测评。每个岗位根据服务性质，制定出可量化的测评标准。如深圳世界之窗对文艺演出、演员的量化考核。③服务等候时间的量化限定。每项服务从游客提出需求到提供服务都应该有一个时间限定，以保证服务的时效性。诸如急救抢险服务人员应该在多少时间内到达出事地点，票务人员必须在几分钟内完成售票工作，签座服务员必须在游客就座后几分钟内提供服务，游客投诉必须在多少时间以内予以答复，等等。④服务人员基本素质的量化标准。景区应该对服务人员的基本素质有一个量化的要求，如学历、语言、动作、姿势、用语等。⑤服务设施规模的量化标准。以景区的接待规模、淡旺季景区的接待人数、景区的景点分布、旅游活动的安排、游客的行为规律与生理需求等为依据，设置一定比例的固定性旅游设施和移动性旅游设施，保证游客对设施的利用。⑥景区资源保护的量化标准。对于资源型景区来说，资源保护工作的量化管理是优质服务的重要内容之一，应该设立专业保护队伍进行规范化管理。⑦景区环境质量控制的量化标准。根据景区性质、旅游功能、资源等级的不同，对景区的各种环境因素进行监测与评价。配备专用设备、仪器仪表，专业人员定期对游览点环境质量进行监测，内容包括大气质量、水体质量、噪音分贝值等，如实完整地记录每次监测的结果，一旦发现超标立即采取措施加以解决。⑧总体量化考核标准。对一些能反映服务质量的主要指标进行量化。例如，武夷山景区管委会认为"保护是前提，服务质量是生命，游客满意是根本"，在景区中导入ISO9001质量管理和ISO14001环境管理国际标准。公开发布质量目标：顾客满意率达90%，顾客投诉率少于0.06%；一般人身事故发生率0.01%，杜绝特大事故发生；全年杜绝森林火灾，森林火灾过火面积不超10亩；全年无重大病虫害疫情发生；全年杜绝重大林木盗伐事件发生，林木乱砍滥伐和野生动物偷猎案件查处率100%；3年内在景区投入环保车，降低机动车尾气污染；景区全年杜绝山地开垦。

四、景区服务质量的控制

景区服务质量的控制，可以通过质量负反馈控制得以强化。质量反馈信息是指在实施质量控制过程中对质量目标实现情况的反映信息。它的真实性是保证质量反馈控制的关键。景区的质量负反馈控制，是景区管理机构预先设计区内各行业的质量目标，在不断对比质量目标与质量现状差距的基础上，促使目标差距不断减小的一种控制过程。

在实施质量负反馈控制时,要注意如下问题:

(一)尽可能提高质量反馈信息的真实性

景区的质量信息包括了旅游基础产品的质量信息、旅游产品组合质量信息和从业人员工作质量信息等三方面。对旅游者的意见反馈,信息处理人员应明确:

(1)游客的意见因何而起,有无过激的表述。

(2)对产品组合的意见是否代表了主体消费者的意向,少数或个别旅游者对产品组合的不满具体在什么环节,等等。

(二)尽可能缩短质量信息反馈的时程

景区质量信息反馈的时程,是指现时质量信息反送回质量控制主体的时间进程。质量信息反馈的时程越短,就越利于管理人员和工作人员及时修正工作方法,提高工作质量。

为了缩短质量信息反馈时程,必须疏通反馈渠道,提高反馈环节的工作效率,具体措施有:

1.建立统一的质量信息中心

在景区内设立投诉站和方便的投诉电话。质量信息中心不仅接收游客的投诉、传递质量信息到相关的单位或个人,而且还应监控执行结果。

2.建立质量信息管理的制度

对各种质量信息在传递、执行的时间上作出明确规定,并将之与质量责任制结合起来。

3.选择多种质量反馈方式

景区的整体质量系统是由多个子系统构成的复杂系统,要控制好这个复杂的质量系统,单靠旅游者一条反馈线路是不够的,还需要借助行业间的质量信息反馈线路。

任务实施

步骤一 领受任务

教师介绍任务的内容、要求、关键点及注意事项。各小组提问,教师答疑,准确理解任务,完成任务领受。

步骤二 实施任务

请各小组按教师的要求,制订完成任务的工作程序及任务分配方案,阅读相关知识,查阅其他相关资料,分析景区服务质量内容、存在的问题及原因,完成情境中提出的任务,写成任务报告,做成PPT,准备汇报。

步骤三 任务汇报

各小组根据任务的要求,在教室中汇报并相互提问。指导教师进行点评与总结。各小组对本次汇报及时进行总结,形成文字材料上交指导教师。指导教师给出各小组评价综合得分。

考核评价

旅游景区服务质量的分析任务考核表

学习目标	评价标准	小组评价 (50%)	教师评价 (50%)	综合得分 (百分制)
理论知识 (20分)	理解旅游景区服务质量的内容;理解旅游景区服务质量标准的建立			
专业技能 (20分)	能分析旅游景区出现的服务质量问题			

续表

学习目标	评价标准	小组评价 （50%）	教师评价 （50%）	综合得分 （百分制）
通用技能 （20分）	具有团队协作能力；具有团队运作信息收集能力			
任务完成 （20分）	纸质作业、PPT及任务问答的有效性			
学习态度 （20分）	完成任务的态度、责任感			
综合评价及建议：				

拓展知识

旅游景区服务质量管理体系的构架

　　根据我国旅游景区发展的现实与升级的需要，我们借鉴了饭店行业的发展规律，提出了以顾客满意为目的的服务质量管理体系的构架：以旅游景区自身质量控制为主（组织机构、控制体系、评价体系、支持体系），并将其置于社会等级评估和政府宏观调控之下，通过景区内部质量管理从多方面提高旅游景区服务质量，并通过信息的输出达到顾客满意、景区整体升级的目的。其构架结构如图2-1所示。

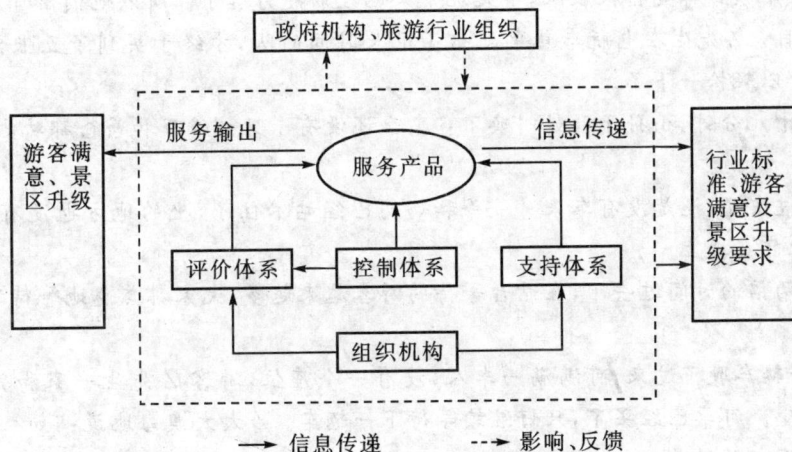

图2-1　基于游客满意、景区升级的旅游景区服务质量管理体系构架

　　旅游景区服务质量管理体系，是从内部管理着手，通过景区自身有目标、有计划、有组织的一系列措施及政府、旅游行业组织之间的共同作用，不断提高和控制景区的质量，以实现景区有效、快速升级，提高游客量与游客满意度。在整个体系中，景区内部的各个职能部门与工作组各司其职，按照整体升级、服务游客的目标，分头行动，保证游客在景区内所有活动的质量。景区还通过定期问卷调查、内部自检、邀请规划专家及行业组织机构对景区服务质量作出评价与指导，及时获得反馈评价信息，从而对景区服务质量与内部结构及时进行调整，满足游客的需求。与此同时，景区通过运行服务质量管理体系进行内部管理的各项实践活动，在实现景区升级的同时，也

会发现不少评分标准体系及各项规定在执行时所存在的现实问题,这对于行业组织调整、修正各项评分标准、更好地满足游客需求有一定的现实意义。整个管理体系按照各方要求,从内到外保障了旅游景区服务质量的稳定性和可持续性,对游客、景区自身及整个行业的发展都有益处。

在整个体系构架中,管理组织机构、控制体系、评价体系和支持体系等四大体系互相影响、互相配合,共同构筑旅游景区服务质量管理体系,实现对景区服务质量的管理。组织机构是对景区内人员的调配与管理,是其他各子体系的依托和支撑。评价体系、控制体系、支持体系共同作用,生产出满足游客各方需求的景区服务产品。在景区外部,政府、旅游行业组织还以宏观调控、专业评估、指导的形式对景区的文化、环境、交通等发展带来一定影响。

随着旅游业的蓬勃发展,旅游景区已成为整个行业链条当中最重要的一环,围绕服务下工夫也成了景区的必修功课,旅游景区服务质量管理体系的建立是现实要求也是发展必然,这是人性化的体现,是景区快速、有效升级,达到游客满意的有力支撑,是旅游景区可持续发展的需要。

资料来源:杨振之,魏荔莉,张丹,潘琳.景区升级与服务质量管理[M].北京:科学出版社,2009.

📖 案例与讨论

你们还要我等多久? 我要退票!

在大型游乐型景区内都有电瓶车、老爷车、环园小火车或小型电动车供游客方便快捷地游玩观光,乘坐这些交通工具,均需另外购票。然而在黄金周,景区人潮涌动,为了游客的安全,游览车只好匍匐前进。

游客 Z 先生是带着父母、儿子祖孙三代一大家子趁着"十一"黄金周来 A 景点玩的,景点里到处都是人,每个项目都要排很长队,半天玩下来已经筋疲力尽了。所以他们商量后决定乘坐电瓶车到下个项目。Z 先生在电瓶车售票处排了很长时间的队,才终于买到了五张票。大家长吐一口气,终于可以轻松一下了。

大约等了十几分钟,小孙子开始叫唤了:"怎么还没有车呀?"爷爷和爸爸都劝他:"再等等,再等等。"

半个小时过去了,还是没有车来。爷爷和奶奶已经站不住了,坐的地方也没有,到处都挤满了人,他们只能靠在墙上。

超出平常两倍的时间过去了,在站台等待的游客越来越多,大家都焦急地等待和盼望着电瓶车快点来。

终于,有一辆车驶了过来,可满满一车人,没有一个座位,游客 Z 先生一家和其他所有等待的游客一样失望。可票已经买了,只好继续等待下一辆车。Z 太太懊悔地说:"如果刚才没买票,现在走都走到下一站了。"

又过了同样长的等待时间,当下一辆车来时,Z 先生远远看到有空座位,很高兴,当全家人欢呼雀跃准备等车时,却发现只有四个位置,一家人要分开坐,不能让人满意。服务人员又很着急地说:"快点上车,快点上车,马上就开了,别耽误了大家。"

于是,游客 Z 先生一家积蓄已久的情绪终于爆发了。"究竟是我们耽误了你,还是你耽误了我们? 我们都等了一个小时了! 你们还要让我们等多久? 我要退票!"

案例讨论题:景区如何在旺季解决游客排队拥挤问题,而避免降低服务质量?

案例分析:案例表面看起来是一起因等待而引发的争执,实际上是一起因售票服务不周全引起的争执。在黄金周,作为一名售票服务员,需要看情况卖票,即识别游客的需要,主动服务。主动服务可以有很多优点:消除各类问题的隐患,能让游客感觉到服务的周到,能使游客预先安排好行程等。主动服务的特点就是要多加一句善意提醒。很多景区服务人员因为对每天的服务工作厌倦或者熟视无睹,就忽略了主动服务的优点,却认为这很麻烦。案例中的售票员,在平时工作时习惯了每天的售票服务,但在旅游旺季时,游客多了,面临新的问题,应当针对新情况采用新服务方法,主动服务就是一个好办法。如果能在售票时主动提示游客:"对不起,由于现在是黄金周,游客很多,游览车行进速度比较慢,您可能要等上较长时间。"游客会在服务人员的主动提示下会考虑是否乘坐游览车,也会对自己购票后的等待时间长有了心理准备。主动服务在很多场合都适用。比如,如果景区内有景点装修,售票人员应当在售票时予以提醒;景区内有表演活动,售票人员应当主动告知游客景区内正在进行或即将进行的表演活动内容及时间;如果游客售票时间接近闭园时间,售票人员应当主动提醒闭园时间并建议其安排好行程;如果景区可出售不同票种,应提醒游客可购买单票、联票、套票、统票,并根据游客需求给予合理建议,等等。在对游客解释的同时,少不了服务人员真诚的微笑。当服务人员真正做到了识别游客需要,提供针对性、个性化服务,相信那些游客一定会配合的。

思考与讨论

1. 为什么游客到景区旅游之后,对于旅游景区服务,总是与预期产生较大偏差?
2. 旅游景区应如何提高服务质量,让游客满意?

技能训练题

对本地旅游景区的服务质量进行调查分析。

任务二　A级旅游景区等级的评定

情境设计

国内涌现5A级景区申报热

学旅游管理专业的小张,这学期学旅游景区管理专业课程,偶然进行百度搜索,发现国内正申报或准备申报5A级景区的地方很多,国内正兴起一股5A级景区申报热。具体如下:

庐山申报5A级风景区(江西日报)

嘉兴南湖冲刺国家5A级旅游景区 年内将完成申报(腾讯旅游)

苏州园林整体申报国家5A级景区(网易新闻中心)

荔波樟江冲刺国家5A级景区 年内将完成申报(黔南热线)

泉州清源山打造5A级景区 800万古城人民的心愿(和讯网)

琅琊山风景区管委会正式申报5A级旅游区(滁州房地产网)

长沙4景点联手申报国家5A级景区 以岳麓山为首(湖南经济网)

四川映秀震区申报国家5A级景区引争议(腾讯网)

……

虽然小张已经掌握了一定的景区知识和技能,但心理仍有一些疑惑:映秀震区也申报5A级景区,为什么各地争先恐后地申报5A级景区?5A级景区是什么样子?如何申报?

根据以上情境,完成下列任务:

1.国内为何会出现5A级景区申报热？成为5A级景区有何利弊？

2.5A级景区有何标准？如何评定与申报？

任务分析

旅游业在地方经济中的重要地位越来越凸显，为了巨大的经济效益，促使各地不遗余力地申报5A级景区。但5A级景区的申报是一把双刃剑，一方面可以带来品牌效应，促进游客增加，带来良好的经济效益；但另一方面，5A级景区将接受更为苛刻的国家和社会监督，近1~2年，就有几家5A级景区遭到了国家的整改批评或面临降级的境遇。5A级景区的申报，不在于其本身的金字招牌，而更在于通过其申报有效地提高服务质量。所以，景区更应该注重的是自身的服务质量。要掌握5A级景区的申报，首先要了解5A级景区的划分标准，然后了解5A级景区的管理办法，最后了解5A级景区的申报程序。

相关知识

一、A级景区的历程

1999年4月16日，国家旅游局在北京召开全国旅游标准化技术委员会扩大会议，对标准进行了技术审查；在通过审查后，又根据专家们所提意见作了进一步修改完善，然后正式上报国家质量技术监督局审批。国家质量技术监督局于1999年6月14日正式批准发布了《旅游区（点）质量等级的划分与评定》（GB/T 17775—1999）国家标准，并于1999年10月1日起正式实施。这个标准不但是旅游行业管理部门管理旅游区（点）的第一项国家标准，也是我国在旅游标准化建设方面的一个创举，借鉴了国际经验，体现了时代精神。

2000年8月，国家旅游局又发出了《关于全面开展旅游区（点）质量等级评定工作的通知》，决定在全国范围内展开这项工作，至2000年末，全国已有187家首批具有示范效应的旅游区（点）正式通过国家AAAA级旅游区（点）的评定。

国家质监局2003年2月24日发布了《旅游区（点）质量等级的划分与评定》（GB/T 17775—2003），该标准与GB/T 17775—1999相比，主要作了以下修改：在划分等级中增加了AAAAA级旅游区（点），新增的AAAAA级主要从细节方面、景区的文化性和特色性等方面做更高要求；对原AAAA—A级旅游区（点）的划分条件均进行了修订，强化以人为本的服务宗旨，AAAA级旅游区（点）增加细节性、文化性和特色性要求；细化了关于资源吸引力和市场影响力方面的划分条件。至2012年2月，全国已有130家旅游景区正式通过国家AAAAA级旅游景区的评定。

由于旅游景区本身的特点，导致了在旅游区（点）实施标准化管理的复杂性和较高的难度，它包括质量、环境、安全、秩序等方面的标准化要求，其中"质量"和"环境"方面的标准化可以借助国际标准化组织发布的ISO9000和ISO14000系列标准，同时要强调旅游区（点）大体上可以归为服务行业，而质量对于服务业具有更重要的意义，因为只有提供满足要求的服务，才能使顾客（游客）满意，赢得客户的信任并占领市场。

旅游景区的A级评定还必须紧紧与环境管理体系结合起来，从大的方面说，这是与国际接轨，消除"绿色壁垒"；从小的方面说，随着经济和社会的发展，人们生活水平的改善和生活质量的提高，势必形成对环境的更高要求，而国人在环境保护上的意识和行为相对来说都是滞后的，在旅游区（点）实施环境管理标准化后，既能推进旅游区（点）本身的国际化、现代化，又能使游客在游览的过程中不断感受到心灵的净化并增强现代意识，同时，对于国家的风景名胜事业、文物保护事业、环保事业、林业等都有积极的推动作用。这无论对国家、地区、企业或个人来说都是有利的,可以说在旅游区实施标准化管理,最根本的目的是达到一个双赢、多赢、共赢的局面。

《旅游区(点)质量等级的划分与评定》是一套规范性、服务性、引导性、发展性的标准,长远地看,它与 ISO9000 及 ISO14000 等相关标准之间的相互渗透、相互完善将是一个重要的发展方向。而且,由于国家旅游局在推行该标准过程中,始终坚持服务这一宗旨,做到了"以工作精神打动人,以专业水平说服人,以市场运作吸引人,以发展思路促进人",以及"五不"(不收费,不大兴土木,不改变旅游景区的行政隶属关系,不排斥其他标准,不与其他部门的功能性管理相冲突),标准公开,程序公正,因而工作进展顺利,受到了旅游景区的欢迎。

二、A 级景区的划分

A 级景区的划分具体见附录一。

三、A 级景区的申报与评定程序

(一)申请条件

3A 级及以下等级旅游景区由全国旅游景区质量等级评定委员会授权各省级旅游景区质量等级评定委员会负责评定,省级旅游景区评定委员会可向条件成熟的地市级旅游景区评定委员会再行授权。4A 级旅游景区由省级旅游景区质量等级评定委员会推荐,全国旅游景区质量等级评定委员会组织评定。5A 级旅游景区从 4A 级旅游景区中产生。被公告为 4A 级三年以上的旅游景区可申报 5A 级旅游景区。5A 级旅游景区由省级旅游景区质量等级评定委员会推荐,全国旅游景区质量等级评定委员会组织评定。

申报景区应符合以下条件:

(1)景区正式从事旅游经营业务一年以上。

(2)景区的建筑、附属设施、服务项目、运行管理应符合安全、卫生、消防、环境保护等现行的国家有关法律法规和标准。

(3)硬件设施设备和管理服务等符合《旅游区(点)质量等级的划分与评定》标准中相应 A 级的具体要求和条件。

(4)执行旅游统计调查制度,承诺向旅游景区质量等级评定机构提供不涉及本景区商业秘密的经营管理数据的义务。

(5)创建及申请期内景区无重大违规事件、各类事故及投诉。

(二)申报材料(文件)

申报 A、AA 级的,以下所有文件均为一式一份;申报 AAA 级的,以下所有文件均为一式两份;申报 AAAA 级、AAAAA 级的,以下所有文件均为一式三份。

(1)景区等级申请报告。

(2)景区创建和自检自评情况说明。

(3)景区功能项目、服务设施、内外环境、创建活动等相关图片。

(4)其他必要的相关文字资料。

(5)景区工商注册、卫生许可、消防许可等证照复印件。

(6)《旅游景区质量等级评定报告书》。

(三)评定工作程序

1.创建

景区对照《旅游区(点)质量等级的划分与评定》标准及其评定细则的要求,制订创建计划,明确责任目标,完善各项管理制度,落实各项创建措施,按计划开展 A 级创建活动;景区完成创建计划后,进行自检自评。

2.申请

自检结果达到相应等级标准和细则规定的旅游景区,填写《旅游景区质量等级评定报告书》、创建汇报及自检说明,按照评定权限向当地县以上旅游景区质量等级评定机构提出评定申请。旅游景区质量等级评定机构收到申请报告或下级星评机构推荐报告后,告知申请人相关申请、创建、检查评定等相关事项。申请人向旅游景区质量等级评定机构提交各类相关文件材料。

3.评定

当地旅游景区质量等级评定机构对景区的申请进行初评审核,认为达不到等级标准的,下达整改通知书,通知书根据标准实事求是地提出具体整改意见和达标时限。创建单位在初评机构提出的时限内按照整改要求进行认真整改。

初评机构认为达到相应等级标准后,向上一级旅游景区质量等级评定机构申请相应质量等级的正式评定。旅游景区质量等级评定机构审核文件材料,安排检查评定小组评定检查(现场检查、资料审核、抽样调查等方式)。检查评定小组向旅游景区质量等级评定机构递交书面检查评定报告,评定机构根据检查意见对申请景区进行评审(申请资格,申请报告,标准达标,有无违规及事故、投诉等)。

现场评定工作由终评机构委派评定小组承担,采取现场检查、资料审核、抽样调查等方式进行。其中,现场检查重点查看景区资源要素、游览环境、基础设施、管理水平及服务质量等;资料审核重点查阅景区管理制度、宣传促销、资源和环境保护等案卷材料;抽样调查重点测评游客对景区的总体满意度。

4.公告

负责评定的旅游景区质量等级评定机构向经评定审核符合标准的旅游景区给予相应的质量等级(A级)批复,颁发标牌和证书,并向社会公告。其中,5A、4A旅游景区由全国旅游景区质量等级评定委员会予以公告;3A、2A、1A旅游景区由地方(省、市、自治区)旅游景区质量等级评定委员会予以公告,并报全国旅游景区质量等级评定委员会备案。

任务实施

步骤一 领受任务

教师介绍任务的内容、要求、关键点及注意事项。各小组提问,教师答疑,准确理解任务,完成任务领受。

步骤二 实施任务

请各小组按教师的要求,制订完成任务的工作程序及任务分配方案,阅读相关知识,查阅其他相关资料,认真分析 A 级景区的划分、管理及申报,完成情境中提出的任务,写成任务报告,做成 PPT,准备汇报。

步骤三 任务汇报

各小组根据任务的要求,在教室中汇报并相互提问。指导教师进行点评与总结。各小组对本次汇报及时进行总结,形成文字材料上交指导教师。指导教师给出各小组评价综合得分。

考核评价

A 级旅游景区等级的评定任务考核表

学习目标	评价标准	小组评价 (50%)	教师评价 (50%)	综合得分 (百分制)
理论知识 (20分)	了解 A 级景区的等级划分;掌握 A 级景区的申报程序			
专业技能 (20分)	能初步掌握 A 级景区的申报程序			
通用技能 (20分)	具有团队协作能力;具有团队运作信息收集能力			
任务完成 (20分)	纸质作业、PPT 及任务问答的有效性			
学习态度 (20分)	完成任务的态度、责任感			
综合评价及建议:				

拓展知识

A 级旅游景区质量等级评定细则

根据《旅游景区质量等级评定管理办法》和《旅游区(点)质量等级的划分与评定》国家标准的相关规定制定本细则。本细则共分为三个细则:

细则一:服务质量与环境质量评分细则

本细则共计 1000 分,共分为 8 个大项,各大项分值为:旅游交通 140 分;游览 210 分;旅游安全 80 分;卫生 140 分;邮电服务 30 分;旅游购物 50 分;综合管理 195 分;资源和环境的保护 155 分。

细则二:景观质量评分细则

本细则分为资源要素价值与景观市场价值两大评价项目、九项评价因子,总分 100 分。其中资源吸引力为 65 分,市场吸引力为 35 分。各评价因子分四个评价得分档次。

细则三:游客意见评分细则

本细则总分为 100 分,其中,总体印象满分为 20 分;其他 16 项每项满分为 5 分,总计 80 分。

各等级景区需达到如下条件:

等级	细则一	细则二	细则三
5A	950 分	90 分	90 分
4A	850 分	85 分	80 分
3A	750 分	75 分	70 分
2A	600 分	60 分	60 分
1A	500 分	50 分	50 分

以武陵源为例探讨5A景区的创建途径

张家界武陵源是国家首批4A景区之一,也是首批5A景区试点之一,高品位的生态景观资源是该景区旅游发展的核心竞争力。打造5A景区的过程,也是武陵源凸显核心竞争力、扩大影响、开拓市场、产品升级提升的过程。

1.原有问题

2000年以来,武陵源旅游产业得到了长足的发展,旅游基础设施条件得到明显改善,旅游服务质量逐步提高,旅游文明建设取得了较好成效。但是在景区建设发展过程中也还存在不少问题,集中反映在旅游产业整体素质不高。

从硬件方面来看,景区基础设施陈旧、老化,旅游功能不完善,旅游品牌地位还未完全树立,旅游资源保护需进一步加强,景区建设和保护任务还十分艰巨。

从软件方面来看,景区信息化管理水平不高,旺季景区(点)客流调控乏力,旅游从业人员素质普遍偏低,旅游服务质量欠佳,不讲文明、言行粗暴、欺蒙坑骗,对游客围追堵截等现象时有发生,这些问题的存在和滋长,影响了武陵源的整体形象和武陵源品牌的价值。在5A级景区创建过程中,从规划设计角度,武陵源主要从硬件和软件两方面对此进行了提升。

2.硬件整治

虽然武陵源已经是老牌的4A景区,在国内外久负盛誉,拥有世界级的资源禀赋,完全具备升级5A的先决条件。但是受中国旅游业发展的限制,武陵源的硬件水平实际距离国际化的标准还有着相当大的距离,虽然在2000年获得4A景区以来,景区硬件基础设施上取得了明显成效,但是按照5A评审的标准,差距很大,因此,武陵源的5A之路不仅是理念的提升,首要解决的应该是硬件的完善与达标。

完善旅游交通设施:加强沟通与协调,做好张清公路、景区公路的养护,公路沿线设立旅游专用交通标识,同时,交通部门与高速公路管理部门联系,做好长张高速公路沿线广告牌的清理,进一步改善景区外部交通环境,增强旅游的可进入性;按照生态化停车场的标准,科学设置停车分区、回车线和出入口,完成景区内停车场规范化和特色化建设;加强景区内旅游公路和游览步行道的维护,做好生态游道的建设;设立索道站预约票设施,增设景区至市区旅游交通专线,为广大游客提供安全、畅通、舒适的交通环境。

完善游览服务功能:要重点抓好游客中心建设,按照高标准、高起点、规范化的要求,加快推进永定、张管处、武陵源三个游客中心建设,把它建成张家界对外窗口;按照国标要求,对景区内的公共信息图形等进行清理整治,在停车场、出入口、售票处、购物场所、厕所、餐饮等位置,合理设置公共信息图形符号,确保各类引导性标识牌达到国家规范标准;坚持与周围环境协调性的原则,增设部分游客公共休息设施和观景设施;科学设置特殊人群服务项目,建立语音导游系统和信息咨询系统。

完善旅游安全保障:全面落实安全机制,加强安全生产检查和监控管理,确保安全设施齐全完整,确保重点地段的防护设施安全有效,确保游客生命财产安全;按照景区应急救援体系建设,完善应急救助设施,并积极有效地开展紧急救援和医疗救助工作,切实打造全国"平安景区"品牌。

加强环境卫生管理:按照《旅游厕所质量等级的划分与评定》标准的要求,对景区的厕所进行改造和建设,并申报评定三星及以上等级;建立健全机制灵活的景区医务室,为游客、居民和职工提供医疗服务;要确保景区无"三乱"(乱堆、乱放、乱建)现象,垃圾处理及时到位;切实抓好景区食品安全工作,保证食品卫生符合国家规定。

完善邮电服务设施:在景区重要入口和游客集散地,增设邮政服务和纪念服务;根据景区实际,完善电讯基础设施建设,健全景区通信服务网络。

完善旅游购物功能:加大对旅游商品的开发力度,为游客提供丰富、特色的旅游产品和旅游纪念品;加强旅游购物场所和经营从业人员管理,着重做好质量、价格、计量、位置和售后服务管理,景区城区旅游购物场所一律实行明码标价,禁止出售假冒伪劣商品和封建迷信、黄色物品,营造良好的旅游市场环境。

加强资源和环境保护:加大景区环境监测工作,确保景区空气、噪声、水质达到国家标准;开展景区单体建筑物的维护和修缮工作,地埋管线,拆除有碍观瞻的构筑物,使建筑物及管线设置与环境、景观协调;加强景区绿化和美化,抓紧做好补植补绿工作,进一步美化景区环境。

3.软件提升

5A景区在软件方面强调"以人为本"的基本理念贯穿规划中,景区规划要体现人性化,以游客为中心来建设景区。由此,强调以下几方面的发展:

景区建设体现地方特色与地方文化:在5A标准中尤其强调突出"特点"与"体现文化性",就连厕所的建设也不例外。因此,达到国际标准的景区也就是要能够充分凸显其地方特色与地方文化气息的旅游目的地——充分挖掘武陵源文化资源,建立完善武陵源民族文化中心、武陵源图书文化中心,提升武陵源整个景区文化氛围。

提高景区从业人员服务质量:高质量的服务是旅游景区最核心的人性化体现。好的服务必然需要好的服务人员来实现。将这里的服务人员分为景区管理人员与导游人员。一方面,应严格遵照5A标准中明确规定的旅游从业人员文化程度要求;另一方面,按时按情况对人员进行培训,加强职业道德,树立以游客为中心的思想理念。

加强综合治理管理工作:做好景区旅游总体规划的报批和实施;健全旅游投诉机制,整合管理力量,为广大游客提供规范、快捷的投诉处理服务;大力推进电子商务建设,扩大服务范围;积极开展员工培训;健全景区管理机构和规章制度;按客源地做好统计和分析,抓好市场开发;合理分流,有效解决景区旺季长时间排队的问题;严厉打击休闲娱乐场所设局敲诈、闲散人员追客赶客、购物场所高额回扣、景区景点削价竞争、占点强行照相以及各种损害游客利益的行为;充分发挥电视、报刊、网络媒体的宣传作用,提升张家界武陵源的知名度和美誉度。

案例讨论题:张家界武陵源创建5A景区对其他申报5A级的景区有何借鉴?

思考与讨论

1.为什么国内众多景区喜欢"攀星",如何看待这种现象?

2.讨论景区升级与景区服务质量之间的关系。

技能训练题

通过网络、旅游统计年鉴等资源统计分析我国5A—1A级景区的等级分布和区域分布状况。

项目三　旅游景区游客管理

学习目标

知识目标：掌握景区游客管理的内容；掌握景区游客管理方法；掌握游线管理技术。

技能目标：能制定景区游客行为规则；能调控好景区游客的数量；能与景区游客形成良好的沟通关系。

项目分析

　　游客的行为会对景区产生一定的影响，文明的行为有利于景区的可持续发展，而不文明的行为则阻碍景区的可持续发展。游客不文明旅游行为有可能有损景区环境和景观质量。这就需要旅游管理者对游客的不文明行为进行分析，引导旅游者文明旅游，从而使游客认识到旅游中哪些行为是文明的，哪些行为是不文明的，面对旅游景区环境应负的责任和义务，以此来制约自己不文明的行为。

　　景区游客管理技术的制定关系到游客旅游满意度的提高，保证景区利润不断地增长，维护景区旅游资源的可持续发展。景区游客管理技术的制定为景区树立良好的口碑起到坚实的作用。如何控制游客数量，在旅游旺季如何合理地制定游客排队的方法，在景区内设置人性化的游客服务中心，如何与游客形成和谐的沟通关系，景区游客管理技术将为学生提供一定的依据。

任务一　旅游景区游客的引导与管理

情境设计

　　2010年，上海世博会历经184天，接待游客7308万人次。这184天是难忘的世博之旅，给每位游客留下了难忘的印象。

　　在3.28平方公里的土地上，汇聚了246个参展国家和国际组织，世博会让国人不出门，就能感受到世界各国、各民族文化的交融，参观世博好似是"环游世界"。上海世博会场馆给游客带来了震撼，更重要的是世博的游客管理让人永生难忘。优质的服务、良好的秩序并没有因游客多而混乱，每一项工作都井井有条。

　　上海世博会给我们每一个普通人带来一场世界文明盛宴，但是在这场文明盛宴中也出现了不文明的现象。有的游客在展馆的墙壁上写上"到此一游"的语言。看！那位游客抑制不住内心的激动，把挪威馆的外壁当成攀岩墙，大人、孩子一起攀岩好不热闹。有的游客急于进馆，假扮成残疾人士乘坐轮椅通过绿色通道进入场馆。有的游客在馆内观看表演时，奋不顾身地脱掉鞋子赤脚搭在椅背上，引起其他游客的不满，可还是若无其事地观看演出。世博园直接饮水机随处可见，这给游客带来很多方便，但有的游客干脆把快餐盒都放在饮水机旁，随处可见的垃圾桶对于这些游客来说形同摆设。

　　在观看很多大馆时需要长时间排队,特别是夏日炎炎,滚滚热浪扑面而来,工作人员为客人打上雨棚遮挡阳光,装上电扇,并加装了降温喷雾设备等装置,在高温排队区放置了冰块,但是有些刚到的游客心急如焚,翻越几道栏杆准备插入队伍中,说时迟,那时快,几位上海阿姨一声怒吼:"不能插队!"随即世博会志愿者耐心劝说插队游客,让他们按顺序排队,这几名游客才默默地走到队伍尾部开始排队。

　　根据以上情境,完成以下任务:

　　1.上海世博会中先进的游客管理体现在哪些方面?

　　2.请选择一个熟悉的景区进行考查,根据景区游客的行为,探索引导与管理游客的方法。

任务分析

　　游客的行为对景区会产生非常重要的影响,在任务的实施过程中,需要到熟悉的景区进行考察,善于发现游客的行为(包括文明的行为和不文明的行为),特别探寻游客不文明行为的主观原因和客观原因分别是什么。例如游客乱扔垃圾,是因为景区设施不完善还是由于游客道德修养略低。通过景区游客引导与管理内容的学习认知景区存在问题的原因。同时考察多个景区,学习星级景区中的优秀经验,制定出科学合理的管理游客的方法。

相关知识

　　近几年来,很多旅游景区在旅游旺季都出现了人满为患的现象。大量涌入的游客,伴随而来的是游客在景区内的种种不文明行为现象随之增多,造成景区旅游资源的保护成为难点,特别是自然资源极易遭到破坏的自然保护区和遗产类景区,游客游览所带来的资源破坏的局面制约了景区的开发利用及可持续发展。如何提高旅游景区对游客的服务引导与管理的问题也变得越来越迫切。

一、景区游客管理的意义

(一)游客是景区管理的重要组成部分

　　游客是旅游景区的"主角",是带来经济收益的"顾客",注重对游客的管理,对景区的规范和持续发展有着不可忽视的作用。游客是景区管理的重要组成部分,通过组织和管理游客的行为活动,来强化旅游资源和环境的吸引力,在提高游客的满意度和体验质量的同时,实现对旅游景区资源的可持续利用。游客是保障旅游景区正常运转的基础,游客管理可以减少游客因不文明行为对景区资源和环境的破坏,倡导文明的社会文化氛围。

(二)游客是景区安全运营的影响者

　　旅游景区以其独特的自然、人文景观和愉快轻松的环境带给游客愉悦的心理感受和体验,成为主要的旅游吸引物。旅游景区作为一种重要的公共空间受到各种人为或自然因素的影响,使旅游景区的安全备受考验和挑战。安全是旅游的生命线,旅游景区发生的旅游安全事故不仅给游客的人身财产造成重大损失,也严重损害了景区旅游形象。游客是景区中重要组成部分,游客的安全问题是重中之重,巩固游客安全管理,是吸引其他游客来旅游目的地的基础,也是保障游客安全、利益的基石,只有保障游客的安全才能使景区得到正常的运转。

(三)游客是景区市场推广的参与者

　　我国景区景点数量庞大,类型日益多样,市场竞争加剧,游客是推动市场的动力,是景区市场推广的参与者。景区要获得高的利润需要市场的推广,需要在游客心目中塑造"美好的口传形象"。

　　景区景点给游客留下良好的印象,就容易获得游客的忠诚,从而为景区景点带来效益。但是如果景区的环境给游客带来不好的印象,不仅会使顾客流失,带走了当前的交易利润,而且带走了未来的利润。如果顾客因愤怒或不满而流失,他们很可能会向其他人表达对景区景点的不满,从而减少潜在的游客数量。美国学者调查表明每当企业有一名通过口头或书面直接投诉的顾客就意味着 26 名感到不满意但保持沉默的顾客。这 26 名顾客每个人都会对另外 10 名亲朋好友造成消极影响,而这 10 名亲朋好友中,约有 33% 的人会有可能再把这个信息传给另外的人。由于许多没有访问过旅游景区的人依靠的是亲朋好友的口头推荐,所以每一位游客都有满意的游览经历很重要。因为他们会将这种经历推荐或介绍给潜在游客。游客是景区市场推广的重要支柱,景区会因游客的参与而收到较好的经济效益。

二、游客行为对景区的影响

游客是文明旅游的主要承载者,其文明的行为有利于景区的可持续发展,而不文明的行为则阻碍景区的可持续发展。

(一)游客文明行为对景区的影响

游客是景区的重要组成部分,也是旅游业的"形象代表",他们需要有文明的行为。游客的旅游消费包括物质消费和精神文化消费。人们外出旅游,不仅要在行、游、住、食、购、娱等方面得到优质服务,更希望能开阔眼界,增长知识,陶冶情操,获取美的享受。当游客做出爱惜花草树木、不乱涂乱画、爱护动物、尊老爱幼等文明行为,这样就可以保护景区的自然资源、文化遗产资源以及游客的财产人身安全,这也是精神文明的一种体现。

游客的文明行为关系重大,干净整洁的景区环境可提高游客的满意度。保持优美的环境不仅是旅游管理者的责任,更重要的是游客的细心呵护。文明的旅游行为是保证景区可持续发展的因素,是景区良性发展的推动力。文明的游客可传播良好的声誉,吸引更多的海内外游客,推进旅游经济的更大发展。各景区要重视对游客的文明行为管理,这样才能使我国的旅游业更快、更好地发展。

(二)游客不文明行为对景区的影响

游客不文明旅游行为是指游客在景区游览过程中所有可能有损景区环境和景观质量的行为。它主要表现为两大类:一类是游客在景区游览过程中随意丢弃各种废弃物的行为,如随手乱扔废纸、果皮、饮料瓶、塑料袋、烟头等垃圾,随地吐痰之类。另一类是游客在游览过程中不遵守景区有关游览规定的违章活动行为,如乱攀、乱爬、乱刻、乱画、违章拍照等。由于游客道德意识感弱化,对环境保护信息缺乏等,这两类行为在景区都极为常见(见图 3-1)。例如:在上海的部分免费公园内就发生过市民在绿地上竞相采摘野菜而破坏草地的事件,而在山西太原的某些公园里一些市民拿着袋子在园里偷挖嫩小的竹笋等。如此种种问题都向旅游景区经营管理者敲响了警钟,在经营过程中,应注重对游客行为的管理和控制,通过管理和控制提高旅游者的满意度和旅游过程的安全性,并将正确的行为方式和态度通过教育途径传递给旅游者,让旅游者在游览过程中除了获得愉悦的游览经历外,还能在精神上获得升华,同时,这也有利于保障游客的人生、财产安全和保全景区资源。

很多游客存在不文明行为,可能导致旅游景区环境污染,景观质量下降甚至寿命缩短,还可能给景区带来灾难性影响,如违章抽烟、燃放爆竹、违章野炊等行为。其直接影响表现为三个方面:

第一,游客的不文明旅游行为给旅游景区的环境管理、景观管理带来极大的困难。

第二,游客不文明旅游行为本身往往成为其他游客游览活动中的视觉污染,影响游兴,破坏环境气氛,进而影响其他游客的游览质量。

第三,游客不文明旅游行为往往会给自己的人身安全带来隐患。如违章露营、随意给动物喂食、袭击动物、不按规定操作游艺器械等行为都可能给游客自身带来意外伤害。

这棵羽杉树遍体鳞伤,树身上刻满了游客的姓名、"××到此一游"的话语

景区崖壁上写上了"吴袁无悔",语义双关,尽显其"才"

景区河边的亭柱上写着游客的姓名

景区毛竹上写下了游客的爱情盟誓

某景区,几位游客不顾及身旁"堤岸陡斜,请勿靠近"的警示牌,到河堤岸边捞鱼

某博物馆的留言簿,上面也能看到游客写的"××到此一游"的字迹

图 3-1 游客的不文明行为

三、景区游客的过程管理

中国国民素质从整体上说还不算很高,所以正确引导游客行为的责任尤其重要。很多旅游者并不清楚自己的权利、责任和义务。别人怎么干,他就怎么干。景区管理者要及时传递信息给旅游者,要让"盲目"的游客了解其责任,向其介绍景区内应注意的事项(特别是不准做的事情)、环保政策、当地的习俗、社会行为规范、宗教场所的行为规范、摄影时应遵守的礼貌及其他与当地社会习俗和价值观有关的问题。

游客管理是指旅游管理部门或机构通过运用科技、教育、经济、行政、法律等各种手段组织和管理游客的行为过程,通过对游客容量、行为、体验、安全等的调控和管理来强化旅游资源和环境的吸引力,提高游客体验质量,实现旅游资源的永续利用和旅游目的地经济效益的最大化。

(一)游览前的游客行为管理

1.制定景区行为规则

行为规则是人们参与社会活动所遵循的具体的基本原则和规范。它具有长期的稳定的适应性。正如英国社会学家哈耶克说:"人不仅是追求目的的动物,而且很大程度上是一种遵循规则的动物。"

景区为游客制定行为规则,则是要求游客在景区活动时要遵循规范和制度。游客的行为很大程度上保护了客人的安全,保护了景区的资源,维护了某些景区的禁忌,例如进入佛教圣地游客不能杀生、戴墨镜光脚进寺庙,不能乱摸寺庙内的物品。

景区制定行为规则要更具科学化、人性化,让游客更乐意接受。比如行为规则的语言要婉转,避免使用"禁止、严禁、必须、应该"等词语。有这样一条游客准则"真诚欢迎您的光临,为了创造优雅的景区环境,真诚地希望您将果皮纸屑等杂物放入清洁桶内,为了大家的安全,请不要吸烟,真诚地感谢您的合作,欢迎您再次光临",听到广播站传来的温馨提示,游客怎能不遵守行为规则呢? 游客安全受到保护,景区环境得到维护,这保证了景区的可持续发展,也会给景区带来更多的经济效益。

景区要加强各种类型的旅游者的行为规范的制定、宣传和实施。英国发布的《在英旅游告诫20条》,除了告诫游客不要扔废弃物、乱涂乱画、触摸展品外,还有针对具有不同文化习俗的国外游客的提醒,如:"要压低嗓门问,特别是夜间和那些幽静的地方,如教堂和乡村""如果要把别人摄入自己的镜头,须先征得对方的同意",等等。所制定的行为规范一定要切实可行,并通过各种手段进行宣传和采取有效的监督措施,以达到对游客进行教育和引导的目的,使游客认识到哪些行为是正当的,哪些行为是不文明的,意识到自己对旅游景物应负的责任,从而有效地来约束自己的行为。根据景区自身的资源特点编制游客规则。

美国旅行商协会(America Society of Travel Agents,ASTA)制定了游客游览生态旅游地的十条戒律:

(1)要尊重地球的脆弱性。意识到如果不保护环境,后代可能不会再看到独特而美丽的目的地。

(2)只留下脚印,只带走照片;不折树枝,不乱扔杂物。

(3)充分了解你所参观的地方的地理、习俗、礼仪和文化。

(4)尊重别人的隐私和自尊,拍照时要征得别人的同意。

(5)不要购买使用濒危动植物制成的产品。

(6)要沿着划定的路线走,不打扰动物,不侵犯其自然栖息地,不破坏植物。

(7)了解并支持环境保护规划。

(8)只要可能,就步行或使用对环境无害的交通工具,机动车在停车时尽量关闭发动机。

(9)以实际行动支持景区内那些致力于节约能源和环境保护的企业。

(10)熟读有关旅行指南。

2.游客行为规则信息的发布

信息化时代的来临使得人与人之间的时空距离相对缩短,在旅游景区中提供充分的信息也是保证游客行为活动的关键,景区要加强对游客宣传的力度,例如,游客进入景区之后,先让游客观看通过生动形象手段布置的展览或者现代技术摄制的短片,使游客增长知识,唤醒游客的责任意识,自觉进行文明旅游。在景区入口处,免费发放入园须知或旅游指南,提前向游客告知一些禁止行为,使游客在入园前就了解有关规定,在游玩的过程中自觉遵守;在景区醒目的地方利用大型电子显示屏滚动播出游览须知及文明宣传短片;在显要位置悬挂文明标语,设置文明提示牌;等等。对目前的出境旅游团至少要进行三个层面的宣传教育:基本的文明行为教育,不做损害他人或妨碍他人的事,如随地吐痰,衣冠不整,乱扔废弃物,在公共场所大声喧哗等;国际礼仪教育,如仪容仪表、着装礼仪、会面礼仪、餐饮礼仪等;跨文化交际常识教育,了解与特定旅游目的地人们交往时需注意的文化差异。

3. 景区旅游物品的发放

景区为保护资源,方便游客,根据其特点为游客发放一些物品,如陕西汤峪温泉为游客提供睡袍、浴巾,使游客泡完温泉后立刻感受到温暖。灵山梵宫是无锡灵山胜境中的景点之一,坐落于烟波浩淼的无锡太湖之滨,钟灵毓秀的灵山脚下,气势恢宏的建筑与宝相庄严的灵山大佛比邻而立,瑰丽璀璨的艺术和独特深厚的佛教文化交相辉映。灵山景区为保护梵宫,给游客提供鞋套。上海博物馆是一座大型的中国古代艺术博物馆,馆藏珍贵文物12万件,其中尤以青铜器、陶瓷器、书法、绘画为特色,为让游客更详细地了解博物馆,场馆为游客发放电子导游器。深圳欢乐谷的四维影院为游客提供专用眼镜使游客充分享受到视觉、听觉、触觉于一体的震撼效果。

(二)游览中的游客行为管理

1. 游客行为引导标志

设置标志牌和警示牌(见图 3-2)。景区应在适当位置设置规范的景区平面图、示意图、线路图,使游客知晓景区地形地貌、景点布局、距离远近及自己所在位置。在游客集散地、主要通道、危险地带、禁止区域设置安全标志。安全标志应设置在明显位置,不可有障碍物影响视线,也不可放在移动物体上。及时消除安全隐患,对景区的游览线路、设施设备进行巡查,一旦发现安全隐患应及时消除。如清除有碍通行的各类路障,铲除游道旁松动的山体危石,对森林中的危树加固或拔除。景区服务人员对于游客不安全的行为应及时制止,如人员拥挤应积极疏导,不正确的操作应立刻纠正。

在某景区游玩,当你走到一片芒果林旁,看到正对游客的前方有一块提示牌,样子是一个大苹果的形状,颜色是黄色的,看上去非常醒目、可爱,上面写着"台风季节,大树请你留意当心果熟掉落"。

在某景区你时常会看到这样的提示牌,上面标有洗手间的位置,其他景点的指示,整个景区的地图上标有你所在的当前位置。

图 3-2 景区游客行为引导标志

2. 基础设施的设置

约束游客行为的最佳方式,就是加强景区基础设施建设,营造优美高雅的景区氛围来感染游客,使其深入其中而自发约束自我行为,除了积极适度的宣传教育外,高质量的保洁工作、合理的路标、垃圾筒及公共厕所设置和委婉幽默的警示牌都是必不可少的。另外,景区管理者也要重视景区重要文物古迹的保护栏设置。在一个规划设计人性化而又古朴庄重的景区内,一个行为本不文明的游客也会开始文明起来。

广州被称为"花城",在广州的旅游景点游玩也会让人感到轻松愉快,特别是景区内的基础设施建设较为完善,在游览时你可以随处看到洗手池,当你感到大汗淋淋时就可以洗手洗脸。景区内垃圾桶位置适当,分为可回收和不可回收,避免游客乱扔垃圾的现象。可以看到不让游客踩踏草坪和禁止吸烟的警示牌,言语委婉,容易让游客接受。景区内的提示牌会清楚地告诉游客其所在的景区位置,避免游客迷失方向,而且指示游客乘坐地铁和公交车应走的方向,不会为寻找地铁站和公交车站四处打听。景区内游客可以看到残疾人的专用道路和休息场所的指示牌,参观过程中经常能看到多媒体的互动游戏,既方便游客更深层次了解景点的知识,也增加了游客观赏的趣味性。(见图3-3)

| 自来水管及垃圾箱 | 游客须知牌 | 草坪内的警示牌 |

图3-3 景区基础设施的设置

3.景区导游

导游是国家和景区的"民间大使"和"窗口",导游工作是一项传播文化、促进友谊的服务性工作。导游人员是旅游接待工作中的第一线工作人员,与游客相处的时间最长,导游在带游客游览的过程中通过语言宣传景区的游客行为规则,这种沟通方式可使游客愉悦约束自己的行为,从而维护景区的资源。带队导游可对游客的行为起到直接的引导、监督、制约作用。

旅行社需要加强对导游和领队的教育和管理,要求他们在旅游中尽到引导、提示、监督的责任。另外旅行社要对导游词严格把关,严禁无中生有的编造,加强导游词的知识含量和科学性,发挥导游"文明的引导者和传播者"的作用。

为保护千岛湖的良好生态环境,淳安县旅游局明确要求导游员要成为千岛湖的"环保大使",该局经常为导游员举办环保知识专题讲座,把"千岛湖环境"作为导游上岗、年审培训的必修课,强化导游员的环保意识,强调每个导游员有责任向游客宣传千岛湖环境保护,还在导游队伍中发起"保护千岛湖,从我做起"的倡议。

4.景区工作人员实施监控

我国旅游业存在从业人员队伍缺乏稳定性,基层管理人员素质相对偏低的现象,同时很多旅游景区和企业对从业人员的培训和管理不到位,缺乏对从业人员的管理能力和管理责任意识的培养和要求,缺乏应有的责任感。所以在国内的很多景区,游人会随意触摸文物古迹,在文物古迹边嬉戏,并和文物拍照,而从业人员对其视而不见的现象屡屡发生,使景区文物资源不经意被逐步破坏。这种工作人员的态度阻碍了游客管理的正常进行,为了维护景区的可持续发展,景区工作人员要不断提高综合素质,对游客进行更加人性化的监控。

旅游管理部门、旅游企业要加强从业人员的培训与管理,引导他们发挥对游客的示范、监督和制约作用,不论是高层管理者、导游员还是保洁工人必须是文明行为的典范,要主动对不文明的行为进行监督,要能够做到随时捡起乱丢的垃圾,以实际行动引导游客。

例如景区员工在履行其正常职责的过程中,可以随时与旅游者交流聊天,提供游客所需要的信息,并听取他们的反映,向游客阐明注意事项。同时,要以自己的实际行动教育游客尊重环境,遵守规章。2002年天涯海角景区总经理,过年期间,紧随游客拾丢下的饮料瓶。黄山之所以卫生保洁好,除了到处都是石砌的垃圾箱外,还有清洁人员不辞劳累、默默无闻地捡拾游客留下的垃圾(见图3-4)。

图3-4　景区环卫工人清扫卫生

四、重点区域游客管理

(一)排队区管理

有效地管理游客的排队等待特别重要,作为服务的前奏,排队等待通常出现在服务最初。不管在等待后得到的服务有多好,第一印象常会长期保持,并极大影响游客对景区感受的评价。游客排队等待服务可以使有限的服务能力得到更加充分的利用。如果没有排队管理,无法估计游客数量,难以合理安排人员,造成景区环境、安全受到影响。但如果让游客长时间等待,将会使游客感知服务质量降低、游客流失、需求减少、景区形象受损。有效地对游客排队等待进行科学管理,从而提高景区的管理效率。

1.设置游客排队队列

在旅游旺季,旅游景点排队现象是较为普遍的,如果让游客长期排队会造成游客体验下降,所以景区应对游客进行合理的分流及管理,确保良好的排队等待秩序和给予每一个游客公平的优质服务,并寻求一个优化方案,提升景区的服务质量,为景区赢得更多的忠诚游客。

排队结构是指排队的人数、他们的位置、空间的分布以及对顾客行为的影响。常见的排队结构有多队列、单队式和叫号三种。多队列可以使顾客自由选择其中的一条队伍,中途看到其他队等待时间变短可以转队。但对等待时间的估计容易产生焦虑和竞争,导致紧张心理。对于多队列的方式,景区根据需求的基础和顾客的优先级,将不同的顾客分成不同部分,允许部分顾客不按照先来先服务的原则,例如设置绿色通道,残疾人、军人、老年团队、儿童团队可通过绿色通道进入景区,从而体现景区的个性化管理。

单队式是用栏杆、柱子将到达的顾客排成蜿蜒的队伍,一旦某个服务台出现空闲,队首的第一位游客就上前接受服务。这种队伍可以保证游客先来先服务,避免没有排错队的担心,并制止插队现象的出现,更保证了游客的安全。例如2010年的上海世博会中场馆的参观就是采取单队列的排队方式,虽然某些场馆需要等待几个小时,但确保了场馆的参观秩序,保证了游客的安全。

叫号方式是指顾客到达时领取一个号码,表明在队伍中的位置,等候叫号接受服务。顾客在等待期间可以合理安排时间,但是顾客必须警醒地去听,是否叫到他们。现在有银行采用短信叫号系统,顾客在排队取号时输入手机号码,系统可以提前若干时间或号码,用短信形式提醒顾客回到网点。这种叫号方式的排队可用在旅游旺季。

2.利用技术手段加快游客进入过程

加快游客进入过程,必须要掌握客流并科学引导。现在组织者建立网络、电话、短信售票系统,鼓励游客提前订票。游客自己可以根据已售票数,主动回避高峰,同时组织者也能做到心中有数,做好预案。

例如上海世博会对进园游客进行第一时间统计,然后通过大屏幕对人群统一疏导,并借助手机网络主动发送信息,引导游客前往最合适的地方参观,这些措施一定程度地加速了游客进入园区。

3.设计排队区环境，转移游客注意力

景区可以采用一些与服务相关的转移游客等待焦虑的注意力的方法来填充时间，并设计排队区的环境。学者迈斯特尔(Maister,1985)认为："被感知的等待通常比实际的等待更重要。"麦特斯(Metters,2004)认为对于顾客来说，感知到的等待通常比实际的等待时间更重要。因此应当通过创新方式减少顾客感觉中的等待时间。空闲无聊的等待比有事可做的等待时间长，游客没有获得服务时，他们容易厌倦，比他们有事可做时更加注意时间。为等待的顾客提供一些活动来填充时间，比如读物、广告、有趣的片子、供小孩玩耍的玩具、咖啡、小点心等。安装镜子也是常用的方法，人们可以对镜子看看自己服饰是否合适，还可以偷偷观察其他正在等候的人。比如把景区的宣传册递给等待的顾客，通过这些方法传达服务已经开始的信息。一旦开始接受服务，顾客的焦虑会大大降低。

不确定的等待时间比确定的时间更长。不确定的未知的等待让等待更加漫长，游客会感到自己的等待时间失去了控制。所以景区通过公示信息和广播站告诉游客还要等待的时间，减少游客的焦虑。当实际等待时间比告知要短时，游客会感到满意。

游览上海世博会，排队几乎成了必修课，如何让排队的游客能尽量舒适一些，各展馆各出奇招，方法不同但目的一致，让游客尽量在舒适的环境中排队。以航空馆为例，开始时游客都是在露天排队，而这样的情况在黄梅雨季来临前有所改变，先是在排队区域加装了一些伞。不久后又把伞改造成雨棚。随着天气越来越热，雨棚上又加装了电扇，帮助排队的游客缓解酷热的影响（见图 3-5）。

图 3-5 上海世博会的游客排队进馆

（二）景区设置游客服务中心

游客服务中心是景区设立的为游客提供游览信息咨询、游程安排、讲解、教育休息、电信、投诉等旅游设施和服务功能的专门场所。以下是游客服务中心的要求：

（1）游客服务中心应位置合理，能够从主入口便捷到达，与主入口间有一定的缓冲。

（2）引导标识要醒目，齐全，设置科学，能够引导游客方便到达。

（3）建筑风格有特色，符合景区主题，建筑外观（造型、色调、材料）与景区相协调，建筑体量适度，建筑物周边形成相应缓冲区，景观与环境美化措施多样，环境氛围优良。

（4）建筑规模。4A 级以上景区游客服务中心面积应达到 100 平方米以上，1A—3A 级景区游客服务中心面积达到 50 平方米以上。

（5）功能设置，包括：景区介绍、旅游咨询、游程信息导游、通信、邮政、便民服务、景区形象展示、投诉处理和安全提示等功能，有条件的提供医疗救护服务。

（6）各功能区进行合理划分，做到互不影响，游客服务中心内设服务项目公示牌。

（7）咨询设施。配备咨询台和咨询人员，提供景区全景导游图、游程线路图等，提供本旅游景区预览宣传介绍，明示景区活动节目预告，提供景区周边交通图和游览图。设置电脑触摸屏和影视设备，介绍景区资源、游览线路、游览活动和天气情况，提供上网服务，有条件的应建立网上虚拟景区游览系统。

（8）休息设施。设置专用的游客休息区，面积要适当，能够满足高峰游人的需要；座椅数量要满足游客需要，摆放合理，进出方便；注意氛围的营造，与周边功能区要有缓冲或隔离，要求安静，视野开阔；室内要有适当盆景、盆花和其他装饰品；提供免费饮水服务；设置茶饮服务台，有专人服务；提供茶饮或咖啡服务价格要适当。

（9）景区形象宣传设施。设置景区导游图示、宣传展板；提供正式印刷的导游图、明信片、画册、音像制品、研究论著，有条件可设置景区沙盘、多媒体放映厅、展示厅。

（10）特殊人群服务设置。入口、台阶处应设置无障碍通道，设置标准应符合《方便残疾人使用的城市道路和建筑物设计规范》。提供轮椅、婴儿车、拐杖等辅助器械。

（11）便民措施。提供雨伞租借，手机、摄像机（照相机）免费充电，小件物品寄存，失物招领服务；提供电池、手机充值等旅游必需品售卖服务，收费合理，提供明信片及邮政投递、纪念币和纪念戳服务；游客服务中心内设公用电话，具备国际、国内直拨功能，移动信号全覆盖，信号清晰；有条件的，提供医疗救护服务，设立医务室，配专职医护人员，备医学药品、氧气袋、急救箱和急救担架。

（12）游客意见调查。进行游客意见调查，征询游客意见。

（13）游客投诉及意见处理。投诉制度健全，设专人接待受理游客投诉；认真听取游客诉求，耐心做好解释安抚工作，及时向投诉者反馈处理意见。

（14）游客安全宣传。通过影视设备或广播向游客宣传安全游览预知，在旅游高峰期和特殊时段及时发布安全预警信息，遇到突发事件时，及时指示引导游客脱离危险。

（15）环保节能。设立废旧电池回收箱，提供垃圾回收袋。

（16）环境卫生。游客服务中心内外地面无污水、污物；建筑物及各种设施设备无污垢，无剥落，气味清新，无异味；设置禁烟标志。

（三）信息咨询服务

在旅游业快速发展的今天，游客更加注重多样化、体验式旅游，自驾游、背包游、骑行游等独立的旅游方式日益为大众接受和喜爱，这样信息咨询就显得尤为重要了。目前游客主要通过网络资源了解目的地信息，因此景区应加强网络建设，建立"吃住行游娱购"六要素全方位的旅游信息数据库，采取触摸屏、宣传架、小广播站等信息系统，建立"游客至上、服务高效、内容丰富、多方参与"的综合性信息服务系统，实现景区精细化管理和人性化服务，提高景区综合管理水平和服务质量，使游客在旅游旺季和节庆活动期间及时准确地了解景区的状况方便自己的出行，繁荣景区旅游经济。

（四）接受游客投诉

旅游者投诉是反映旅游服务质量的重要指标。景区向游客提供产品或服务都可能出现未满足游客要求的情况，引起游客不满。当这种不满的心理产生时，一些游客会有一种投诉的意愿（向景区直接投诉、向消费者协会或相关机构投诉等），在这种意愿的驱使下会发生实际的投诉行为。旅游者的投诉可采取面对面、电话、传真、书信和网络等形式投诉。

1. 正确认识投诉服务的意义

游客通常在非常满意或非常不满意的情况下才会表示他的态度。当投诉产生时,在许多旅游景区管理者看来,只要游客在服务合约期间没有投诉,就万事大吉了,殊不知,一个含蓄的中国游客可能会不声不响地选择其他景区,可能向他周围的每一个人诉说他的不满。网络投诉也是一个市场调研,通过投诉游客告诉景区他们想要的旅游产品和服务是什么。有时游客因怕烦神,而放弃投诉,管理部门也无法了解实情,在这种情况下,通过售后服务就可以及时发现问题,争取主动,尽快化解游客的抱怨和不满,减少负面影响,提高游客对景区的满意度。投诉还可以带来"终身客户价值",忠诚的游客是不容易产生的,可是不忠诚的游客却很容易产生,如果游客认为他们的抱怨被欢迎,并且有所回应,他们将会多次光顾,成为忠诚的游客。

景区正确接受处理好游客投诉的意义于发现自己工作的疏漏和不足,了解管理和服务中存在的实际问题,以便有针对性地采取措施,确定某一时期服务质量管理的方向或重点,改进服务工作,提供高质量、高效率的服务,进而加强游客同景区之间的感情联系,改善游客对景区的印象而愿意经常光顾。还可以提高景区的声誉,影响潜在的客源,增加回头客提高景区的经济效益。

2. 重视网络建设工作,加大资金投入

认清景区投诉的重要性,把景区投诉服务工作列入重要的议事日程,加强投诉服务建设的力度。突出自身特色,建立、完善多种与旅游者联系形式和互动方式,发展电子商务,提供在线旅游咨询,设立旅游论坛。提供景区及周边购物、住宿、交通等相关服务内容。

3. 搭建旅游网络投诉维权平台

景区首先要建立专职机构,专门管理投诉事宜。运用搜索服务器,查看投诉者的相关信息、投诉信息的原始来源和异动去向,并及时将受理信息和顾客反馈在互联网站发布,尽可能降低不良影响,增加其他游客对旅游景区的好感。其次,应设立专业和便捷的网络投诉渠道,网络投诉便捷、自由度高等特点使越来越多的游客倾向于采用这一新型的投诉方式。

4. 提高投诉处理效率

游客由于曾打电话给旅游景区,不是无人接听,就是态度急慢,继而转入网络投诉。所以旅游景区应提高内部员工素质,要求其应认真倾听,态度热情。相关人员还要提高投诉处理水平,不仅要熟悉相关的旅游法律知识,还要善于做说服工作,能够比较好地化解游客的不满和处理投诉。另外,要加强旅游投诉处理时限的管理。

任务实施

步骤一　领受任务

教师介绍任务的内容、要求、关键点及注意事项。各小组提问,教师答疑;准确理解任务,完成任务领受。

步骤二　实施任务

请各小组按教师的要求,分析任务的内容,阅读相关知识,制订完成任务的工作程序及任务分配方案,补充查阅其他相关资料。各小组深入旅游景区中,观察游客的行为,拍出游客不文明的照片,根据不文明的行为,制定合理的游客管理方法。

步骤三　任务汇报

由各小组组长汇报调查情况,各小组相互提问、讨论,得出景区科学、合理地引导游客的方法,由教师点评、总结。教师根据学生完成任务的情况,采用他评、互评、自评的评价方法得出结论,给出综合得分。

考核评价

旅游景区游客的引导与管理任务考核表

学习目标	评价标准	小组评价（50%）	教师评价（50%）	综合得分（百分制）
理论知识（20分）	了解景区游客管理的意义及景区游客行为对景区的影响			
专业技能（20分）	制定游客的行为规则；根据游客不同行为特征选择有效的管理方法			
通用技能（20分）	具有团队协作能力；具有团队运作信息收集能力；具有团队处理问题能力			
任务完成（20分）	纸质作业、PPT及任务回答的有效性			
学习态度（20分）	完成任务的态度、责任感			
综合评价及建议：				

拓展知识

张家界处理游客投诉出新招

近年来,张家界市旅游行政主管部门创新旅游投诉处理方式,投诉纠纷事件的数量逐年下降。今年1月至8月,全市旅游投诉纠纷数与2009年同期相比下降了35.2%;为游客挽回经济损失28.7万元;投诉纠纷处理游客满意率达98%以上。

及时发布信息　合力协调处理

为使游客在旅游过程中遇见的难题和问题能及时得到解决和处理,方便游客及时投诉,张家界市在网上发布了市委书记、市长投诉信箱及旅游行政主管部门投诉电话。针对游客电话或纸质投诉反映的问题,旅游行政主管部门建立质量监督属地管理登记制度,由值班人员当即记录,再由专人负责统一按月将投诉者名字、地址、投诉纠纷的内容、处理结果、投诉纠纷分析等信息整理、打印、上报并发布。

在投诉纠纷处理过程中,张家界市旅游质量监督管理部门形成了联合协调处理游客投诉纠纷机制。凡涉及经营、价格、治安、保险等问题的,由旅游部门按照"集中收集信息,分头规范处理"原则和相关部门职能权限分别转至工商、物价、公安、保险等相关职能单位依法依规协调处理。这样既避免了职能部门之间面对游客投诉纠纷问题相互推诿,又确保游客投诉纠纷问题及时得到处理。

近几年来,游客在张家界旅游过程中投诉反映的问题,均能在游客返程前及时协调处理完毕。游客返程后投诉反映的问题或者在网络上反映的问题,也均在规定的时间内得到协调处理。

今年3月8日,北京游客张某投诉张家界市城区北正街"常德钵子馆",张家界相关旅游行政主管部门根据投诉涉及问题及时转至公安、工商、物价等部门,投诉得到了及时处理。

实行投诉回访　接受社会评议

今年5月26日,张家界市旅游局收到安徽省蚌埠游客李某夫妇的投诉信。市旅游局旅游质量监督管理所立即按照"投诉纠纷首问制"通知被投诉的地接社负责人。该社在第一时间与投诉者联系后赔礼道歉并协商,通过市旅游局质量监督管理所将投诉者多支付的团费直接电汇退还给投诉者。

5月28日,张家界市旅游局、张家界国家森林公园管理处、平安满意办公室相关人员组成专门调查组,对此投诉事件涉及的其他问题进行调查、处理。

6月8日,市旅游局副局长周泽猛和被投诉的地接社负责人一行来到安徽省蚌埠市,在蚌埠市旅游质量监督管理所有关负责人的陪同下,登门向游客李某夫妇道歉。

李某说:"这段时间我三番五次地接到致歉电话。这次你们又专程过来,我非常感动。想不到这个事情能得到政府部门的高度重视。"

周泽猛说:"我们这次来登门一是表达我们的歉意,二是想听听你们两位对张家界旅游发展的意见。同时,我们也想邀请你们再游张家界。"

李某对张家界景区大加赞赏同时也提出了殷切希望:"你们景区的环境非常好,环保车辆非常不错。希望大家同心协力搞好旅游,不要让个别人的行为影响张家界形象。"

被投诉的地接社负责人表示:"通过这件事我们深受教育,企业时刻都不能放松对工作人员的职业道德教育,以后将加强导游的业务素质和职业道德的培训,让游客真正感受到美丽的张家界。"

张家界市旅游行政主管部门的负责人说,这种投诉处理登门回访的行动,不仅让游客投诉的问题得到及时、圆满处理,而且也让旅游企业吸取了教训。同时,也可以听到外地游客对张家界的看法和建言,是张家界旅游管理发展路上的一次集思广益。

张家界不仅将游客投诉处理情况及时回执给投诉者,还交与社会评议。

9月20日,张家界市旅游局举行第二次旅游投诉纠纷社会评议会议,请来市人大代表、市政协委员、各民主党派代表及旅游企业负责人,公开评议1至8月张家界市旅游纠纷投诉处理情况。

评议会上,代表们一致认为,近几年的投诉纠纷处理在依法处理力度和公正公平上较以往大有改进。但也提出,要进一步拓展旅游投诉的提示和受理渠道,如手机短信提示和受理等;创新旅游管理手段,加强从业者自律机制和旅游企业的星级评定工作;建立旅游投诉评议长效机制。会上,针对投诉中反映的问题,被投诉的旅游企业负责人致歉和表明今后整治和改进的措施。

张家界市旅游质量监督管理所所长汪涌说:"通过这样的评议,让社会各界人士都来关注旅游,共同参与旅游监督管理,增加旅游管理的舆论监督,进一步提升张家界品质,真正让游客在张家界'平安满意'。"

投诉即是资源　问题也是商机

今年以来,旅游行政主管部门把旅游投诉纠纷中反映的问题作为全市旅游市场整治工作的重点,加大整治力度,取得了明显的效果。

今年1月至6月,张家界市旅游质量监督管理所发布的33起投诉纠纷中有12起涉及旅行社门市部。7月,组织开展全市整治旅行社门市部服务网点的大行动,对全市104家旅行社服务网点(门市部)的工商营业执照、旅游虚假广告宣传、旅游报价等情况进行了清理和核查,成效显著。从8月份受理的游客投诉情况看,涉及旅行社门市部已下降到1起。

同时,张家界将中外游客反映的张家界大交通问题作为旅游市场的商机。自2009年以来,张家界与航空、铁路部门及旅游企业多次商洽，增开张家界—北京西、张家界—重庆等铁路旅游专线和日本、韩国直飞张家界的包机航线。同时与东航、春秋等航空公司建立客源合作协议，提高了张家界景区旅游客流量。

市委常委、市旅工委常务副主任陈初毅说："游客的投诉就是资源，它可以反映旅游市场的商机，反映旅游者心态需求。"

资料来源：全迎春，高慧. 张家界处理游客投诉出新招［N］. 中国旅游报，2010－09－29(3).

案例与讨论

小投诉避免大隐患

一个风景旅游区经过重新规划和建设，在景区内的小溪上新建了一座竹制的小桥，小桥古朴而别致，作为一道亮丽的风景线，吸引了众多游客驻足拍照留念。一天，一位游客来到景区的投诉处理中心投诉，原因是他在景区内刚建的这座小桥上经过时，被一颗突在外面的竹楔子绊倒了，人摔在地上不说，牛仔裤被磕破了，手掌被划破，游客要求景区对此负责。

服务人员在了解到此种情况后，立即向这位游客道歉，并带他到景区的医疗服务中心去检查，同时，派专人去竹桥检查。在医务人员对游客做了简单的检查后，确实如游客所说，牛仔裤被划破，腿上和手上有多处擦伤，其他没有大碍。同时竹桥那边传来检查报告，由于小桥建造得比较独特，吸引了很多游客来拍照和专门从上面经过，路过的游客过多，超出了其承载量，使得竹桥楔子突出，整个竹桥有些松动，如果不及时发现，很可能在上面的游客超过承载量后，竹桥会松动断裂，从而会产生更加严重的后果。

有惊无险，幸好情况发现得早。景区的管理人员听了这一汇报，认为"投诉虽小，隐患很大"，马上决定，赔偿游客的损失，并对其投诉进行物质奖励，一个丰厚的红包。同时吩咐工作人员对小桥进行封闭改善，改建以后对上桥的游客人数加以控制。游客对这次事件的处理结果非常满意，并在游客中得到了良好的反响。

管理中心决定对景区内的其他设施加以检查，查出隐患两处，并及时得到了解决。从此该景区积极鼓励游客进行投诉，并认真地对待游客的每一个投诉，因为他们知道游客会帮助管理人员发现他们无法发现的一些问题，并可以及时解决，避免事态进一步发展，管理者说："小投诉避免大隐患，何乐而不为呢？"

案例讨论题：当你作为游客在景区内遇到权益受损时，你的心理是怎样的？

思考与讨论

1. 游客的行为对景区有何影响？
2. 为什么要引导和管理游客的行为？
3. 如何对游览前和游览中的游客进行引导和管理？
4. 重点区域游客如何管理？

技能训练题

1. 为某景区制定一份游客行为规则。
2. 一些同学可扮演不同性格的游客在景区做出不文明的行为，其他同学扮演景区工作人员对其行为进行引导与管理。

任务二　旅游景区游客管理技术的制定

情境设计

2010 年 6 月 13 日下午，来自陕西省合阳县的两名游客误入西安秦岭野生动物园虎区(车行区)大门，进入老虎散养区。一名游客被四五只老虎当场咬死，另一名游客被园区工作人员及时救出，腿部受轻伤。两名游客是父子关系，均为陕西省合阳县人，亡者张昌乾 45 岁，伤者是刚参加完高考的张永欣 17 岁。

据警方调查，秦岭野生动物园猛兽区设两道门和 3.6 米高铁栅栏、电网等设施，游客须坐观光车才能进入虎区游览，猛兽区电闸门操作有严格规定，观光车鸣笛后电闸门操作员开启第一道门，车进入后关闭第一道门，随后可开启第二道门。梁广洲在岗楼值班，负责进入虎区第一道门和第二道门的电闸门操作。下午 1 时许，一辆观光车进入猛兽区后，梁广洲没有及时关闭两道闸门，导致步行游园的张氏父子误入虎区遭袭。据悉，经多次谈判，西安秦岭野生动物园给予死者家属死亡赔偿金、丧葬费等 43 万元，并于 6 月 20 日赔付。与此同时，西安秦岭野生动物园主管单位西旅集团对有关当事人进行了内部处理，动物园一名总经理助理和动物园管理员被免职。

根据以上情境，完成以下任务：

1. 情境中的野生动物园为什么会出现游客被动物咬死的情况？
2. 今后该景区如何制定安全管理措施，保证游客的生命财产安全？

任务分析

该景区动物伤人，为什么为发生这样的事？应该从景区的游客管理技术方面进行分析，了解景区是否为防止游客相关意外的发生采取了有效的游客管理技术。根据前面的分析，学习游客管理的相关知识，制定该景区游客安全管理的技术方案。

相关知识

一、景区游客行为管理方法

直接管理，是指直接改变旅游者的意志和行为，使旅游者意识到自己的行动受到一定限制。例如，林区内禁烟和禁止采集花木标志。间接管理，是指不直接改变但能影响游客的意志或行为，如节约用水，是一种"劝告"。具体的管理方法如图 3-6 所示。

二、游客数量和景区容量的调控

众所周知，旅游具有季节性，淡旺季客流量有差异也极为正常。但是当控制不好这个差异度，尤其是当旺季游客量过大而超过景区承载力的时候，就会造成景区、游客及社区居民三方利益受损的局面。

客流量能带给景区丰厚的利益，但是如果超过了景区负荷，所造成的损失就不是经济利益所能衡量的了。因为一旦景区受到破坏，特别是文化遗产将无法恢复原样，也许可以适当地修补，但是无论使用多么高超的技艺，其修补后的产物也不再是历史，而是一定程度上的"仿制品"，何况如敦煌壁画这样的文物，一经践踏，恐怕任谁也无力回天。只注重眼前利益，而忽视景区可持续发展的短视行为，最终损害的是景区自身，进一步说，损害的是整个人类及子孙后代的利益。

此外，过大的客流量也给游客自身和当地社区居民带来不良影响，游客满意度的高低与其周

```
          ┌─ 实施规则 ──── • 加强巡查            • 长期雇佣看护员
          │                • 实施罚款            • 使用闭路电视或摄影机监视
          │
          │─ 分区管理 ──── • 关闭某些地域的活动场所
  直接     │                • 禁止在某些区域或某些时间段内
  管理法 ──┤                  从事某些活动
          │─ 限制利用量 ── • 限制停留时间         • 限制团队规模
          │                • 限制游客数量
          │
          │                • 禁止超出道路和游径的旅游   • 禁止野营
          └─ 限制活动 ──── • 禁止营火晚会          • 禁止带狗(或必须给狗系上皮带)
                           • 禁止乱扔废物          • 禁止游客纵容马匹啃食植物等

          ┌                • 更改道路、入口        • 有选择地封闭道路
          │                • 新建道路            • 改进停车设施
          │─ 物理变更 ──── • 改变游径的难度        • 辟建游径或仍保留为无游径的区域
          │                • 改通往水域的道路       • 开辟水体
  间接     │                • 增加鱼类或野生植物的数量  • 扩大视野
  管理法 ──┤                                    • 教育游客遵守规则
          │─ 宣传 ──────── • 设置较多方向标志
          │                • 向游客介绍活动类型、开放时间和场所
          │                • 号召游客予以协助
          │
          └─ 适当要求 ──── • 收固定入场费
                           • 根据场所和季节收取不同的费用
```

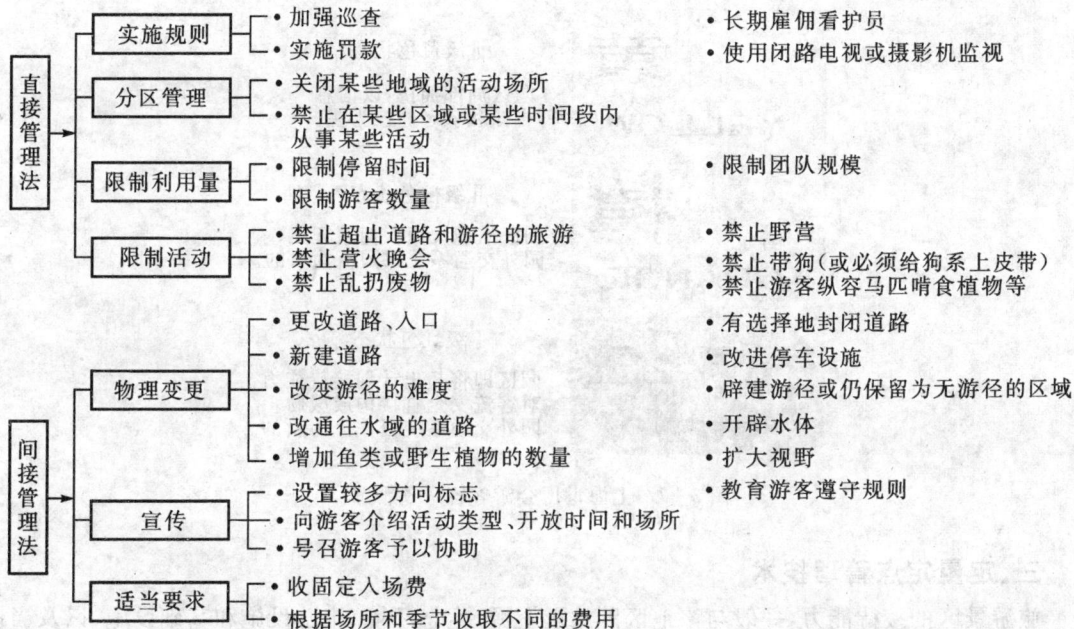

图 3-6 景区游客管理方法

围的其他游客有着直接的关系。一个旅游团队活动带来的视线遮挡、声音干扰以及人员拥挤很可能影响另一个团队的活动和体验。而如果游客密度太大,这种影响则会更加负面。最后,社区居民这个常常被忽略的因素,在此也会因为过多的游客,受到较大干扰。游客量的增大意味着外来者的冲击力也随之增大。最终带来的是本地居民的正常生活受到影响,从而更多不合作等负面声音传来,这也同样制约了文化遗产类旅游景区的可持续发展。

　　游客的数量超过旅游环境容量就会对景区的环境、游客的安全以及游客的满意度造成消极的影响,所以旅游景区应利用现代化、先进的科技工具等调控技术随时检测并关注景区内游客的数量,在旅游旺季景点出现拥挤时,应立即通过电子公告牌向游客发出预警信息,引导游客流的合理改向;如果热门景点的超载经常发生,景区应考虑设立新的景点,或者加强淡季促销,分流一部分旅游旺季时的游客。例如广东省博物馆新馆位于广州新城市中轴线,其外观气势磅礴,游客只需身份证领取门票免费参观,博物馆为防止人流量过大造成不安全,并保护国家文物,采取控制游客数量的方法。在景区入口处竖着警示牌,牌中写道:"每天参观博物馆的人数不超过5000人,每隔10分钟到15分钟进入一批游客,请各位客人排队等候。谢谢合作!"并且在入口两侧各有一个排队区,一侧是散客排队区,另一侧是团队游客、VIP排队区,这样能使游客有条不紊地进入博物馆而且控制了游客的数量。

　　上海世博会为确保游客安全,依据客流规模采取分级预警管理措施,即当园区内或某些特定节点的游客集聚超过一定的规模时,分别以Ⅲ级黄色、Ⅱ级橙色、Ⅰ级红色进行预警。Ⅲ级黄色状态,园区局部拥挤,以信息告知和状态监控为主。Ⅱ级橙色状态,园区出现大面积拥堵征兆,园外交通系统以限流为目的。Ⅰ级红色状态,园区即将超出计划接待能力,对客流安全直接构成威胁,园外交通系统以截流为目的。相关设施所在区县按照预警等级做好保安全、保秩序、保滞留人群的生活保障工作(如图3-7所示)。

Ⅲ级黄色状态

园区局部拥挤,以信息告知和状态监控为主。

Ⅱ级橙色状态

园区出现大面积拥堵征兆,园外交通系统以限流为目的。

Ⅰ级红色状态

园区即将超出计划接待能力,对客流安全直接构成威胁,园外交通系统以截流为目的。

图 3-7　上海世博会游客容量预警图

三、定量定点管理技术

旅游景区的接待能力,一般与该地区的旅游资源、生态环境、旅游设施和基础设施,以及当地居民心理承受能力有关。旅游景区某一时段的容量,可由该地区旅游资源容量、生态容量、设施容量和社会地域容量中的某一两个因素决定,一般情况往往由旅游资源容量和设施容量决定。每位游客在景区活动占有一定的空间,我国一些风景名胜区规划所采用空间的标准不尽相同。如泰山 15m²/人、庐山 60m²/人,杭州 57m²/人,北戴河 40～60m²/人,北京古典园林 20m²/人,山岳型观景 8m²/人。游客的数量一旦超过景区各项容量标准就会产生消极的影响,表现在:

1. 践踏与磨损

部分古建筑物或建筑群的地砖遭到严重磨损,木制地板遭到损坏,旅游地的土壤、植物被严重践踏,裸露地域扩大,草地或其他植被缩小范围,造成生态退化、恶化或破坏。

2. 水体水质污染

我国一些著名胜地,如桂林水体污染现象日趋严重,漓江水已显浑浊;新开辟的旅游区,如九寨沟、武陵源等也开始出现一定的污染。水体的污染后果是不堪设想的,将会影响整个旅游区的生物和自然生态与人类的生活用水。

3. 噪声

旅游饱和与超载对于人类的直接影响表现在:旅游者感到拥挤不堪,到处充斥着游人,不能获得应有的旅游气氛,旅游体验质量大打折扣。在自然旅游区,动物会因噪声而受到恐吓,逃离原先的巢穴。动物因这种影响不得已迁移,有时造成不良的生态后果。

4. 对设施的影响

游客数量超过景区的容量会给基础设施和旅游设施造成很大的压力。例如我国许多名山登山道的护栏,旺季时因游客数量过多使其变得松弛,严重者甚至脱落,给游人带来潜在的危险。所以景区根据旅游的旺季和淡季,调控游客的数量,例如旅游淡季降低票价,增加游客数量,缓解旅游旺季因游客数量过大对景区造成消极的影响。

有些自然生态区路线复杂,所以景区规定游客的活动地点,如果景区不规定游客活动地点,游客稍不注意就会威胁到自身的安全。景区应在游客容易出危险的地点设置警示牌、安装防护栏用以规定游客的活动地点。

长白山南景区是长白山生态旅游的重要组成部分，是鸭绿江的发源地。这里生态系统完整，流金溢彩的高山花园、欧亚大陆北半部罕见的高山森林湿地、雄伟壮观的鸭绿江边境大峡谷、千年前火山喷发形成的炭化木遗迹等原生态旅游资源丰富，是长白山最后开发的处女地。为保护长白山的生态环境，南景区采取"定点、定线、定时、定量"的开放方式，"倦鸟归林、游人下山"，只在早 7 时后、下午 15 时 30 分前对一定数量的游人开放指定旅游景点和线路，把旅游对生态环境的影响降到最低。

四、游线管理技术

1. 安全管理技术

"没有安全，就没有旅游"，从旅游业运行的环节和旅游活动特点看，旅游安全管理贯穿于旅游活动的六大环节，可相应分为饮食安全、交通安全、游览安全、购物安全、娱乐安全、住宿安全六大类，保证游客的安全则是景区活动的重点。

景区始终将把安全（包括设备安全、餐饮安全、游客在景区的游玩安全以及财物安全）放在第一位。任何景区设置的基础设施均需符合国家安全标准，一些大型进口设施要同时拥有国际、国内双重安全标准保证，通过国家级、省级相关检测管理机构的认证。管理者对景区内设备定期进行安全检查，定期更新一些设备，始终以游客安全为己任，对景区内的餐饮进行检查。旅游安全事故不仅给旅游者带来伤害，还会给旅游地、旅游企业带来损失，破坏旅游景区的形象从而给旅游业带来致命的打击。

由于游客安全问题的诱因不同，游客的安全管理就要采取不同的、有针对性的措施：

第一，要通过各种手段来提高游客的安全意识，如在危险地段设立警示牌，工作人员提醒游客，对可能会带来危险的行为进行劝止等。

第二，要制定完善的安全问题预防机制。安全问题预防机制包括对游客服务设施进行定期检查，制定游客安全手册（告诉游客一些禁止事项，某些特殊活动要求的生理和心理状况，一些急救措施的介绍等）。景区对于游客安全管理应以预防为主。但是安全问题有时仍然不可避免要发生，一旦发生游客安全事故，这时安全事故的处理显得尤为重要。安全事故后妥善处理有利于降低安全事故的影响。自然景区内应设立急救中心和培训一支训练有素的救援队伍，救援人员要掌握包括疾病救援、失踪寻找、水生救护、火灾抢险、突发事件的应急救护（塌方、泥石流、雪崩等）等各种技能。

第三，景区还要建立一套紧急救援的程序和其他的一些事故处理程序。一旦出现安全问题，可按照这些程序快速开展科学的救援工作或其他事故处理工作。

确保旅游安全的最有效的途径之一是公众教育。由于旅游安全认知现状不容乐观，旅游管理人员没有充分认识到旅游安全问题，他们对其视而不见，所以旅游安全问题很大程度是旅游者、旅游业从业人员的疏忽而引发的，旅游安全宣传和教育尤为重要。所以宣传教育既要面向旅游者又要面向景区社区居民和旅游从业人员。

2. 解说系统选择技术

通过旅游者消费技术与解说系统之间关系的分析发现，解说系统能够深化旅游者对景观和整个景区的旅游体验，从而通过较高的满意的增加效应发生的可能性为景区创造更多的潜在需求，还可以通过解说系统有意识地增加旅游者的环保意识，并促使旅游者进一步尊重自然和人文生态，支持旅游景区的管理工作。

3. 有效沟通技术

"无论我是否同意你的观点，我都将尊重你，给予你说出它的权利，同时将我的观点更有效地与你交换。"加拿大"中国城市综合发展项目——泰山环境综合管理项目"的专家在为泰山管理人员编写的《客户服务培训教材》中这样写道。这就是沟通。

（1）与游客沟通的重要性。沟通，是指有效地向别人表达自己的思想、看法和情感，并能够得到积极的呼应交流。有效沟通可以达到减少误解，促进相互合作，交流融洽，达到解决问题的目的。在旅游行业中与游客保持良好的沟通关系既可以拉近与游客之间的距离，不断了解到客人的需求提高客人的满意度，也能让客人了解景区的游客管理制度，维护景区旅游资源的可持续发展。旅游工作者要为游客搭起一座真诚、信任、尊重的沟通桥梁。

（2）旅游工作者与游客沟通是管理者的基本要求。游客是"上帝"，上帝是不愿意自己的意见不被看重或被否定的，当游客的要求不能被满足时，就需要景区管理人员与游客进行沟通，如果景区管理者能得到游客的理解，可能获得来自旅游者更多的支持和帮助，克服游客对立和抵触情绪，减少误会和冲突，也容易将景区最高管理者的主张和规定落实到实处。

当旅游工作者与游客进行沟通时，要注意自己的表情、语言和举止。面对游客应始终面带微笑，即使游客非常愤怒地进行投诉，工作人员仍然要和颜悦色听客人讲话。如果客人在景区出现一些不文明的行为，旅游工作人员需要耐心劝说游客，使客人甘心情愿地接受景区游客管理规定。

（3）有效的游客沟通方法。有效的沟通需要客人的理解与和谐的环境。理解既是实现沟通的条件，也是沟通的结果。服务性的管理方式更趋于平等的沟通，因而也更能获得游客的理解。和谐是管理的最高境界，游客遵守规则，管理者服务游客，双方处于一种愉快的合作状态中。但绝对的和谐是没有的，游客与旅游服务及管理者之间的和谐是一个动态的不断变化的过程。

沟通是一种艺术，讲求方法，如果沟通失败很容易造成游客误解、恼怒和抵触。特别是当面对已经愤怒的游客时，应采用不同的方法平息他们内心的怒火。表3-1列出了根据游客的性格所采用的沟通方式。

表3-1　平息愤怒游客的沟通方式

	利己型	主宰型	歇斯底里型
特征	1.认为"我第一"，"我最先"，"只有我"，认为自己的事总是急事。 2.利用各种机会威胁一线工作人员。	1.指教你该如何干你的工作。 2.向他人发出警告、威胁，设定认为期限。 3.如果你解决问题的方案不成功，就会指责你不称职。	1.大喊大叫。 2.只要他的要求或计划有任何偏移就会大发雷霆。
沟通方式	1.不要将他的过激言辞看做是对你个人的冒犯，而应当看做是对景区的不满。 2.不要急于忙你手头的工作而让他感觉不受重视。 3.记住并运用他的名字和职务并适当恭维，如承认他很忙，来反映问题是对景区的关心。 4.表达你对这个问题的看法和准备采取的行动。 5.不要向他宣讲制度规定，因为他自认为比规定高明，因而不会接受，可以向他说明制度允许做的事情。	1.态度友善、礼貌，并尽量满足游客的要求。 2.如果确实不能按他提出的要求办，必须解释清楚保持规定上的一致性，不能因为要求就随意破坏景区管理制度规定而作出让步。	1.尽量让他发泄情绪。 2.要让他感觉到你理解并认可他的心情。 3.不要有抵触情绪，否则会将事情弄僵。 4.将他带离现场，请他冷静下来耐心劝说。

任务实施

步骤一　领受任务

教师介绍任务的内容、要求、关键点及注意事项。各小组提问,教师答疑,准确理解任务,完成任务领受。

步骤二　实施任务

请各小组按教师的要求,分析任务的内容,阅读相关知识,制订完成任务的工作程序及任务分配方案,补充查阅其他相关资料。各组具体考察景点,发现景区管理游客技术方面的问题,采用多种调查方式,如访谈法、问卷法等,制订出切合景区实际的游客管理技术方案。

步骤三　任务汇报

由各小组组长汇报制订的景区游客管理技术方案,其他各小组对其方案进行讨论,评判方案的可行性。教师根据学生完成任务的情况,采用他评、互评、自评的评价方法得出结论,给出综合得分。

考核评价

旅游景区游客管理技术的制定任务考核表

学习目标	评价标准	小组评价（50%）	教师评价（50%）	综合得分（百分制）
理论知识（20分）	掌握景区游客行为管理方法和游线管理技术			
专业技能（20分）	制定景区安全管理制度			
通用技能（20分）	具有团队协作能力;具有与游客沟通的能力			
任务完成（20分）	纸质作业、PPT及任务回答的有效性			
学习态度（20分）	完成任务的态度、责任感			
综合评价及建议:				

拓展知识

西班牙游客管理经验

2005年,西班牙入境游客达5560万人次,大大超过本国人口4200万人,创汇378亿欧元,外国游客数量和旅游收入均居世界第二位,西班牙之所以能够成为世界旅游大国,除了拥有丰富的旅游资源外,还有着文明的旅游氛围和管理井然的旅游景点。

西班牙所有的旅游景点都不准开饭店和咖啡馆,也不准零售任何食品、水和纪念品,更不准乱停车。沿街叫卖的小商贩在景点是绝对禁止的,违者严惩不贷。西班牙旅游景点内也不准吃东西,游客吃饭、喝水必须到城里的饭馆和咖啡馆,买纪念品必须到附近出售纪念品的商店。旅游景点里厕所全部免费,厕所布点合理,而且非常干净,洗手池、洗手液、手纸和烘干机等一应俱全。因此不可能发生随地大小便之类的不文明行为。

坐落在首都中心的马德里王宫和布拉沃古典绘画博物馆,大门口没有任何人维持秩序。但是有两排弯曲的白色栏杆引导人们前进,游客有秩序地鱼贯而入。在这样的文明环境里。人们会自觉地约束自己的行为,任何不文明的行为,就会让人觉得是一件十分丢人、极其难堪的事情。马德里大街小巷到处都能在路边看到体积不大的圆形垃圾箱,相隔20~30米就有一个,方便行人将垃圾扔进垃圾桶。西班牙有关部门对个别不文明行为采取两种措施:一种是不严重的事件用文明的劝说方式加以制止;另一种是对于个别严重的不文明事件报警,由警方出面处理。

案例与讨论

垃圾换早餐

游客小王来到云南省丽江地区老君山旅游景区旅游,在他拿着门票排队等候进入景区时,景区的一位管理人员向每位游客发放了一个塑料袋,并向过往的游客不断地宣传承诺:凡是在景区内捡满一塑料袋垃圾,并交回到景区出口处回收点的游客,即可获得一张价值10元的早餐券。游客既可以凭早餐券享用早餐,也可以凭此券兑换10元现金。

原来,具有"滇省众山之祖"的老君山旅游区,经过10多年的考察开发,已初具规模,形成了以原始森林风光为主的生态旅游风景区,吸引了大批中外游客纷至沓来。然而,一些环保意识差的游客随手丢弃垃圾,给风景区造成了环境污染。景区管委会此前也实施了一些环保措施,如在景区增加垃圾桶,安排清洁人员沿途收集垃圾等,但投入较大,收效甚微。自2000年起,风景区管委会在全国首创并实施了"垃圾换早餐"的环保措施。

小王拿到塑料袋后,随便将它塞到了包里,看到美丽的风景,并把垃圾袋的事情忘在了脑后。他一路陶醉在美丽的丹霞地貌中,正当其想将喝完矿泉水的水瓶扔掉时,看到身边有位游客正在将自己制造的垃圾放进挂在背包上的垃圾袋里,小王猛然间想起了自己也有只环保垃圾袋。于是,他将自己的垃圾放在了垃圾袋中,顺手捡起了旁边的垃圾,并挂在了背包上。小王游览在丹山碧水中,一路上风光无限好。当他回到出口处时,背后的垃圾袋已经是满满的了,这里面不仅有自己的垃圾,也有路上捡来的别人丢弃的垃圾。小王将其送回到出口处的回收点,并如景区承诺所言换到了一张早餐券,当他看到很多游客像自己一样捡垃圾时,内心比得到这张早餐券更高兴。同时,他也决定以后旅游不论走到哪里,自己都要准备一个环保垃圾袋。

据悉,老君山此举实施后,游客很配合,风景区内也一天比一天干净。如今,想捡垃圾兑换早餐或现金,反成了不易之事。

案例讨论题:你作为一名游客外出旅游时,对于手中的垃圾你会怎样处理?

思考与讨论

1.控制游客数量可调控景区容量的意义在哪里?
2.旅游工作者与游客的沟通应注意些什么?

技能训练题

请同学们去国家评定的星级景区,调查景区如何制定游客管理技术,写一份调查报告。

项目四　旅游景区安全管理

学习目标

知识目标：了解旅游景区安全管理的重要意义；掌握旅游景区安全管理体系的构建；掌握旅游景区安全事故的基本类型。

技能目标：能对旅游景区自然灾害、人为灾害、治安管理、安全事故采取防范管理措施；能对旅游景区突发事件作出应急处理。

项目分析

旅游景区安全管理是旅游景区的一项重要内容，它是为实现旅游景区安全目标而进行有关决策、计划、组织和控制等职能，有效地使用人力、财力、物力、时间和信息，开展安全防范而进行的各种活动。运用现代安全管理原理、方法和手段，分析和研究旅游景区各种不安全因素，从技术上、组织上和管理上采取有力的措施，解决和消除各种安全隐患，防止安全事故的发生。景区的安全管理内容纷繁复杂，需要管理者重视，建立和健全安全管理保障体系，完善景区安全管理制度，强化日常管理，培养从业人员的安全意识和业务素质，从源头预防安全问题的发生。景区安全问题的表现形态主要有自然灾害、人为灾害、治安管理、安全事故等，通过对各类安全问题发生原因的分析，提出相应的预防和管理措施，强调对各类安全事故的应对和处理。

任务一　旅游景区安全体系的构建

情境设计

最近，湖北省在《旅游景区标准化管理工作方案》中对于旅游景区的安全管理作出要求：景区要根据国家有关安全法规，建立完善的安全保卫制度，有关安全设施齐全、完好、有效、运行正常，无安全隐患。要建立紧急救援预警机制，设立医务室，并配备专职医务人员。设立突发事件处理预案，应急处理能力强，事故处理及时、妥当，档案记录准确、齐全。创建申报国家5A级旅游景区，必须2年内没有发生过因本景区管理问题而造成的游客伤亡事故和游客重大投诉。该省某新建旅游景区安全管理委员会负责人，面临这些要求，开始思考……

根据以上情境，完成下列任务：

1.根据以上工作方案中对旅游安全的相关规定，请你说说旅游景区安全管理包括哪些内容，如何构建一个旅游景区安全管理体系。

2.假设你作为某新建旅游景区安全管理委员会负责人，作为景区安全管理体系构建的重要一环，请你制定景区安全管理制度和安全目标管理责任书，召开部门工作会议，签订安全工作责任书。

任务分析

旅游景区安全管理的首要内容是全面分析景区发生安全事故和安全隐患的因素,这是做好景区安全管理工作的前提,包括对景区特点、旅游者、社区居民的分析。其次要确定治安、保卫工作的重点地区,在施行常规和普通的安全管理的基础上,根据上面的分析,应建立景区的重点防范地区和地点,确定重点防范人物,及时消除危险因素,尽量减少事故的发生。再次要挑选和训练安全保卫人员。安全保卫人员是具体执行景区安全管理规则的人员。安全人员的素质和技能,将直接影响一个景区安全管理成效。最后要建立和健全安全管理保障体系。景区避免损失的最为经济、有效的办法是建立安全保障体系,将事故隐患消灭于日常管理之中。景区的安全管理部门必须制定安全管理制度和细则,建立和健全安全管理保障体系,并定期进行监督检查,使安全管理有法可依,有规可循。

因此,学生在完成本任务前需要对景区安全管理体系有一个基本的认识,并掌握旅游景区安全管理制度的基本内容,从而有目的地制定安全管理制度和安全目标管理责任书。通过完成任务认识到建立健全景区安全管理体系的重要性。

相关知识

"没有安全,没有旅游",景区安全管理不是仅仅制定制度,配置设施,更重要的是景区管理人员应具有安全意识,严格执行相关制度,加强防范,加强对游客安全意识的教育和引导,以尽到景区权限范围内的安全义务。

一、景区安全管理的相关法规条例

(一)国家法规条例

景区安全管理有关的法规条例主要有《中华人民共和国治安管理处罚条例》、《旅游安全管理暂行办法》、《重大旅游安全事故报告制度试行办法》、《重大旅游安全事故处理程序试行办法》、《旅游安全管理暂行办法实施细则》等。

(二)地方及景区法规条例

除了国家上述法规条例规定外,各地政府、各旅游景区也相应出台了一些相关的法规条文,如《广东省风景名胜区条例》、《黄山风景名胜区管理条例》、《南京市中山陵园风景区管理条例》、《福建省旅游条例》等。

(三)国家标准规定

国家标准《旅游区(点)质量等级的划分与评定》把"旅游安全"作为旅游区(点)质量等级划分与评定的重要条件之一。具体要求有:认真执行公安、交通、劳动、质量监督、旅游等有关部门安全法规。建立完善的安全保卫制度,工作全面落实。消防、防盗、救护等设备齐全、完好、有效。交通、机电、游览、娱乐等设备完好,运行正常,无安全隐患。游乐园达到 GB/T 16767—1997 规定的安全和服务标准。危险地段标志明显,防护设施齐备、有效,特殊地段有专人看守。建立紧急救援机制,设立医务室,并配备专职医务人员。设有突发事件处理预案,应急处理能力强,事故处理及时、妥当,档案记录准确、齐全。

二、景区安全管理机构与安全管理制度

(一)安全管理机构

根据景区具体情况,设立专门性的景区安全管理机构。景区安全管理机构是景区负责安全管理的全职机构,具有景区安全管理的权威性,负责景区日常安全管理工作和景区安全的防范、

控制、管理与指挥工作。

景区应设立安全保卫委员会(简称"安保委"),直属景区最高管理层(崔凤军,2001)。安保委下设安保委办公室,与安全管理处合署办公。安保委和安全管理处下设顾问组、教育组、计划与发展组、监察执行组、旅游监察大队(见图4-1)。

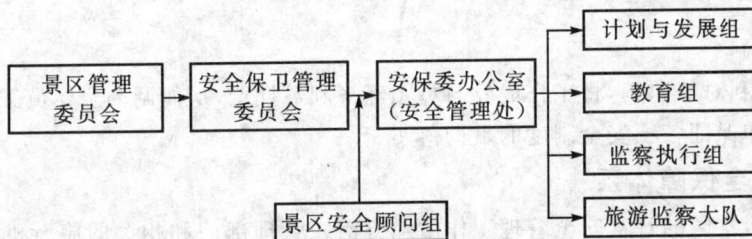

图4-1　景区安全管理机构图

(1)顾问组:聘请专业工程师和有关专家,指导建立安全管理规范,解决安全管理中出现的技术难题。定期向安保委提供咨询报告。

(2)计划与发展组:制定有关的管理规章、安保标准、规格和技术规范;制定落实国家有关部门的安全管理规定;制订计划和相关监察措施;组织鉴定和审查巡查人员的水平和资格;拟订安保演习计划;向管理层提出安保事务中长期计划;规划企业安保活动与未来发展。

(3)教育组:编制培训教材,安排各级培训;编发安保简报;进行事故分析与研讨;组织有关教育活动;组织安全月会。

(4)监察执行组与旅游监察大队:组织每日、每周、每月、每季、每年安保检查活动计划;公布违反安保规定的项目和内容并跟踪整改;组织安保演习和总结改善措施;对内对外联络与信息发布;实施具体细致的相关预防行动,防止安保事故的发生。

不要以为安保机构只是个花钱的单位。安保工作虽然要花费一些钱,但与付出的灾难性代价相比只是很小的一笔费用。景区管理者不能舍小而忘大,要增强安全意识,以预防为主,化解风险。

(二)安全管理制度

景区安全管理制度是在国家相关法规条例指导下,为保证景区员工和旅游者人身及财产安全所制定的符合景区安全管理实际情况的章程、程序办法和措施的总称,是景区员工做好安全工作所必须遵守的规范和准则。

景区安全管理制度主要包括以下五个方面:

1.安全岗位责任制

安全岗位责任制规定了景区员工在工作岗位上所担负的安全工作范围、内容、任务和责任,把安全工作的具体任务和责任明确到每个人身上,以达到安全管理的目标。

2.领导责任制

安全管理实行"谁主管,谁负责"的总原则,因此,实行景区安全管理的领导责任制度尤为重要。由于安全工作政策性、法律性和专业性都比较强,领导责任制规定了领导的安全管理的具体职责和标准,以便于对领导的考核,以及发生重大安全问题时的法律责任追究。

3.重要岗位安全责任制

对于容易发生安全问题,或者安全问题一旦发生影响巨大的部门,例如,易发生火灾的林区,应该作为安全管理的重要岗位配备专门的安全管理人员,制定重要岗位安全责任制。

4.安全管理工作制度

按照景区安全管理的客观要求,规定安全管理的范围、内容、程序和方法,它是整个景区安全管理的制度,也是指导景区开展各项安全活动的准则和规范。例如,库存管理制度、值班巡逻制度等。

5.经济责任制

按照责、权、利对等原则,将工作成效与员工经济利益挂钩,从而调动全体员工做好安全工作的积极性,促进和保证各项安全制度的贯彻落实。

三、景区安全保障体系

一般情况下,景区的日常安全管理工作由地方治安管理部门和相关的旅游机构共同负责或分别管辖,采取的工作方式大多为在事故发生后或正在发生时,由有关的管理人员赶往现场进行处理。这种事后处理的消极被动管理方式具有明显的滞后性,不能有效降低景区安全事故的发生率,已不能适应要求相对较高的景区安全工作的需要。因此,必须建立以防为主、防控管结合的景区安全保障体系。

景区安全保障体系由政策法规系统、安全预警系统、安全控制系统、安全救援系统、旅游保险系统组成(见图4-2)。政策法规系统是全局性的保障和管理依据,预警系统和控制系统属于事前的预防和事中的监管体系,旅游保险属于事后的补偿体系,而安全救援则是事中采取积极措施的重要环节。

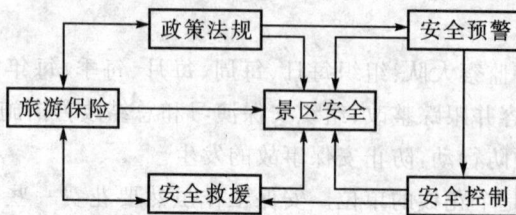

图4-2 景区安全保障体系构成图

(一)景区安全预警系统

景区安全预警系统由景区信息系统、宣传教育部门等构成,其主要任务是发布景区安全管理法规、条例,并教育、培养景区从业人员、旅游者、社区居民的安全知识和意识,提高旅游者的安全防范能力。

1.具体工作内容

针对景区内旅游者流动性大的特点,当地旅游管理部门可以配合治安管理机构在车站、码头、旅馆等旅游者集散地设置安全宣传栏和发放安全宣传手册,事故频发的偏僻景区地段设置安全宣传橱窗与告示牌,提醒旅游者在旅游过程中的注意事项及突发情况下的应急措施;也可在导游图等旅游宣传手册上介绍景区的安全保障情况和游览注意事项,以提高旅游者的安全防范意识和自我保护能力。

2.具体措施

(1)对社区居民进行深入的普法教育。通过宣传橱窗、广播电视、幻灯片等方式进行定时定点的法制宣传教育,提高他们的法制观念和守法意识。对经济较落后的景区内居民开展"旅游脱贫"、"旅游致富"的宣传教育,加深当地居民对旅游业经济功能的认识,让他们了解景区安全的旅游环境与他们切身利益的密切相关性,发动当地居民自觉维护景区的治安环境。

(2)在景区旅游旺季到来之前,进行有针对性的反营销宣传活动。与一般的促销宣传相反,这类旅游宣传从减少旅游需求方面着眼,着力降低景区旅游旺季的高峰流量,将游客量控制在景区所能承受的旅游饱和范围之内,以此来减轻景区巨大的环境保护和安全保障压力。

(3)景区的信息部门、旅游宣传机构应与当地治安管理部门加强在执法与安全信息发布方面的合作,同时争取景区内其他各部门广泛的理解、支持和参与。通过制订统一的景区安全信息发布与宣传教育的工作计划,明确各自在这项共同工作中的责任和角色,采取"明确职责、密切配合"的协同工作方式来发挥各部门的作用,提高安全预警功能。

(二)景区安全控制系统

景区安全控制系统是由景区安全管理队伍及其相应的一系列防控、管理活动组成,它包括如下内容:

1.景区旅游警察及其工作

要建立能满足景区旅游安全管理需要的景区公安局或景区旅游派出所,由景区旅游公安局或派出所的旅游警察或旅游警务人员来防控和管理景区的旅游安全,公安部应根据国情、区情以及经济发展的需要,建议立法部门在重点景区,特别是国家级景区内设立旅游公安局或旅游公安派出所作为警务改革的内容之一,通过立法程序,统一编制,统一经费。在宪法的基础上,将涉及旅游执法单位的有限执法权(工商、旅游、物价、质检、卫生、税务)交由旅游公安局或派出所行使;或者在景区有公安局或公安派出所的由政府出面,凡涉及旅游执法的上述问题,在抽调适当人力的基础上,将部分执法权以书面形式授权公安局或公安派出所行使。通过建立24小时警务机制,解决景区内的投诉或相关的服务。这样才能快速准确地解决游客的各类投诉,更好地维护景区的政治、治安稳定,有效地保护中外游客的安全和合法权益。

2.景区联合治安执法队伍及其工作

为消除景区内的安全管理盲目性,对不具备设置旅游公安局、旅游公安派出所或远离旅游执法单位、地段偏僻的旅游景区(点),应建立诸如"联合执法组"、"综合执法队"或"流动执法小组"等形式的景区联合治安执法队伍,以加强对偏远景区(点)的安全控制与管理。联合治安执法队人员由公安、旅游、工商、物价、质检、环保、卫生等与旅游执法有关的单位抽派人员参与,采取人员不固定的临时组织。这些人员的待遇由派出单位负责,业务归景区附近派出所统一管理,并在附近的派出所挂牌办公,办公费由旅游局补助。联合治安执法队可以就地解决和查处旅游投诉问题,并对偏远景区(点)的安全防控起到非常有效的管理作用。

3.景区安全防控的具体内容

对景区内的各种经营活动的监督与管理。加强对景区内经营业主,特别是个体业主的安全防控与管理,防止和杜绝出现强行兜售商品、欺客、宰客等现象;设置景区治安管理机构和专业人员,加强景区的治安管理。防止并控制景区内出现盗窃、酗酒闹事、聚众斗殴、赌博、卖淫、嫖娼、吸毒、传播或观看淫秽物品等违法事件的发生,保证游客人身、财产安全,维护社会、生活、游览的安全环境;对游客旅游活动安全进行防控与管理。要制订旅游旺季疏导游客的具体方案,有计划、有防范地组织游客进行安全的旅游活动。必要时,可采取措施以限制旅游高峰时的游客数量;对景区内的旅游资源安全、旅游设施设备安全进行防控与管理;对景区内的住宿安全、饮食安全及卫生安全进行防控、监督与管理。

(三)景区政策法规系统

景区安全管理的政策法规系统是全局性的保障和管理依据,包括国家、地方颁布的安全管理法规条例和景区自己制定的相关制度与规定。各景区(点)要根据国家、地方颁布的相关法规、条例,制定适合景区安全管理的各项制度和条例,并组织实施。由于景区安全管理制度涉及景区资源保护、环境卫生、社会治安、商业经营、接待服务设施、交通等各方面,因此,景区安全管理制度与条例的制定和实施应与景区内的文化、环保、公安、旅游、工商、交通、林业等相关部门相互协调与统一,并由景区安全管理机构统一落实与实施。

(四)景区安全救援系统

景区应设置能快速反应和进行施救的景区安全救援系统。安全救援系统由景区和社区的医院、消防、公安部门以及景区安全资料与档案所组成。为了能对重大的安全事故如景区火灾、交通事故进行快速、有效救援,要设有专门的救援机构和救援小组,要配备相关的救援设施设备,要制定救援制度和设计、演练救援方案,以提高安全救援的能力与效果。

景区安全资料与档案是景区安全管理的依据和借鉴。应对景区安全事故的类型、发生规律进行研究和总结,形成资料,用于对开展景区安全管理工作的指导。要对景区资源安全、环境安全、卫生安全、食物安全、商业经营安全进行调查与统计,以便进行防控与管理。要对景区内的设施设备安全进行跟踪与记录,以利于对设施设备的维护和保养,保证设施设备的安全。要对景区内各区域的安全进行调查与统计,以便对景区内各区域进行安全防控与管理等。

(五)旅游保险系统

旅游保险属于事后的补偿体系。应在景区内实施旅游保险制度,建立和完善旅游者人身、财产保险制度,加强旅游保险的宣传与教育,引导和提倡旅游者购买景区旅游保险,提高安全防范和自身安全保险的意识。虽然团队旅游都有旅行社责任险,但游客最好考虑购买旅游救助保险、旅游人身意外伤害险、旅客景点意外伤害险等险种的保险。确实安全问题不会降临于大多数游客,但游客必须有旅游保险意识。

四、景区安全标志系统

景区安全标志系统由安全标志和消防安全标志两个子系统组成。

(一)安全标志

安全标志是由安全色、几何图形或文字、图形符号构成的、用以表达特定安全信息的标记,其作用是引起人们对不安全因素的注意,预防发生事故。为了提高旅游者的安全注意,景区应按照国家规范的安全标志符号在游客集散地、主要通道、危险地带等区域设置安全标志系统。根据国标《安全标志》(GB 2894—1996),安全标志分为禁止标志、警告标志、指令标志和提示标志四类(见图 4-3)。

1. 禁止标志

禁止标志是禁止人们不安全行为的一种标志。几何图形是带斜杠的圆环,图形背景为白色,圆环和斜杠为红色,图形符号为黑色。禁止标志有:禁止烟火、禁止吸烟、禁止用水灭火、禁止通行、禁放易燃物、禁带火种、禁止启动、修理时禁止转动、运转时禁止加油、禁止跨越、禁止乘车、禁止攀登、禁止饮用、禁止架梯、禁止入内、禁止停留等23种类型。

2. 警告标志

警告标志是警告人们小心,注意周围环境,避免发生危险的一种标志。几何图形是三角形,图形背景是黄色,三角形边框及图形符号均为黑色。警告标志有:注意安全、当心火灾、当心爆炸、当心腐蚀、当心有毒、当心触电、当心机械伤人、当心伤手、当心吊物、当心扎脚、当心落物、当心坠落、当心车辆、当心弧光、当心冒顶、当心瓦斯、当心塌方、当心坑洞、当心电离辐射、当心裂变物质、当心激光、当心微波、当心滑跌等28种类型。

3.指令标志

指令标志是强制人们必须做出某种动作或采用防范措施的一种标志。几何图形是圆形,背景为蓝色,图形符号为白色。指令标志有:必须戴防护眼镜、必须戴防毒面具、必须戴安全帽、必须戴护耳器、必须戴防护手套、必须穿防护鞋、必须系安全带、必须穿防护服等 12 种类型。

4.提示标志

提示标志是指示目标方向的安全标志。几何图形是正方形,背景为绿色,图形符号及文字为白色。提示标志有紧急出口、避险处、可动火区等 3 种类型。

注意安全	禁止烟火	必须系安全带	紧急出口
(a)警告标志	(b)禁止标志	(c)指令标志	(d)指示标志

图 4-3　安全标志图

(二)消防安全标志

消防安全标志是用以表达与消防有关的安全信息的标志,由安全色、边框、以图像为主的图形符号或方案构成。它对于火灾防救具有重要的指示作用。我国的消防安全标志和世界上大多数国家一样,是由红、黄、绿、黑、白五种颜色组成的。消防设备和表示禁止的标志用红色作背底颜色;具有火灾爆炸危险的地点和物体的标志用黄色作背底颜色;用于火灾时疏散途径的安全标志为绿色,文字和图形的辅助标志采用黑色和白色。消防安全标志的图形分为火灾报警的标志,手动控制装置的标志,火灾时疏散途径的标志,灭火设备的标志,具有火灾、爆炸危险的地点和物体的标志等。

🔧 任务实施

步骤一　领受任务

教师介绍任务的内容、要求、关键点及注意事项。各小组提问,教师答疑,准确理解任务,完成任务领受。

步骤二　实施任务

各小组按教师的要求,分析景区安全体系构建的相关的内容,阅读相关知识,制订完成任务的工作程序及任务分配方案,补充查阅其他相关资料,拟写安全管理制度和安全目标管理责任书。各小组具体完成情境中的任务,做好安全工作会议预演,准备汇报。

步骤三　任务汇报

各小组根据任务的要求,在教室中进行模拟演示汇报,并相互提问。指导教师及时控制汇报进程,最后进行点评与总结。各小组对本次汇报及时进行总结,形成文字材料,作为作业上交指导教师。指导教师依据该项目任务考查表,给出各景区管理办公室评价综合得分。

考核评价

旅游景区安全体系的构建任务考核表

学习目标	评价标准	小组评价 （50%）	教师评价 （50%）	综合得分 （百分制）
理论知识 （20分）	了解旅游景区安全管理相关法规；掌握旅游景区安全体系的内容			
专业技能 （20分）	能制定较完整的安全管理制度和安全目标管理责任书			
通用技能 （20分）	具有团队协作能力；具有团队运作信息收集能力；具有团队处理问题的能力			
任务完成 （20分）	纸质作业、PPT及任务问答的有效性			
学习态度 （20分）	完成任务的态度、责任感			
综合评价及建议：				

拓展知识

北京市等级旅游景区安全管理规范

第一条　为指导北京地区等级旅游景区做好安全管理工作，根据《中华人民共和国安全生产法》、《中华人民共和国消防法》、《中华人民共和国文物保护（食品卫生）法》、《风景名胜区条例》、《北京市旅游管理条例》、《北京市安全生产条例》及有关法律、法规，制定本规范。

第二条　本规范适用于本市行政区域内由各级旅游行政管理部门按照《旅游区（点）质量等级的划分与评定》(GB/T 17775—2003)的规定，评定的各类等级旅游景区。

第三条　等级旅游景区的安全管理工作贯彻"安全第一，预防为主、综合治理"的方针。

等级旅游景区安全工作按照属地管理的原则，实行综合监管、行业监管、专项监管三结合的监管模式。

第四条　等级旅游景区应当根据本单位经营活动的特点，加强安全监督管理工作，建立、健全安全生产责任制，配备专门机构或人员负责日常安全监督检查工作，完善安全设施、设备，确保旅游安全。

第五条　法定代表人（或主要负责人）是等级旅游景区安全工作的第一责任人，统筹负责本单位的安全管理工作。其主要职责是：

（一）贯彻国家和北京市的法律、法规、规章和行业相关规定，落实安全管理责任制；

（二）组织制定本景区的安全生产规章制度和操作规程；

（三）保证安全管理资金的投入，配备必要、有效的安全保障设施；

（四）定期研究本景区安全管理工作，及时消除安全事故隐患；

（五）组织制定并实施旅游突发事件应急预案；

（六）负责调查、处理本景区内发生的安全事故；

（七）按规定及时、如实地向有关部门报告各类旅游突发事件；

（八）履行法律、法规、规章和企业章程规定的其他安全管理职责。

第六条　等级旅游景区安全管理机构的主要职责是：

（一）接受旅游、公安、消防、卫生、安全生产、质量监督等行政管理部门及上级主管部门对景区安全管理工作的业务指导和监督检查；

（二）建立并完善本景区的安全管理规章制度；

（三）建立并落实本景区的安全生产责任制；

（四）建立本景区的安全生产例会制度，定期研究本景区的安全管理工作，及时通报有关工作信息；

（五）建立生产安全隐患排查制度，及时发现并消除本景区各类安全隐患，对不能立即整改的，应当采取必要的安全防范措施；

（六）建立安全教育制度，定期对员工进行安全培训和操作演练，新聘员工应当接受安全教育培训；

（七）从事法律、法规规定的特殊工种作业人员，应当经过专业主管部门的培训和考核，取得合格证方可上岗；

（八）履行法律、法规、规章和企业章程规定的其他安全管理职责。

第七条　等级旅游景区应当建立安全管理例会制度，定期研究本单位安全管理工作；制定有效的安全措施，并对措施的落实情况进行检查。

第八条　等级旅游景区应当建立生产安全隐患排查制度，对本单位容易发生事故的部位、设施，明确责任人员，制定并落实防范和应急措施。

第九条　等级旅游景区应当建立游览安全管理制度，保证游客游览环境的安全。

（一）按照《北京市旅游管理条例》的规定和景区规划容量的测算，将游客数量控制在最佳接待容量之内；

（二）完善景区设施安全管理制度，制定工作人员规范操作规程；

（三）在景区内重点部位和危险地域加强安全防护措施；

（四）在节假日、黄金周等重点时期设立景区游客安全疏导缓冲区；

（五）禁止游客在未开发或无安全保障的地域开展旅游活动；

（六）景区护园队等保安人员要加强景区内巡视，禁止游商尾随游客兜售商品，保证景区内良好的游览秩序。

第十条　等级旅游景区应当建立安全信息发布制度，及时向游客提供准确、规范的安全信息。

（一）通过有线广播、安全须知、宣传手册等形式，及时发布地质灾害、天气变化、洪涝汛情、交通路况、治安形势、流行疫情预防等安全警示信息以及游览安全提示信息；

（二）根据消防、用电以及道路交通等有关法律、法规的规定，在景区内设置明显的警示标志，并采取安全措施；

（三）完善景区的解说系统，在有条件的区域建设无障碍游览通道；

（四）景区内的施工现场应当设置易于识别的安全提示标志；

（五）非游泳区、非滑冰区、防火区、禁烟区等区域应当设置明显的禁止标志。

第十一条 等级旅游景区应当建立安全用电管理制度，严禁违章用电。

（一）景区用电装置和材料应当符合国家规定，配电装置的清扫和检修应当按照《北京地区用电单位电气安全工作规程》的相关规定执行；

（二）景区安装或者移动电器设备，须由专业技术人员操作，并严格遵守安全操作规程；

（三）景区内重点用电设备应当安装漏电保护装置，对该类装置的拆卸和移动应当按照相关规定执行。

第十二条 等级旅游景区应当建立交通安全管理制度。游览线路的规划应当符合国家规定的道路交通条件；运营中的游览工具须符合国家相关质量标准，游览工具的驾驶员应当经过专业技能培训；景区内夜间游览区域应当配备数量充足、功能有效的照明设备。

第十三条 等级旅游景区应当建立消防安全管理制度，保障景区的消防安全。

（一）保持消防通道畅通，配备足够的消防器材，并定期组织检查。

（二）建立义务消防队伍，定期组织所属员工的安全培训和应急演练。

（三）加强景区内古建筑物消防安全管理，禁止在古建筑保护范围内堆存易燃、易爆物品；动火、用电应当按照《古建筑消防管理规则》的相关规定执行。

（四）有森林资源覆盖的景区应当按照《中华人民共和国森林法》和《森林防火条例》的相关规定进行专项消防管理。

（五）景区餐饮场所内灭火器材配置点的距离应当符合国家有关规定；在厨房操作间、燃气调压室等重点部位应当设置可燃气体报警探测器。

（六）景区停车场应当配备专用灭火器材。

第十四条 等级旅游景区应当建立特种设备安全管理制度，严格执行《特种设备质量监督与安全监察规定》及相关法律、法规的规定，保障特种设备的安全运行和游览活动的有序进行。

（一）景区内的特种设备应当符合国家标准，特种设备的操作人员具备相应的资质；建立特种设备技术档案；每日设备运行前，应当进行安全检查，并做好定期维护保养工作。

（二）景区内各类游乐项目的运营场所应当公示安全须知；对游客进行安全知识讲解和安全事项说明，并配备相关人员具体指导、帮助游客正确使用游乐设施，严禁超员运营。

（三）旅游景区工作人员应当及时劝阻游客的各种不安全行为。

（四）在景区内开展的攀岩、冲浪、漂流、骑马、拓展、蹦极、速降等特种旅游项目，应当制定内容详细的安全操作规程和安全提示手册。

（五）景区内的制高点和高层建筑设施应当安装避雷、防雷设备，并在每年雷雨季节之前进行检测和全面维护。

（六）景区应当向参与特种旅游项目的游客推荐投保人身意外伤害保险。

（七）景区装置的电视监控系统应当符合公安机关的相关规定。

第十五条 等级旅游景区应当建立食品安全监管制度。景区内生产和销售食品，应当严格执行《中华人民共和国食品卫生法》的规定；餐具、饮具、酒具等器皿应当符合相关国家标准和规定；餐饮场所工作人员应当持有效健康证明上岗。

第十六条 等级旅游景区应当建立安全环境监控制度，为游客创造安全的公共环境。景区内环境噪声应当严格执行《城市区域环境噪声标准》（GB 3096—93）的规定，景区讲解员及导游人员不得使用扩音设备进行讲解；空气质量应当严格执行《环境空气质量标准》（GB 3095—1996）的规定。在突发疫情期间，按照《突发公共卫生事件应急条例》的有关规定做好防疫警示等安全防范措施。

第十七条　等级旅游景区应当建立大型活动风险管理制度。举办大型活动前严格履行申报审批手续,主动接受相关行政管理部门的安全检查,坚持"谁主办,谁负责"的原则,按照《北京市大型社会活动安全管理条例》进行事前风险评估,制订大型活动的安全工作方案和应急预案。

第十八条　等级旅游景区应当建立应急预案制度,根据各类预案配备必要的应急救援物资,突发意外事件后,救援人员能够按照景区应急预案在第一时间启动救援机制,有效开展救援行动。

根据本景区内易发事故的特点建立消防、用电、交通、自然灾害事故的应急预案,预案内容应当包括应急救援组织、危险目标、启动程序、处理与救援程序、紧急处理措施等部分。

应急救援预案应当每半年至少演练1次,并做好记录。

第十九条　等级旅游景区应当建立安全事故报告制度。安全事故发生后,景区应当按照国务院发布的《生产安全事故报告和调查处理条例》以及北京市旅游局发布的《北京市旅游安全事故报告制度规定》,在第一时间内向旅游行政管理部门报告。

第二十条　等级旅游景区将经营场所或大型娱乐项目出租或承包的,应当与承租单位签订安全管理协议,明确各自的安全管理职责。等级旅游景区对各承租单位的安全工作统一协调、管理。

第二十一条　等级旅游景区应当设立医务室,并配备医务人员。

第二十二条　非等级旅游景区的安全管理工作可参照本规范执行。

第二十三条　本规范自发布之日起施行。二〇〇七年九月十五日北京市旅游局发布的《北京市等级旅游景区安全管理规范(试行)》同时废止。

案例与讨论

××××年度××市××公园安全目标管理责任书

为贯彻执行"安全第一,预防为主,综合治理"的方针,按市委市政府关于安全生产工作的要求,进一步理顺建设系统安全管理工作机制,加强安全管理,落实安全责任,从源头上预防和减少不安全事故,结合实际,特制定本安全生产目标管理责任书。

一、主要职责

××市××公园管理所负责××公园风景区管理工作,是景区安全管理的责任部门,主要职责是:

(1)贯彻执行国家关于安全生产的法律法规和方针政策,按照市建设局对安全生产工作的部署,结合实际,认真分析景区安全管理现状,及时研究制订工作计划和对策,落实安全防范措施。(6分)

(2)实行安全生产目标管理责任制,与安全管理工作人员及护林防火员签订《××公园景区防火安全目标管理责任书》,明确工作职责及相应责任人。(6分)

(3)每月召开一次由分管领导主持召开的安全工作会议,组织有关人员进行研究,提出解决办法,制定并落实整改措施,要求有书面记录,并形成会议纪要报建设局党委。(5分)

(4)健全和完善景区安全管理规章制度和《××公园风景名胜区防火处置预案》,明确部门内岗位责任和相应责任人。(6分)

(5)积极组织开展安全生产宣传、教育和培训工作。(5分)

(6)每月组织不少于一次景区安全拉网式大检查。(6分)

(7)安全事故发生后,立即启动处置预案,及时上报事故情况,组织做好救援及善后处理工作,最大限度减少损失。(5分)

(8)实行 24 小时消防巡查检查制度。(6 分)

(9)加固东山游路及景区周围安全防护栏。(3 分)

(10)防火设施配置齐全。(3 分)

(11)实行春节、三月三、清明、端午节重点地段重点安全防范。(3 分)

(12)按市人民政府森林防火戒严令要求做好区域内工作。(3 分)

(13)在醒目位置设置安全宣传警示牌。(3 分)

(14)发生一起死亡 1 人的安全事故扣 10 分;发生一起死亡 2 人的安全事故扣 20 分;发生一起死亡 3 人以上重大事故的扣 30 分;凡发生死亡事故的,安全管理工作一票否决,并撤销相关部门负责人职务,追究责任人员责任;对虽未发生死亡事故,但造成了严重社会影响和经济损失的,视事故情节追究相关人员责任。(30 分)

(15)负责建设局交办的安全生产有关事项。(10 分)对交办事项完不成或不负责的,每次扣 2 分。

二、奖惩办法

(1)本责任制考核总分 100 分,安全管理工作考核分在 70 分以下的惩 1 万元;71~75 分的惩 6000 元;76~79 分的惩 3000 元;80~84 分的不惩不奖;85~90 分的奖 3000 元;91~95 分的奖 6000 元;95 分以上的奖 1 万元。奖惩到责任科(所、队、站)安全管理责任人员,惩金从科(所、队、站)相应责任人员工资中扣抵,奖金从城维费中列支。

(2)发生重特大安全事故的,实行安全管理一票否决,并追究各安全管理工作主要领导和直接责任人的责任。

(3)局安全管理工作领导小组组织检查考核、兑现奖惩,考核经费从安全工作经费中列支;考核的有关数据按局安全管理领导小组的考核统计为准。

三、本责任书一式两份,××公园管理处、责任单位各一份,签字后生效。

监督机关(盖章)   责任单位(盖章)

××公园管理处(签名)   负责人(签名)

年   月   日

案例讨论题:

1.谈谈该安全目标管理责任书对于景区安全的意义。

2.该安全目标管理责任书的良好执行,还需要哪些关键的条件?

思考与讨论

1.旅游景区安全保障体系包括哪些内容?

2.旅游景区安保人员如何适应新时期旅游业安全管理工作的要求?

技能训练题

1.选择当地一著名旅游景区,参观景区安保部门及作业岗位,观看安保各项规章制度和岗位作业过程;如听取景区安保人员介绍景区安全作业全过程。参观景区安保相关专用设施、设备,听取有关人员介绍。与景区安保工作人员交流,求教其工作心得。

2.谈谈该旅游景区在"黄金周"应如何加强安全管理。

任务二　旅游景区安全的引导与管理

情境设计

　　随着湖北省麻城龟峰山宣传推介力度的加大，"人间四月天，麻城看杜鹃"旅游品牌的吸引力大幅提升。连日来，山上杜鹃花接连盛情绽放，吸引了大批省内外游客，大大小小的旅游车辆排起长龙，景区停车场上停满车辆，在数十公里的杜鹃花海游步道上，游客络绎不绝，到处人头攒动，呈现出"井喷式"的火爆场面。售票中心挤满了前来购票的游客；景区大门游人进进出出，各种商务车、大型旅游车辆来往穿梭；工作人员也是忙碌不停，指挥车辆停放、购票、进出；路上车辆川流不息，望龟亭处一批批的游客纷纷驻足仰望神奇的龟头，并拍照留念；万寿台阶上游客们上上下下，摩肩接踵；杜鹃花海游步道上也挤满了前来观赏的游客……"这两天可忙了，上个周末，150多个团队加上散客，一天有一两万人前来观赏游览。"景区一位工作人员表示。

　　根据以上情境，完成下列任务：

　　作为龟峰山景区负责人，请制订紧急方案应对即将到来的五一小长假的景区交通拥堵问题，以防止交通安全事故发生。

任务分析

　　"预则立，不预则废"。作为龟峰山景区负责人，如何制订紧急方案应对即将到来的五一小长假的景区交通拥堵问题？我们可以从分析景区交通安全状况入手，排查安全隐患，健全交通安全保障系统，做好交通安全事故防范。

相关知识

　　景区安全管理，即对各类安全的防治与管理。景区安全的工作目标是防止重大治安案件和刑事案件的发生，预防火灾和重大事故的发生，并在发生安全事故时能及时有效的处理。

一、自然灾害类型及其防治

　　旅游自然灾害是指在旅游过程中突发性的给游客或旅游设施带来的严重危害的天然灾害事故。景区自然灾害的类型主要有：威胁人类生命及破坏旅游设施的自然灾害，包括飓风、台风、气旋和龙卷风、洪水、雪暴、沙暴等气象灾害，地震、火山喷发、雪崩、泥石流等地质及地貌灾害；其他自然灾害，如森林火灾。景区自然灾害的特点主要有：种类多，季节性强，损失较大，人为灾害与自然灾害交织作用。旅游灾害与旅游资源开发似乎是一对"孪生儿"，因此把旅游开发与减灾结合是非常必要的。

（一）水灾与旱灾

　　洪灾及涝灾多由夏季暴雨形成，排水设施不畅，积水过多，影响旅游交通，并可引发崩塌，破坏基础设施及旅游设施，给旅游企业运作带来困难。洪灾带来的水土流失也不容忽视。旅游开发（包括相关的房地产开发和拆迁、改造）可能会破坏原本良好的地貌、植被和通畅的水系，若地面绿化及道路硬化等水保措施跟不上，一遇暴雨便造成严重的水土流失。水土流失将造成水源污染，带来淤积危害，破坏生态平衡，旅游设施和市政设施也将受损害，给旅游区带来难以估量的损失。据分析，旅游开发区水土流失主要是人为破坏地貌植被所致，最易发生在建设项目施工过程中和建设项目竣工后。因此，在各项目施工过程中，建设单位要把控制水土流失作为专项管理内容实施管理。在项目竣工后，要尽快铺设道路和在裸露地面上实施绿化，以尽量减少和控制水土流失现象。

洪涝灾害对旅游区的危害虽不可避免,但可以将其降低到最低限度,具体对策包括:雨季到来之前,对道路、危险建筑予以仔细查看,适时采取工程措施予以防范;对受暴雨影响严重的景区及时封闭;充分利用上游水库水量调节功能;景区建设之前,建筑、道路等设施要考虑防洪、抗冲能力,预留泄洪道,疏通淤积河道;旅游业防洪要贯彻"全面规划,综合治理,防治结合,以防为主"的方针,各旅游景点应因地制宜确定防洪标准,并与流域规划相协调,工程措施和生物措施相结合。

旱灾造成景区缺水,水景及植被美观度下降,旅游设施运转费用增加,旅游企业成本上升。防治旱灾采取的措施主要通过行政、立法和经济手段促进水资源的合理利用,制定合理的水价,在不同时间、不同用途上征收不同的水费。

(二)气象灾害

旅游气象灾害具有以下特点:类型多,包括风灾、高温灾害、冰雪灾害、大雾灾害、雷电灾害等;季节性强,暴雨和雷电等重大灾害性天气都发生在夏季,大雪、冰冻、大雾等灾害性天气都发生在冬季;具有连锁性,交通、通信、供水、供电、供气等工程之间联系十分紧密,一旦发生气象灾害,很容易造成连锁反应,产生一系列次生灾害和衍生灾害。

气象灾害防治措施以预防为主,加强对灾害性天气的预警预报;景区相关部门与气象部门应密切合作,开设专项服务(咨询、导游、热线);合理拟设针对突发性气象灾害的应急措施,配备人力、物力,减少各类灾害性天气所造成的损失。

(三)泥石流灾害

泥石流灾害多发于山区,是由暴雨集中、山高、坡陡和植被稀疏等因素引起的,破坏性较大,对旅游业干扰很强。近几年的夏季,我国多处景区均有泥石流灾害发生。主要防治措施是:搞好山区水土保持和小流域治理;修筑塘坝、排洪渠等工程措施;加强泥石流的预警预报等。

二、人为灾害

(一)火灾

火灾是景区比较常见,也是危害较大的安全事故之一。

1.景区火灾发生的原因

火灾是由在时间和空间上失去控制的燃烧所造成的灾害,往往伴随爆炸。从形成的原因分类,火灾可分为三类:①人为火灾,大部分的火灾都是由于游客乱丢烟头、火柴梗,操作人员思想麻痹、违规操作等违反安全管理规定引起的;②自然起火,如雷击;③人为故意纵火。

2.景区火灾的特点

景区的火灾主要发生在旅游宾馆饭店和各类公共场所及森林景区内。①景区住宿与公共场所火灾。其特点是:起火因素多且蔓延快,公共部位有众多的装修陈设,居住体中有大量的家具衣物,多属可燃之物,加之人员多而复杂,极易形成着火源;疏散扑救难且危害大,公共体中顾客既多又不熟悉安全出口位置,火灾时人群相互阻塞。②森林与草场等植被发生火灾。其特点是:一旦发生,火势猛,范围广,地形复杂,很难扑灭。

3.景区火灾的预防措施

针对火灾应采取的措施主要有:景区管理者严格遵循消防条例和景区规定,防患于未然,加强安全管理。景区管理者积极对游客开展安全教育和安全引导。对进入量区的游客,景区工作人员有必要向其进行景区防火宣传,向游客宣传景区防火注意事项,讲明应注意的具体事项,如说明通道、消防设施、安全门等情况。宣传形式可人性化、多样化,不能太过生硬,让游客产生反感,如在每个客房的房门后悬挂安全防火示意图,在景区公共场所张贴防火标志和多处设置烟缸等,方便游客扔烟头和火柴梗。

4.景区管理者对火灾的应对

一名合格的景区管理者,应懂得本部门服务过程中火灾的危险性,懂得预防火灾的措施,懂得扑救火灾的方法。火灾发生时,会报警,会使用灭火器材,会扑救初期火灾。

5.景区火灾事故处理

景区发生火灾事故可以按如下方法处理:

(1)组织灭火。发生火灾的单位或发现火情的人员或单位应立即向报警中心报警,讲清失火的准确部位、火势大小。报警中心接到报警后,应立即报告总经理或总负责人,并根据总经理或总负责人的批示呼叫消防队并拉响警铃。报警中心应指示总机播放录音,告知火势情况,稳定游客情绪,指挥游客撤离现场。总经理或总负责人、安全部经理、工程部、消防队、医务人员等应立即赶赴火灾现场指挥现场救火。迅速查明起火的准确部位和发生火灾的主要原因,采取有效的灭火措施。积极组织抢救伤病员和老、弱、病、幼旅游者。

(2)保护火灾现场。注意发现和保护起火点。清理残火时,不要轻易拆除和移动物体,尽可能保护燃烧时的状态。火灾扑灭后,应立即划出警戒区域,设置警卫,禁止无关人员进入,在公安部门同意后进行现场勘查和清理火灾现场。勘查人员进入现场时,不要随便走动。进入重点勘查区域的人员应有所限制。

(3)调查火灾原因。对于火灾发生原因的调查,主要采用调查访问、现场勘查和技术鉴定等方法。调查访问,主要调查对象包括最先发现火灾的人、报警的人、最后离开起火点的人、熟悉起火点周围情况的人、最先到达起火点的人、火灾受害人等。调查的内容包括火灾发生的准确时间、起火的准确部位、火灾前后现场情况等。现场勘查,包括对火灾周围环境的勘查,对着火建筑物和火灾区域的初步勘查,对物证、痕迹的详细勘查和对证人的详细询问等。技术鉴定,借助科学技术手段如化学分析试验、电工原理鉴定、物理鉴定和模拟试验等进行技术鉴定。

(二)环境公害

环境公害主要包括大气污染、水污染、酸雨、噪声等。环境公害主要分布在人口密集的城区和旅游景区。环境公害不仅影响景区的景观质量,而且影响景区的形象,从而影响旅游者到景区的旅游动机。环境公害需要社会各部门通力合作,综合治理,才能标本兼治。

三、景区治安管理

对于景区治安管理的责任,现行法律法规虽然没有明确界定,但景区应做好相关的预防和应急处理措施,已尽到职责范围内的安全义务,避免产生相应的纠纷。

(一)景区治安管理防治

景区的治安问题,管理者应予以高度重视,一旦发生,影响和损失巨大。景区工作中必须贯彻"群防,群治"的原则。每一位员工都要具有安全意识,严格执行安全责任制,时时注意做好治安工作。景区在治安工作中,除日常的治安维护、巡视外,重点要预防盗窃、杀人、投毒、爆炸案件的发生。景区在治安管理方面的措施有:

1.普及法制教育,提高安全防范意识

由于景区地域广阔、地形复杂、人群流动性强及人员分散等特点,应努力将治安工作群众化。要坚持不懈地对景区内的居民进行深入细致的普法教育,强化景区内的旅游管理人员、从业人员、社区居民以及旅游者的法制意识与安全防范意识。

2.健全和完善各种治安管理制度

景区应根据国家有关治安管理的法规条例,结合自己景区的特点,健全和完善各种治安管理制度。要使各项规章制度明晰、具有可操作性,使之能有章可循、有法可依。

3. 建立和健全治安执法机构和治安管理队伍

景区治安管理需要有一个能统一协调、具有权威性的执法机构,以负责景区治安的管理与防控工作。景区要有一支治安管理专职队伍,以便对景区实行治安专职管理。治安管理队伍要实行治安责任制管理,要将景区治安管理责任到人,并使治安管理队伍的管理工作日常化。要加强旅游个体从业人员的统一管理。要提高治安管理队伍人员和联防人员的政治素质和业务素质,提高他们的法律意识和执法水平,保证治安管理和执法中的准确性和合理性。

4. 配备和更新必要的安全防范设施,实行建、防、治三位一体的管理体系

治安管理中的建、防、治三位一体的体系能充分发挥治安管理机构的作用,达到标本兼治的目的。

"建"是指建立一个稳定和谐的治安格局和正常的旅游安全状态,为旅游者提供一个良好、安全的旅游环境。"防"是指在治安问题未形成前的量变阶段,制止其质变发展,这是预防和控制违法犯罪的根本途径。随着景区治安管理面的加大,要注意视角前移,加强调查研究,更好地预测各种犯罪的趋向、手段和特点,以便科学地、有针对性地进行预防。"治"是指治安管理部门要充分应用法律法规的威力,对黄赌毒等社会丑恶现象必须坚决查禁取缔,并严厉打击,遏制其蔓延势头。

为提高建、防、治体系的防控能力,各景区(点),特别是比较偏僻的景区(点)应配备和更新必要的安全防范设施。在景区各路段、各风景点、主要的交通工具如汽车、游船等装备报警装置,以便案发时及时报警。景区中治安事件多发地区(点)更要有完善的通信设施,以便各景区(点)保持联系,防止出现治安管理的盲点。

5. 表彰奖励见义勇为者,倡导良好的社会风气

对于那些敢于跟犯罪分子作斗争的见义勇为者,应给予大力表彰和奖励,有条件的还可以设立见义勇为基金会,奖励敢于与犯罪分子作斗争的治安管理人员、景区从业人员和旅游者,以树立良好的社会风气,倡导景区良好的道德风尚。

(二)景区治安案件的处理

景区治安主要面对两类案件:一类是情节轻微,尚不够刑事处罚的治安案件;另一类则是较严重地危害到他人生命财产安全的刑事案件。不论是治安案件,还是刑事案件,只要发生,都会对景区造成极坏的影响。发生治安案件,一定要从景区内部查找事件发生的原因,及时总结经验教训,严格落实安全防范措施。景区管理者对治安案件的处理如下:

1. 保护现场

如发生盗窃、自杀、死亡、投毒、爆炸或其他各种案件,对案发现场进行分析、追踪、侦破极为重要。作案人在案发现场遗留下的任何东西,都会为破案提供线索,许多细小的、不被人注意的东西,将来可能还是指认嫌疑人的物证和起诉的重要证据。发生案件后,服务人员应严格保护现场,不准无关人员进入现场,景区人员也不准无故进入现场,更不准触动任何物品,待公安部门检查后,根据指示处理。交通要道需立刻疏散或排除交通障碍时,变动的范围越小越好,对变动的地方,要记清变动的情况。

2. 报案

发生或发现刑事案件后,景区服务人员应迅速向公安机关、所在单位的保卫部门或公安部门执勤人员报告。报告方式在城市可打电话"110",边远农村地区,可拨打当地公安派出所的电话号码,也可派人到当地派出所报案。

3.请求救助

景区人员在案件发生后,根据具体情况,应寻求有关部门专业人员的帮助。如有人员伤亡,在景区医务人员施救的同时,迅速向外寻求帮助,市内可拨打"120"、"119"、"110"等电话,其他地区应想办法,用最快的速度向外进行求助。如涉及剧毒品、爆炸物品、煤气、高压电,应迅速与有关部门联系,求得他们的帮助。

4.协助调查

案件发生后,为避免在游客中造成恐慌,闹得人心惶惶,在案件真相未明之前,严禁景区员工向游客或其他不相干的人传播。有关部门、当班服务员及有关人员,应积极配合案件调查,根据自己所知情况,如实提供线索,协助公安部门早日破案。

四、安全事故的类型与防治

景区安全事故主要有:交通安全事故,包括道路交通、水上交通和水上游乐项目、空中游乐项目、缆车索道等出现的安全事故;游乐园(场)安全事故;游览中意外事故;疾病(或中毒)等。

(一)游客伤病与死亡的处理

景区应有各种措施,预防游客受伤病之害。一旦游客受伤或生病,景区应有处理紧急情况的措施及能胜任抢救工作的人员。如果景区没有专门的医疗室及专业的医护人员,则应选择合适的员工接受急救的专业训练,并配备各种急救的设备器材及药品。

如发现伤病游客,应一方面在现场急救,另一方面迅速安排病人去附近的医院;对游客伤病事件,应有详细的原始记录,必要时据此写出伤病事件的报告。

景区游客死亡包括游客在景区范围内伤病死亡、意外事件死亡、自杀、他杀或其他原因不明的死亡。除前一种属正常死亡外,其他均为非正常死亡。

保安部工作人员在接到游客死亡的报告后,应向报告人问明游客死亡的地点、时间、原因、身份、国籍等,并立即报告保安部经理。保安部经理接到报告后,会同相关部门经理和医务人员前去现场。在游客尚未死亡的情况下要立即送医院去抢救。经医务人员检查,确定游客已死亡时,要派保安部人员保护好现场。对现场的每一物品都不得挪动,严禁无关人员接近现场,同时向公安部门报告。在一切事项处理完毕后,保安部要把死亡及处理的全过程详细记录留存。

景区内游客伤病与死亡处理应注意三个环节:

(1)游客病危时。当发现游客突然患病,应立即报告景区负责人或值班经理,在领导安排下组织抢救。在抢救病危游客过程中,必须要有患者家属、领队或亲朋好友在场。

(2)游客死亡时。一经发现游客在景区内死亡,应立即报告当地公安局,并通知死者所属的团、组负责人。如属正常死亡,善后处理工作由接待单位负责。如属非正常死亡,应保护好现场,由公安机关取证处理。

(3)其他注意事项。善后处理结束后,应由聘用或接待单位写出《死亡善后处理情况报告》,送主管领导单位、公安局等相关部门。报告内容包括死亡原因、抢救措施、诊断结果、善后处理情况等。对在华死亡的外国人要严格按照《中华人民共和国外交部关于外国人在华死亡后的处理程序》处理。

(二)景区交通安全管理

景区内交通事故主要指景区内的车辆、船只、飞行器、缆车、索道等交通工具所引发的事故。从景区发生的交通事故情况来看,景区内的交通事故绝大多数是违反交通规则,违反操作规程所引起的。

1.景区交通事故发生情况

景区交通事故发生,具体的主要有以下几种情况:

（1）抢道。景区内交通从业人员为经济利益争抢道路，游客为自己方便争先抢道，是发生交通事故的一大原因。景区内通道并不宽敞，又没有交警维持秩序，为争时间常酿出悲剧。

（2）非技术或技术性的碰撞。驾驶者技术不过关、操作技术差造成事故，是技术性的碰撞；由于突发事件、车辆或其他交通工具故障引起的碰撞，是非技术性的碰撞。

（3）超载。交通工具超额运载，加之设备、车辆往往难以驾驶，稍微碰到复杂的路况或不平整的路面，就可能会造成事故的发生。

（4）酒后驾驶。酒后驾驶最易发生事故，饮酒过量后由于大脑处于麻痹状态，技术动作无法完成，心血管受酒精刺激特别兴奋，好激动、好斗，而身体又难以控制，灾祸也随之而发生。

（5）游客情绪。游客的精神状态和游客的情绪也是景区交通事故发生的一大原因。从不同地域而来的游客，面对眼前的景物，往往激动不已，兴奋中忘记安全要求，有的更是不听劝阻，做些比较危险的事，造成交通事故。

2.景区交通事故的防范

（1）停车场的防范。景区一般设有停车场，大部分的景区不允许游客在景区驾车游览，公交车不在景区内设站。停车场的服务应符合景区统一的要求，安排交通协管员或服务人员，要礼貌待客，文明服务，具备一定的交通指挥技能和知识，有安全意识，维护保管好游客的车辆。

（2）游览中的交通事故防范。游览过程是最易发生交通事故的环节，景区人员要注意危险地段、公共场所、交通要道的交通秩序，旅游旺季要加强监视和疏导工作，避免交通事故的发生。主要工作包括：对新员工进行岗前培训；危险地段设专人看护；严厉查处违章、工作前饮酒、对游客不礼貌的员工；设立警示牌，对游客进行交通安全宣传；不能迁就游客，婉言劝告后，游客仍固执己见的，景区人员可以强行干预，阻止他们的危险行为，劝阻过程中应文明礼貌。

3.景区交通事故的处理

只要在景区发生，都会对景区造成影响，处理不好会严重损坏景区声誉。但如若处理得当，完全可以把不利影响降到最低，还有可能提升景区的形象。

（1）现场处理。赶到事故发生现场的景区员工，首先要救助伤员，想尽办法把困在车中、船内的人员迅速救出，同时疏散现场，避免交通事故引起的大火、爆炸再次引起人员伤亡。大部分的交通事故死亡，都是由于救助迟缓、抢救不及时造成的，早一分钟把伤者救出，他们就多一些希望，景区也更能赢得游客的心及游客的尊重。将受伤者送医院治疗前，一般需要对伤员进行现场临时处理：如清除伤员口鼻中的泥沙、异物、分泌物、呕吐物等，以保持呼吸道畅通；观察受伤部位，推测受伤程度进行简单适当的处理；如果骨折，要利用现场可以利用的物品进行简单固定等。经过现场临时处理后，将伤员尽快送医院治疗，在运送伤员时，尽量让伤员保持平卧姿势。伤员的头应朝向车尾，脚向车头，以免车辆行进时受加速度影响而减少脑血流灌注。转运中严密注意伤员的呼吸、脉搏、意识变化，同时要注意保暖。

（2）善后处理。善后问题处理不好，会留下许多后患。妥善地解决问题，不仅能使各方满意，还能弥补事故给景区造成的不良影响，增加游客对景区的信任度。已经发生的事故，采取遮瞒、拖延是最愚蠢的方法，尽快稳妥地解决，不给新闻媒体任何炒作机会，不留后患的处理，可以迅速消除不良影响，避免日后无穷无尽的麻烦。

任务实施

步骤一　领受任务

教师介绍任务的内容、要求、关键点及注意事项。各小组提问，教师答疑，准确理解任务，完成任务领受。

步骤二　实施任务

各小组按教师的要求,分析任务的内容,阅读相关知识,制订完成任务的工作程序及任务分配方案,补充查阅其他相关资料,理清制定五一景区交通管理紧急预案的基本思路。各小组具体完成情境中提出的任务,做好五一景区交通管理紧急预案,准备汇报。

步骤三　任务汇报

各小组根据任务的要求,在教室中进行模拟演示汇报,并相互提问。指导教师及时控制汇报进程,最后进行点评与总结。各小组对本次汇报及时进行总结,形成文字材料,作为作业上交指导教师。指导教师依据该项目任务考查表,给出评价综合得分。

考核评价

旅游景区安全的引导与管理任务考核表

学习目标	评价标准	小组评价 (50%)	教师评价 (50%)	综合得分 (百分制)
理论知识 (20分)	掌握旅游景区安全事故基本类型及应急和防治知识			
专业技能 (20分)	能对景区自然灾害、治安管理、人为灾害、安全事故采取防范与管理措施;能对旅游景区突发事件作出应急处理			
通用技能 (20分)	具有团队协作能力;具有团队运作信息收集能力;具有团队处理问题的能力			
任务完成 (20分)	纸质作业、PPT 及任务问答的有效性			
学习态度 (20分)	完成任务的态度、责任感			
综合评价及建议:				

拓展知识

武汉市旅游局印制发放"游客安全保障卡"

一、主要宗旨

为切实保障游客出行安全,按照国家旅游局质监所统一要求,2011 年 3 月开始,拟由旅行社行业向社会(游客)免费试行发放"游客安全保障卡",以备游客在遇有紧急救助需要的时候,及时获知游客的准确信息,维护游客合法权益。

二、保障卡内容

"游客安全保障卡"(见图 4-4)为正反两面,均为中英文对照,具体内容为:

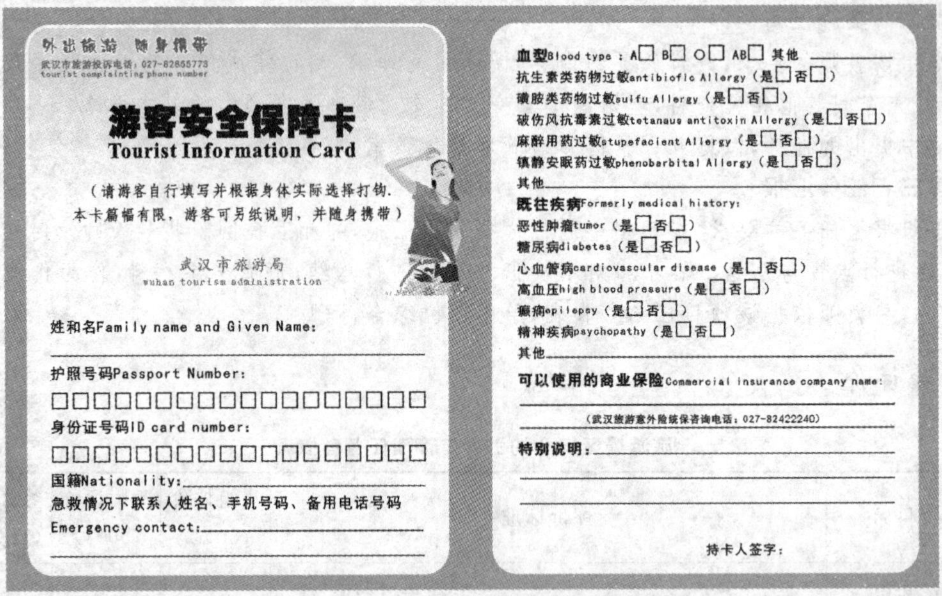

图 4-4　武汉市游客安全保障卡

(1)对凡签订了《旅游合同》的游客,将免费发放"游客安全保障卡",在旅游行程中随身佩带。

(2)保障卡内容由游客本人在报名时如实填写自己的姓名、国籍、身份证号以及参团合同号、家庭联系方式和旅行社电话。如实填写本人的血型、既往病史和药物过敏史,以备游客在需要紧急救助时,及时获知游客的身体状况。

三、发放方式及范围

(1)发放方式:"游客安全保障卡"将由全市各旅行社(含服务网点)免费代发,游客自愿申领。每位游客在签订《旅游合同》时限领取一张,实行一人一卡。

(2)发放范围:在武汉地区签订了《旅游合同》的出行游客以及通过武汉地接社组织来汉旅游的外地游客。

四、发放时间

"游客安全保障卡"第一批发放时间为 2011 年 3 月 18 日,首批预计发放 10 万张。

五、保障卡要求

(1)"游客安全保障卡"保证出行游客一人一卡,卡上需要填写的信息内容必须是由游客本人亲自填写,并保证清晰、准确、无误,否则自行承担由此产生的一切后果。

(2)该卡由游客自行保管,在旅游行程中,仅作证明该游客的身体状况及个人部分信息,不作其他任何使用。旅游过程中卡如有遗失,将不挂失、不补办。

(3)团队行程结束后,该卡自动失效,游客如再次出游需重新申领"游客安全保障卡"。

(4)各旅行社首次领取"游客安全保障卡"400 张,发放完了后由旅行社自己印刷(可向市局质监所索要保障卡电子版)。

六、下步计划

(1)下步,将试点推行"游客安全保障卡 12 生肖纪念版"以及"游客安全保障卡 VIP 版"。

(2)游客通过同一家旅行社旅游并累计申领"游客安全保障卡 12 生肖版",如集齐 12 生肖卡一套,可向该旅行社申请办理"游客安全保障卡 VIP 版"。

(3)"游客安全保障卡 VIP 版"将最大限度地为游客提供安全及利益保障。

第一，持 VIP 卡游客本人详细信息将录入旅行社贵宾电子档案库。如卡遗失，可通过旅行社查询补办 VIP 游客详细信息资料。

第二，持 VIP 卡游客再次旅游，可凭"游客安全保障卡 VIP 卡"享受该旅行社推出的任意旅游线路的 VIP 折扣价（以旅行社报价为主）。

第三，如旅行社支持，VIP 卡可提供旅游消费积分或者直接享受刷 VIP 卡消费等功能（部分规定可由旅行社自行制定），最大限度地为旅游企业及游客提供方便和实惠。

▌ 案例与讨论

阳朔通过"四个抓实"给力旅游景区交通安全管理

2010 年，阳朔县接待游客人数达 811.3 万人（次），入境游客 120.8 万人（次），住宿人数 266 万人（次），全年实现旅游收入 31.5 亿元。同年 6 月，国家旅游局确定该县为全国旅游标准化试点县，成为全国 5 个试点县（市、区）之一，这是继该县成为世界旅游组织"休闲度假最佳目的地"，荣获首批"中国旅游强县"、"2008 中国最佳旅游目的地"等荣誉称号之后的又一殊荣。同年 12 月，中央原总书记、国家主席江泽民到阳朔题词："观光胜地，休闲乐园"。如何构建与"休闲乐园、幸福阳朔"相适应的交通安全环境，让游客更幸福？为此，阳朔交警大队高度重视，精心谋划，周密部署，制定细致的工作措施，确保道路交通形势平稳，为游客保驾护航。

一是抓实设施建设，改善交通环境。近年来，县委、县政府高点站位，精心谋划，按照可持续发展的战略思路，大破大立，高标准、高要求地加大投入，连年推进，投入 16.7 亿元，启动建设十里画廊景区、迎宾画廊、新老城区连接线石马 60 米大道、抗战风貌改造等旅游重点项目。投入 2000 多万元，全方面打造途经全县 4 个乡镇、66 个自然村的阳朔"百里新村"生态农业乡村旅游线路，更换了县城各主要街道 1100 多盏宫灯，新装了桑园路、画山路、神山路、县城至新收费亭沿线及白沙、葡萄、高田三个集镇 500 多盏路灯，县城和桂阳公路沿线集镇全部亮化；先后投入 3000 万元，对百里新村 21 个节点、桂阳公路 9 个节点、县城 10 个节点的"四化"（绿化、彩化、花化、果化）一期工程，使县城及桂阳公路更加整洁美观，大大改善了旅游名县的交通环境。

二是抓实宣传教育，提高安全意识。大队在认真落实交通安全保卫措施的同时，侧重抓好交通安全知识宣传教育活动。第一，通过"请进门来评警"，达到"听民意、汇民策、防事故、保畅通"目的。即通过召开景区负责人和酒店业主座谈会，向他们发放"广西公安机关'大走访'开门评警评议问卷"，并围绕如何搞好旅游名县的交通管理让他们畅所欲言，献计献策，做到既做好生意，又搞好交通管理，在座谈会收到意见和建议 20 条。第二，以开展酒后驾驶和摩托车等专项整治为载体，开展宣传活动。组织民警到景区、客运企业、学校等组织开展道路交通安全法律法规知识和安全走路、安全乘车、安全行车常识的再教育。第三，创新宣传载体，营造舆论攻势。为着力提高游客的交通安全防范意识，通过下乡文艺汇演、在景点向游客发放《交通安全行动倡议书》，在旅游线路沿线、各景点景区等重要节点悬挂 20 多条宣传横幅，摆放宣传展板，提醒游客特别是旅游车辆驾驶人在游览秀美风光时，莫忘交通安全，使广大游客在旅游中还受到交通安全知识教育。另外，还通过电视台、报社等新闻媒体向观众宣传出行需注意的交通安全问题，增强广大群众自觉守法的意识，在全社会营造共创安全出行浓厚的舆论氛围。

三是抓实道路排查，消除安全隐患。协同安监、交通、旅游等部门，对通往旅游景区道路进行一次集中排查，检查防护栏、防撞墙、交通标志等设施是否齐全、完好，发现交通隐患及时采取设置警示标志、落实安全防护设施等措施，同时教育、动员沿线群众清理非交通占道，保持景区道路安全、畅通。在此基础上,对旅游景区的运营车辆进行了一次排查,按照"四见面"的要求,逐人逐车登记造册,对存在技术安全隐患的车辆,坚决予以查封,同时与车主以及车属单位签订了《旅游交通安全责任书》。同时,加强了对停车场地的调度管理,要求景区管理部门安排专人负责指挥车辆有序停放,加大对进出车辆的合理调整力度,对容易发生交通堵塞的地段进行车辆分流,切实减少路面压力。

四是抓实巡逻管控,确保安全畅通。通过对景区内交通安全形势和事故特点的分析研究,明确了巡查的重点时段、区域和路线,科学调整勤务,合理配备警力,加强了主干公路的巡逻检查,同时安排民警加强旅游景区道路指挥疏导工作,防止发生交通拥堵现象。结合酒后驾车和摩托车等专项行动,进一步加大重点时段和区域的巡逻密度和频率,严厉打击涉牌涉证、酒后驾驶、疲劳驾驶、超速超载等各类交通违法行为,最大限度地减少交通违法情况的出现。同时,要求各中队民警要进一步规范执勤执法行为,充分体现"以人为本"的管理理念,认真履行告知程序,规范法律文书,增强服务意识。

资料来源:伍启光.阳朔通过"四个抓实"给力旅游景区交通安全管理[EB/OL].2011-03-29.http://www.bbwdm.cn/show_info.asp?id=346172.

案例讨论题:阳朔给力的旅游景区交通安全管理,主要体现在哪些方面? 这对其他景区交通安全管理有何启示?

思考与讨论

1.近几年来,随着散客旅游市场的迅速发展,各旅游景区内接待的散客人数迅速增加,由于旅游活动较分散,而景区治安管理意识和水平差,使得犯罪分子屡屡得手,犯罪事件屡屡发生。你认为该如何消除景区治安隐患?

2.旅游景区水上旅行安全防范与管理工作的重点有哪些?

技能训练题

旅游团入住某度假区后不久,住所因电路短路而引发楼层失火,游客惊慌失措。模拟景区管理人员,对游客进行疏导。

项目五　旅游景区解说管理

学习目标

知识目标：了解旅游景区解说服务的主要功能；熟悉景区解说系统的构成与类型；掌握景区解说管理的重点及其发展趋势。

技能目标：理解不同类型旅游景区解说管理的原则和技巧；掌握景区解说管理的基本方法；能够运用所学理论对简单景区解说进行设计。

项目分析

旅游景区的解说服务是景区的必要组成部分，旅游景区解说系统则是旅游景区诸要素中重要组成部分，也是旅游景区教育功能、服务功能、使用功能得以发挥的必要基础。本项目主要内容包括旅游景区解说系统的概念和类型、旅游景区解说系统的功能和载体、旅游景区解说的内容和设计程序；项目重点为旅游景区解说管理方法和技巧，难点为在实践中如何将旅游景区解说管理技巧贯彻到具体的解说方法并和个性有机地结合。

任务一　旅游景区解说系统的分类

情境设计

南昌是一座具有光荣革命传统的英雄城，红色旅游资源非常丰富。为促进红色旅游发展，南昌市已经把八一起义总指挥部旧址、朱德军官教导团旧址、贺龙指挥部旧址、朱德旧居、新四军军部旧址串联起来，形成一条红色旅游精品线路。但是，作为红色旅游目的地的南昌其旅游解说没有充分体现红色旅游说系统的特征，也没有具备完善的旅游解说系统结构。

游客中心缺少面向旅游者的解说服务信息。在南昌火车站、汽车站、飞机场等旅游者集散处，其解说设施大部分用于车站、机场管理，而用于旅游者了解区域空间信息的解说设施仅有南昌市旅游交通图，看不到专门的红色旅游解说宣传牌示，也很难见到供旅游者携带或阅读的红色旅游解说材料；在各景区的游客中心或服务处，供旅游者购买的解说材料如音像制品、出版物也很少，主要宾馆、饭店处更是难以见到红色旅游的介绍。景区缺乏游览手册和全景图示，就连八一起义纪念馆也没有设置详细的全景牌示，景区门票上也没有景区概图，贺龙指挥部门票上印着的不是景区概图，而是某旅游企业的广告。没有景区概图，旅游者难以对景区整体轮廓形成意象，不利于旅游活动的开展。不少景区的解说牌示严重缺乏，除了在展览馆内部集中了指示参观方向的标牌外，其他地方基本看不到牌示标志，如方志敏烈士陵园内竟没有一块指示标牌。解说设施的缺乏，使旅游者不能获取必要的服务信息，造成游览的极为不便。

南昌大多数红色旅游景区指示牌，大部分没有标出距目标的距离和步行所需时间，也没标出"您所在的位置"，对道路、服务设施分布情况的解说不很全面。如朱德军官教育团，从临街的牌坊到景区大门,中间近500米路程的小巷子竟没有任何标注景区位置和距离的指示牌。新四军军部旧址尽管位于偏僻小巷内,但几乎没有任何对进入道路、景区位置及相关说明内容的解说,这样使得旅游者很难找到景区。很多景区对景点的说明只停留在名称及文物保护单位标志上,对内容及历史内涵没有涉及或表达过于简单。景区内解说语言绝大多数为中文,很少有英文的翻译,甚至有些解说标牌标注的是毫无实际意义的汉语拼音。景区的教育宣传及安全警示系统也不完善,除了八一起义纪念馆有较为完备的"旅游须知"、教育宣传栏、爱护文物及设施的提示等外,其他景区只有"禁止吸烟"之类的简单警告牌示。

解说过于偏重历史教育形式,没有体现旅游服务特色。由于南昌的红色旅游景区是由市文化局、市民政局等政府职能部门管理,仍停留在单纯的"爱国主义教育基地"的运作模式上,过度注重历史教育形式,使得景区的解说依然是革命纪念馆式的,没有体现旅游服务特色。很多景区内主要是对革命文物进行文字图片说明,很难见到其他旅游服务的解说,尤其是公共服务牌示更是极度匮乏。例如八一起义纪念馆除了有WC及摄影点的指示牌外,其他诸如餐饮、购物、接待等基本服务的指示标志很难见到。景区内尽管配备了景点解说员,但其解说语言机械刻板,过于严肃,甚至有些景区的解说员形同虚设,很少为游客提供讲解服务。这样使得解说内容沉重而又严肃,旅游者很难获得基本服务信息,难以达到休闲放松、愉悦身心的旅游目的。

资料来源:黄平芳,朱美兰.红色旅游解说系统探讨——以南昌市为例[J].商业研究,2008(9).

根据以上情境,完成下列任务:

1.列举南昌红色旅游解说系统在功能上存在的不足。

2.对南昌红色旅游线路解说系统的设计进行完善,体现红色旅游的主题。

任务分析

从解说媒体、方式、风格等方面来看,案例中"红色旅游"解说系统均存在不足之处,难以发挥解说作用、体现"红色旅游"的主题。须在理解旅游景区解说系统概念的基础上,对照景区解说系统的类型与功能,对南昌市红色旅游解说系统构成进行解析,从而发现其存在的不足之处,分别从解说的各个载体,围绕体现红色旅游的主题相应地提出完善的措施、办法等建议。

相关知识

一、旅游景区解说系统的内涵

(一)概念

所谓"解说系统",就是运用某种媒体和表达方式,使特定信息传播并到达信息接受者中间,帮助信息接受者了解相关事物的性质和特点,并达到服务和教育的基本功能。景区旅游解说系统的内涵可以归纳为三个基本构成要素:认识对象(信息源)、使用者(接受者)、旅游解说(沟通媒介),如图5-1所示。吴忠宏认为,"解说"是一种信息传递的服务,目的在于告知及取悦游客,并阐释现象背后所代表的含义,藉此提供相关的资讯来满足每一个人的需求与好奇,同时又不偏离主题,以期能激励游客对所描述的事物产生新的

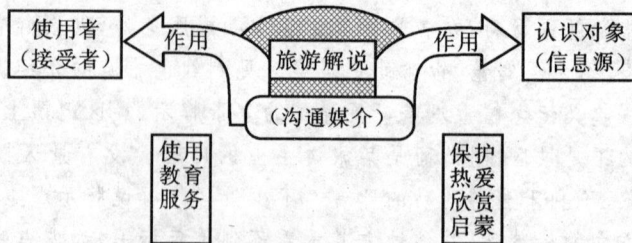

图5-1 旅游解说系统构成示意图

见解与热诚。世界旅游组织认为,解说系统是旅游景区诸要素中十分重要的组成部分,是旅游景区的教育功能、服务功能、使用功能得以发挥的必要基础,是管理者管理游客的手段之一。

一般来说,旅游景区旅游解说系统是指通过第一手的实物、人工模型、景观及现场资料向公众介绍关于文化和自然遗产的意义及相互关系的宣传过程。景区解说与亲身经历相结合,重点是向游客介绍、阐明并指导他们的户外活动,而不像一个博物馆或一个历史地将解说的焦点集中于其他事物上。

(二)内容

景区解说管理系统一般由软件部分(导游员、解说员、咨询服务等具有能动性的解说)和硬件部分(导游图、导游画册、牌示、录像带、幻灯片、语音解说、资料展示栏柜等多种表现形式)构成,一般分为以下四个方面:

1.旅游景区解说形式

旅游景区通过一系列手段、方式、方法让旅游者理解旅游景区,包括导游、文字说明、模型与模拟、录音等。旅游者一经购票进入景区,景区就应该给旅游者提供最佳游览服务,在给定的门票条件下,让旅游者读懂景区,帮助旅游者实现旅游目的。

2.旅游景区标识的设置

景区标识系统是帮助旅游者完成景区考察的必要指示系统,主要反映空间位置、方向、地点等内容。如果旅游者能按照景区的标识系统顺利地完成在景区的旅游活动,则该景区的标识就是成功的。

3.景区游览路径的设计

旅游景区应该为旅游者设计并提供最佳的活动路径,以安全为前提,让旅游者在最合理的时间内完成相关参观内容,保证旅游者自己能够遵循景区提供的路径完成景点游览。

4.旅游生活设施的布设

生活设施是景区旅游活动设计必须考虑的要素之一。旅游景区,不仅要考虑如何让旅游者顺利完成游览活动,还应该充分考虑到旅游者的生活、身体需要,在游览中途补充能量、临时休息需要,为旅游者提供最好服务。

二、旅游景区解说系统的类型和功能

(一)类型

从解说系统为旅游者提供信息服务的方式来分析,可以将其分为向导式解说系统和自导式解说系统两类。一般情况下,旅游解说系统都是指自导式解说系统。

1.向导式解说系统

向导式解说系统亦称导游解说系统,它是通过导游向旅游者提供信息传导,同旅游者交流思想、指导游览、进行讲解、传播知识。

向导式导游是一种面对面的双向型信息传播方式。其最大特点是双向沟通,能够回答游客提出的各种问题,可因人而异提供个性化服务。导游接待的旅游者千差万别,有种族、身份、年龄、性别、职业、文化程度、生态意识等方面的差异,讲解时要认识到这些差异,针对不同的对象提供满足不同对象需要的个性化服务。

向导式解说系统讲解具有激发性,解说不仅是沟通信息,更重要的是引起信息互动。由于导游一般掌握了较多的专业知识,信息量一般非常丰富,但它的可靠性和准确性不确定,这要由导游员的素质决定。通过导游语言的激发作用引起导游信息的互动,导游采用不同的手法,巧妙地运用语言艺术,唤起旅游者愉悦的反应,以良好的心态去欣赏秀美的山川、秀丽的森林;导游向旅游者提供包括新知识、新内容及态度、情感成分的讲解，进行信息的传递和交流，同时接受旅游者的反馈，解答他们提出的问题，通过双向沟通引起旅游者的共鸣。

2.自导式解说系统

自导式解说系统是由书面材料、标准公共信息图形符号、语音等无生命设施、设备向游客提供静态的、被动的信息服务。自导式解说系统形式多样，包括牌示、解说手册、导游图、语音解说、录像带、幻灯片等，其中牌示是最主要的表达方式，但由于受篇幅、容量限制，自导式解说系统提供的信息量有一定限度，其向旅游者提供静态的、被动的信息服务，反馈一般不及时、不明显，属于单项性传播类型。

自导式解说系统的解说内容一般经过精心挑选和设计，具有较强的科学性和权威性，旅游者所获取的信息，没有时间上的限制，他们可以根据自己的爱好、兴趣和体力自由决定获取信息的时间长短和进入深度。

(二)功能

旅游景区解说系统是强化和加深旅客在景区体验的重要手段，它使特定信息传播并到达旅游者，帮助其了解旅游景区相关事物的性质和特点，并起到服务和教育的基本功能。

(1)提供基本信息和导向服务。以简单的、多样的方式给旅游者提供服务方面的信息，使他们有安全、愉悦的感受。

(2)帮助旅游者了解并欣赏旅游区的资源及价值。向旅客提供多种解说服务，使其较深入地了解旅游景区的资源价值、景区与周围地区的关系。

(3)加强旅游资源和设施的保护。通过解说系统的设施和帮助信息，使旅游者在接触和享受景区资源的同时，做到不对资源或设施造成过度利用或破坏，并鼓励旅客与可能的破坏、损坏行为作斗争。

(4)鼓励旅游者参与景区管理，提高与景区有关的游憩技能。为旅客安排各种实践活动，在解说系统的引导和帮助下，鼓励旅客参加景区的适当的管理、建设、再造等活动，学习在景区内参与各种活动及游憩活动所必需的技能。

(5)提供一种对话的途径，使旅客、社区居民、旅游管理者相互交流，达成相互间的理解和支持，实现旅游目的地良好运行。

(6)教育功能。向有兴趣的游客及教育机构提供必要的解说服务，使其对景区资源及科学价值和艺术价值等有较深刻的理解，充分显示旅游的户外教育功能。基于不同类型的旅游景区，其解说服务功能的重点有所差别。例如，自然类旅游景区的解说服务重点是强调旅游资源的保护和资源价值的挖掘；历史人文类解说服务重点则在于文化价值的展示或教育功能的发挥；主题公园类景区的解说服务重点是吸引旅客参与等。

三、旅游景区解说系统的载体

无论旅游解说系统采用何种载体，它们都必须依赖特定的语言。景区内解说的各种类型和形式的有机组合就是该景区的解说系统。表 5-1 是旅游景区解说系统分类出现的频率和比例。

表 5 - 1　景区解说系统类型

类　别	景区解说系统类型	频次（景区）	比例（%）
面对面的讲解	合格导游的带队	56	76
	专家授课或讲座	9	12
	音像室播放	18	24
	其他互动式教育活动	14	19
	未　答	3	4
固定的、非人工操作的信息	行前可购买的出版物	14	19
	互联网上的教育材料	22	30
	印刷品	52	70
	音像材料	12	16
	标志系统	12	16
	自助式小道	15	20
	含自然、文化和社会信息的小型图书馆或资料库	10	14
	其　他	0	0
	未　答	9	12

资料来源：孟明浩,等.浙江省旅游景区环境解说服务现状及对策[J].资源开发与市场,2005(4).

(一)游客中心

　　"游客中心",又称"游客接待中心",是接待来访客人的地方,是旅游地对外形象展示的一个主要窗口。随着《景区(点)质量等级划分与评定》等相关政策的出台和景区提高服务质量的客观要求,游客中心的建设已逐渐被景区经营者和管理者所重视。游客中心作为一个新生事物,给旅游事业将带来新的活力,将成为展示旅游文化、形象的窗口。

　　游客中心主要为游人提供住宿、餐饮、导游、娱乐等综合性服务,是以集旅游接待、形象展示、会议展览推广等综合业务于一体的综合性服务区。具体地讲,作为景区对外管理的主要窗口,游客中心的主要的服务对象为:已入园游客散客、预入园游客散客、社会团队游客、旅行社团队游客及旅行社人员、其他旅游中间商等。游客中心具体服务内容根据各景区的实际而有所差异,一般景区访客中心包括如下职能:散客接待、团队接待,导游服务,旅游咨询,旅游商品销售,失物招领,物品寄存以及医疗服务、邮政服务、残疾人设施提供等。

(二)旅游标牌

　　标牌是一种载有图案、标记符号、文字说明等内容的能够提供解说、标记、指引、广告、装饰等服务的功能牌。其特征为直观简洁、使用简便、易于识记。标牌的产生可以追溯到远古时代,主要有木、骨、竹制作的挂件等饰物及具有专用意义的牌。随着社会生产力的发展,社会扩大了对标牌的需求,无论是制作材料还是技术都有了快速的提高,标牌的产品质量更加精良,品种更加广泛。旅游标牌是向游客传递信息的服务系统,它是使景区的教育功能、使用功能、服务功能充分发挥的基础设施之一,是旅游目的地不可缺少的基本构件(见图 5 - 2)。

图 5-2 景区旅游标牌

(三)音像解说系统

音像解说系统集声音、文字、图片、影像于一体。景区的各种信息都可以通过音像解说系统来解说与传递。音像解说系统对促进旅游地政治和经济的发展、旅游地文化的传播、旅游地旅游形象的宣传都十分重要。

1. 音像解说系统的优点

(1)可视性、故事性强,逼真,效果好,如果制成光碟,还可以反复使用,能使游客身临其境。

(2)立体效果好,戏剧感强,具有吸引力。

(3)制作起来比较简单,更新也很容易,并且可以突出观赏重点。

(4)与时代接轨,具有现代科技含量,体现时代气息,可提升景区的旅游形象。

2. 音像解说系统的功能

(1)服务和娱乐功能。游客在旅游景区内游览,不仅希望所看到的景观赏心悦目,能够满足自己求新求异的愿望,而且也希望整个游览过程能够顺利进行,能够随时获得自己想要的信息,游览过程不受任何因素的干扰。因此,在旅游景区设置音像展示与传播系统,不仅可以向游客提供旅游信息和向导服务,而且能够让游客在游览过程中有一份轻松、愉悦、放松的心情。

(2)教育功能。音像解说系统不仅可以向游客提供旅游信息和服务,而且可以起到教育的作用。比如,在广播里播放"游客须知"的时候,可以告知游客应该保护景区的卫生环境和生态环境,以维护生态平衡;在对一个特殊景观进行解说时,可以告知游客景观的稀有性和独特性以及应该如何保护;同时,在对景观进行讲解时,也可以让游客深入了解,以增强这方面的知识。

(3)传承文化功能。在音像展示与传播过程中,传播的不仅仅是景区的特殊景观的外部特征或者建筑的风格、样式等,它也传播景区所在地区的历史沿革、民俗文化、节庆活动、道德规范、价值观念等,可以让游客了解景区所在地的过去、现在,并展望未来,从而推动当地文化的传播与继承。

3. 音像解说系统的展示方式

(1)影像。影像展示可以通过画面来讲述景的历史、自然、建筑景观、人文传记、民俗风情等,尤其是可以录制成 VCD、DVD、CD,来对景区进行宣传和解说。这种解说不仅可以在景区内播放,还可以传到景区网站或者在景区电视台上播放。在用途上可以有解说、引导、宣传教育的作用。同时便于携带,对游客来说也有很大的收藏价值和纪念价值。

(2)声音。声音是有效的传播媒介,它能刺激游客的听觉器官,让游客集中注意力,能帮助游客减少周围环境对他们的干扰,增强游览效果和兴趣,同时,声音的效果可以戏剧化,对游客的吸引力大。但声音的效果受播放设备的影响,播放设备的好坏直接影响到声音的效果;而且由于没有画面,不能让游客享受声音的同时欣赏美丽的风景,不能给人动态的感觉,也不能呈现出完整的流程。旅游景区声音展现的方式有很多,有背景音乐、朗诵、景区提示语、CD等。

4. 音像展示设施及服务的要求

音像展示与传播系统的目的主要是向游客传达景区的各类信息。在游客游览观光的时候,辅以音像展示与传播,可以让游客更加深刻地了解景点景观的历史文脉、资源特色、民俗风情和科学技术等。

(1)影像放映厅。影像放映厅是一种很全面的展示设施,它可以将文字、声音、图片等展示出来。工作人员将 VCD、DVD、CD 形式的景区风光片、资料或者是拍摄成以景区为背景的艺术片等通过影像放映厅展示给游客,可以让游客心情愉悦,提高游客的欣赏效果。可以在游客中心内设置放映厅或者在景点单独设置,不间断地向游客播放。影像放映厅应尽可能的宽敞通风,以容纳较多的游客。

(2)滚动屏幕。通过超大尺寸的液晶显示屏向游客循环、不间歇地播放介绍景点景观的图片。一般是将滚动屏幕放在景区比较明显的位置,以便引起游客的注意,引导游客观看。滚动屏幕面对的是全部游客,语言应该通俗易懂,内容要经常更新,要将拍摄效果最佳的图片放到滚动屏幕上,让游客赏心悦目、流连忘返。滚动屏幕制作的成本较高,但是内容更新方便且具有时代气息。现代化的主题公园等旅游景区应该大力推广这种展示方式。

(3)幻灯片。景区用幻灯片将精美的景点照片向游客展示是很好的宣传方式,能对一个景区进行特写,突出细节,告诉游客应该从哪些角度来观赏。

(4)广播及背景音乐系统。广播使用的是有声语言,通过语言和音乐播放景区的基本状况、游客须知和背景音乐等,能刺激游客的听觉,易于游客接收,有一种亲切感。利用广播播放,程序简单,成本费用低,比较适合于现代化的主题公园。

(5)电视。景区录制好的内容通过电视展示给游客,给人的感觉是动态的、直观的,能让人印象深刻。电视应放在游客密集处、休息处或游客中心。

(四)印刷物解说系统

印刷物在景区中的应用可以促进视觉旅游信息的传播,促进旅游地形象的传播和旅游学术思想的交流与共享,有利于景区旅游产品的促销和旅游服务质量的提高。旅游景区印刷物的类型如下:

1. 旅游地图

旅游地图主要向游客展示的是景区的地理位置、景区景点分布图、景区旅游线路图等,它也附有文字性介绍,如景区概况、景区经典景点的简介等。因旅游地图要满足不同国籍游客的需要,所以应使用多种语言。以我国香港为例,旅游地图使用中英两种文字,上面不仅有香港行政区划,而且还有"香港简介"、"香港精华"、"购物精品"以及其他香港著名景点的简介和咨询电话等。旅游地图不仅让游客明白自己在游览途中的位置,而且还可以指导游客进行旅游活动,满足不同类型游客的需求。

2. 旅游指南

旅游指南也应该是多种语言文字的,以满足不同背景游客的需求。旅游指南因不受字数和版面的限制,所以反映的内容相当丰富,封面等也可以制作得相当精美以反映当地的特色和文化气息。旅游指南上所反映的信息一般有景区简介、游客须知、旅游服务设施(住宿、饮食、购物、交通等)、景点的精辟介绍、景区全景图、景点游线图、旅游咨询等。

3.旅游风光画册

旅游风光画册是将旅游景区的优美图片、风光照片、一些景点景观的特写、不常见的景象及具有纪念意义、现实意义的图片,装订成册,制作成精美的画册。旅游风光画册给人的是一种美感,其语言文字比较优美、典雅。旅游风光画册不仅可以向游客展示各种景观和景象,而且还具有珍藏和纪念意义。

4.旅游宣传彩页

旅游宣传彩页是向游客宣传景区旅游形象的一种印刷制品。旅游宣传彩页一般是单页双面的,版面有限,要力求简明扼要。旅游宣传彩页上应反映的信息有景区简介、景区导游图、具有代表性和反映景区主题的图片、与图片相关的简单的文字介绍、旅游娱乐项目图片和介绍以及景区电话、传真、网址等。

5.景区资料展示栏

景区资料展示栏是指在旅游景区内将景观的解说内容用文字的形式印刷。这种印刷物一般陈列在室内。有的可以贴在墙上,有的也可以陈列在室内展台和其他地方。这些资料可以做到图文并茂。

6.书籍

景区出版的书籍,一般都是以景区和当地的旅游文化作为背景,展示景区旅游景点旅游资源特色以及当地的历史沿革、民俗文化、政治经济环境、生态环境等,同时也介绍有关景区的园林知识、建筑知识、文物知识、生物知识等。景区根据不同层次的旅游者编写不同类型的书籍,有些注重趣味性,体现生动性;有些则注重专业性,体现知识性。

7.刊物

通过刊物对景区、景点进行解说和分析,可以让游客更深刻地了解到景区的内涵,景观形成的原因和历史条件、社会因素、科技成分以及未来的发展趋势。

8.报纸

景区可以通过大众性报纸宣传景区的旅游形象。主要内容应包括总体介绍以及景区的独特景观和特殊旅游活动项目等。除此之外,景区还可以编辑内部报纸发放给游客,对景区进行宣传和解说。报纸上的内容应报到景区最近发生的事情,包括景区景点所做的规定和政策调整、景观最近的变化、新增的旅游景观和旅游服务设施、最近到访的游客数、到访的特殊游客、赛事以及举办赛事的意义等。

9.门票

旅游景区的门票也是一种相当实用的解说媒体,可发布有关旅游景区的信息。在门票上印制解说内容,因面积有限,应突出重点,只将要强调的内容印制在门票上。门票解说内容的安排一般是正面印主景照片,背面印制景点中英文对照的简介、游客须知、区位图等。多媒体电子门票能向游客生动展现景区风光,再加上中英文景点解说,其大小如名片,实际上是一个容量为50M 小光盘,可储存5~10 分钟的 VCD 画面或装入 500 幅图片或 20 万文字,可以实现 VCD、DVD、CD - ROM 播放,光盘外形可根据景区管理者的需求设计成不同图形,也可根据实际需要设置成不同场馆的多个副券。全国众多景点如杭州岳飞庙、云南石林、青海塔尔寺等采用了这种多媒体电子门票和技术(见图 5 - 3)。

秦始皇兵马俑博物馆门票的正面与背面

塔尔寺多媒体电子门票

图 5-3　旅游景区门票

10. 导游图

导游图是非常重要的自助式解说方法,是帮助游客进行参观游览的重要工具,而非专业人士看的地图,因此应从使用者的眼光编制,留意旅游者对导游图文的阅读和辨认能力。因此,导游图的设计应信息准确,通俗易懂,便于携带,否则可能产生误导或者使用不方便。导游图的编制需要在符号、颜色和注记等方面巧做安排,视不同的主题、类型和用途选择要素,对一些重要的界标加以三度空间的投射,更能引起游客的兴趣,注记应避开图中主要内容,合理布局,注记的字体、字号要与符号的等级系统相适应,注记的颜色一般与被注记符号的颜色相同(见图 5-4)。

(五)景区导游解说

景区导游解说主要有讲解员解说和便携式电子语音解说两种方式。

1. 景区讲解员解说方式

景区讲解员也称景区(点)导游人员,是指在旅游景区(点)为游客提供导游讲解服务的工作人员。讲解员的职责包括导游讲解、安全提示和宣传教育。主要在旅游景区(点)内引导游客游览,为游客讲解与景区、景点、景观有关的知识,并解答游客提出的各种问题。在景区(点)内带领游客游览过程中,除了为游客提供导游讲解服务之外,还要随时提醒、关照游客注意安全,以免发生意外伤害。讲解员在讲解过程中,还要结合景点景观的内容,向游客宣传环保及保护生态、文物古迹、自然文化遗产的知识等。

讲解员的服务流程包括服务准备、讲解接待、食宿安排和欢送服务等。景区讲解员与领队、全程陪同导游员和地方陪同导游员的服务是不同的,服务范围比较小,仅限于景区里面,而且工作流程相对来说也比较简单。

2. 便携式电子语音解说

便携式电子语音解说是根据旅游景区的特点,借助通信、无线调控技术、微电脑控制、语音压

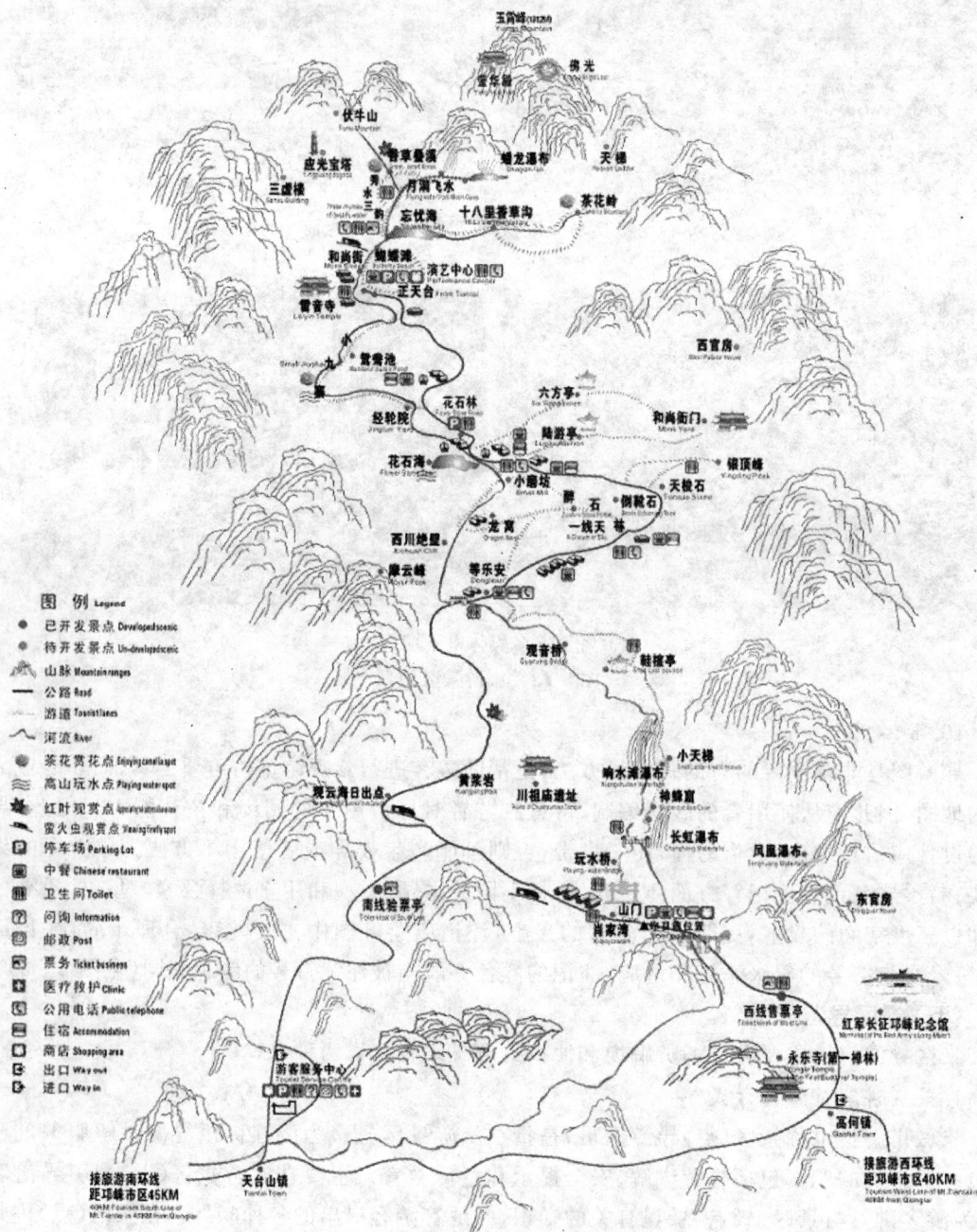

图 5-4　天台山导游图

缩以及 GPS、GSM 等现代技术手段开发的便携式语音解说设备,并利用该设备为游客提供讲解服务的一种自助导游方式。该解说设备具有较强的智能化特点,它对游客的游览速度、游览线路没有严格的限制。解说器可以连续不断地播放景区有关的历史典故、文化知识以及与景区景观相和谐的音乐,使游客在游览过程中不仅身心愉悦,而且可以使旅游生活更加丰富。

(六)旅游景区的网络展示

旅游网站是指基于 Intanet(企业内部网)、Extanet(企业外部网),拥有自己的域名,由若干个相关网页组成的网页组,在服务器上存储一系列大的旅游信息的 Web 页面,而这些页面又包括许多文字、图像、声音和一些小程序。使用者可以通过旅游网站的浏览器浏览所需要的旅游地信息。它是利用网络技术,从旅游专业角度,整合传统旅游资源,提供全方位、多层次的网上旅游服务的场所,是旅游信息系统的传输媒介和人—人、人—机交流的窗口。

1. 旅游景区网站的功能

(1)展示功能。主要介绍景区文化、景区风光图片,要求制作精美,图文并茂,吸引潜在游客。

(2)信息服务功能。提供景区相关的历史文化、风土人情、旅游购物、住宿、饮食、游览线路、交通、天气和气候特征等信息。

(3)中介服务功能。通过链接到著名网站、名胜古迹网站以及临近景区的网站,扩大游客的信息量,增加景区的知名度。此外,景区网站也是游客之间的交流平台,通过景区论坛甚至以景区为背景的网络游戏,供游客交流心得或进行虚拟游戏。

2. 旅游景区网站的主要内容展示

旅游景区网站展示的主要内容包括:

(1)景区新闻。快速及时地将景区的动态、政策、通知、注意事项等新闻告示给旅游者,让游客了解景区动态以及旅游行业的一些重要新闻、动态新闻和最新的行业法规等。

(2)景区文化。展示景区文化、景区风光图片,提供景区相关的历史文化、风土人情、旅游购物、住宿饮食、游览线路、交通、天气和气候特征等信息,让旅游者更好地了解和领略景区的旅游资源。

(3)旅游线路。游客通过景区网站提供的信息,了解确定旅游线路,让游客在游览过程中最大限度地游览美景,减少无谓的路途消耗。

(4)服务项目。通过预订服务,为游客提供客房、用餐和门票预订,提供汽车等交通工具的租用,为游客量身定制旅游线路和个性化的旅游指南等。

(5)帮助中心。提供呼救电话、救援措施、遇险救助以及网站的详细介绍和用户帮助。

(6)交流论坛。主要提供旅游信息交流、热门话题讨论、用户问题在线问答等服务;还可以发表游记、照片,甚至参加虚拟游戏,结交朋友。

3. 旅游景区网站的设计要求

(1)满足需求。景区网站应提供游客食、住、行、游、购、娱等多方面的信息,并且关注游客的需求变化,利用网站进行信息交流和反馈。

(2)注册域名。设计简洁醒目以及便于记忆、查询的域名,通过中国互联网信息中心(CNNIC)注册域名。

(3)设计网页。精心设计网页,保证界面清楚简洁,结构分明,图文并茂,增强视觉感受。

(4)网站推介。通过与门户网站绑定和在相关网站如政府网站设置链接,宣传推介景区。

(5)建立搜索。一方面增强景区网站被浏览的几率,另一方面建立强大的搜索功能,链接国内外较大的网站,强化景区信息,提供相互交流、相互链接、利益共享的空间。

(6)加强开发。开展多种业务,如以景区为背景的虚拟网络游戏开发以及景区纪念品网上销售等服务。

(7)突出重点。网页内容要简洁,突出重点,提高访问速度,以增强网站访问者的兴趣。

任务实施

步骤一 领受任务

教师介绍任务的内容、要求、关键点及注意事项。各小组提问,教师答疑,准确理解任务,完成任务领受。

步骤二　实施任务

各小组按教师的要求,制订完成任务的工作程序及任务分配方案。阅读相关知识,查阅其他相关资料。按照解说载体分类,列举南昌红色旅游解说的各个载体;根据各个载体的情况,分析其是否充分发挥应有的功能;对未充分发挥功能的解说载体,提出完善设计的措施;围绕"红色旅游"的主题,从解说系统各载体进一步提出解决办法。完成情境中提出的任务内容,写成任务报告,做成 PPT,准备汇报。

步骤三　任务汇报

各小组根据任务的要求,在教室中汇报并相互提问。指导教师进行点评与总结。各小组对本次汇报及时进行总结,形成文字材料,上交指导教师。指导教师给出各小组评价综合得分。

考核评价

旅游景区解说系统的分类任务评价考察表

学习目标	评价标准	小组评价（50%）	教师评价（50%）	综合得分（百分制）
理论知识（20分）	对旅游解说系统概念的理解程度;掌握解说系统的功能与重要性			
专业技能（20分）	辨析旅游景区解说系统的构成与分类;认知景区各类解说设施的特点			
通用技能（20分）	小组讨论中的表达能力、沟通能力与团队协作能力			
任务完成（20分）	小组讨论中所起到的作用、任务完成的有效性			
学习态度（20分）	完成任务的态度、责任感			
综合评价及建议：				

拓展知识

便携式电子语音解说方式

1.录音方式

这种方式的解说是借助于一个解码器实现的。将景区的全景解说、景点解说和景观解说采用数码录音的方式放到一个存储量较大的解说器上。解说器上可以有一个很大的显示屏,并且有很多的数字键以及播放、停止键,形式就像现在市场上的 MP4 一样。景区经营者首先要将与景区相关的解说词以不同的语种全部存储在解说器上,并且按景点分割成不同的文件,即将每个景点的解说词分别归入显示屏上面。游客拿到解说器后首先选择自己所需的语种,然后进入到景点解说中去。游客想听哪个景点就按下相应的键。解说器就会自动播放景点的基本介绍。

优点是游客可以随时收听自己所需要的内容，解说不受游览线路、游览进度的限制，而且游客使用起来非常方便，收听质量也可以得到很好的保证，成本也很低。若景区中要增加或修改景点介绍内容，处理起来也非常方便。这种解说方式对于景点景观多、解说内容大的景区非常适用，这种解说器很小，便于携带。

2.感应式电子导游方式

这种方式也有很多语种可供选择，由两部分组成，一部分是具有解说内容的芯片，另一部分是游客手中的解说器。景区经营者先将解说内容通过语音压缩技术压缩在芯片中，然后再将它置于需要解说的景点上面。当游客携带解说器到达某一景点时，解说器会与之产生感应，发出信号，然后自动开始解说。游客只要有解说器，都可以听到导游解说，而且不受时间、地点和游览线路的限制。此方式操作起来相当简便，但是由于技术上的要求，成本相对要高一点。随着电子技术的不断发展以及电子元件的批量化生产，成本逐渐降低指日可待。

3.手控式电子导游方式

这种电子导游器高约 1.5 米。在 1 米处有 3 个红色按钮，分别控制不同的语言解说词。主要控制过程是通过主控芯片的 USB 接口写入数据存到存储芯片，按钮对主控芯片的端口进行控制，当按钮按下时就给主控芯片一个信号，主控芯片收到信号以后，到存储芯片中读取数据，通过功效播效音频。

4.无线接收的方式

这种解说方式是有很多台无线调频发射器和游客接收机构成的。它是在景区的各个景点，分别放置调频发射器，然后把景点的解说内容用多种语言存储到发射机内。当发射器开始工作时，导游解说信号就被发送出去，游客在景点周围就能听到适合自己的解说词。它的功能和收音机的功能相似。这种无线接收方式的导游解说系统服务范围比较宽，无论有多大的游客量，只要游客手中有接收机，就可以享受导游解说服务，并且可以避免导游员因个人因素而使游客对服务不满意的情况。

5.手机接收方式

这种方式是利用手机信号接收，电信服务商划出一个号段给景区，游客到达景区，传一个信息给信息平台后，手机就变成一个自动讲解器。这种解说不仅可让游客随意游览，而且解决了导游在解说过程中遇见的非常专业化的内容不知如何讲解的问题。这种解说非常适合自助旅游的游客。

6.数码产品的方式

这种导游解说方式多数采用数码录音或 MP3 方式。导游解说机上有一个液晶显示屏，还有 0—9 共 10 个数字键和播放、停止等必要的操作键。游客根据景点的提示牌上的数字编号，按下导游解说机上对应的数字键，再按下播放键，在导游解说机内，预先存储的大量导游解说信号就可播放出来。由于采用数码录音技术，加之是播放方式，收听质量能得到保证，使用也比较方便，对解说景点密集、解说内容数量大的地方非常适用。这种导游解说机的弱点是成本较高，具体经营方式需根据具体情况确定。

案例与讨论

西溪国家湿地公园位于杭州市的西部，是国内唯一集城市湿地、农耕湿地和文化湿地于一体的罕见湿地，也是全国首个国家湿地公园。

西溪湿地标识的制作材料大多以木材为主，金属类为附属，只有需以图表显示的时候加以玻璃、乙烯基化合物相结合。在标识的放置方式上采用了蹲式、躺式、悬挂式等形式。据问卷调查结果显示,游客对公园标识的选材和设置方式的满意度都很高,满意度分别为86%和81.6%,远远超过了不满意的人数比例。

景点之间沿途道路上的垃圾桶全部是天平模型,以杠杆支撑,两边各一个石质材料的桶,桶上面还分别有两个青铜金属制成的铲子样式的桶盖,增加了无数的趣味性。而在休息区,垃圾桶就又变成了平时大街上放置的木质材料垃圾桶。另外,旅游接待中心的标识采用鲜明的黄色绸缎材料,高高悬挂于接待中心建筑顶部,色泽突出,导向明确。

西溪湿地的所有景点标识牌上都采用了中、英、韩、日4种语言,木质标牌上面的文字都采用阴面雕刻的形式加以记载,可以防止由于时间久远导致的字迹模糊、脱落现象。而且,在解说标识上采用图文结合样式,符合游客的审视角度,经调查发现,在25个喜欢解说标识的游客中,有72%是由于图文结合而喜欢该类标识的。

资料来源:常艳新,陆诤岚.杭州西溪湿地公园旅游标识系统初探[J].经济研究导刊,2010(2).

案例讨论题:

1.西溪湿地景区标识是怎么设置的?它具有什么作用?

2.西溪湿地景区标识设置有何可取之处?应如何完善其景区解说系统?

思考与讨论

1.比较说明旅游景区向导式解说系统与自导式解说系统各自的特点与优势。

2.选择景区解说媒体的依据是什么?

技能训练题

1.对本地旅游景区的旅游解说系统进行调查分析。

2.对某新开发旅游景区进行解说系统策划。

任务二　旅游景区解说系统的规划设计

情境设计

黄浦江水上游览是城市水上旅游市场开发的典型案例。在原十六铺码头形成了黄浦江旅游集散中心,中心内聚集了强生、中信、盛融等游船公司,但大多各自为政,并未形成统一团体对外整体营销。游船公司向游客提供的免费解说形式仅限于本公司游船、游船近期活动的宣传单页,缺乏音像类制品及黄浦江水域的宣传资料、导游地图等。解说系统包括各种广告媒体对旅游景区的宣传、报道等,这对提高景区的知名度有着不可替代的作用。2006年举办上海合作组织会议时,各国元首、贵宾巡游黄浦江,黄浦江游览在各媒体中的曝光率很高,然而其他时候少见其在媒体中的宣传广告。在上海市的车站、码头、机场也缺乏关于黄浦江水上旅游的海报、地图等标识。游船导游解说内容陈旧、设计不合理。目前多数的游船仍旧是沿用20世纪七八十年代的导游解说词,没有体现出时代变化的特色,没有能与上海的新面貌相结合,甚至在环球金融中心已经高高矗立的时候,还在解说中称金茂大厦是上海第一高楼。有些导游词在内容结构的设计上也并不如意,并没有针对游船旅游的快慢节奏,及时地解说游客想了解的景点信息。对于岸线景点的深层解说亦严重缺乏,游客难以深入了解景点文化内涵。此外,还存在语音解说系统的效果差、外语解说系统缺乏、安全解说不足等诸多问题。黄浦江解说系统的构建是基础性的工作,迫在眉睫。上海黄浦江游览是上海的传统旅游项目之一,享誉国内外。上海市提出黄浦江水上旅游发展目标是抓住浦江两岸市政建设新一轮的成果、十六铺码头功能转换以及申办世博会的机遇,构筑新型黄浦江水上游览"金线",力争使此"金线"跻身于世界级的水上观光游览精品之列。黄浦江水上旅游解说系统目前是黄浦江旅游整体发展的一个软肋,合理构建其将大大提升游客的旅游体验效果和都市旅游品位。

资料来源:张璟,杨媛媛.城市水上旅游解说系统初探——以黄浦江游览为例[J].生态经济,2009(2).

根据以上情境,完成下列任务:

1.分析黄浦江水上游览解说系统存在的问题。

2.规划设计黄浦江水上游览解说系统。

任务分析

根据黄浦江水上游览解说的需要,按照景区解说系统规划以游客为本、体现解说差异性、与管理目标及景区环境相融合等原则,分析现行解说系统存在的不足,并以水上旅游解说范例为参照,对照解说系统规划设计的四个程序,有针对性地对游客中心、标志系统等进行重新规划设计,从而完善旅游解说系统,实现解说的目的与功能。

相关知识

一、旅游景区解说系统规划设计的原则与程序

(一)解说系统规划设计的原则

1.景区解说系统规划的作用

旅游解说系统规划是景区规划重要组成部分。目前国内旅游解说规划尚处在探索阶段,景区解说系统规划被要求在游赏规划中体现。规划内容大致包括解说物的种类、解说设置的空间布局、游线解说、细节设计等。规划通过实现解说物设置的体系化促成景区设施的网络化,形成景区诱导空间秩序。一般以组织安排游客中心、牌示标识二者为中心,以景区的空间节点服务设施系统为依据确定布局。现行常用的布局模式是典型的建设阶段的开发规划,但在使用过程中可能会有某些局限。

在成熟的景区体系中,解说系统是管理规划的重要组成部分,以中国台湾地区国家公园为例,在汲取了美国、英国、日本等先进国家的经验,又充分结合台湾岛的地理环境和自然资源特征后形成了一个多层次、不同发展范围与管理强度的规划体系,如判定自然保育与国家公园发展政策→国家公园系统规划→国家公园经营管理计划规划→游憩区细部计划与设施建设→国家公园解说计划、国家公园事业计划、国家公园内游客安全维护计划等。

2.景区解说系统规划的原则

(1)以游客为本的原则。最大程度地突出"人性关怀",既要维护和展现旅游资源的价值,又要针对游客的特点和需求开展策划,并保证旅游解说系统的信息要具备较高的可靠性和可获得性。

(2)差异性原则。不同类型的景区,在确定其解说内容的重点、选择媒体及材料等方面应有所不同。如以自然景观为主的景区,解说的内容应着重展现景区的自然风光,体现大自然的神奇,用浅显易懂的语言描述诸如景观成因等科普知识,在解说媒体的选择上也应选用与自然氛围接近的木质或石质材料。在以人文景观为主的景区,解说的重点则应放在景观的历史由来、建筑、科学、历史价值等方面,语言风格相对严谨,可选用金属、塑料等现代材料制作媒体。

(3)与景区管理目标相融合的原则。好的旅游解说系统应兼顾游客和景区的利益,达到"双赢"的目的。可适当将景区的管理目标、策略、措施等通过旅游解说系统传达给游客,有利于深化

游客对资源价值的认识,以更积极地配合旅游景区的管理和保护工作。

(4)与周围环境相和谐的原则。不同类型旅游景区的主体风貌各不相同,即使同一景区内部不同区域的景观也不尽相同,因此旅游解说系统所使用的设施、设备、材质以及外观、字体、色彩等,必须与周围的景观相融合。

国外水上旅游解说和导引系统介绍

国外水上旅游解说和导引系统最大特点在于国际化和人性化。仅以游船旅游为例,20世纪80年代以来,世界游船业每年递增7.6%,最具代表性的有法国塞纳河游、英国泰晤士河游、德国莱茵河观光。以塞纳河为例,游船上免费提供有中、英等外文的塞纳河游宣传资料。

巴黎游船公司(Bateaux Parisiens)是塞纳河船舶运营业先驱,提供层次不等的游船服务,不同服务项目解说方式也颇具差异。服务项目有六种:观光游、趣味游、教育游、午餐游、晚餐游、私人包租游。常年项目观光游伴随解说和音乐,解说方式是个人手持广播,有13种语言选择;解说词有几个版本,都有文化背景的介绍。教育游针对不同年龄段孩子准备不同解说,充满乐趣和教育意义。儿童版解说词,从亚历山大三世桥的宝藏到人权宣言,还有昵称圣母院钟铃的塞纳河鱼群……儿童可以从每人专属的耳机中听到生动活泼的讲解,还可以参与猜谜游戏,发掘巴黎的历史。另外现场导游手持麦克风,随时补充和丰富广播解说,并介绍当地最新新闻,如最近的文化事件、体育赛事等。泰晤士河自从20世纪后,逐渐成为伦敦游船观光的最佳去处。

泰晤士河游程分为上行与下行两种:上行最远达汉普顿宫(Hampton Court),经Putney、Kew、Richmond等停靠点,通常夏季开船;下行最远达泰晤士水门(Thames Barrier),经伦敦塔、格林威治。城市游船公司(City Cruises)是泰晤士河游的主要运营商,拥有带轮椅功能的游船甲板,有4个码头提供直接轮椅通道,方便登船;另外全景式的窗户、酒吧和盥洗室,都方便轮椅使用。导游提供流动解说,通过全球定位系统,游客可从七种解说语言中任选一种:英语、法语、德语、意大利语、日语和西班牙语、葡萄牙语。游客不仅可以看到伦敦的著名景点,还可以听到景点背后的传奇故事以及当地的一些奇闻轶事。

(二)解说系统规划设计的程序

1.确定设计目标

(1)加深游客对景区的了解。加深游客对景区旅游资源价值的理解,使之实现"了解—理解—欣赏—保护"的深化过程,并最终促进旅游资源的保护;提高游客旅游体验的满意度,提升旅游景区的美誉度。可通过设置大型广告、制作系列专题宣传片、编辑有关景区的系列书刊等多种途径,采取多种形式,扩大宣传效果。

(2)促进景区管理目标的实现。景区既要为游客创造快乐体验,又要保护地方资源与环境并促进社区长期发展。忽视游客体验与缺乏可持续发展观念是造成旅游景区经营失败的根源。快乐的游客体验是由新鲜感、亲切感与自豪感构成的,要塑造快乐的游客体验,景区应根据产品差异性、参与性与挑战性原则配置旅游产品和服务,同时在开发与经营过程中保持生态与文化的多样性,促进景区的发展。

(3)增进游客与管理机构的沟通。策划一个良好的旅游解说系统,需要来自多方面的专业知识与技能。组建项目组使得景区旅游解说系统的策划具备了"管理"要素,项目组的成员可以是景区内部的人员,也可以是外聘的专业工作团体,还可以二者合作。成员既要具备管理的知识和技能,还要对景区的资源、旅游解说系统有正确和足够的认识。

2.分析解说对象

解说对象承载了游客所要接受信息的事物。确定解说对象时,不但要考虑景区的资源状况,同时还要考虑游客及其他一些限制因素。

（1）景区资源调查。按照调查地点，可把对规划景区的调查分为旅游景区调查，近程客源市场调查，中、远程客源市场调查三种。由于不同距离的游客对规划景区的认知、了解不一样，因此，针对距离不同的客源市场调查内容应该有所偏重和取舍（见表5－2）。

表5－2　按地点实施景区资源调查

地点因素	主要内容
旅游景区调查	游客人文特征；景区消费行为特征；游后综合评价；对景区的发展、改进建议
近程客源市场调查	居民人文特征；居民对短途出游的偏好及出游特征；对本地区旅游景区的认知和了解；对规划景区的合理建议；对规划景区初步方案的评价
中、远程客源市场调查	居民人文特征；出游行为特征（包括出游方式、出游目的、出游偏好、出游花费、出游时间等）；居民对规划景区的认知、了解，对规划地周边景区的认知、了解、出游情况等

按调查阶段，即旅游景区生命周期划分，把对旅游景区的调查分为旅游景区探索、参与阶段市场调查，旅游景区发展、稳定阶段市场调查，旅游景区衰退或复苏阶段市场调查三类。不同的发展阶段，规划景区所面临的市场特征与规划任务是不一样的，在旅游景区发展的不同阶段，旅游景区市场调查应该有不同的主题、内容和任务（见表5－3）。

表5－3　按调查发展阶段实施景区资源调查

发展阶段因素	主要内容
探索、参与阶段市场调查	市场的需求特征；竞争景区的优劣势；产品的设计与开发；基础设施的建设；环境的整治等
发展、稳定阶段市场调查	产品的提升；服务的完善；形象的塑造；市场的推广；品牌的建设等
衰退或复苏阶段市场调查	产品的更新；服务的精细；形象的重塑；营销的问题诊断等

（2）游客调查。游客不同的人口统计学特征如性别、年龄、学历、收入、旅游偏好等，不仅影响解说对象的确定、解说资料的选用等工作，还决定景区能否为游客提供"个性化"的解说服务。可采取问卷调查、访谈及其他市场分析技术进行调查。

（3）其他限制因素。旅游解说系统具有整体性，要使局部功能之和大于整体，就必须考虑其他的一些限制因素，主要有资金、人力资源、相关的基础设施等。

3. 组织解说内容

解说内容必须经过适当的组织，才能做到中心明确、重点突出、条理清晰并易被游客接受。步骤如下：

（1）提出话题。即从众多的解说事物中提炼出一个能最精练地概括解说内容的整体性话题。如随着"红色旅游"工程和"红色旅游年"的提出，红色旅游景区、景点开发建设的策划、规划自然就成了当前旅游规划、策划工作的重点。为创新产品，深度挖掘红色文化、红色精神，探索新内容,开发新模式;在开发中,加强"红色旅游"规范管理,避免庸俗化,从而形成一种多层次的、适应旅游市场需求和现代革命教育需要、有时尚感的产品网络,构筑起融观念创新、体制创新、文化理念创新、营销创新、产品创新、管理创新、技术创新、服务创新于一体的"红色旅游创新体系"。

(2)明确主题。主题是与话题相关的特定信息,具有层次性。可先确定一个涵盖主要信息的整体性主题,再进一步细分出几个与之相关的次级主题,从而完整地传达所有的内容和信息。

主题的确定应根植于产品本身的特性及定位、地脉、史脉与文脉,根据主导客源市场的需求,突现个性、特色与新奇,避免与周边邻近同类产品雷同。如果缺乏明确的主题,消费者就抓不到主轴,就不能整合所有感觉到的体验,也就无法留下长久的记忆。

(3)具体内容。即解说的具体表现。具体内容既要切合主题,还要包含学习(即希望游客获得的知识等信息)、行为(即希望游客的行为发生的改变)和情感(即希望游客的情感发生的改变)方面的内容。

4.选择解说媒体

选择最适合主题、资源和旅游者的传播介质。各种解说媒体都有自己的特点,选择了合适的解说媒体,才能更好地将解说信息传达给游客(见表5-4)。

表5-4 各种解说媒体特点分析

媒体	优点	缺点
标识牌	耐久性、稳定性强,使用不受时间限制; 一般设立于被解说物旁,对照性强; 可多人同时使用; 无人管理,易受外界因素的破坏。	一次性投入大,启动成本高; 文字有限,信息易陈旧化。
陈列室	展物集中,参观方便; 真品实物配以照片、图表,容易理解; 受天气及蚊虫等外界因素干扰小。	参观时间长,易导致疲倦; 吸引力随陈列项目的增多而递减。
语音	效果增强,减少周围干扰; 能实现音响效果戏剧化,吸引力较高。	音响效果受设备影响,成本高; 一次只供一位游客使用,互动性差。
幻灯片	制作简单,内容更换相对容易; 重点突出,可同时欣赏摄影艺术。	受拍摄、配音制作水平的制约; 非动态的视觉效果。
影视	可视,故事性强,景区内外使用均可; 效果高且持久,适合特定主题的解说。	制作难度大,修改困难,成本高; 互动性差。
出版物	使用时间长久,具有纪念价值; 可用多种语言撰写,适合国际游客需要; 制作简单,成本低,信息全且易更新。	对游客的文化水平要求较高; 易被丢弃,易损坏,空间有限; 需要一定的分发系统支持。
人员解说	面对面交流,具有亲切感,信息接受快; 适时调整,能动性与互动性强。	人员招聘、培训的成本高; 讲解时间受限,服务人数有限。

资料来源:纪丽萍.浅谈景区旅游解说系统的策划[J].四川林勘设计,2005(2).

(1)解说内容的书写。要求文法有礼得体、行文简洁优美;严格切题,字数恰当;尽量减少术语的使用;多次检查,避免错别字和语法错误。必要时可以聘请知名人士书写。

（2）解说内容构成要素设计。解说内容构成要素包括文字、图片、照片等。要求信息的分布与受众一般浏览顺序相同；构成要素布局平衡；使用恰当比例的照片和图片；简洁明了，色彩鲜活，对比明显；突出景区的文化内涵，做到种类多样、样式新颖有趣、设计人性化。

二、游客中心的规划与设计

（一）游客中心的设施及服务要求

游客中心的服务可分为硬件和软件两部分，硬件部分主要指服务设施，软件部分主要指服务质量。服务设施的等级、性能、质量、数量，对于游客中心能否正常发挥效用有着极其重要的作用。作为一个景区的接待中心、服务中心、展示中心、通信中心，游客中心至少应该具备一定面积的房屋、便于同其他地方通行的交通设施及交通工具，除此以外还需要基本的通信设施（如电话、传真、电脑、宽带网络、邮政服务设施等），充足的电能、水能和热能，展示设施（如多媒体放映设施、展示厅、展板等）。这些仅是所需具备的最基本设施，如果游客中心还具有购物、休闲、住宿、餐饮的功能，则还需要基本的售货设施（如柜台、货源等）、住宿设施（如床铺、卫生洗浴设施、排水设施等）、餐饮设施（如就餐空间、就餐设施、食品制作空间）等。

按照《旅游区（点）质量等级的划分与评定》中关于游客中心的要求和评定标准，服务要求主要从选址、规模、设施、功能以及咨询服务人员服务质量这几方面进行评定与衡量，但在不同等级的景区，要求也不尽相同（见表5-5）。

表5-5　各类景区游客中心设计要求

景　区	选　址	规　模	服　务
5A	位置合理、选址科学	规模适度，功能充分	业务熟练、服务热情，咨询人员配备齐全
4A	位置合理、选址科学	规模适度，功能完善	业务熟练、服务热情，咨询人员配备齐全
3A	位置合理、选址科学	规模适度，功能齐备	业务熟练、服务热情
2A	能提供咨询功能的场所	规模适度	业务熟练、服务热情

（二）游客中心的规划布局

游客中心的建设与经营成本较高，景区配套设施建设中的投资额相对较大，为充分发挥基础作用，减少投资风险，应对游客中心的选址进行科学论证。首先要符合景区规划的要求，其次还要视旅游景区规模和游客量而定，可以设置一个综合的游客中心，也可以进行等级布置。如果要进行分级设置的话，要与景区的规划布局相对应，一般情况下，分成三级设置，即设置在风景区、景区、景点三级，也可以设置在旅游城、旅游镇、旅游村。

1. 游客中心的布局

游客中心的规划布局主要有块状型、散点型等几种模式。块状型布局指游客中心单独设置在景区的一处地方（一般设置在景区出口），这种布局对土地的占用较大，适合于面积广阔、地势平缓的景区。散点型布局主要指根据景区规划和景区的地理状况，将游客中心分别设置于景区的重要地点，这种布局形式适合于景观集中、用地狭小的景区。

游客中心的规划布局依据景区的性质和具体条件进行设计，并应遵循下列原则：

（1）恰当处理设置于各级景点的游客中心与景区结构的关系。

（2）设计时应使各级游客中心的作用、设计风格、布局特点有机结合并相互补充。

（3）适时调整游客中心的布局，使之有利于景区的良好发展，并能使两者相互促进，使游客中心更好地发挥作用。

（4）设计独特,能够体现本景区和旅游目的地的特点;游客中心的规模、功能、配套设施、开发状况要与旅游景区的级别匹配。

2.游客中心的选址

一般来说,影响游客中心选址的因素主要有以下几个方面:

（1）充分考虑景区游客容量布局的影响。一般游客容量相对集中的地点主要在景区的入口处、景区内部交通换乘处和重要的节点处。因此,游客中心也多选于此,便于向游客提供服务,同时也可使更多的游客了解景区及相关的情况。

（2）注意水源、电能、环境保护、地理条件、抗灾等基础条件是否具备。游客中心是人口聚集区,因此能源和安全保障尤为重要。同时,应靠近交通便捷的地段,便于人流疏散;依托现有服务设施及城镇建设设施,既节约费用,也可与原有服务设施连为一体。

（3）应避开易发生自然灾害和不利建设的地段,同时还要分析检测所选未知的自然生态环境。应因地制宜,使游客中心与周围环境相互协调,尽量充分顺应和利用原有地形,最大限度地减少对自然环境的损伤或改造,尤其对于自然保护区、旅游风光区等以自然风景取胜的景区。

（4）应具备一定面积的空旷的广场,这不仅便于人群出入和疏散,而且利于旅游车辆的停放。对于一些景观较为密集或以山地风光为主的一些景区,缺乏平坦广阔的地块,可以利用相邻设施来代偿或补救,采用分散的点状布局形态,集小为大加以解决。

3.游客中心的功能区划分

关于游客中心功能区并没有严格的标准,一般来讲,主要遵循方便游客、易于管理的原则。根据游客中心的功能,主要分为以下几个区域:

（1）旅游信息咨询区。提供旅游景区的相关信息,包括旅游景观介绍、当地历史文化风土民情、景区游览线路、服务区点分布、旅游景区手册、景区内交通工具的乘坐使用、求救电话等各方面关于旅游景区的信息。

（2）景区风光展示区。展示景区的优美风光,引导游客对景区进行游览,如展示风光图片、播放风光片等,发挥广告宣传和教育游客的作用,还可教育游客保护景区资源。

（3）售票区。售票区提供各种票据,如景区门票、景区内交通工具乘票或一些游乐设施的票据等。

（4）旅游商品销售区。介绍并出售本地的一些土特产、旅游纪念品等旅游商品,还可兼售旅游过程中的一些必备用品。

（5）餐饮住宿区。提供餐饮、住宿等服务,为增加游客在景区的逗留时间,更好地游览景区提供便利条件。

（6）导游服务区。提供导游服务,游客可在此雇佣、租赁或免费获得各种导游服务。

（7）其他服务区。提供失物招领、物品寄存、医疗、邮政、残疾人设施等服务。

三、景区标志系统的规划与设计

（一）标牌的分类

标牌的类型从不同的角度会有不同的划分。

（1）按照解说对象和内容,可以分为吸引解说标牌、旅游设计标牌、环境解说标牌和旅游管理标牌四类。

（2）按照标牌制作选用的材料,可以分为天然材料制作的标牌和人工合成材料制作的标牌两类。

（3）按照所属的范围角度,可以分为旅游景区外部标牌和内部标牌两类。

（4）按照标牌的功能,可以分为解说功能标牌、指示引导功能标牌、警示提醒功能标牌和宣传功能标牌四类。

(二)标牌的布局

1.标牌布局原则

(1)各类标牌数量充足,不宜杂、不宜多、不宜滥。布局要从美学和实用的角度出发。标牌的摆放要美观醒目,各类型标牌按各自的功能和需要,位置要合理,数量要充足。在保证各种类型标牌在没有缺漏的前提下,不能使景区和景点被过多的标牌占据而阻挡景观的显现,从而失去美感,破坏游客的游览氛围。在推陈出新、形式新颖的同时,要"活而不乱"。

(2)布局选址要服从环境、融于自然。根据不同的环境特点,各类标牌的布置应顺其自然,注重标牌的美观性,与自然环境和谐相容,不妨碍观赏景物,不遮挡景观,避免喧宾夺主。

(3)标牌应有适宜的布局地点、安放高度和角度。标牌不仅要有合适的布局地点,还要注意安放高度、角度和与观赏者的距离,以确保游客能以最佳的观赏角度和最舒适的方式观看。公路沿线的标牌设置尤其要考虑高度距离,让过往的车辆能及时看到各介绍牌和指示牌的内容。

2.标牌的选址

景区的标牌主要集中分布在景区入口处、景区出口处、景观周围、通往景区的道路沿线处、游客服务中心、景区服务设施集中地等处。

(1)景区入口处。景区入口处主要有全景指示图、景区导游全景图、风光图、游客须知等。全景指示图提供游览线路安排建议,设置于客流聚集处、旅游信息服务中心、停车场及主要景区(点)入口或内测开阔处,内容包括景区的平面图与概况。景区导游全景图设置于景区大门外侧售票处附近显要位置,可与景区简介、景区游客须知并排摆放,内容包括景区总平面布局图、游览道路和服务设施分布(如游览车乘换地、商亭、餐厅、公厕等)以及内部主要景点的文字、图片介绍。在售票处明显位置应悬挂售价表、购票须知、营业时间、项目介绍和游览须知等服务指南。一些重要指示如"禁止烟火"等标志应醒目地安放在景区门口,强化游客的防火意识和环境保护意识。

(2)景区出口处。景区出口处主要有出入口标志、景点铭牌和景点介绍牌等。

(3)景区道路沿线。在景区景点内部的公路步游道沿线游客便于停留的地方,如观景台、观景点,要设立环境解说牌,让游客获得信息;景点景区内各主要通道、岔路口应在适当的位置设置向导标牌和各类交通标志牌;根据需要设置友情提示牌,如提示游客所处位置的负氧离子浓度,提醒游客勿喧哗和勿乱扔垃圾等;在游道沿线酌情设置安全标志。景区风光牌设置于公路干道通往景区的交通节点,内容以展示景区最佳风光为主,辅以简短、响亮的景区形象导语,向过往游客传播景区形象,对前往景区的游客起提示作用。

景点内标牌的分布在不同的地点各不相同,不同内容的标牌在不同地方的聚集程度也有所不同。景观铭牌聚集在景观分布密集处,功能提示牌出现在景点的出入口处,导示牌出现在景点的入口处、出口处、步游道转弯处和岔路口处,为游客指引游览路线。安全提示牌、公益提示牌、友情提示牌等根据景点情况酌情布局。

(三)标牌的内容设计

旅游标牌主要有景点介绍牌、景点铭牌和介绍牌、景观铭牌、旅游交通设施解说词、配套设施解说词等,旅游城镇的标牌主要有旅游交通指示牌、饭店或餐馆内的服务设施指示牌、景区广告牌等。

1.标牌的特点

在旅游解说系统中标牌解说因其信息传递方便、快捷、直观等特点而占据重要的地位;同时,由于它的造型多变,形态多变,也常常用来美化景区环境。对于一个旅游景区的标牌设计来说,设计者首先应该把它当做一个传递信息的工具,其次才能考虑它对景区的美化功能。

一般来说,标牌体量都不应太大,游客在其前面停留的时间也非常有限,要达到良好的信息传递效果,标牌的内容必须简明、准确、科学、完整、醒目,使游客在很短的时间内能通过标牌的展示对景区的各种信息有所了解、认识,以便达到轻松、顺利完成整个游览活动的目的。

(1)简明。由于类型和作用的不同,标牌在内容上可能存在一些差异,但是它们都要遵循一个基本的原则——内容简单明了,切忌文字冗长,表达不明确。

(2)准确。景区里的很多信息都要依靠标牌来向游客传达,如景区获得的荣誉、景区的级别、景区的特色风景和特色动植物、景区的方位方向等,标牌上的内容必须准确,不能使用模棱两可的语言。

(3)科学。由于标牌可适用科普教育,担负着教育的功能,如动植物解说、地质地貌解说或气候气象解说等,其内容必须科学严谨。

(4)完整。景区的标牌是一个系统,不同的标牌有不同的作用,因此,它反映的内容应该根据其作用确定,在内容的选择上既要突出主要信息,又不能有遗漏。

(5)醒目。标牌的首要功能是传达信息,不是为了装饰和摆设,文字必须做到清晰、醒目。

2.标牌内容筛选

(1)景区介绍牌。游客进入景区前通常会在景区入口附近有一个短暂的停留,一是购置必要的旅游用品、购买门票、拍照留影等;二是了解有关景区的游览及各项服务的信息、了解景区的游览须知等。每个景区都会在入口处选择适当的地点安排景区介绍牌,重点对景区的旅游资源、旅游服务、注意事项相关信息进行说明,以便游客在进入前对景区有一个比较全面的认识,合理安排自己的旅游活动。因此,景区介绍牌的内容包括景区位置、景区旅游资源特色介绍、景区旅游服务、景区旅游须知、景区导游图等内容。

(2)景点介绍牌。游客在到达一个景点之后,在进入景点游览前常常需要了解该景点的具体信息,这就需要在景点入口设置景点介绍牌。景点介绍牌的内容主要有中文介绍、英文介绍、景点游览图、游客须知等信息。

(3)景点铭牌。景点铭牌的内容比较简单,主要是景观的中英文名称或者单体特色动植物的中英文名字、拉丁文名字以及科、属、种等信息。景点铭牌一般应标注海拔信息。

(4)旅游交通设施解说牌。对于自驾车旅游者来说,旅游目的地一般都是比较陌生的地方,如何准确、快捷、安全地找到景区是他们面临的首要问题。这些问题的解决都依赖旅游交通设施解说牌。交通设施解说牌的内容有国际通用图标、方向指标、地名、距离数。

(5)配套设施解说牌。游客在景区游玩的同时一般会有餐饮、住宿、购买纪念品等需求,为了使游客方便、快捷地找到这些设施,景区应设置一些标牌,这些配套设施解说牌的内容主要有国际通用图形图标、方向指示、文字说明。

(6)环境解说牌。游客除了游览风景优美的景点外,还会青睐有特殊意义或者文化内涵较深的环境。景区通常会在这些地方设置解说牌,其内容一般为中文介绍、英文介绍、图片。

(7)功能指示牌。在各个服务区或者服务点等游客就餐、短暂休息的地方入口一般会安放一些功能指示牌,让游客轻松找到各个相应的位置。这种功能指示牌的内容为通用图标、方向指示、中英文名称。

(8)导示牌。每个景区都可能会有一条或者多条主游览轴线,同时还会有多条游览环线,在这些环线上常常有一些很有特色的景观。为科学引导游客,景区管理部门会在主次游览环线的交叉入口设置各种导示牌。这些导示牌的内容主要包括通过测量后绘制的一些图件、景区的级别等荣誉图标等,如环线图、位置示意图等。

(9)友情提示牌。现代景区在逐步迈向人性化管理方向,都比较注重人文关怀。在一些有特殊意义的地方会放置一些友情提示牌,营造良好的旅游氛围。这些标牌的内容为中文提示标语(主要是一些温馨的提示语如"天然氧吧")及英文提示标语(中文提示标语的翻译)。

(10)安全管理标牌。景区安全管理标牌是各个景区最常见的一种标牌,它的内容构成比较简单,通常包括国家规定的图标(如"严禁烟火"等)及部分没有图标的提示内容需要用中英文加以说明,如"小心碰头"等。

(四)标牌的制作

标牌材料的不同,制作工艺也就不同。由于标牌材料种类繁多,制作之前先要对标牌进行分类,不同类型的标牌对材料的要求常常是不同的。首先,对标牌进行分类的目的是让标牌制作单位明确制作要求。根据分类后的标牌及其要求确定相应的制作材料。材料确定后选择最佳工艺,天然材料标牌和人工材料标牌在制作工艺上往往有些差异,即使是人工材料标牌的制作,也需要分门别类地运用不同的制作方法。

1.标牌的制作风格

旅游业随着时代的不断发展,主题愈来愈突出,内涵越来越丰富,对其所用的标牌也提出了较高的要求。标牌设计应因地制宜合理应用各种天然材质,如竹子、木材、石材等,利用其自然形态,并在此基础上进行简单而又巧妙的加工,做到"源于自然而高于自然";发挥标牌的应有功能使其与所处的环境相得益彰,甚至成为具有吸引力的人造景观,强化游客对景区地域风土人情的印象。

(1)地域性。标牌的选材可以充分运用当地资源,就地取材,使标志系统不仅传达景区特有的理念,而且很好地融入当地的自然资源,以达到人工与自然的和谐统一。

(2)时代性。标牌的设计制作应根据标牌内容的不同而体现出不同的特点,如有的应突出古朴自然,有的则应更多地体现时代特点。

(3)生态性。生态问题是目前全世界都普遍关心的问题,随着人们生态观念的不断强化,生态理念已经越来越多地渗入到我们社会的方方面面。标牌的设计尤其是在众多景区公园的导向系统设计中更应该注意生态化。景区内的安全提示牌可就地取材,标示牌与周围环境自然和谐,即使废弃不用,也不会对景观造成破坏。

(4)文化性。文化性是指标牌的内容更多地体现、让游客更好地理解标志系统所传达的意义。应该结合当地风土人情,将特有的文化因素融入其中,提高标牌系统的表达效果。

(5)功能性。旅游解说系统和标牌是用来为游客进行旅游活动提供导向作用的,标牌的设计制作不仅需要美观,最重要的是要为游客提供有用的信息,使游客在不同的向导的情况下,可自主地开展旅游活动,如停车场、餐厅、公共厕所、景点指示牌、景点解说牌、公益提示牌、道路交通指示牌等。

(6)外显性。标志系统主要是为游客提供导向服务的,制作要根据设计的相关要求,规格一定要符合国家有关标准和游客的行为习惯。

(7)多样性。标牌从其应用、构成、表现手段来看,都有着极其丰富的实用性质:从摆放方式上来说,有立式的,有卧式的;从设计方式来说有生态的,有标准的;从使用材料来说,有木质的,有石材的,有金属的等。

(8)艺术性。经过设计的非自然标志都应具有某种程度的艺术性。既符合实用要求,又符合美学原则,能给人以美感,是对其艺术性的基本要求。一般来说,设计独特的标志系统更能吸引旅游者。随着生活水平的提高,人们的审美标准也有变化,这就要求标志系统的设计既要符合标准,又要新颖独特。

(9)耐用性。标志系统一旦安装固定便具有较长时间的使用期限,不轻易改动,标志系统大多安装于户外,长时间经受风吹日晒,所以标牌应能经久耐用,具有较强的抗腐蚀能力。

2.标牌的制作工艺

根据标牌的类型、材料及所涉及的对象,标牌应运用不同的制作工艺,最大限度地传达视觉效果。

(1)标牌的制作方法。按制作工具和制作方式可分为手工雕刻、机械制作和图文印刷三种。手工雕刻是选用木材或石材用手工雕刻制作标牌。木材刻字技法主要有三种:阴刻、阳刻、阴阳兼刻;石材的加工工艺主要是雕刻后描漆和填漆。机械雕刻是先进行图案制作,制作完成后,将其输入到数控雕刻机上,根据图案和要求设定刀深、转速,切割或雕刻出所需图形或文字,最后再粘接和填色。图文印刷大致有平面印刷、凸版印刷、凹版印刷、孔版印刷等。除了日常的印刷方式外,还有静电复制、喷墨打印、热转印等许多新的印刷工艺。

(2)标牌的制作工艺。石材标牌的制作工艺包括切割、打磨、抛光、涂漆;木材标牌雕刻方法主要有凿法和刻法两种;不锈钢(铝合金)标牌制作的工艺包括机加工成型、除油、抛光、喷底漆、喷面漆、丝网印刷;亚克力吸塑灯箱的制作工艺包括选材、模具制作、后期制作、画面处理;水晶标牌多用于旅游工艺品的制作(见图5-5)。

沙湖景区的木质导游指示牌

崂山景区的不锈钢安全警示牌

崂山景区的大理石安全警示牌

图5-5 主要材质的旅游解说牌

3.标牌安装中的注意事项

正确地进行标牌的安装涉及许多方面的工作,最重要的是所安放的位置能够充分发挥它的功能,包括能够较容易地被游客识别,比较容易地将相关信息传达给游客,标牌的内容与实际环境相衔接等,确保标牌的安装位置、方向、角度、倾斜度等,符合游客观看的需要,特别注意箭头指示方向。另外,标牌的安装越坚固稳定,使用时间就越长,维护起来也越方便。

任务实施

步骤一 领受任务

教师介绍任务的内容、要求、关键点及注意事项。各小组提问,教师答疑,准确理解任务,完成任务领受。

步骤二 实施任务

各小组按教师的要求,制订完成任务的工作程序及任务分配方案。阅读相关知识,查阅其他相关资料。对照范例,分析黄浦江水上游览解说存在的问题;确定黄浦江水上游览解说设计目标,宣传上海、宣传水上游览,促进理解与沟通;分析解说对象,对水上游览各种旅游资源进行调查分析;组织解说内容,明确解说主题、话题及相关的具体信息;选择适合的解说媒体,提出制作、安装的具体要求。完成情境中提出的任务内容,写成任务报告,做成 PPT,准备汇报。

步骤三 任务汇报

各小组根据任务的要求,在教室中汇报并相互提问。指导教师进行点评与总结。各小组对本次汇报及时进行总结,形成文字材料,上交指导教师。指导教师给出各小组评价综合得分。

考核评价

旅游景区解说系统的规划设计任务评价考察表

学习目标	评价标准	小组评价 (50%)	教师评价 (50%)	综合得分 (百分制)
理论知识 (20分)	理解旅游景区解说系统规划设计的原则、程序,景区资源调查的方法			
专业技能 (20分)	掌握景区游客中心与标志系统的构成与设计			
通用技能 (20分)	小组讨论中的表达能力、沟通能力与团队协作能力			
任务完成 (20分)	小组讨论中所起到的作用、任务完成的有效性			
学习态度 (20分)	完成任务的态度、责任感			
综合评价及建议:				

拓展知识

生态文明：旅游解说的新理念

旅游解说作为维护旅游地生态秩序和实现旅游可持续发展的一种有效方式，本身所具有的性质、功能与生态文明的内涵存在一致性。在生态文明形态下，应该将生态文明理念渗透到旅游解说中，由工具性价值取向转为内向性的生态文明价值取向。生态文明价值取向是对传统工具性价值取向的深刻改造和内化，它可以克服过去单纯从人的视角考察人与自然的关系的片面性，重新从自然和人的双重视角选择旅游解说的价值取向。具体来说主要以可持续发展原则和人文关怀原则作为引领向度。

1. 可持续发展原则

可持续的真实含义，是资源存量在发展中保持稳定和发展。生态环境是旅游业发展的基础。没有了环境载体或者环境载体被破坏，将直接导致旅游价值的丧失。这正是旅游解说必须采取的基本策略，即以绿色科技和生态教育为重要手段，通过旅游解说的服务和教育等基本功能，引导人们合理使用、管理、建设旅游环境，激发人们对自然生态和人文生态的自觉关怀和强烈的道德感、自觉的使命感，实现自然生态、人文生态的协调共生与同步进化。基于此，旅游解说的设计实施应做到：一是旅游解说应以系统的观点统一设计实施，将各解说要素综合考虑，根据旅游者的需求提供不同的解说方式。但解说内容要依据不同解说要素自身的特点，有所取舍，做到真实、准确、精炼。二是解说材料选择应尊重自然、体现自然，并保证对当前生态环境的保护。所选用的材料最好就地取材，大量采用再生建材，摒弃不可降解的人工材料。三是旅游解说的媒介与手段，如语言、文字、动作、线条、色彩、音响、图像等，应确保与周围的自然和文化环境相协调，尤其是各类解说牌示的样式、色彩应与周边环境保持景观上的协调。

2. 人文关怀原则

人文关怀是体现生态文明的前提。生态文明形态下的旅游解说，应该充分体现人文关怀，即旅游解说的设计实施应追求人性化，充分考虑旅游者接受解说服务时的心理需求，做到充分尊重旅游者。在解说形式和内容的设计上，要讲究趣味性，做到寓教于乐；在材料选择上，要做到安全环保，如载体不要选用强反光材料、尽量选用光滑的圆角和弧边等；对于重要的景点景物和服务设施牌示适当增加规范的多语种解说，以体现旅游业外向型特征和国际化要求；解说设施的设计要以方便各类旅游者使用为标准，不但要考虑普通人的需要，还要考虑儿童、老年人和残疾人等特殊人群的使用；解说员应具备良好的服务态度和解说技巧；解说语言尽量摒弃生硬的禁止用语，采用婉转文雅的劝诫忠告词汇。另外在旅游解说设计实施过程中，对材料的使用、图案的建构、解说的实施等诸多环节，都要有意识地维护旅游地文脉的完整性，赋予解说自身更多的文化蕴涵和价值追求，营造良好的人文氛围，从而使旅游者在游览中达到与人文精神的共鸣。

案例与讨论

荔波作为贵州的首个世界自然遗产，拥有国家级荔波樟江风景名胜区和国家级荔波茂兰喀斯特森林自然保护区，其独特的喀斯特地貌、喀斯特原始森林及少数民族风情吸引了大量的国内外游客，成为近年来旅游的热点。

荔波的游客中心离集住宿、餐饮、购物等服务功能于一体的中心接待区相距甚远，现在只简单地发挥了一个景区售票处的功能，更忽视了作为全局性的解说功能，仅有一块路线标识牌，部分小型景区甚至不设游客中心的解说设施。这导致游客到达景区后缺乏对景区的全局性了解，直接影响游客的旅游质量。景区解说主要以景区标牌和导游解说两种类型为主，辅之以荔波县城酒店内设置的宣传画和路线解说牌。这对宣传荔波，提高游客对景区的认知起到了一定的作用。但是，远不能满足景区提高文化品位和知名度的需要，游客也很难达到游览满意度，因此，增加解说服务类型，并提高解说服务的科技和文化含量是很有必要的。

荔波最大的"卖点"，是良好的生态环境和少见的喀斯特原始森林、保存完好的少数民族民风民俗，能为游客提供一个康健、休闲、环境教育等多功能的生态景区。但是，目前景区的环境解说没有充分体现出这些功能特点。解说语言上，大部分标牌采用的都是中文解说方式，没有外文解说词，阻碍了将荔波推向世界的步伐。还有一部分解说采用的是汉语拼音，外宾看不懂，国人又不看，这就需要重新设计解说内容，要求准确科学。解说设施缺乏艺术性，破损严重。标牌以植物解说牌和路线解说牌为主，形式单调，缺少变化。例如，大七孔景区沿途标识牌仅有简单的对于植物科属的介绍，且都采用木牌，较简陋，暴露在空气当中，经日晒雨淋，已开始褪色、腐朽，影响视觉效果，主要的景点仅有大七孔天生桥(又称东方凯旋门)有简单标识，没有线路标识，影响游客对景区的整体认知。解说词没有经过精心编排设计，缺少文化内涵，仅仅靠导游自己对于景区的理解来解说，缺少科技和文化含量。

荔波导游的数量和质量已不适应旅游业发展的需要，到旅游旺季，导游都找不到，缺乏专业的导游，临时调用的人员水平及质量得不到保证。同时荔波的导游员往往缺乏本景区生态知识的专业化培训，对于旅游的保护与教育功能缺乏足够的业务知识，导致他们难以向旅游者提供生态旅游所应具备的保护和教育功能的服务。由于缺乏解说，整个大、小七孔的游览过程几乎全是在游客自己游览观光和拍照中度过，游览结束后，经常听到游客还在询问哪里是恐怖峡，哪里是天生桥；解说缺乏更新，刻板陈旧，缺少时间上的更新变化，缺乏旅游活动的新奇性和教育功能，尤其对于回头客，平淡无奇的浏览感觉则更为突出。

资料来源：黄丽娟.荔波生态旅游解说系统规划设计初探[J].社科纵横，2008(6).

案例讨论题：

1. 荔波景区旅游解说系统规划设计存在哪些问题？
2. 试析荔波景区解说系统设计的改进措施。

思考与讨论

1. 比较说明自然类型的景区与文化类型的景区解说系统规划的特点。
2. 讨论景区解说牌如何选择材质以及如何设置。

技能训练题

1. 到某景区实地调查解说牌的材质及设置状况，分析是否合理与适当。
2. 对某景区的解说系统进行改善性规划设计。

任务三　旅游景区解说系统的维护管理

情境设计

周庄是中国古镇旅游发展的先驱，从旅游景区发展的生命周期上看已进入成熟期，伴随发展而出现的人满为患、过度拥挤、环境破坏、商业化过度、美誉度下降、管理体制缺陷等问题引起了国内外学者和景区管理部门的极大关注。近年来,景区管理部门愈加重视古镇开发与保护的平衡,采取了修缮古建筑、整治环境、建设诚信景区、加快旅游解说系统建设等措施,其中尤为值得关注的是古镇在旅游解说系统改进上花费的巨大人力物力。

周庄静态解说系统采用文字标识、图文介绍等媒介帮助游客赏析和理解古镇的自然、人文景观,使其了解景区的景点分布、旅游资源特点、民俗风情、管理规定等。它主要包括游客中心、标识牌、印刷品和音像品等。此外,游客也可以在入口的门票成像处和游客中心租借电子导游器。

古镇空间解说线路是根据景点分布情况或历史脉络,将各景点串联而成的线路。其安排设计具有明显的时间性和空间性,是一种特殊的解说方式。目前周庄古镇管理部门提供给所有解说员和游客的游览线路有东、西两条线,东、西两条解说线路的共同部分是周庄知名度最高的三大景点——双桥、张厅和沈厅所在地,且都位于东市街同一条街上(见图5-6)。即使是旅游淡季或平季,这条街的客流量也明显大于其他几条街。而在旅游旺季,这里的"热闹非凡"就真实地演变为拥挤不堪、摩肩接踵。尤其是张厅至沈厅的一段30米长、不足5米宽的石板路,游客通常要花半小时才能通过,到达沈厅门口也只能"随波逐流"地前移。

图5-6 周庄古镇景区空间布局图

　　然而笔者通过2006年"十一"、2007年"五一"和"十一"3个黄金周观察发现，即使在黄金周这样的客流集中时段，也不是整个古镇旅游区都呈现这样的旅游盛况，一边是张厅、沈厅的热闹非凡，另一边却是周庄博物馆、叶楚伧故居的无人问津，景区内客流呈现出严重的不均衡分布。

　　资料来源：罗燕，胡平.古镇旅游解说系统实证研究——以周庄为例[J].北京第二外国语学院学报，2008(5).

　　根据以上情境，完成下列任务：

　　1.分析研究周庄古镇在景区解说管理上存在的问题，找出影响古镇旅游解说功能发挥的主要因素。

　　2.对完善周庄古镇旅游解说系统旅游、促进古镇旅游可持续发展提出相关改进建议。

任务分析

　　本任务的要点是根据景区可持续发展的需要，了解旅游景区解说系统维护的重要性与加强解说系统管理的主要措施，结合分析周庄景区解说系统存在的问题，运用解说系统维护管理的方法与技巧，从景区主题、解说素材、空间布局等提出解说系统维护的办法，持续提高景区解说系统的水平。

相关知识

一、景区解说系统维护管理的必要性

　　旅游景区解说系统经过设计、设置，还需要维护与更新、评价与改进等后续工作。一方面，残破的解说标识牌、粗制的旅游书籍和破旧的多媒体解说工具等，不仅使旅游解说系统丧失了应有的功能，同时还使游客失去兴趣，使景区的美誉度下降，对景区造成长远的负面影响，因而应及时进行旅游解说系统的维护与更新工作，常保旅游解说系统处于最佳状态。另一方面，景区、资源以及游客都处于不断变化和发展之中，旅游解说系统的目标、内容、媒体等都要随之改变；适时地进行评价工作，尽早发现不足，方能使景区的管理者准确地把握动态变化、及时调整改进旅游解说系统的各个步骤。景区管理部门根据游客所反映的情况，进行周密思考后，可改进、提高和完善旅游解说设施，促进景区更好地为游客服务。

　　由于旅游活动的异地性和暂时性的特点，如果要让游客在短时间内获得对景区的良好旅游体验，那么必然要求景区提供全面的解说服务。针对景区的解说服务意识淡漠、解说系统不完整等情况，目前景区解说系统维护管理方面的重点是：

　　第一，将景区解说服务管理纳入景区质量管理体系中，提高景区有关部门和人员对解说服务重要性的认识，解决观念问题并建立专门机构进行设计、监督和协调工作。

　　第二，研究和吸收国外同类型旅游景区成熟的解说服务经验，提高景区解说服务水平。例如，我国的自然保护区、世界自然遗产地、国家风景名胜区等旅游景区，应该研究和参照美国的国家公园解说服务系统。美国国家公园管理局（NPS）在每个国家公园内都规划设计了完备的国家公园解说和教育系统（interpretation and education systems），公园解说已经细化到园外解说、环境解说和遗产解说。博物馆类景区可以参考欧洲国家的解说服务，例如，英国、法国等国家。

　　第三，投入更多的人力、财力挖掘景区文化和资源价值（尤其是人文类旅游景区），以某种游客容易接受的方式进行解说服务，将我国旅游景区中厚重的内涵展现出来，避免出现"内行看门道，外行看热闹"的现象。

　　此外，要提高景区解说员的素质，逐步完善景区的向导式解说服务，如进行语言运用技能的培训、讲解技能的培训、生理服务技能的培训等。

二、景区解说系统维护管理方法

(一)恰当地确定景区解说主题

1.景区主题的要素

(1)地方文化要素。每一个地方都有自身鲜明的民俗文化、民族文化和地方文化,这些文化特质往往隐含在民居建筑、服饰等载体中。解说系统的设计应从地方文化和民族民俗文化中提炼出具有典型特色的符号,抽象诠释出系统的设计符号,使每一个标识标牌的设计都遵从地方文化,在整体效果上成为一件代表地方文化的艺术品,从而增添景区的地方文化性。

(2)主题形象要素。景区形象是一个景区所要呈现给旅游者的、代表该景区的资源特征、服务理念等整合出来的最具代表性的旅游产品,并通过经历、传播等过程在旅游者心目中树立起来的一种可回忆或向往的图像。这种整合出来的图像就是旅游者对景区的感知和认知印象,是景区的象征。

主题形象是景区的生命,是形成竞争优势和垄断最有力的工具,旅游作为一项大众化、审美化的经济文化参与活动,区域旅游主题形象便成了关系其旅游业繁荣的关键心理指标。纵观世界及中国旅游业莫不如此,大凡万众神往、游人如织的旅游胜地,无不具有鲜明独特的形象。解说系统需要挖掘景区主题形象中最精华的部分,让游客深刻地感受景区的形象特征,然后把这些形象特征运用到景区整个解说系统设计中,使其成为标识、标牌设计中不可缺少的重要组成部分。这样,通过凝固化的标识、标牌设施来增强旅游者心目中的景区整体形象。

例如,武汉东湖根据旅游资源的独特价值及区域环境条件,其主题旅游形象确定为:江城明珠、人间瑶池——都市生态与文化休闲旅游者的乐园。其旅游形象表现为:山清湖秀景色秀丽,楚风汉韵花园美。美丽的景区与漂亮的市区连为一体,相互映衬,使旅游者能全方位、多视角地体验到东湖山水大观的魅力。

(3)环境景观要素。环境景观要素至少包括三个层次:首先是吸引要素,即各类旅游吸引物,包括有形的、无形的吸引物,也包括物质性的、非物质性的因素,旅游吸引物产生的是吸引旅游者从客源地到景区的基本吸引力,以此为基础形成的旅游景区自然是"第一产品(primary products)";其次是服务要素,即各类旅游服务的综合,景区的其他设施及服务虽然不是旅游者访问景区的主要因素,但是它们作为"第二产品(secondary products)"将会影响旅游者的整个旅游经历,因此当两地旅游吸引物存在替代关系时,服务质量优劣、设施完善程度、交通便捷程度将会对旅游者的景区决策产生重大影响,从而使交通、旅游设施及服务作为辅助吸引力的依托,与旅游吸引物共同构成景区的整体吸引力的来源;第三是环境要素,环境要素既构成了吸引要素的组成部分,同时也是服务要素的组成部分,更重要的是形成了一个旅游景区发展条件,这其中供水系统、供电系统、排污系统、道路系统等公用设施,医院、银行、治安管理等机构以及当地居民的友好态度等将构成"附加产品(additional products)",并与旅游吸引物等共同构成景区的整体吸引力,因此也是非常重要的。

目前,人们对整体环境的设计越来越重视,在设计中要遵从环境的理念,体现对环境景观的重视;将环境景观特征融入各种解说标识、标牌之中,使游客感受到人与自然的和谐。因此,在标识、标牌的造型创意和用材上保持统一的整体风格,形成特色景观效果。

2.游客需求

确定解说主题之后,解说内容的设计还要考虑游客需求。不同游客对解说内容深度、侧重点要求会有所不同,许多问题没有技术和财力的制约,相当一部分是设计的时候该考虑而没有考虑到。要根据景区已确定的目标市场,进行模拟实验,从人口因素和心理因素入手,分析考虑游客的需求,进而确定解说内容。

3.表达风格

现代旅游心理学研究表明,旅游者在一定时间内并不感受所有刺激,而仅仅指向能够引起注意的少数刺激物,由于旅游者对信息筛选以及客观上展示物面积大小和解说材料篇幅限制等原因,表达内容时要力求精练、准确。

在选择表达风格时需要旅游解说系统专家对地方文化要素和景区主题形象要素进行总体规划。在挖掘出解说系统所要表达的元素、符号和形象特征基础之上,结合环境设计、艺术设计和工艺设计等在环境景观要素、视觉景观要素上对造型、风格和用材上进行筛选,把好制作工艺质量关,并根据具体的环境、安装角度等因素按设计要求进行安装,这样才能规划设计出高质量的解说服务产品,提升景区整体形象。

(二)选择适当的解说素材

素材选择设计要充分考虑以人为本的原则,不要选用强反光材料,载体尽量选用光滑的圆角和弧边。解说素材的造型、质地、颜色的选择不但要符合主题,还要能为突出解说物的功能服务;解说物特别是牌示解说物与所安置场所是一个整体,所以还要考虑与周围环境之间关系;色彩的运用要醒目,易于游客寻找。在不喧宾夺主的情况下,力求各种引导标识(包括全景图、导览图、标志牌、景物介绍等)的造型特点突出,艺术感和文化气息浓厚,从形式到色彩都要为烘托主题服务,做到简洁、清晰、美观。

1.设计解说物高度和体量

通过确定解说物使用距离,设计解说物高度和体量。在对外部空间的研究中,距离是一个非常重要的影响因素。载体的高度、信息物的最佳阅读高度的设计不但要考虑一般身高的人观看方便,还要考虑儿童和残疾人的使用;车辆通行的道路,要考虑车上旅游者的观看高度。

2.材料的选择和信息物的处理

景区解说物载体固定方法有墙面固定式、地面固定式和悬挂式等多种,并以地面固定式为主。解说物载体结构一定要坚固,受力合理,必要时进行强度验算,保证安全性和可靠性,墙面固定式和悬挂式建议采用轻型材料。

解说物载体主件制作材料,主要选用耐久花岗岩类天然石及一些坚固耐用竹木材,可少量设置不锈钢、铝、瓷砖等材质的解说物。构件的制作材料,除选择与主件相同的材料外,一般采用混凝土、钢材、砖材等。不同材料制作的载体,其所承载的信息物的处理也不同。对信息物的设计,要注意信息物清晰、醒目、明确和简洁。

3.字体大小与环境协调

解说信息采用中英双语,消除境外旅游者的心理反差。解说信息内容要规范,尤其是英语解说信息物内容要准确,地名的英文译名应参照国家规范,采用汉语拼音拼写。解说物的色彩、造型设计应充分考虑景区的风俗、历史、建筑和环境景观等因素。色彩要确定基调,各功能解说物背景颜色要尽量统一,并通过主题色和背景颜色的变化搭配,突出其功能。在出入口处解说物配备照明,建议外部集中照明,可烘托周围的绿化环境,也可内藏式照明,将照明灯具安装在解说物载体之内。

(三)合理调整解说空间布局

景区解说设施的空间布局主要包括三个内容,其布局如图5-7所示。

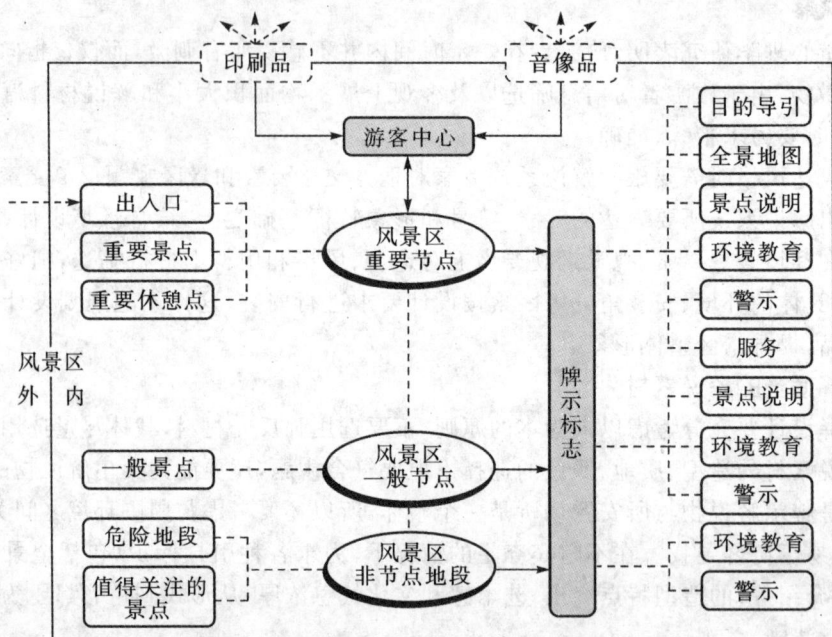

图 5-7 景区旅游解说系统布局结构示意图

资料来源:唐鸣镝.风景区旅游解说系统初探——建立完善的风景区旅游解说系统[J].中国园林,2006(5).

1. 标识系统

在景区内主要景点、路口、游路中途设置位置标识、服务设施标识、方向标识等内容。

2. 服务系统

旅游接待设施,主要指宾馆、饭店、餐饮、演绎场所、购物场所等地方。这些旅游接待设施与城市的商务性接待设施对于景观的要求有很大的区别,而且观光接待、休闲接待、度假接待之间,对于景观的要求也非常不同,形成主题化的酒店餐饮、奇异建筑、步行商业街区等旅游设施。为了使老、少旅游者有休息、补充能量机会,可以在景点之间设置生活服务设施(凳子、厕所、副食部等)。

观赏景区要求引导和休憩服务系统必须与原生风景及人文景观,形成高度协调;对于观光景区而言,自然景观或历史文化景观已经非常独特,成为景区吸引游客吸引力所在,不是景区设计本身的目标。相反,一切建筑物、构筑物、园林园艺等,都应该以凸显和支持核心吸引物为宗旨,而不应该去抢风头,破坏和谐。观光旅游的吸引物和观赏目标,主要就是自然景观和历史文化景观。因此,任何新建设服务系统的人造的景观,都处于从属的地位;其中,引导服务系统(指示牌、地图、路标、标识等)应该尽量与环境协调,明显而又融洽;山门、停车场、道路系统、交通工具、休憩节点、服务设施、其他功能性建筑等,属于景区休憩与服务系统,应该与核心吸引物的景观特色相互协调,成为提升景观吸引力的工具,而不能成为破坏景区原生态景观的"罪人"。

三、景区解说系统管理服务水平的提高

解说系统是旅游景区的一个窗口,游客可根据它来判断景区的文化品位和管理水平。因此,要提高景区管理人员和全体员工对解说服务重要性的认识,并体现在日常管理和服务过程中,提高环境解说服务的意识和水平,增强主动性和自觉性。

(一)提高景区英译水平

景区标语标牌对游客具有最直接的影响。近年来,我国新景区开发的数量多,景区标语标牌的英译错误也比比皆是。如滥用词语、语法错误、翻译不当、缺乏对中西方文化差异的了解。这些与导游词翻译中存在的错误大致相同。准确翻译英语标语、标牌,应开展系统化、规范化的专题研究,在对旅游景点英译、景点简介、旅游中文化特有事物的名称等进行专题研究的同时,全面研究国外的旅游景区解说系统。中国人的思维与外国人截然不同,中国人盖房子,外形是趋同的,而外国人则是趋异的,趋同是纵向思维,趋异是逆向思维。旅游者的动机是趋异,如果出游地和家里吃、住等都一样,人就不会有欲望去旅游了。现在旅游产品的设计多用横向思维、逆向思维,这是符合观光型大众化旅游向休闲型个性化旅游产品发展的趋势的。应从中找出外国人对旅游吸引物的理解习惯,为规范我国的旅游景区解说系统英译作参考与借鉴。

同时,分析研究旅游景区的牌示解说,从内容着手,分别就全景牌示、指路牌示、忠告牌示、服务牌示加以细化研究。要根据景点类型特点进行分类,编写出通用专题解说模块。要突出英文解说在景区规划设计过程中的地位,把英文解说作为一项重要内容,并加强学科交融,语言研究者应学习旅游学,旅游研究人员应强化文化语言功底。

(二)加强解说服务监督

在景区规划不同层次(总体规划、控制性详规、修建性详规),对环境解说的规划设计的内容和深度进行具体规定,并由专家进行评审和论证。此外,由旅游行政主管部门根据《景区(点)质量等级的划分与评定》规定,对景区环境解说服务进行监督、协调工作,是景区提高环境解说服务水平的外部约束和动力。

如《景区(点)质量等级的划分与评定》中对 5A 景区(点)环境解说服务的要求是:游客中心位置合理,咨询服务人员配备齐全,业务熟练,服务热情;各种引导标识要保持位置合理、数量充足,没有污损、毁坏,造型特色突出,艺术感和文化气息浓厚;导游(讲解)人员持证上岗,人数及语种能满足游客需要,导游(讲解)要科学、准确、有文采;公众信息资料特色突出、品种齐全、内容丰富、文字优美、制作精美、适时更新;公共信息图形符号的设置合理、设计精美、特色突出、有艺术感和文化气息,等等。

(三)加强多学科合作研究

旅游景区环境解说系统规划是一项系统工程,它涉及心理学、传播学、旅游学等学科知识,需要多学科专业人士之间的联合研究,以提高景区环境解说研究水平,为景区环境解说的规划、设计、管理提供理论依据。同时,加强研究队伍建设,要有专业人员从事解说系统的规划和管理,并指导实践工作。

(四)遵循规划设计程序

环境解说规划设计由确定目标→调查→确定主题→选择媒介→确定解说→内容→评估几个步骤组成。策划人员在进行景区环境解说服务规划设计时,要严格遵守这一程序,在确定解说目标后,进行系统、深入、准确的环境调查和受众分析,确定解说主题,解说主题应与景区的主题一致,然后根据景区的经济承受能力和实际情况选择解说媒体,准备解说内容,并在实施过程中根据游客的反馈信息不断调整和优化。如此循环反复,才能规划设计出既符合景区实际情况,又通俗易懂、深入浅出的受游客欢迎的解说服务。

(五)促进解说手段多元化

手段多样化、文化的多元化决定了景区解说手段的多样化。而且在实践中,实现手段本身,甚至也成为一种吸引物。

1.科技手段

运用机械、建筑、声、光、电、计算机等现代高科技手段,特别是数字化模拟手段成为现今最新的实现手段。如西安文物旅游部门借助声、光、电等科技手段,创新现代化、主题化的遗产旅游解说系统,开展专题游览活动。在文物旅游景区,创造场景感与历史感强烈的场面和氛围,以增强产品的参与性和娱乐性、体验性。

2. 文化手段

通过丰富的文化手段来表现深厚的文化内涵,从硬件到软件处处体现文化手段的多样化与文化内涵的深层挖掘,由此形成总体的文化氛围和各个方面的文化细节。要挖掘旅游产品的文化特色,发挥文化优势,借助文化手段进行促销,尤其是要按照市场经济规律,实现旅游与影视、广播、音像、演出、网络等现代文化传媒的联合。

3. 商业手段

商业手段作为主要经济手段,在各国旅游娱乐业中广泛应用,在各国的主题公园中更是花样繁多。如多种组合的门票价格,就是商业手段的普通运作方式。在经营过程中,从广告到具体销售的各种商业手段的运用,体现了现代成熟的商业技巧和按照市场导向发展的吸引力。

(六)利用人体工程学原理

从旅游的角度来说,人在旅途,存在着大量的人与车(船、飞机、索道等交通工具)、人与路、人与景观、人与住宿、人与餐饮、人与游乐设施等量的适应性、舒适性、安全性、愉悦性问题,研究这些问题的学说为"旅游人体工程学"。

由于旅游景区解说管理发展时间短,但只要保持用人体工程的理念和方法论指导,完全可以在旅游景区解说设计中体现出最符合人体身心要求的环境。举例来说,自导式解说就必须考虑儿童、老人特殊问题,观景角度与观景节点安排,过程吸引力与终极吸引力安排,等等。这涉及许多园林设计、旅游美学、人体工程学等内容。

✎ 任务实施

步骤一 领受任务

教师介绍任务的内容、要求、关键点及注意事项。各小组提问,教师答疑,准确理解任务,完成任务领受。

步骤二 实施任务

各小组按教师的要求,制订完成任务的工作程序及任务分配方案。阅读相关知识,查阅其他相关资料。依据周庄作为水乡古镇旅游的特色、旅游发展的需要及游客对旅游解说的需求,分析其存在的问题;分析周庄景区解说主题,突出其文化特质、环境特色;优化解说载体,以游客中心、导游图、门票解说等为素材,突出旅游交通引导的功能。完成情境中提出的任务内容,写成任务报告,做成 PPT,准备汇报。

步骤三 任务汇报

各小组根据任务的要求,在教室中汇报并相互提问。指导教师进行点评与总结。各小组对本次汇报及时进行总结,形成文字材料,上交指导教师。指导教师给出各小组评价综合得分。

考核评价

旅游景区解说系统的维护管理任务评价考察表

学习目标	评价标准	小组评价（50%）	教师评价（50%）	综合得分（百分制）
理论知识（20分）	理解景区解说系统维护的必要性与重点，提高解说水平的主要途径			
专业技能（20分）	掌握景区解说系统维护管理方法，熟悉景区解说系统的空间布局			
通用技能（20分）	小组讨论中的表达能力、沟通能力与团队协作能力			
任务完成（20分）	小组讨论中所起到的作用、任务完成的有效性			
学习态度（20分）	完成任务的态度、责任感			
综合评价及建议：				

拓展知识

1. 旅游解说系统相关要素循环作用的过程

在旅游景区内，与旅游解说系统密切相关的要素有解说信息、游客和景区的管理部门及管理人员等。①旅游解说设施。旅游解说设施是旅游解说系统中不可缺少的一个要素，是景区将各种信息传递给游客的媒介。景区需要通过解说设施将旅游信息展示出来，音像解说设施、便携式语音解说设施、虚拟游客中心、印刷物解说设施、标识牌解说设施在景区内具有不可替代的作用。②解说信息。景区的各种旅游信息通过游客的听觉、视觉等各种感觉器官被游客接受，并在游客头脑中产生深刻印象。游客可通过自己游览中的体验和解说设施上的解说信息进行对比，以此来感受解说质量的好坏。③游客。游客对解说的效果是否满意以及各种意见可反馈给旅游景区的管理部门和管理人员。这也是旅游景区建立解说系统，规划解说设施的主要目的之一。④景区的管理部门及管理人员。景区的管理部门和管理人员根据游客所反映的情况，进行周密思考后，可改进、提高和完善旅游解说设施，促进景区更好地为游客服务。旅游景区解说设施、解说信息、游客、景区的管理部门及管理人员四者之间是一个循环作用的过程。

2. 旅游景区自助式数字解说模式

随着旅游业的发展和国外游客数量的增多，各大旅游景区都在纷纷增加自身的竞争力，提高景区的服务质量和游客的满意度。如果能提供一个方便的解说系统，既能让游客充分了解景区又能让游客长时间的保留以做纪念，这对提高景区的竞争力是很有帮助的，而个人数字解说系统正好符合这一要求。

景区自助式数字解说模式是指利用以从互联网上下载为主以手机或 MP3、MP4 播放器作为景区解说语音资料的获取、存储和播放设备为游客提供个性化的、全免费的自助式的数字旅游景区解说服务。自助式数字解说模式的产生是随着社会经济和技术发展及游客对于新技术和事物的接受程度不断提高而产生的。一方面旅游产业的迅速发展为个人数字解说系统提出了市场需求,另一方面通信产品数字技术、网络技术的普及和迅速发展为个人数字解说系统提供了支持和保障。

自助式数字解说模式的提出可以较好地解决传统景区解说模式所遇到的问题。①极大地扩展了游客在旅游前获得景区资料的方式。传统的景区资料主要是纸制的文字图片及数字的文字和图片,而通过数字解说,实现了游客通过声音方式来获得景区相关文化背景知识的需要。②在在旅游过程中,游客能自助地通过自己随身携带的手机或MP3播放器来收听景区解说。而这种景区解说服务是全免费的,而且不存在任何赔偿和交叉感染的可能性。③由于游客往往对自己的手机或播放器的使用方法非常熟悉,所以游客能在不需要任何培训的情况下很好地发挥播放器的作用。④数字解说系统有着极大的存储量,可以提供大量关于景区的准确信息来满足游客的需求。而游客使用便携式解说系统的话,则可以随时随地得到所需的信息。

▎案例与讨论

拉萨市各景区旅游解说系统调查

向导式解说系统是拉萨市各景点中所采用的主要的解说系统之一。对于拉萨市的导游人员来说,现有的导游人员多半是临时导游,大部分只有高中和大专学历,具有大专以上学历的甚少;语种主要以国语、英语、日语为主,并非本土的汉族导游人员占有较大的比重。由于部分非本土导游人员没有真正地掌握拉萨的地理和文化知识,讲解的内容偏离原有的文化内涵,造成游客认识上的误解,无法完整地宣传和推广景区的独特文化。现有的小语种导游人员无法满足拉萨广阔的客源市场,影响了拉萨市旅游业进一步拓宽客源市场,尤其是在旅游旺季造成大量的国外游客流失。

自导式解说系统或者实物解说系统是景区解说系统的主体,也是拉萨市各景区中常见的解说系统。拉萨市各景区中现有的牌示标识的选材主要有木、石、钢;景点牌示一般为石材为主,警示牌示以钢、木为主,全景牌示及其他以钢材为主。随着景区开发力度的加大,牌示标识的选材上也不断地出现了混凝土、砖材等,但从景区的整体审美而言,有些材料的质地与景区文化氛围不相符。加上由于高原地区气候恶劣、日照长、紫外线强、风沙大,使这类牌示常年遭受到自然的破坏,出现牌示上的字体模糊、颜色退变等情况。许多石碑牌示,即便出现字体模糊、残缺,但因具有较大的历史积淀和意义,对整改和更换造成了较大的难度。有些景区由于后天管理的不善,牌示上出现人为的乱刻乱画现象,不仅影响了旅游者对景区信息的了解和认识,更影响了感官和视觉效果。

标识牌的设计上,近年来拉萨市有关管理部门对其市内的各个景区、景点进行了不断的整修,但整体上标识解说系统还没有引起有关部门足够的重视,解说标识的设计和制作上还存在不足,现有的解说标识牌的外观造型、设计、色彩缺乏多样化,许多标识只有单一的文字描述,缺乏相应的图画,影响了牌示的外观美感。牌示的形式的选定上,未能结合地方自然特征和文化特色,造成牌示的外观上无法凸现独特性或者与景区文化氛围不协调的现象。标识牌的设置上,存在牌示所放的位置不够显眼,不能对旅游者起到正确的指示和导向作用。牌示的放置形式上较多采用的是立式,而卧式和悬挂式甚少见,这对儿童或者身体上有缺陷的旅游者带来相应的不便。景区中的指路解说标识侧重于表示目的地的名称和方向,缺少表示出所在地到目的地的距离和步行所需的时间。

资料来源：旦珍.拉萨市旅游景区的解说系统初探[J].经营管理者，2009(17).

案例讨论题：

1.对拉萨景区旅游解说存在的问题进行讨论。

2.拉萨景区旅游解说系统应如何改进？

思考与讨论

1.为何要进行景区解说系统维护？其重点是什么？

2.在景区解说系统维护中，怎样做好主题风格、环境景观与选择媒体的统一？

技能训练题

1.针对新开发的旅游景区，设计解说系统满意度调查问卷。

2.分析当地某一旅游景区解说系统状况并提出改进建议。

项目六　旅游景区营销管理

学习目标

知识目标：掌握旅游景区门票价格策略；了解旅游景区的市场营销观念和营销策略；理解旅游景区品牌塑造与管理。

技能目标：能掌握旅游景区门票价格制定方法；能运用旅游景区营销策略进行市场营销；能掌握旅游景区品牌塑造与管理方法。

项目分析

旅游景区是旅游产业发展的核心要素，在整体旅游产品中处于核心地位，是诱发人们产生旅游动机的直接原因，是人们外出旅游的最根本需求，本项目通过对旅游景区的门票价格策略、营销策略、公关策略、品牌策略以及节庆活动策略的分析，提出了现今旅游景区营销管理方案。

目前全国范围内的景区已有几万家，各种新的景区又层出不穷，不断涌现，导致市场竞争日趋激烈。如何在众多的旅游景区中脱颖而出，吸引游客？在诸多成功因素中，科学的旅游景区营销是解决问题的关键所在。作为旅游经营管理者，必须制定合理而有效的市场营销策略。

任务一　旅游景区门票价格策略的制定

情境设计

皖南景区劲刮"涨价风"

2010年8月4日，黄山市物价局发布公告：西递、宏村景区门票价格将由80元上调到104元。调整后的门票价格于2011年3月1日起执行。两个多月后，绩溪县物价局召开龙川景区票价调整听证会，龙川景区门票价格计划提高29％。针对该省景区新一轮涨价风，省城多家旅行社人士表示，门票调价必将推高旅游价格。旅游专家则认为，景区门票涨价，必将捡了"芝麻"丢了"西瓜"。

听证会：龙川景区门票价格拟上涨29％

10月29日，绩溪县物价局举行龙川景区票价调整听证会，参加听证会的共23人，其中消费者代表8人，经营者2人。绩溪龙川景区2004年门票价格确定为每张58元，执行至今。本次听证会上，依据"同一门票价格上调幅度超过3年以上；价格为50元至100元的门票一次性可提价幅度为30％"等规定，龙川景区计划将票价上调29％。也就是说，该景区门票价格可能从58元涨至75元左右。

"现在我们周边景区门票价格普遍较高，龙川景区现行门票价格与周边同类景区相比，显得过低。"绩溪县旅游局相关负责人告诉记者。据悉，目前黄山棠樾牌坊群等景区门票早已提价为80元。西递和宏村景区门票2005年就已经由55元调整到80元，今年黄山市物价局公告又显示,自2011年3月1日开始,西递、宏村两景区门票价格由80元上调到104元。该负责人透露,此次龙川景区门票价格拟上涨,主要是因为近年来龙川景区新建了很多新景点。

旅行社:旅游线路价格可能水涨船高

该省景区刮起新一轮门票涨价风,已引起省城旅行社的高度关注。省城一家旅行社负责人表示,门票价格上涨,最直接的就会体现在线路产品上。目前省城旅行社所推的涉及龙川景区的线路价格约在200~300元,一旦新的门票价格执行,线路价格至少要上涨二三十元。

"按照惯例,景区门票调价,但给旅行社的票价可能不会变。"省城另一家旅行社负责人岳先生表示,"现在每年出现的新景点很多,一旦龙川景区门票上涨,大不了我们不推了,寻找替身就是了。"

业内专家:门票涨价无异于捡了芝麻丢西瓜

"我反对景区门票价格上涨。"合肥工业大学旅游规划研究所所长张鑫博士认为,旅游业是一个产业,涵盖吃、住、行、游、购、娱六大要素。一旦门票价格上涨,必然会阻挡住部分游客,吃、住、行、购、娱等五大要素都会损失掉。"这无异于捡了芝麻丢了西瓜。"

"景区发展,不能只把眼睛盯着门票,而应该把旅游市场的蛋糕做大,让更多人去分享旅游带来的利益。"张鑫认为,该省景区应优化旅游产品结构,让游客的旅游时间和空间分布更合理。同时采取低门票政策,将有地方特色的旅游市场做大做活,通过旅游商品收入来弥补低价门票,实现景区收益的长期增长。另外,地方政府和旅游主管部门应积极协调,把旅游业作为一个整体进行经营和管理,改善旅游产业链条上相关利益体的收入分配模式。

资料来源:李世兵.皖南景区劲刮"涨价风"[EB/OL].中安在线,2010-12-02.

根据以上情境,完成下列任务:

1.许多景区仍将眼光紧盯门票,动辄就涨价。讨论皖南景区门票价格是否该涨。
2.旅游景区门票价格应该如何制定?

任务分析

景区门票价格是实现景区高效、公平以及可持续环境管理的有效手段。该旅游景区的门票价格策略出现了问题,周边景区门票价格普遍较高,该景区现行门票价格与周边同类景区相比显得过低。然而旅行社和游客对景区门票价格非常敏感,如果门票价格过高可能丢失一部分旅游市场,严重影响整个旅游景区的经营发展。因此,作为景区经营管理者,应该根据景区现行状况以及市场状况,采取合理的门票价格策略,制定合理的门票价格,这是一个非常关键的问题。

相关知识

一、旅游景区门票价格功能

1.景区门票价格

旅游景区门票价格,从景区收费角度讲,即景区门票价格构成及其收费。无论是景区游览门槛价格,还是景区使用权购买价格,这些景区门票价格并不是景区价值的真实体现。虽然从一般意义上说景区门票价格是景区的标价牌,但是旅游景区的准公共物品属性及其公益性等特征决定了并不能单纯用门票价格来衡量景区旅游产品的价值。景区门票价格只是景区管理手段之一,是一种影响旅游流产生和流动的直接价格信号。

2.景区门票价格功能

(1)管理功能:管理的工具和手段。我国世界遗产地和风景名胜区作为公共产品,承载着社会福利方面的非经济功能,不以赢利为主。门票作为一种行政收费,不是赢利手段,仅仅是一种管理的工具。目前世界各国对遗产地一般采取免票或低票价。近年来,我国部分世界遗产地和国家级风景名胜区门票涨价迅速,幅度巨大,使得景区排他性特征明显。随着人们旅游需求的日益增长,这些景区表现出具有排他性又有竞争性,私人产品的特征越来越显著。可见,高票价的景区门票除具有一般公共产品的管理功能外,还具有明显的排他性和赢利性功能,改变了景区的公共产品性质。

(2)经济功能:消费的带动性和关联性。首先,门票具有接入的功能,接入服务的垄断性决定门票的高低成为旅游景区消费的第一道门槛。"游、食、住、行、购、娱"六大要素中,"游"排在首位,没有这个因素推动,其他环节的消费无从谈起。其次,旅游经济不单是"门票经济"。景区经济功能除表现在行业内经济效益外,还通过对第三产业的带动,进而影响第一、二产业。门票只占所有旅游收入的小部分,门票具有消费的关联性。发展旅游业要将眼光从门票移开,功夫要下在门票外,不能因景区门票定价过高而影响整个旅游业和相关产业的发展。最后,对旅游业来说,门票产生的效益,只是辅助效益和单体效益,游客数量增长产生的综合效益,才是最终的效益。靠门票涨价提高旅游收益,是一种目光短浅行为。景区门票收入的比例越小,说明其旅游业市场化程度越高,行业成熟度越高,景区综合功能越强,抗风险能力越强。

(3)社会功能:决定门槛的高低。旅游业已经越来越能够体现其社会福利性质。旅行游览是人的自由权利,旅游门票相应地成为自由权利的象征符号。然而,我国旅游作为个人的自由权利却被消费水平所阻拦,这一阻拦的直接表现是门票价格偏高。

(4)协调功能:门票价格是旅游景区最基本的经济调控手段。门票价格是调节旅游需求的杠杆,是景区调控游客流的手段之一。从理论上来说,通过对门票价格的调整可以调控景区的客流量,平衡各个季节和时间段景区的游客量,可以保持合理的环境容量,提高游客的游览质量。

二、目前旅游景区门票定价存在的问题

1.门票定价缺乏灵活性

目前我国旅游景区门票价格普遍没有根据资源变量和旅客需求实际进行定价,对旅客需求并没有深入进行市场细分,为旅客提供的旅游产品比较单一,过于僵化的价格常常将旅客拒绝于旅游景区之外,如景区门票价格在淡季依然很高,会让旅游者感到物非所值。

事实上按照旅游市场营销学理论,定价的方法很多,有成本导向定价法、竞争导向定价法、差别定价法等。对于旅游景区来说,他们出售核心产品是集景区观赏娱乐及相关服务为一体的产品,不宜采用成本导向定价法,而应从游客的角度出发,采取需求导向定价的方法来制定。

2.门票价格管理较为混乱

旅游景区遵循旅游行业的潜规则,在门票价格中含有相当比例的导游折扣。在我国,旅游行业有一条潜规则,那就是景区门票的导游折扣。游客每次交给旅行社的旅游团费,都会包含线路中部分景点的门票,旅行社在给游客解释团费构成时,景点门票价格都是按全价标准收取的,但事实上,其中有一部分是返还给旅行社或导游的回扣,大部分归导游,剩下的归旅行社。如果旅游风景区不提高门票价格,就无法提高返还给旅行社和导游的回扣,旅行社在制定旅游线路时往往就不会安排游客到那些景区参观。

3.门票定价主要体现为门票经济

一些地方政府把景区的收入与地方经济发展紧紧捆绑在一起,把门票收入作为地方的主要税源和财源。从某种意义上讲,景区门票价格的向上调整,就意味着地方经济出现新的增长。因此,景区门票"涨价"的动因也就不难理解了。旅游景区已成为企业发财致富和政府增加财政收

入的聚宝盆,而景区门票收入大量被挪作他用,这大大束缚了景区的发展。

三、景区门票价格调整影响

1.上涨的影响

不可否认,涨价可以提高景区的单位效益,许多景区管理者也希望以此作为扭转亏损、增加收入的强心剂。但是,涨价是一把双刃剑,虽然增加了一些效益,但不利影响显而易见。

首先,限制了旅游业发展的规模。不断上涨的门票价格,抬高了景区的门槛,许多游客在景区前只好"望票兴叹"。旅游景区成为"贵族景区"、"富人游乐场",势必剥夺众多普通群众游览祖国壮丽山河、接受历史文化熏陶的权益,也大大降低了景区的人气,自然景区的效益也受到影响。旅游活动涵盖吃、住、行、游、购、娱六个方面,景区的收入增加了,地方的旅游带动或乘数效应减少了,光靠单纯地提高门票价格,对当地旅游业的发展形成了制约。

其次,影响了旅行社的正常经营,使旅游业滑入不健康的轨道。过高的门票价格,让众多旅行社有苦难言。许多旅行社以变换线路、诱导游客等方式回避这些利薄的线路。有的旅行社只好在直观报价上注明不含门票价格,把游览景区这一旅游活动的重要组成部分变成自费内容。有的旅行社看到缺乏赢利空间,干脆放弃对这些线路的推介。现在大多数景点门票价格已普遍上涨,旅行社不可能放弃所有的线路,为了保障自己的利益便采取许多不规范操作,如虚假标价、模糊标价、"黑箱"定价等,使旅游价格信用严重缺失,挫伤旅游者出去旅游消费的积极性与信心。

2.下调的影响

景区门票的下调,可以降低景区门槛,提高景区的人气,区域旅游经济整体效益提高。但是,景区门票是景区收入中唯一可以控制的成分,景区要考虑景区资源和经营中的各项管理费用,门票下调可能导致景区无法维持正常经营。

四、制定合理的旅游景区门票价格策略

门票价格是景区收费中的最主要收费,收与不收、价格水平如何确定是旅游景区价格重点讨论的问题。门票价格是景区营销策略中的重要内容,也是旅游者较为敏感的因素,制定适当的门票价格,是旅游景区有效的竞争手段之一。

1.成本加成定价法

这是一种最基本的定价方法,也是市场中多数企业常用的定价方法,它是在产品的成本上加一个标准的利润加成。这是一般的产品的定价方法,它的成本考虑主要为可变成本和固定成本。大多数旅游产品都存在着高固定成本和低变动成本,因此在景区的定价中往往有较大的浮动空间。另外对于旅游景区来说,它的成本构成很复杂,它不但包括开发成本、管理成本、人工成本等,还要考虑到景区的环境成本。所以景区在用成本加成定价法时要考虑更多的因素。

(1)资源品位。景区门票定价首先要考虑旅游资源的品位问题。一个世界级的自然与文化遗产相对于一个普通的风景名胜区,在门票价格上肯定有所差异,这是旅游资源的价值特性在价格上的一种体现。而在现实操作过程中,许多旅游资源的价值并没有真实地反映出来。

(2)成本投入。制定景区门票价格除了考虑旅游资源品位以外,还要计算成本的投入。景区成本主要包含景区内各种项目在每个阶段的建设总投资及运营后景区内的各项管理费用,如管理人员工资、生态环境及文物保护费用等,成本投入不一样,价格也应有所区别。我国景区在对资源等级划分时,主要从资源要素价值、资源影响力和附加值三方面打分,很少考虑景区成本投入情况。在景区门票定价上,只有考虑成本投入,才能使投资者的利益得到保证,从而使其保持长期投资的积极性和主动性,才能使资源转化为产品,因而成本投入也是景区门票定价的一个重

要因素。

（3）市场需求。在市场经济条件下，"需求"与"供给"这一对矛盾不仅会使门票价格上涨，同样的也会带来门票价格的下跌。将旅游资源转化为旅游产品，旅游产品能否出售给旅游消费者，还有一个不能忽视的问题，那就是市场需求。现在国内一些景区门票在旺季和淡季分别实行不同的价格，主要也是考虑市场需求。

（4）景区类型。不同类型的景区因其经营主体和经营目的的不同，其价格的制定策略也是不同的。完全以营利为目的的景区，如主题公园往往要收取高额的门票，门票收入是其营业收入的重要组成部分；而度假休闲类的景区，主要是通过创造良好的环境来吸引游人前来进行休闲娱乐的消费，采取不收门票或少收门票的方法，门票不是其收入的主要部分。国家公园属于公共产品，公共产品具有社会福利性，景区在经营过程中更关注社会效益而不是经济效益。因此，国外很多国家公园性质的景区门票价格非常低廉，甚至不收门票。

（5）社会效益摆在首位。各国都很重视教育、熏陶、引导功能，把经济效益摆在其次。不少国家都认为不管是历史悠久的文化遗产还是风景秀丽的景区都是人类的公共文化资源，低门票政策可以使所有人都有机会去参观、游览旅游景区，这样才能更好地了解本国的灿烂文化和悠久历史，以达到热爱祖国的目的。政府将国民缴纳的税收，通过仅占国民月收入1‰左右的门票价格回报给了国民，并使国民从旅游中获取得更多，这是一种非常有远见的、明智的做法。意大利的博物馆和其他旅游景点按归属分国家级和地区级两大类。那些实行收费的博物馆和公园有个人票和集体票，但没有年票、季节票和月票。一般来说，年龄不满18岁的未成年人，65岁以上的老人，正在艺术、建筑、文物古迹保护专业学习的学生和教学的老师以及在文物古迹保护领域从事学术研究的学者可以免费进入公园和博物馆。欧盟各成员国18岁至25岁的学生进入公园也可享受半价优惠。意大利政府还经常利用历史性传统节日或其他纪念性节日不定期地为游客提供优惠价格。

2.灵活价格法

灵活价格法是指把门票价格定得很低，但适当地提高景区内服务设施、商品等的价格。一方面低门票价格提高了景区的进入性，吸引更多的游客前来游玩；另一方面其他费用的适当增加又弥补了门票的损失。不过这种定价方法要考虑好各种利益的分配，要用一种整体的策略来看门票的定价。

由于旅行社和游客对门票价格非常敏感，因此政府部门和旅游景区最重要的就是找到一些途径和方法突破"门票经济"，如通过旅游购物、餐饮、娱乐等项目来扩大景区收益，而不是把眼光仅仅局限在门票价格上，纯粹依靠门票收入来维持景区的运营。如果景区在门票价格上进行适当让步，却扩大了客源，将会带动整个景区收益的增涨。如美国迪斯尼乐园的门票收入仅占其所有收益的20%，其他主要来源于购物、餐饮、服务、娱乐设施等，仅乐园中的5000多种纪念品，一年的销售额就可达上亿元。

通过逐渐转变景区经营方式，增强景区的综合赢利能力。中国景区应当转变经营方式，实现从单一的观光旅游向观光、度假、休闲等旅游产品的转变，要从单纯的"参观旅游"达到"体验旅游"的目的。今后只有将"体验旅游"的项目做足、做大、做深，创造能够使游客参与、值得游客回忆的活动，让旅客真正沉浸在旅游的乐趣中，愿意为特殊的体验和各种旅游商品付费，各级政府部门和旅游景区才能逐渐淡化门票经济的意识，把旅游经济推入到一个新的层面上去。

3.价格歧视法

价格歧视法是以更灵活的定价来吸引更多不同消费水平的旅游者。在增加旅游收入的同时也给旅游者带来益处。舟山旅游在旅游旺季,特别是在"五一"、"十一"等旅游高峰期,采用这一定价方法。黄山、庐山、井冈山等景区也实行了淡、旺季门票价格调整,但我国旅游景区门票定价总体而言是不够灵活的,更多的景区在季节段、游览时间段上没有价格变化。门票形式的多样化和不同游客群体的差异化更为少见。同一旅游产品,按旅游者差别或时间、地点差别可以细分市场。针对不同的细分市场,旅游产品需求有明显差异。实施差别定价,以更灵活的定价来吸引更多不同消费水平的旅游者。在每个细分市场上,都可以确定一个不同的价格,使得每一市场达到最大收益,避免同一定价对某一细分市场收益的负面影响。在旅游产品差别定价中,常见的是价格歧视、时间差别定价。

🔧 任务实施

步骤一　领受任务

教师介绍任务的内容、要求、关键点及注意事项。各小组提问,教师答疑,准确理解任务,完成任务领受。

步骤二　实施任务

各小组按教师的要求,制订完成任务的工作程序及任务分配方案,阅读相关知识,查阅其他相关资料,分析旅游景区门票价格策略及其制定方法,完成情境中提出的任务内容,写成任务报告,做成PPT。既做好预演,准备汇报,又扮演听众,准备提问。

步骤三　任务汇报

各小组根据任务的要求,在教室中汇报并相互提问。指导教师及时控制汇报进程,最后进行点评与总结。各小组对本次汇报及时进行总结,形成文字材料,作为作业上交指导教师。指导教师依据该项目任务考查表,给出各小组评价综合得分。

📋 考核评价

旅游景区门票价格策略的制定任务评价考察表

学习目标	评价标准	小组评价（50%）	教师评价（50%）	综合得分（百分制）
理论知识（20分）	了解景区门票价格,掌握景区门票价格策略制定方法			
专业技能（20分）	分析景区现状,制定合理景区门票价格			
通用技能（20分）	具有团队协作能力;具有团队运作信息收集能力;具有团队处理问题的能力			
任务完成（20分）	纸质作业、PPT,任务问答的有效性			
学习态度（20分）	完成任务的态度、责任感			
综合评价及建议:				

拓展知识

景区门票调整不应只图眼前利益

山东省物价局 2010 年 5 月 30 日在孔子故里山东曲阜市为著名景区、世界文化遗产"三孔"（孔庙、孔府、孔林）景区举行听证会，拟提高景区门票价格。参加听证会的 27 位代表中，仅有 3 位代表不赞同门票价格上调，1 位代表弃权，23 位代表支持门票价格上调，占了听证代表的绝大多数。"三孔"价格调整也许将成为景区新一轮涨价风潮前奏。

"三孔"门票为何急吼吼唱涨？听证会申请人给出的理由有二：一是为了对"三孔"进行保护，需要投入大量的资金，门票上调在一定程度上有助于地方政府筹集开发建设资金。二是"三孔"文化内涵和历史地位应该有与之匹配的市场价值表现。"三孔"作为儒家文化的象征，作为世界文化遗产，具有极高的历史、文化、美学、建筑和艺术价值，是世界独一无二的大规模文化载体，其唯一性、权威性和不可替代性的特点尤为突出。

不过，"三孔"有关方面显然忽略了很重要的一点：旅游经济是一盘综合的棋，其关键不仅仅在于门票收入，还在于该旅游景点能够吸引多少游客，从而拉动当地经济发展和提升引资力度。在西方一些发达国家，景区往往采取的是"低门票价格"甚至"门票免费"的策略。在国内，也不乏这样的做法，比如杭州的西湖，其景区不需要门票就可以游览，却不见当地政府以"经营成本增加"、"保护遗产"、"票价和景区价值匹配"等理由来收门票。西湖也是世界独一无二的大规模文化载体，其唯一性、权威性和不可替代性的特点也很突出。而事实却证明，西湖实行免费观览，不但吸引了无数游客，由此引来的"游客消费"不但养活了景区许多人，还为当地经济发展、增加税收等起了不可低估的促进作用。

其实，我们还可以从国内部分省市景区的做法上寻找到鲜活答案。据新华社报道，2009 年 9 月，宁夏、大连、湖南的一些旅游景点纷纷宣布当地的景点门票长假期间不涨价，此举一出，立即在社会上赢得一片叫好声。更为重要的是，此举为当地旅游积聚了更多的人气，旅游经济在整体上前行了一大步。这些鲜活事实无不说明，景区票价不涨价乃至通过打折下调，不但不会影响当地旅游业经济的发展，还会为当地经济社会发展带来巨大的促进作用。有调查表明，作为知名景点，若票价出现上浮，每上升一个幅度，相应的游客量就会下浮一大截，就会影响该地区"连锁经济效益"。发展、经营旅游，决不能仅仅盯着门票及相关服务价格打转转、陷入"门票经济"的死胡同，而应看全局，看低票价旅游为该地区整个经济的发展作出了多少贡献。

资料来源：陈光明.景区门票调整不应只图眼前利益[N].今日早报，2010 - 06 - 01.

案例与讨论

免两年门票再次把中原大佛景区推入公众视野

新闻回放：中原大佛景区免两年门票

2010 年 3 月底，最让旅游爱好者兴奋的事儿，莫过于"中原大佛景区两年内免门票"。

这个景区位于鲁山之中，群山环抱，环境优美，人文景观与自然景观荟萃，拥有世界第一佛、世界第一钟、大陆第一汤、伏牛山区第一寺等丰富的旅游文化资源。历经十多年的建设，现已有牌坊、佛泉寺、愿心台、福慧大道、礼佛坛、八宝广场、中原大佛、天瑞吉祥钟及钟楼等景点景观。近年，进福门、过福海、登福坛、点福香、撞福钟，充满灵气和福运的中原大佛渐成人们祈福宝地。

3月30日,中原大佛景区通过媒体发布消息:2010年3月27日至2012年3月26日,中原大佛景区免费向公众开放,两年期间到景区旅游观光的游客,均可享受免收门票的优惠。这一旨在回馈游客之举,一推出就在社会上引起巨大反响。

记者调查:大批景点免费活动悄然启幕

但记者在采访时发现,阳春三月,通过免门票让利消费者的景区,不只中原大佛一家。

3月24日,"春到鹰城、近悦远来"平顶山市旅游景区新闻发布会就在鹰城举行。发布会现场,平顶山市旅游局局长张风岭宣布,从4月1日至30日,平顶山市尧山、画眉谷、昭平湖、二郎山、叶县县衙、三苏园、怪坡7个A级景区和中原大佛、六羊山、龙潭峡、好运谷、知青园、十八垛、航展馆、林丰庄园、灯台架、祥龙谷、香山寺、风穴寺等共19个景区相互搭配,实行错峰免费迎客。错峰免费游活动,将使平顶山诸景区让出约3000万元的门票收入。并且5月1日至3日小黄金周期间,三苏园、叶县县衙、风穴寺、香山寺、怪坡、知青园还将全部免费开放。

此举,不由得让人联想起去年五一平顶山市30多个景区免门票所引发的壮观出游景象:238万游客、3万多台车辆潮水般涌向平顶山,大小景区爆满。事后,在总结当年免门票举措所带来的经济效益时,原平顶山市旅游局局长李大伟说,3天假日,全市的山水景区和人文景区均呈现爆满景象,热门景区尧山等甚至创出单日接待游客超过7万人次的纪录,二郎山、三苏园等景区游客接待量比去年同期增长近10倍。

尝到了免门票的甜头,同时也为了让游客出行有序,平顶山市旅游局制定了今年19家景区错时免门票的新举措。

读者热议:如何看待"免门票"得与失

其实,上周二,郑州晚报《第一旅游》也在第一时间关注"中原大佛景区免门票"一事。消息见报当天,报社《第一旅游》热线电话就没停过。来电读者从语气上能听出来,都很兴奋。来电中95%的读者对此举持肯定态度,但也有读者表示出了担忧:好事归好事,但终究是权宜之计,免不了有为吸引眼球而做秀的嫌疑。而更多网友也加入讨论的行列,有网友留言说,听了这个消息,自己很后悔,因为"我上星期去的,两个人门票200多元,现在免门票,真郁闷"。

网友风儿说,希望郑州的景区也能学习一下,推几个免费景区,让大家周末放假有个好去处。

市民孙建伟的工作和旅游关联度高,以他对旅游的了解,现在虽然多数景区门票价格都在一路高涨,但其中不乏免门票者。最有名的当数杭州西湖景区,这个全国唯一一家不收门票的5A级景区,早在2003年就向市民和游客免费开放。虽然西湖每年损失上千万元的门票,但最初两年的统计数据就显示,去西湖游览的游客增加达6倍以上,由此给西湖带来的间接效益有几百亿元,可以说是舍小钱得大钱。所以说,平顶山诸景区免门票是聪明之举,赚了眼球,吸引了游客,"堤内损失堤外补",最终还是大赢家。

景区放言:想做旅游大省建设的领跑者

针对读者的热议,负责大佛景区经营的天瑞集团旅游公司副总经理石保森在接受记者采访时表示:"中原大佛景区目前还在进一步建设中,免两年门票,一是为了答谢社会各界的关心和支持,回馈社会,希望有更多的游客,特别是农村游客都能来参观;二是想引起更多省外游客关注,借两年免票活动拉动市场。"

石保森说,中原大佛景区1997年开始筹建,极受各级领导关注,佛学泰斗赵朴初生前就对中原大佛的修建非常重视和关注,曾亲笔题字予以支持。中原大佛落成中原圣地,圆了他一生期待的五方五佛汇聚中华的心愿。本次长达两年的免票活动,将是河南旅游景区中规模最大的一次。

中原大佛景区位于鲁山县上汤镇,由天瑞集团出资兴建,主要建筑包括总高为208米的中原大佛铜像、4000 平方米的礼佛广场、116 吨重的世纪吉祥铜钟和始建于唐代的佛泉寺。投资 12 亿元的大佛用黄金 108 公斤,合金刚 3300 吨,特殊钢材 15000 吨。石保森说,天瑞旅游集团的规划,就是要打造"佛、山、汤"一体的旅游终端产业集群,使天瑞旅游真正成为中原旅游的一个知名品牌,成为国际级的旅游目的地。"免两年门票,虽然损失估计会有 6000 万至 1 亿元,但一想到吸引数百万的游客,就觉得值。想做河南旅游大省建设的领跑者,就得有领跑者的姿态。"

专家点评:积极迎接全民休闲时代的到来

景区免门票是否预示"门票经济"走到尽头?读者所希望的景区免门票能否铺展开来?河南旅游研究所所长、河南财经学院旅游与会展学院院长袁绍斌认为,景区门票即使在发达国家也不是全免,但免门票有利于资源整合,有利于社会和谐,肯定是一个趋势,我们应该提倡更多的旅游资源向公众开放。当旅游产业链不断完善、门票收入不再是景区的经济支柱时,免门票时代或许才会到来。

河南省旅游局局长苏福功早在去年平顶山五一推出免门票举措时就说,在平顶山乃至全省更大范围内实现经常性的免费,还有一段很长的路要走。从长远看,要建立起景区、宾馆、饭店、旅行社利益协调机制,景区门票的损失由其他相关企业承担,或推进企业重组并购,成立大型旅游企业集团,实现景区、宾馆、饭店一体化经营,以免除门票为手段,推动相关行业增长,提高整体利润。

四川旅游发展研究中心顾问陈兴中教授是免门票的坚决支持者。他说,旅游景区免门票,这在国际上有很多成熟的案例;国内也有许多地方在尝试。免门票可以让吃、住、行、游、娱、购等要素均衡发展。游客逗留的时间长了,住宿、购物、交通、饮食上的花销也增加了。景点门票收入的减少,完全可以通过对旅游以及相关产业的带动,将这部分损失补回来。相反,如果紧紧抱住"门票经济"不放,就会成为旅游市场发展中的一个严重问题和发展瓶颈,并扼杀当地旅游业的发展。

陈兴中认为,休闲旅游已成为世界旅游市场的主流发展趋势,旅游业应走出"门票经济"圈子,做好准备着手迎接全民休闲旅游时代的到来。

资料来源:如何看"免门票"得与失 "门票经济"走到尽头?[N].郑州晚报,2010-04-06.

案例讨论题:

1. 该景区为什么要两年内免门票?

2. 免门票对当前的旅游业发展是否有促进作用?

案例分析:从中原大佛景区免门票价格来看,对旅游景区的门票收入有很大打击,但相应带来的游客增加和逗留时间延长,却使平顶山市内的餐饮、旅馆、零售等整体行业均获得了新的发展空间。政府也能够由此获取更多的财政收益。对于游客来说取消景区门票对他们是一种吸引力,不知不觉中会用省下来的门票钱在景区消费。同样是花钱,但这样更舒心。这样也就达到了景区免票的目的。从这里可以看出,平顶山市的旅游管理者创新意识非常强烈,能够认识到旅游景区所具有的社会公共产品性质,在门票管理上趋向了淡化,同时将自己提升到了服务经济层面,在旅游服务要素上做文章,善于发现需求、满足需求,提供外延服务,通过延伸自己的服务链、产品链、价值链,使服务收益通过税收渠道成为景区的主要收入。同时,由于采用了门票免费做法,还给自己造成了巨大的新闻效应,由于众多媒体的采访和报道,等于在全国范围内做了不花钱的广告,增加了美誉度,扩大了知名度,吸引了更高的人气,由此步入真正的良性循环。

思考与讨论

1. 旅游景区的高门票对旅游景区的发展有何影响?
2. 分析旅游景区高门票价格策略产生的原因。
3. 采用成本加成定价法制定景区门票价格时,应考虑哪些成本因素?

技能训练题

调查本地区的主要旅游景区近年来门票价格变化,分析景区门票价格存在的问题,并给出合理的建议。

任务二 旅游景区营销策略的制定

情境设计

玉龙雪山,这座全球少有的城市雪山,既是丽江旅游的核心品牌,又是云南现有的两个5A级景区之一。根据丽江打造世界级精品旅游胜地的发展目标,玉龙雪山旅游开发区先后投资10亿元,在50平方公里范围内,开发了甘海子、冰川公园、蓝月谷、云杉坪、牦牛坪等景点以及雪山高尔夫球场和印象丽江大型实景演出。十年间,丽江玉龙雪山景区客流量从2000年的72.25万人次,发展到2009年的230万人次,年均增长超过25%。玉龙雪山景区的成功是偶然吗?

一、做大品牌:整合产品集群发展

玉龙雪山景区在2007年成为全国首批66家5A级景区之一,升级后的第一个动作是整合周边六个景区的经营权,做大丽江旅游核心品牌景区。从2008年1月1日起,游客只需手持一票,就可在两天内游览大玉龙旅游区。2009年4月,全国重点文物保护单位白沙壁画景区加入。自此,玉龙雪山从单一景区扩展为旅游产品集群。大玉龙旅游区包含八个景区,分别是玉龙雪山(5A级)、玉水寨(4A级)、东巴谷(3A级)、白沙壁画(3A级)、玉柱擎天(2A级)、东巴万神园(2A级)、东巴王国(2A级)和玉峰寺(2A级)。其中,大多数景区原来都是独立经营,大玉龙旅游区形成之后,全部由玉龙雪山景区投资管理有限公司统一经营和管理。

二、细分市场:精耕细作渠道创新

丽江市和玉龙雪山景区在国内市场开拓方面成效卓著,境外市场虽然增长速度较快,但仍有较大潜力。针对丽江市的客流结构及其变化趋势,玉龙雪山景区的营销策略创新,主要体现在三个方面:一是分众传播,二是特色活动,三是渠道拓展。其中,景区重点加强了对境外市场的宣传促销力度。

1. 分众传播

玉龙雪山景区的主要细分市场有国内市场、港澳台市场、欧美市场、日本市场和东南亚市场。在市场细分的基础上,针对每个具体市场的特性,选择最适合的媒体,采用该市场的潜在消费群体容易接受的方式,开展促销宣传活动。例如,针对欧美市场,通过玉龙雪山国际摄影大赛、中瑞姊妹峰节等文化交流活动,吸引和邀请欧美国家的外事人员和国际组织人员、媒体人员和专业人员。同时,策划"徒步虎跳峡"、"南国雪山探秘"、"雪山高尔夫"等探险旅游活动,吸引具有冒险精神的国际游客。

2.特色活动

与有实力的策划公司建立长期合作关系,保证新的活动创意层出不穷。综观玉龙雪山景区活动策划的特点,主要体现为"三个结合":一是跟民族文化相结合,比如"中国国际东巴文化旅游节"。二是跟体育赛事相结合,比如利用北京奥运会的机遇,加强与各类体育代表团的联系,展开"雪域高原,牵手奥运"的宣传攻势,筹建高原体育训练基地,吸引运动健儿到丽江进行体育集训。再比如为了吸引企业中高层管理人员,与高尔夫协会、自驾车协会和俱乐部合作,策划国际雪山高尔夫大赛等。三是跟影视作品相结合,比如利用《印象丽江》《一米阳光》《千里走单骑》和《茶马古道》等影视作品及其名人效应,以城市白领阶层为主要促销对象,策划和设计各种话题。

3.渠道拓展

在本地市场,主动联合相关机构,共建全市旅游营销联合体,实行丽江旅游目的地的共生式营销,强化对地接旅行社的影响力和主导力;在省内市场,跟其他景区建立契约式联合营销体系,比如跟昆明石林、大理三塔和楚雄恐龙谷景区结成"云南精品旅游线景区联盟"。

在外地市场,建立完善的旅游分销体系,在北京、上海、广州成立旅游办事处,与当地龙头旅行社合作,联合开展旅游促销。同时,与各种社会团体建立联系,适时推出针对细分市场的旅游产品。此外,深入中高档社区和大型企事业单位,开展社区营销和单位直销等。

在周边市场,与四川景区联合促销,与旅行社合作设计"丽江古城—玉龙雪山—三江并流"、"九寨沟—黄龙—都江堰—青城—玉龙雪山—丽江古城—三江并流"等线路产品。在媒体和渠道选择方面,重点聚焦于区域市场内的专业媒体和渠道,锁定高端细分市场,选择时尚类杂志发布广告,并与专注于商务旅游的旅行社开展合作。此外,加强与大香格里拉旅游区内的热点景区的联谊与合作,共同推出新的旅游线路,利用区域合作力量拓展市场。

三、印象丽江:实景演出成功探秘

大型山水实景演出《印象刘三姐》自 2004 年 3 月 20 日正式公演之后,引起了巨大轰动。随后,国内刮起了一阵"印象系列"的旋风,《印象丽江》《印象西湖》和《印象海南岛》相继推出,演员阵容和投资规模也越来越大。

那么,前期投入高达 7400 万元的《印象丽江》,目前的经营状况如何呢?根据玉龙雪山景区的统计,《印象丽江》自 2006 年 7 月 23 日公演以来,2007 年接待观众 23.64 万人,2008 年接待观众 60 万人,2009 年接待观众 140 万人,全年演出 927 场,每天演出 3～4 场,门票收入超过 1.5 亿元,净利润 7300 万元,观众人数和净利润均超过了《印象刘三姐》。

《印象丽江》为什么能取得这样优异的市场业绩呢?就节目本身而言,主要是三个结合:丽江品牌与张艺谋品牌的结合、民间生活元素与实景演出艺术的结合、少数民族文化与雪山特殊环境的结合。

资料来源:郑泽国.丽山玉龙雪山景区营销成功案例分析[EB/OL].品牌中国网,2010－05－06.http://expert.brandcn.com/hypl/201005/239633.html.

根据以上情境,完成下列任务:

1.玉龙雪山景区的经营管理者在经营中采取了哪些营销策略?

2.作为旅游景区经营管理者,如何合理制定景区的营销策略?

任务分析

一个景区的工作不外乎两个方面,对内开发与管理,对外宣传与营销。开发与管理是一个景区生存的基础,而宣传与营销则是一个景区在市场上生存的命脉。玉龙雪山景区在品牌打造、产品整合、市场营销、文化建设和节目创新等诸多方面,均有极为出色的卓越表现。玉龙雪山景区的成功并不是偶然的,其经营管理者对营销策略运用的精准细腻,营销管理模式十分先进,其营销管理体系所形成的综合竞争力,已使其成为中国旅游景区行业的市场领跑者。

相关知识

市场营销对旅游企业在市场中生存和发展影响巨大,它是寻找市场机会的钥匙,是实现旅游企业经营目的的根本保证,是合理调节旅游市场供求关系的准则。旅游景区要想获得合理的经济利益,吸引更多的游客,扩大更大的市场份额,市场营销是关键。

一、旅游景区营销理念

营销观念是企业市场经营活动的指导思想,是企业一切经营活动的出发点。旅游市场营销是通过分析、计划、执行、反馈和控制的过程,以旅游消费需求为导向,协调各种旅游经济活动,提供有效产品和服务,使游客满意,使企业获利,从而实现旅游经济和社会目标的活动。旅游景区市场营销是指在不污染和破坏旅游资源的前提下,旅游景区经营企业为满足旅游者观光游览、休闲度假、娱乐的需求和欲望,将旅游景区与游客之间的潜在交换变为现实交换的一系列活动。

实践表明,旅游景区的经营状况受到许多外部环境因素变化的影响,尤其是那些人文景观构成的旅游景区。旅游景区若要获得长期性的成功经营,单靠内部的管理工作远远不够。旅游市场的变化对旅游景区的经营形成或大或小的影响,在这种影响下,任何一个旅游景区都有必要认真考虑市场营销的问题。应用营销理论进行营销管理,是旅游景区成功经营的根本保证之一。

二、旅游景区营销特点

在旅游业中,旅游景区作为游览场所经营部门,它的经营管理与其他旅游部门存在很大差异,因而旅游景区营销带有自身的独特性,主要表现在:

(1)旅游景区的空间范围往往较大,产品和服务内容繁多,具体表现在导游服务、食宿服务、购物服务、其他服务等方面。

(2)旅游景区完全靠客源生存,旅游景区的经营者在竞争加剧的环境中,必须随时关注外部市场竞争状况的发展,始终瞄准市场,熟悉并了解旅游者需求。

(3)旅游者需求层次的不断提高,经营者要充分了解市场需求的动向,及时更新旅游景区的服务项目,紧跟市场,快速调整经营方向。因此,景区营销必须具有超前意识,能有效保证满足旅游者观赏品位上升的需求。

三、旅游景区 4Ps 营销组合理论

4Ps 营销组合理论,由美国密西根大学教授杰罗姆·麦卡锡 1964 年提出,影响深远。该理论将营销过程中各种因素,归纳为:产品(products)、价格(prices)、渠道(places)、促销(promotions)。旅游景区营销者在进行营销总体设计后,必须从目标市场中寻找自己的营销目标。旅游景区在选定目标市场后,就要考虑基本的营销组合并制定相关的策略。营销组合是旅游景区为达到在目标市场上的销售水平而对可控性营销变量进行优化组合和综合运用的管理活动。旅游景区的可控制市场营销因素很多,根据不同的归纳、分类方法,便会形成不同的市场营销组合。

1. 旅游景区产品策略

景区产品是一切旅游活动的基础,旅游景区产品策略是景区营销策略的核心部分,决定和影响着其他策略的选择。旅游景区在确定市场营销组合策略时,面临的首要问题是向游客提供什么样的产品或服务,去满足他们的需要。旅游景区产品策略是根据市场需求及景区可持续发展原则,对景区产品进行规划、设计、开发和组合的活动指导方案。正确的产品决策,是旅游景区生

存和发展的关键。

(1)基于生命周期理论的产品策略。每一种产品都是为满足消费者需求而提供的,但一种产品在时间的序列上难以永远满足需求,这是因为人们的需求包括旅游需求都处在变化之中,因此产品就有一个由兴至衰的过程,旅游景区也是如此。一般来说,旅游景区的生命周期通常以旅游者人次(或旅游收入)和时间来衡量,将其分为市场进入期、成长期、成熟期和衰退(复苏)期四个阶段,在不同的生命周期阶段,营销者所采用的策略也不同。

①进入期:刚进入市场的旅游景区尚未被旅游者了解和接受,旅游者接待人次增长缓慢。这一时期营销管理人员应该加大投入,创造知名度,培育市场形象,通过广告、宣传向目标市场传递信息,以刺激市场增长。

②成长期:由于游客数量增长速度较快,经营者逐渐回收投资,旅游景区应该加强品牌宣传和销售渠道的管理,进一步完善基础设施的配套建设,提高景区的可进入性,努力提高服务质量和加强市场促销。

③成熟期:这一时期,潜在顾客很少,市场趋于饱和。旅游景区的营销重点应该放在市场占有面和开拓新需求上,依靠产品价格的差异化吸引客源;旅游景区还要注重新产品和服务项目的开发,稳定质量,招徕回头客。另外旅游景区也有必要改革营销组合,开辟多种营销渠道。

④衰退(复苏)期:这个阶段,景区的前途面临着两种选择,旅游景区的营销管理人员应该认真分析研究市场情况,找出问题的根源,果断放弃一些疲软或落伍的产品,转向新产品的开发,尽可能地缩短产品的衰退期,争取让景区尽快进入再生期。

(2)旅游景区产品品牌策略。品牌是企业和产品的形象,旅游景区树立自己独特的品牌对保持良好的旅游吸引力、生命力具有至关重要的意义。旅游景区产品品牌是指景区的名称、名字、标记、符号,或者是它们的组合,其目的是识别某个景区的产品或服务,并使其与竞争对手的产品和服务区别开来。旅游景区产品品牌包括品牌名称和品牌标志两个部分。

旅游景区品牌策略主要有:

①多品牌策略。多品牌策略是指旅游景区采用两个或两个以上的品牌。它针对旅游者的不同需求和利益创立不同的品牌,有助于提高市场吸引力;同时能够避免"一损俱损"的局面。如武陵源风景区下的黄狮寨、黄龙洞、十里画廊、宝峰湖、西海等,每一个景点都能成为一个品牌。

②品牌延伸策略。品牌延伸策略是指利用已成功的品牌来带动旅游新品牌或改良品牌,争取形成"一荣俱荣"的局面。这样不仅能够节省景区新产品的营销费用,还能够节省品牌的设计费用。

③全新品牌策略。全新品牌策略是指旅游景区从无到有,创立全新的品牌。太多的品牌容易分散景区的资源,所以旅游景区应该在适当时候将景区的资金集中于某一强势品牌采取主打品牌策略。

2.景区产品价格策略

产品价格策略是旅游景区营销策略的重要内容,是旅游景区制定价格时遵循的总体指导思路,而价格又是旅游景区唯一可以控制的因素。价格制定得恰当与否,直接影响着旅游者和中间商的购买行为,影响到旅游景区的收入及经营利润,因此价格是旅游景区营销的关键要素之一。面对竞争越来越激烈的旅游市场,各旅游景区都在为提高各自的竞争能力而寻求各种途径,其中最基本的手段就是旅游价格。旅游景区只有根据自己旅游资源特点、质量结合旅游市场状况,制定合理的旅游价格,才能使旅游产品更具有竞争力。

3.景区产品销售渠道策略

传统产业市场销售有句话叫"渠道为王",同样,在旅游景区营销中关于游客通路的渠道的建设与组织也是至关重要的。美国市场营销学权威菲利普·科特勒指出:"营销渠道是指某种货物或劳务从生产者向消费者移动时,取得这种货物或劳务所有权或帮助转移其所有权的所有企业或个人。"简单地说,营销渠道就是商品和服务从生产者向消费者转移过程的具体通道或路径。

旅游景区研究产品销售渠道策略是为了任何以最小的流通成本,选择最合适的销售渠道,用最佳的方式将旅游景区产品送到游客手中,使旅游景区经营企业获得最大的经济和社会效益。景区产品销售渠道类型指旅游景区经营企业将旅游景区产品销售给最终旅游者的销售途径。按销售渠道环节层次分为长渠道和短渠道;按采用销售渠道种类的多少分为宽渠道和窄渠道;按销售给旅游者的方式分为直接销售渠道和间接销售渠道。直接销售渠道即游客直接到景区购买门票进入景区旅游,营销成本比较低;间接销售渠道即通过代理商、批发商、零售商等中间环节向旅游者销售景区产品。这些中间环节常见的有旅行社、饭店、交通企业等。

对于旅游景区产品销售渠道选择,主要依据:

(1)旅游景区产品的特点。旅游景区区位条件的好坏、知名度的高低、产品的特色是影响旅游景区产品销售渠道选择的重要因素。

(2)目标市场条件。目标客源多而分散,距离又远,宜采用间接销售渠道、长渠道、宽渠道销售。

(3)旅游景区自身状况。旅游景区的总体规模决定了它的市场范围;景区财力大小也决定渠道的选择(例如财力雄厚的景区可选择直接销售渠道);景区产品组合也影响销售渠道的选择。

(4)中间商的信誉和能力。

4. 旅游景区产品促销策略

促销是以合适的时间、在合适的地点、用合适的方式和力度加强与消费者的沟通,促进消费者的购买行为。旅游景区促销的核心是与旅游者沟通信息并与其建立更为长期而稳固的关系。旅游景区促销是旅游景区通过各种手段,利用各种工具和渠道,将景区产品介绍给国内外旅行商和旅游者,激发其购买欲望,愿意推销或购买,并最终产生购买行为。

由于消费者对旅游景区产品缺乏了解,加之旅游市场竞争激烈,所以促销是旅游景区向外界展示自己,激发潜在旅游者的购买欲望,最终导致购买行为发生的有效手段。

景区促销策略组合要素主要包括广告、营业推广、公共关系、人员推销及网络营销。景区需根据产品类型,综合各种影响因素,对上述要素进行组合与搭配,针对不同的目标市场,形成不同的促销策略组合。

(1)景区广告策略。对于景区而言,广告不仅能宣传景区产品,提升景区形象,与旅游者进行沟通,还能显示景区实力,传递景区品质信号;对于旅游者而言,广告能减少旅游者的搜寻成本,带给旅游者供给信息。

根据旅游景区所选择的媒介,旅游景区广告可分为以下几种:大众传媒广告;户外广告;自办宣传广告(主要是指旅游画册、旅游手册、宣传小册子、VCD光盘等)。

(2)景区营业推广策略。营业推广策略,是指旅游景区在某一特定时期与空间范围内针对旅游者、旅游中间商、销售人员开展促销活动,促进产品销售的方法。

针对旅游者常用的促销方法有:赠送纪念品、赠送旅游景区风情画册、赠送折价券、减价、进行抽奖等;针对中间商常用的促销方法有:批量折扣、现金折扣、联营促销和提供宣传画册、音像制品等;针对销售人员常用的促销方法有:推销提成、推销竞赛、推销佣金等。

(3)景区公共关系策略。公共关系是旅游景区的重要促销手段,其目的是建立旅游景区与公众之间的良好关系,树立景区良好品牌形象。公共关系主要针对新闻界与社会公众进行,是效益成本比较高的一种促销手段,由于它旨在与公众沟通,并不仅限于目标市场,通过公关便于在公众中树立有口皆碑的良好形象,同时培育了潜在客源群,有利于增加景区的销售收入。

公关宣传促销的常用方法有:主题活动(根据景区资源特色,开展主体性文化娱乐活动,例如哈尔滨冰雕节);节庆活动;旅游景区充分利用自身优势举办各种体育娱乐活动;通过艺术作品来推动旅游景区的社会影响力。

(4)人员推销策略。旅游景区派推销人员直接在游客较集中的车站、机场等设立咨询处,也可以直接上门拜访客户,通过赠送宣传资料,解答他们提出的问题,引导他们购买旅游产品。

(5)景区网络营销策略。随着计算机技术与互联网的迅速发展,使旅游景区的营销信息传播方式改变了原有的状态,它可以通过使用景区影视、照片、文本和声音介绍等发送信息,使得旅游者在网上了解、预订、购买、评价景区旅游产品成为可能。网络营销把景区的营销市场拓展得更为广阔。

🔧 任务实施

步骤一 领受任务

教师介绍任务的内容、要求、关键点及注意事项。各小组提问,教师答疑,准确理解任务,完成任务领受。

步骤二 实施任务

各小组按教师的要求,制订完成任务的工作程序及任务分配方案,阅读相关知识,查阅其他相关资料,分析旅游景区营销策略及其制定方法,完成情境中提出的任务内容,写成任务报告,做成PPT。既做好预演,准备汇报,又扮演听众,准备提问。

步骤三 任务汇报

各小组根据任务的要求,在教室中汇报并相互提问。指导教师及时控制汇报进程,最后进行点评与总结。各小组对本次汇报及时进行总结,形成文字材料,作为作业上交指导教师。指导教师依据该项目任务考查表,给出各小组评价综合得分。

📋 考核评价

旅游景区营销策略的制定任务评价考察表

学习目标	评价标准	小组评价 (50%)	教师评价 (50%)	综合得分 (百分制)
理论知识 (20分)	了解旅游景区市场营销特点和旅游景区营销组合			
专业技能 (20分)	了解景区概况,制定旅游景区营销策略			
通用技能 (20分)	具有团队协作能力;具有团队运作信息收集能力;具有团队处理问题的能力			
任务完成 (20分)	纸质作业、PPT,任务问答的有效性			
学习态度 (20分)	完成任务的态度、责任感			
综合评价及建议:				

拓展知识

景区广告：植入时代的来临

《非诚勿扰》成全了2009年的北海道，《海角七号》热播后，屏东恒春一夕成名，《杜拉拉升职记》让白领们知晓，度假就去泰国芭提雅……

近年来，旅游产业的植入式广告异军突起，特别是在影视作品中，越来越多的景区和旅游产品随之深入人心。正如美国全球品牌内容营销协会分会主席辛迪·克来普斯所说，"我们正从一个营销沟通的打扰时代进入到一个植入的时代"。

新方式：突破"硬广"的营销

植入式广告，又称植入式营销，是指将产品或品牌及其代表性的视觉符号甚至服务内容策略性融入电影、电视剧、电脑游戏或者电视节目各种内容之中，通过场景的再现，让观众在不知不觉中留下对产品及品牌的印象，继而达到营销产品的目的。

我国早期旅游宣传和景区营销的方式比较单一，多采取比较传统的方式，比如拍摄风光宣传片和举行旅游推介会等。近几年市场上的影视作品中，植入式广告层出不穷，可以说打破了传统手段，融入市场要素，呈现出由广告风光片到故事性宣传片、由简单硬广告到事件性广告营销模式的趋势。

《卧虎藏龙》让安吉大竹海声名远扬；《蜗居》、《无极限》等影视剧的部分精彩镜头取自于上海枫泾古镇；安徽泾县借《叶挺将军》的热播，推出红色旅游纪念品，在茂林、云岭景区恢复"新四军餐"，从深度和广度上进一步延伸产业链，凸显旅游发展效益；影视动漫网游《江山》和著名旅游胜地江山市建立了战略合作关系，以"游江山胜景，玩江山网游"为口号，运用现代化的制作手段，将实景山水打造成玩家能够驰骋的疆场……

我国旅游业的发展进入了一个竞争激烈的时期。想要在整个旅游市场上拥有一席之地，营销的作用越来越重要。

软着陆：旅游植入式广告

与传统的旅游景区广告比较，植入式景区营销具备了传统景区广告所没有的独特魅力：它是一种主动、深入、灵活、渗透式的营销方式；能较快提升旅游产品的知名度和品牌价值，迅速传达核心功能和新信息；广告、品牌和节目几乎没有受到干扰，广告形式互动有趣，易于观众接受，潜移默化地传达信息。

这些特点在市场经济时代，对旅游景区和旅游产品来说无疑具有强大的吸引力。植入式广告讲求"功夫在诗外"，以不露声色"润物细无声"的方式，巧妙地将景区广告融入节目中，让观众不知不觉接受景区信息。避免将与情景、道具、场景无关的广告生硬地植入到节目中，避免一味地追求品牌出现的频次而忽略观众注意力的"抗体"，以免造成观众心理上的反感，对旅游品牌形成负面影响。

根据携程网的调查显示，83％的游客会因为一部喜欢的影视作品而去其拍摄地旅游，91％的游客认为，相比一些商品在影视剧中的植入广告以及单纯的旅游宣传片，旅游目的地通过作为拍摄外景地在影视作品中做宣传，更能让观众和游客接受。

可以说，植入式广告成功的标志之一就是广告的隐蔽性。观众看不出广告的痕迹，但却乐意地接受了产品的品牌诉求，从而有效地实现植入式广告的"软着陆"。

组合拳：配套的评估体系

在植入式营销中，可以说旅游景区具有天然优势：从早期的《庐山恋》和《大红灯笼高高挂》，到近年的《天下无贼》和《可可西里》等，直到最近的《非诚勿扰Ⅱ》对慕田峪长城景区进行的植入性营销，都非常成功。北京市旅游局顾晓园副局长表示，今年北京市旅游局还会通过华谊兄弟的多部影视作品进一步推广北京的景区和旅游。景区推广和影视节目相辅相成，在观众中产生了良好的反响。影视和景区的捆绑，很难说是景区成就了电影的经典巅峰，还是电影造就了景区的票房奇迹。

有关专家指出，一个成功的植入式广告，不仅在事前要做好景区与广告方的沟通、事中根据市场和广告内容进行适时调整，而且在事后还需要进行评估。这个检验和评估体系，需要相关单位有一个综合衡量的标准，比如对植入式广告的价值、画面的听觉视觉、市场效果、品牌提升度、影响力的量化评价等。一些影视作品播出后，相关景区的门票随之暴涨，众多游客慕名而来，以至于远远超过了景区原有的接待能力，高峰时段不得不进行限流，配套服务没有同步跟上。业内人士表示，在这一方面，中国的旅游景区植入式广告市场还处在发育过程中，亟须形成植入式广告营销和配套评估体系相辅相成的"组合拳"。

资料来源：汝乃尔. 景区广告：植入时代的来临[N]. 中国旅游报，2011-01-24(6).

案例与讨论

武夷山市位于福建省北部，1998年获得首批中国优秀旅游城市称号，1999年被联合国世界遗产委员会正式批准列入《世界自然与文化遗产名录》，全市总面积2798平方公里，境内拥有国家重点风景名胜区、国家重点自然保护区、国家旅游度假区、全国重点文物保护单位和国家一类航空口岸，是福建省历史文化名城，在世界范围内享有很高的知名度和美誉度，一直以来都是福建旅游对外宣传促销的王牌标志。2005年7月武夷山又获得一个"国家金牌"：在京召开的"首届中国消费者（用户）喜爱品牌民意调查新闻发布会暨第三届中国市场用户满意品牌高峰论坛年会"上，武夷山风景名胜区接受民众从服务、质量、信誉、环保、安全、满意程度等方面进行综合测评后，在"首届中国消费者（用户）喜爱品牌民意调查"中脱颖而出，获得"中国顾客十大满意风景名胜区"的荣誉称号。

在旅游接待方面，2004年全市共接待中外游客642.54万人次，比2003年增长18.5%，实现旅游总收入17.69亿元，比2003年增长20%，武夷山旅游不仅为武夷山市创造了巨大的经济效益，从而为武夷山旅游生态环境和人文环境的保护提供了强大的物质支持，还为社会提供就业机会，武夷山旅游真正意义上实现了"三大效益"的有机统一。

武夷山旅游成绩如此斐然，与其市场营销的成功选择有着紧密的关系。

1. 清纯玉女，形象突出——形象制胜

旅游形象是旅游地区别于其他旅游地的标志。对一个旅游地而言，良好的旅游形象有助于旅游地彰显自身特色，建立顾客忠诚，从而成功实现旅游资源市场营销的最终目标。

武夷山从发展之初就特别注重旅游形象的建立与推广，在旅游形象的推广过程中又将统一性、针对性、效益性三大形象推广原则把握得游刃有余。一直以来就结合自身的资源优势，以"玉女峰"为形象标志对外进行宣传促销，始终给旅游者以一种清新纯净的形象感知，处处体现的是统一的、整体的旅游形象；除了"玉女"品牌外，武夷山还针对不同的细分市场推出不同的分体支撑形象，例如：针对青年旅游者武夷山给出的是"浪漫牌"，对以学生、学者为主体的客源武夷山则以"科考牌"取胜等。

2.品牌扩展,保持强势——品牌支撑

随着世界经济一体化和信息技术的不断演进发展,同类旅游产品在质量、功能、价格等方面的差异越来越小,品牌作为一项无形资产便应运成为提升旅游地旅游竞争力的一个重要砝码。一个知名度与美誉度较高的品牌可以为旅游地带来无限经济效益。

武夷山旅游经过多年来的发展,已经培养、塑造了一个完整的旅游品牌,可以将武夷山的品牌定位于高知名度、高认知度、高美誉度并且具有较高的品牌活力的强势品牌地位,对于这类品牌,旅游地的核心任务是维护品牌地位,武夷山正确地认识到了这一点,在近年来的发展中不断地进行品牌扩展,结合市场发展前沿趋势不断推出武夷山绿色生态旅游品牌、武夷山红色旅游品牌、武夷山茶文化品牌等高品位的旅游品牌,树立了鲜明、多元的旅游地品牌形象,得到广大旅游者的强力支持,形成了强大的竞争优势。

3.不懈创新,强化质量——产品升级

创新是产品的灵魂所在,武夷山旅游在其发展过程中不断进行创新,不断提高产品的质量。例如:从 2005 年 6 月开始,武夷山景区将实行新票制,将武夷山景区门票分为三类,即 110 元人民币的一日有效票、120 元的二日有效票和 130 元的三日有效票,九曲溪竹筏漂流票价未发生变化,还是每人 100 元。与原先的 111 元景点通票或 126 元的所有景点票相比,新票制在价格上并未发生太大变化,只是把原先的景点游改为景区游,这样可更有效兼顾到景区、游客、旅行社等各方的利益,实现"多赢"。

实行新票制后,游客无论买任何一种门票都可游览景区所有景点,且多次进入景区不需重复购票,从三类门票的价格上看,旅游天数越长越划算,真正体现"游超所值",同时也可避免游客受蒙蔽未游精华景点,减少游客投诉。按原来旅行社设计的游览线路,游客通常在武夷山平均逗留 1.9 天,而实行新票制之后,游客在武夷山逗留至少 3 天,无疑会给旅行社增加收入。不仅如此,武夷山还将采取资金补贴的形式,鼓励国内外旅行社组织游客包机和旅游专列到武夷山旅游观光。另外,实行新票制后,还将为武夷山人游武夷提供更为方便、灵活、人性化的优惠政策。

这一举措将原有的景点游改为为景区游,不仅实现了经营形式的创新,更重要的是以人为本,从旅游者的角度出发提升了产品质量。

武夷山旅游的不懈创新还体现于不断顺应市场需求,结合本土资源特色推出了风光旅游、民俗旅游、古文化旅游、茶文化旅游等一系列富有鲜明的武夷特色的主题旅游,并且举办"武夷山旅游节"等重大节庆活动,以节庆促旅游发展。

4.多元营销,灵活组合——营销组合

在营销组合上,武夷山最为讲求灵活多样。例如,武夷山市政府与中国康辉旅行社集团签署了"年度协议书",双方商定,在 2005 年 6 月 1 日至 2006 年 5 月 31 日期间,中国康辉旅行社集团将向武夷山发送客源达 6 万人次,其中,预计福建省内游客达 5000 人次。武夷山给予中国康辉旅行社集团的系列旅游团以景区优惠门票。如此大规模的团购项目在福建省旅游界尚属首次,在国内也尚属罕见,团购销售模式有利于当地旅游业做大做强。这种短渠道的销售方式既给旅游地以客源保证,亦在一定程度上降低了产品成本,有益于实行强强联合共创品牌,经济利益上能达到双赢。

另外,武夷山还散发武夷山画册、折页、武夷风光 VCD 片和旅游报价等各类旅游宣传品在各种旅游交易会上进行直接宣传促销,以拓展客源市场。

资料来源:武夷山精品旅游景区营销成功案例[EB/OL].2011 - 04 - 01. http://tz. hnt. gov. cn/outside/2011 - 04 - 01/300. html.

案例讨论题:

1.武夷山风景区的经营管理者在经营中采取了哪些营销策略?

2.武夷山的经营管理者是如何巧妙地运用营销组合策略的?

案例分析:武夷山风景区的成功与该景区经营管理者市场营销策略有着十分密切的联系。武夷山风景区经营管理者结合旅游景区的特点,运用旅游景区的市场营销方法,从旅游景区产品、门票价格制定,产品销售渠道及产品促销方法等方面进行景区营销活动,使景区的经营取得了巨大的成功。在目前旅游景区市场竞争日益激烈的形势下,旅游景区的经营管理者只有树立以游客为中心、以未来为导向的现代营销观念,才能避免盲目开发、盲目经营的现象,才能使旅游景区在竞争中立于不败之地。

思考与讨论

1.营销人员应建立什么样的景区开发意识?

2.旅游景区常用的促销方法有哪些?

3.景区产品各生命周期所采取的营销对策分别是什么?

技能训练题

1.选择一个旅游景区市场营销的案例,分析讨论营销过程中的理论体现。

2.调查分析本地区一家旅游景区,看看它最近采取了哪些促销手段。

任务三　旅游景区品牌塑造与管理

情境设计

周村古商城原为山东淄博市周村区城西一老城区,由三条古街道组成,是一个以明清风貌街道为载体,以传统商埠文化为吸引力的文化旅游景区。

2007年初,周村旅游局引进了专业景区管理公司——北京巅峰国智旅游投资管理有限公司对景区实行托管经营。北京巅峰国智公司接管景区后,始终把"商"作为景区核心竞争力来打造,通过不断调整景区内的功能布局和经营业态,成功引进了"瑞蚨祥"、"大染坊"、"周村烧饼"等中华老字号,重现了"天下货聚焉"的繁荣景象。景区内各种极具本地特色的旅游商品,如周村烧饼、旱码头家纺老粗布、周村丝绸、周村蚕蛹、淄博陶瓷等,充分激发和满足了游客对"购"的需求。同时做好景区的形象宣传,突出有别于其他古镇的特有资源,努力完善景区的建设,加强内部管理,提高服务质量。

品牌建设的过程由浅入深、由近及远、循序渐进,使景区的形象及品牌由模糊到清晰、由抽象到具体,由表及里地进行巩固。其持续的形象广告宣传加上完善的优质服务给过往游客留下了难忘的印象,在其市场范围内有了很好的口碑宣传。

通过两年系统的景区形象、品牌建设和基础设施以及管理、服务水平的不断完善和提高,取得了显著的成效,到2009年年底,相比2004年门票收入增长了40倍,游客量增长了60倍。"周村速度"引起了全国旅游界的关注,获得了市场和政府的充分认可,取得了品牌形象和经济效益双丰收。

这个例子很好地说明了旅游业的一个发展方向,旅游可以不以风景取胜,可以不以当地民风民俗取胜,可以不刻意雕琢粉饰,可以在不影响当地人的情况下,可以在不发展为旅游辅助的服务业情况下,而仅仅凭借一个精准而出色的定位,就历久不衰地吸引全世界的游人。

根据以上情境,完成下列任务:

1.周村古商城成功的因素是什么?

2.讨论该周村古商城品牌塑造的过程。

任务分析

目前旅游业的竞争不单纯是质量、价格和服务的竞争,其焦点集中体现为品牌定位和品牌塑造的策划。成功的品牌也是景区发展成熟的标志,具备成功品牌的景区更容易受到游客的接受和喜爱。品牌定位、品牌塑造,对一个旅游企业来说,正如我们上衣的第一颗纽扣。如果定位错了、偏了,那下面的扣子就都错了。所以,品牌定位与塑造是举足轻重的一个环节,它在很大程度上影响了旅游景区形象的建立、知名度的提高和市场的扩张。因此,作为旅游景区经营管理者,如何塑造景区品牌显得非常重要。

相关知识

我国大多数旅游景区往往是有名无牌,这在很大程度上影响了旅游景区形象的建立、知名度的提高和市场的扩张。品牌不仅仅是产品的招牌和名称,更重要的是必须具有自己鲜明的个性形象和独特的文化底蕴,能让旅游者产生丰富的联想。一个好的景区品牌所暗含的理念必须是完整且具有永恒魅力的,能够满足旅游者的心理和情感层次的需求,并且深入人心。

一、旅游景区品牌的含义

品牌是一个名字、术语、标记、象征、设计,或者是所有这些的总和。

景区品牌是指景区经营者为区别于其他竞争者而赋予自身产品或服务的名称、说明、标志、符号、形象设计以及它们的组合。品牌作为旅游景区的"视觉识别",是景区形象最有效的传播媒介,它将景区组织的理念、精神、思想、方针等主体性内容加以浓缩和充分外化,引起公众的注意,给公众留下全面、准确、明了、统一的深刻印象,使之产生认同感。例如"迪斯尼"乐园是品牌名称,米老鼠则是它的品牌符号,也是品牌标志,"迪斯尼"乐园经有关政府部门注册,就是商标,是受法律保护的品牌,具有排他性。

二、旅游景区品牌的功能

为旅游景区建立起一个永恒的、稳定的品牌形象,在消费者心中树立对旅游景区情感的认知,培养信任感和忠诚度,并通过品牌个性特征,让消费者感到和其他旅游景区产品的差别,最终影响消费者的购买行为。这不仅有助于消费者建立消费偏好,更利于旅游景区营销手段的有效实施,促进旅游景区品牌资产的形成。

(1)旅游景区品牌是诚信的载体。旅游景区通过品牌对旅游消赞者做出质量、服务、价值等多方面的承诺,消费者通过对品牌的选择,寻求自身利益的最大保证。

(2)旅游景区品牌存在于市场当中。旅游景区品牌建立的关键点不是想说什么、要做什么,而是旅游消费者需要你说什么、需要你做什么。

(3)旅游景区品牌的建立,实际上是概念的创造与营销,是旅游景区打在旅游消费者心中的烙印。旅游景区品牌一旦建立,景区产品就会自己销售自己。

(4)旅游景区产品具有不可预知性、不可储存性和无形性的特点,决定了它需要通过品牌形象来向旅游消费者传达积极的、实实在在的感受。品牌正是承载旅游景区产品的核心价值,并使之有形化的唯一途径。

三、旅游景区品牌现状

1.品牌意识淡薄，对旅游景区品牌经营的重要性认识不足

旅游业是服务业中的一种，其产品不可储存性、不可异地消费和不可试用性的特点，以及旅游消费是一种心理感受消费的特性，决定了旅游景区品牌形象对于旅游业发展的特殊作用及其所处的特殊地位。可以说，旅游景区品牌管理是旅游业发展的关键，旅游景区品牌战略是旅游业发展战略的核心。未能认识到品牌的巨大作用，看不到品牌经营的战略意义，也就不可能将品牌管理置于战略管理的重要地位加以重视。

目前，景区商标屡被抢注案例层出不穷，一些旅游景区陷入"商标门"危机。主要是景区的知识产权保护意识太淡薄。很多地方的景区只重视耗资打造旅游品牌，却忽略了对旅游商标的保护。一旦景区疏忽了商标注册这个环节，其精心打造的品牌就等于给其他商家做了嫁衣，将自己的无形资产流失到别人的口袋里。旅游商标巨大的显性和隐性价值逐渐被人们认识，一些景区开始觉醒，开始重视商标的重要性，打响了"旅游商标保卫战"。

2.注重"品牌打造"，忽视"品牌管理"

片面强调品牌打造，容易使旅游景区陷入经营误区，即片面追求品牌效应所带来的市场份额和销售量，将知名度视为品牌的核心内容，从而忽视景区品牌的长期建设，导致经营的短期行为。这方面我们留下了太多深刻的教训。品牌管理则是着眼于企业的长远利益，最终目标是形成"品牌资产"。只有能够形成资产的品牌，才会具备价值，而品牌形成资产的一个基本前提就是具备长期使用、运作的可能性。

品牌管理是一个动态的过程，是一个周而复始的循环过程中不断修正、完善和提升，从而创造出更大的价值。可以说景区经营管理过程就是旅游品牌资产的动态累积过程。

3.没有掌握旅游景区品牌经营的科学方法

旅游景区品牌经营的着眼点并非品牌本身，不是为塑造品牌而塑造品牌，而是立足于长远利益、远期利益。作为一个管理过程，它不只涉及和强调品牌的某个方面，从结构上看，对构成品牌的各个方面要统筹安排，协调发展；从操作流程看，品牌经营的操作过程是一个环环相扣、彼此关联的完整系统，必须经过若干步骤和阶段。

几年来，尽管一些旅游景区和地方在旅游品牌建设中做了大量工作，但他们大多没有对旅游景区品牌经营进行科学规划，对品牌发展方案缺乏科学论证，闭门造车，长官意志，劳民伤财，工作脱离实际，操作过程信马由缰，活动缺乏连续性，从而导致事倍功半。不将旅游景区品牌经营视为一个完整的系统工程，作为一项科学的管理工作，是很难取得实际效果和长远发展的。

四、旅游景区品牌塑造的方法和技巧

同其他商品市场一样，旅游市场也必然会走向"品牌经营时代"，使旅游景区品牌化是提高景区重游率的重要途径之一。游客之所以选择重游一个景区，很大程度上是对景区品牌的认同，说到底就是对其核心的旅游资源、游览项目安排、服务质量水平、文化内涵展露和广告策划宣传上的认同。

新兴旅游景区在品牌方面没有"遗产"可以使用，但从另一个角度讲，它也没有品牌"包袱"，可以借鉴相应景区的经验和教训，从无开始，科学、完整、逐步地创建自己的品牌。具体来说，旅游景区品牌塑造有以下几个步骤：

1.市场分析

市场分析是塑造一个旅游品牌的第一步，通过对客源地市场状况、当地的历史文化、民俗资

源状况等进行深入的研究并对分析结果进行总结和提炼,为品牌定位做好准备。

2.品牌定位

品牌定位是塑造品牌过程中的关键步骤和难点所在,在市场分析的基础上通过使用定位方法提炼出特定旅游目的地或者旅游景区的主题定位。主要的定位方法有:

(1)比附定位法。比附定位是一种"借光"定位方法。它并不去占据原有形象阶梯的最高阶,而情愿甘居其次,借用著名旅游景区的市场影响来突出、抬高自己,比如"东方夏威夷"(海南的三亚)、"北方的千岛湖"(河南的黄河小浪底水库)、"东方威尼斯"(苏州)、"江南长城"(临海古城)等。

(2)心理逆向定位法。心理逆向定位是打破消费者的一般思维模式,以相反的内容和形式标新立异地塑造市场形象,它强调宣传定位对象是消费者心中第一位形象的对立面和相反面,同时开辟了一个新的易于接受的心理形象阶梯。例如河南省林州市林滤山风景区以"暑天山上看冰堆,冬天峡谷观桃花"的奇特景观征服市场;野生动物园宣称是传统的圈养动物园的对立面,而获得旅游者的青睐。

(3)空隙市场定位法。比附定位和逆向定位都与原有形象阶梯存在关联,空隙市场定位是旅游景区不具有明显的特色优势,而利用被其他旅游景区遗忘的旅游市场角落来塑造自己旅游产品的市场形象,开辟一个新的形象阶梯,从新角度出发进行立意,创造鲜明的形象。与有形商品定位比较,景区的形象更适于采用空隙定位。

(4)变换市场定位法。变换市场定位是一种不确定定位方法,它主要针对那些已经变化的旅游市场或者根本就是一个易变的市场而言的。市场发生变化,景区的特色定位即要随之改变。它其实不能算是一种定位方法,而只是原有景区应当采取的再定位的方法。面对处于衰落中的景点的整治,通常采取重新定位的方法可以促使新形象替换旧形象,从而占据一个有利的心灵位置。

(5)差异共生定位法。差异共生定位法就是寻找与类似旅游景区的不同点和共性,然后突出自己的特性,同时也可以与著名旅游景区的相似点做类比,从而既容易为市场所理解,也能创立属于自身的品牌。

(6)领先定位。领先定位适用于独一无二或无法替代的旅游资源,如"天下第一瀑"、"五岳归来不看山,黄山归来不看岳"、埃及的金字塔、中国的长城等,它们都具有世界范围内不可替代的独占花魁的地位。

3.产品的提升和打造

完成品牌定位后,对原有产品进行提升和打造同样是品牌塑造过程中的重要环节。例如,四川省德阳市在对德阳市场环境和资源环境分析的基础上,确定了"阳刚休闲之都"的城市核心区的主题定位,围绕这一定位对原有的石刻艺术公园进行了注入式的产品打造,加入了人体雕塑、涂鸦墙、街头视觉艺术、街头舞蹈等互动式、体验式的艺术表演形式,以满足年轻游客追求前卫时尚的市场需求;另一方面针对儿童市场推出了童话乐园的创意,利用四川娱乐城原有的欧式建筑打造一个以童话故事为主题背景的儿童娱乐城,极大地提高了产品对少年儿童游客的吸引力。通过一系列这样的产品提升丰富了品牌内涵,既解决了策划前各景区无主题的问题,又以产品的形式提高了品牌的吸引力。

五、旅游景区品牌管理

这是新兴旅游景区品牌主体与游客之间的互动过程。旅游景区在市场调研的基础上去塑造品牌、包装品牌、传播品牌,反过来游客对旅游景区品牌的反馈信息又促使旅游景区对品牌进行再塑造、再包装和再传播,从而形成一个良性的互动系统。因此,景区要建立专门的品牌管理机制,根据游客、市场对景区品牌产品和服务的信息反馈,改进、修订和完善旅游景区品牌的整合营销传播过程。此外,旅游景区在塑造好品牌后,要认识到旅游商标巨大的显性和隐性价值,要强化知识产权意识,注册商标,保护景区品牌。

2005年国庆旅游黄金周期间,上海道恒旅行社的一个旅游团队来到福建省永泰县。由于受"龙王"台风的影响,福建省有关方面通知永泰县所有旅游景点必须关门,以保证游客的安全。为了不让千里迢迢而来的上海游客"高兴而来、败兴而归",永泰县旅游局局长和地接社总经理都亲自出动,采取了许多措施,包括设宴为上海游客接风,征求游客意见,调整活动项目等。尽管上海客人没能如愿以偿欣赏到永泰的美景,但深切感受到了永泰人的热情和周到,对地接社的安排表示理解,没有一位游客抱怨。永泰旅游部门的工作人员通过辛勤的努力维护了旅游局和旅行社的品牌。

🔧 任务实施

步骤一 领受任务

教师介绍任务的内容、要求、关键点及注意事项。各小组提问,教师答疑,准确理解任务,完成任务领受。

步骤二 实施任务

各小组按教师的要求,制订完成任务的工作程序及任务分配方案,阅读相关知识,查阅其他相关资料,分析旅游景区品牌定位及品牌塑造的方法和技巧,完成情境中提出的任务内容,写成任务报告,做成PPT。既做好预演,准备汇报,又扮演听众,准备提问。

步骤三 任务汇报

各小组根据任务的要求,在教室中汇报并相互提问。指导教师及时控制汇报进程,最后进行点评与总结。各小组对本次汇报及时进行总结,形成文字材料,作为作业上交指导教师。指导教师依据该项目任务考查表,给出各小组评价综合得分。

📋 考核评价

旅游景区品牌塑造与管理任务评价考察表

学习目标	评价标准	小组评价（50%）	教师评价（50%）	综合得分（百分制）
理论知识（20分）	掌握品牌定位和品牌塑造以及旅游景区品牌塑造的方法和技巧			
专业技能（20分）	制订旅游景区品牌塑造方案			
通用技能（20分）	具有团队协作能力;具有团队运作信息收集能力;具有团队处理问题的能力			
任务完成（20分）	纸质作业、PPT,任务问答的有效性			
学习态度（20分）	完成任务的态度、责任感			
综合评价及建议:				

拓展知识

故事营销,旅游景区打造品牌的"蓝海"市场

一位景区负责人曾经说过,每一个旅游品牌都是一则永远不会完成的故事,总是随着时间不停演变。而一个成功的旅游品牌,必须把自己当成故事。新经济的货币不是钱,而是注意力,用讲故事的手法提高旅游品牌的知名度与可信度,是旅游景区赢得游客的眼球、打造品牌、成功营销的最有效的方法。一个成功的旅游营销故事为旅游景区品牌提供了快速的联想空间,比理性的叙述有效得多。在这个物质丰盈的时代,人们没有太多理由专注于你的产品,人们更愿意倾听你为他们打造的品牌故事,并为之买单,因为故事里蕴藏着他们的梦想。

故事成就旅游景区品牌价值,也传播旅游景区品牌价值,它的魅力就在于在故事里人们能轻易地实现他们的梦想,即便只是感觉。每一个旅游景区背后都有一个经典故事,但如何让这个故事成为他们市场传播的手段,如何让旅游景区在激烈的市场竞争中,开创出一片价值创新的"蓝海",则是旅游管理者需要关注的重中之重。

电影和景区联姻催生景区旅游热

今年春节期间,电影《非诚勿扰》的上映,在让投资方赚了个钵满盆盈的同时,也催生了影片中几个外景地的旅游热:日本北海道和浙江西溪湿地。据报载,《非诚勿扰》上映后,今年春节日本旅游团报名情况出奇的好,《非诚勿扰》中呈现的唯美场景成了不少市民咨询的热点,北海道的知名度一下子提高了很多。不少旅行社也借贺岁片的商机,在行程中增加了北海道的环节,虽然报价要1万余元,仍受到热捧,吃住升级的豪华版则卖得更快。

"春节期间,我们特地推出了北海道踏雪迷情7日游,卖得十分火,目前大年初三、初四的团都满员了,只有年初一的团还有少量余位。"杭州国际旅行社出境中心经理董礼梅说,以往很多大片都能一定程度上带动外景地的旅游,像韩国电视剧《冬季恋歌》在电视台的热播,也一度捧红了韩国游,但《非诚勿扰》对外景地的宣传效果格外明显。由于影片的高潮部分是在日本北海道拍摄,美丽的风景加上浪漫的情节,很多情侣来旅行社咨询时,就点名一定要去北海道。

电影播放后,不少发烧影迷赶到杭州寻访美景,而广东、福州等地一些国内旅行社,都纷纷在杭州的行程中,增加原本并不为外省游客熟知的西溪湿地。

为了迎合市场,西溪湿地市场部与旅行社合作开发一个"《非诚勿扰》旅游团",让游客穿梭于湿地的秋雪庵景点附近的芦苇荡,参观文化创意园"艺术部落"的别墅,享受芦荡悠悠、鸟语林地的水墨湿地。

而在杭州本地的美食网站,"玉玲珑"成了点击率和搜索率超高的一个名词。这家环境幽雅、价格不菲的餐厅在杭州已经开了许多年,突然之间走红网络自然是与电影《非诚勿扰》有关。位于三台山路的"江南会",许多游客更是特地要到《非诚勿扰》中舒淇、葛优、方中信三方会谈的"江南第一席"坐一坐,实地回味电影里的场景。

一个电影让一个个名不见经传的景区成了人人向往的旅游名胜,故事对于旅游的营销效应,在这里可见一斑。

凤凰古城景区的故事营销:让旅游与文化搭车

凤凰正如世界上许多名城名镇一样,崛起在世界文化大师横空出世的光环之中——没有莎士比亚,英国的斯特拉福小镇不会蜚声世界;没有莫扎特,奥地利的萨尔茨堡不会成为世界音乐中心;没有塞万提斯,西班牙的塞维利亚不会成为旅游胜地;同样,没有沈从文、黄永玉这样的世界文化名人,凤凰也不可能驰名海内外。在《国家历史文化名城凤凰》一书中曾这样写道:"世人

知道凤凰，了解凤凰，是从沈从文开始的；许多人到凤凰，是沿着沈从文作品的字里行间来的。"

相信很多人认识凤凰是从沈从文那篇《边城》开始的，小说中灵秀的山水、淳朴的民风、善良的翠翠给读者留下了深刻的印象，这种印象引发了游客前去旅游的潜在欲望，当游客在欲望推动下实际前往后，就形成了某种意义上一次完美的营销。而湘西也适时推出"为了你的到来，凤凰等了千年"的宣传标语，每个到达凤凰的游客在看到标语的瞬间，内心都会涌起一股浪漫的感动。

在凤凰品牌的形成过程中，在景区和游客之间搭起桥梁的是沈从文先生和他的那篇名作，而凤凰的发展脉络中也几乎每处都闪现着沈从文先生的影子。凤凰古城景区的营销案例，一直被业内视为故事营销的成功典范。

从某种意义上讲，旅游品牌故事就是最好的软广告，没有旅游品牌故事，旅游品牌很难立起来。没有故事的旅游品牌是平庸的品牌，也无法称为旅游名牌，它只能代表一种标识、一种符号、一个名称，永远无法从激烈的市场竞争中脱颖而出，因为消费者对你没有遐想，更无从知道你的与众不同。有了好的旅游品牌故事，有了好的传播途径，品牌自然就形成了。总之，在信息爆炸的今天，旅游故事营销已经成为了旅游景区提升与消费者沟通效率的一种有效营销手段。同时，故事营销更是具有多种表现方式，既有以"功能"诉求为主的，又有以"情感"诉求为主的，更有以"文化"诉求为主的。那么，究竟哪一种最适合呢？这就需要景区根据自己的实际情况而定，选出最适合自己的表现方式。

资料来源：王瑞红.故事营销,旅游景区打造品牌的"蓝海"市场[N].中国旅游报.2009 - 12 - 29(02).

案例与讨论

4A 景区成功策划案例——珠海御温泉品牌之路

珠海御温泉度假村是集温泉度假、休闲、养生和娱乐为一体的四星级度假村，也是我国第一家露天温泉，AAAA 级绿色酒店。御温泉以卓越创新的经营管理理念，独特的"情"字风格的"御"式服务，获得社会各界的赞誉，并成功被评为"中国旅游知名品牌"、"全国用户满意服务"等国家级荣誉。在温泉行业首创了"六福汤 N 次方"、"太医五体全息调法"、"中唐草本泡头"、"健康养生宴"等独领风骚的项目和服务。国家旅游局评价御温泉为中国温泉旅游行业的领头雁、排头兵。2005 年 1 月，御温泉荣获"中国十大最具影响力品牌"、"中国温泉旅游产业开创者"、"中国旅游知名品牌"三项殊荣。此次同时获得该项殊荣的都是国内著名的大品牌，如中国一汽、中国太平洋保险、长虹集团、康佳集团等，御温泉是十大最具影响力品牌中唯一的旅游企业。

品牌是知名度、满意度、美誉度和顾客忠诚度的有机结合。品牌是企业竞争力的核心，是诚信的载体，是最有价值的资产。因此，御温泉从一开始，就注重品牌的塑造。回顾御温泉品牌建设的过程，御温泉在以下四个方面做了些工作，那就是"开创了顺应市场需求的优质产品"、"创新的经营理念"、"卓越的管理模式"、"敬业的专业人才"。

1.顺应需求的优质产品

在激烈的市场竞争中，产品定位非常重要，而产品定位的诀窍是换位思考，换位思考的重点是市场需求，不仅要看到现时需求，而更重要的是潜在的市场需求。为此得出一个结论：产品定位的原则就是"以需定产"。御温泉 1993 年开始策划、开发建设，正式落户珠海斗门。御温泉赋予了温泉旅游以全新的定义，即是旅游者以体验温泉、感悟温泉文化为主题，以达到养生、休闲、度假目的的旅游。简单地说，温泉旅游经营的产品是健康和美丽，因为，健康和美丽是人类永恒的主题。在御温泉的影响下，目前广东已开发的温泉旅游企业达 60 多家，已经成为广东旅游的一张王牌！

在开创了中国温泉旅游产业后,御温泉还以优秀的管理水准和优质的服务水平赢得市场,被国家旅游局主管领导评价为"中国温泉旅游市场的领头雁和排头兵"、"中国温泉旅游的第一品牌"。

2.创新的经营理念

经营是企业的龙头,通俗地说就是"做对的事情",经营属于企业目标、方向、战略的范畴。创新是时代的主旋律,是企业成功的必然之路,是企业品牌的灵魂。

御温泉认为创新的经营理念就是"把简单的事情复杂化"。也就是把一件看似简单的东西赋予文化的内涵、艺术的品味,而使其价值倍增。例如,把御温泉定义为"温泉道"的沐浴文化、"养生休闲的温泉"、"心灵升华的温泉",作为消费者的利益点。又如,御温泉确定了客人不是上帝而是皇帝的服务理念,由此延伸出一套御式服务的保障系统。

3.卓越的管理模式

管理通俗地说"就是把事情做对",或者可以理解为是企业经营中的战术范畴。管理不是目的,管理是为经营服务的,管理是执行。管理必须在企业创新的经营理念指引下,形成一套卓越的机制、制度,使其竖可传代、横可复制的模式。御温泉认为卓越的管理模式就是"把复杂的事情简单化"。

4.敬业的专业人才

旅游企业品牌的打造,需要有众多的忠诚客户,但要想赢得忠诚的顾客,必须首先有忠诚的员工。

5.御温泉的品牌文化

(1)御温泉的品牌定位:"以御字为核心的养生休闲"这样一个全新定位,使原本简单的温泉概念,提升成为以健康为主题的休闲度假旅游时尚。

(2)御温泉的品牌个性:"盛唐新风、尊贵独有"。

(3)御温泉的品牌价值:开创温泉旅游产业,传播温泉沐浴文化,引领温泉休闲市场,树立温泉行业标杆。

(4)御温泉的品牌标语:"风度源于温度"。

(5)御温泉品牌标识:龙形墨宝("御"为唐太宗所书写)。

案例讨论题:4A级旅游景区御温泉成功的因素是什么?

案例分析:旅游品牌是旅游景区的个性化表现。我们可以理解为将旅游事业置于一个特定的社会环境中,究其本身的资源、背景、文化等诸多因素,从而形成一个比较固定的特征,将这种特征通过一定的形式较为直观地传递给目标受众,并在其心目中形成认知。当一个区域有了它自己的个性,我们就将围绕此个性进行不断的完善与提升,使其在消费者心中生根发芽,形成自己独具的特色。旅游地品牌在旅游业中的特殊地位,使旅游地品牌成为地区旅游经营水平的重要标志,是地区旅游特质的综合体现。因此,提高旅游地经营水平,首先应当树立强烈的品牌意识并加强品牌管理,旅游品牌已成为广告策划业的黄金海岸,对于广告策划业来说也是一个极大的挑战。

思考与讨论

1.旅游景区品牌的功能有哪些?

2.思考品牌定位与品牌塑造的关系。

3.如何正确采用空隙市场定位法进行品牌定位,请举例说明。

技能训练题

以本地区某旅游景区为例,调查该景区的品牌状况,对景区品牌进行分析,讨论如何为该景区进行品牌塑造。

项目七 旅游景区设施管理

学习目标

知识目标：掌握景区各类设施设备的概念；理解旅游景区各类设施的规划原则与方法；了解景区设施设备的维护保养与更新改造的主要内容。

技能目标：能进行旅游景区设施规划前的资料收集、数据分析并提出规划方案；能根据资料和数据进行某类设施的规划；能制定出旅游景区设施的维护与保养制度；能制订出旅游景区设施的更新与改造方案。

项目分析

旅游景区作为旅游者活动的空间载体，不仅要为旅游者提供游憩体验，还应提供完善的配套设施和管理。旅游景区的设施是旅游者离家远行在目的地所需的最基本的设施，对于部分旅游者而言以及在特定的区位或时段，旅游景区设施可能演化为吸引游客的重要因素。旅游景区设施管理分为前期管理、中期管理和后期管理，管理的内容分别涉及景区设施的规划与设计、景区设施的维护与保养、景区设施的更新与改造等方面的知识。通过完成本项目所设置的工作任务，掌握景区各类设施设备的概念，熟悉旅游景区各类设施的规划原则与方法，了解景区设施设备的维护保养与更新改造的主要内容。

任务一 旅游景区设施的规划

情境设计

X 旅游景区情况简介

X 旅游区，地处中国西南部某市一郊区，行政区内包括 5 个村落，人口 13040 人，该区从清代以来，就有种植花卉的传统，有"花乡"的美誉，近年来，该区又开发旅游，目前已建成比较成熟的都市近郊乡村旅游地，已有两个比较成熟的旅游景区——A 景区和 B 景区，为城市居民提供了休闲场所，以优美的田园风光和生态环境，每年吸引了数百万人前来休闲度假，成为了都市近郊乡村的旅游目的地。2004 年，接待海内外游客 531 万人次，实现经济收入 1.4 亿元。2005 年，接待海内外游客 730 万人次，实现经济收入 1.8 亿元。在当地政府的大力支持下，该景区欲扩大规模，已经申报国家 AAAA 级旅游区，将分景区由原来的两个扩大到五个。

X 旅游区的总体布局为"5121"：

五个景区：A 景区、B 景区、C 景区、D 景区、E 景区

一个游客中心：X 旅游区游客中心

两个主入口和出口：A 景区出入口、E 景区出入口

一条旅游主环线（形似中国结）：A 景区→B 景区→C 景区→D 景区→E 景区（也可反向，全

长 24 公里)

目前,该旅游区旅游方式是乡村休闲,游客主要来观光、喝茶、打牌、用餐,旅游收入集中在餐饮方面。绝大部分为一日游,过夜游客很少。

X 旅游区给排水、电力、天然气等均依托城市相关基础设施。旅游区社区居民基本用上自来水。

X 旅游区旅游发展主要经济目标如表 7-1 所示。

表 7-1 X 旅游区旅游发展主要经济目标

	主要指标	2005 年	年增%	2010 年	年增%	2015 年
入境旅游	接待人数(万人次)	3.10	5.23	4	4.56	5
	平均停留时间(天)	1	—	1	—	1
	人均花费(美元/天/人)	10	—	15	—	20
	旅游收入(万美元)	31	14.12	60	10.76	100
国内旅游	接待人数(万人次)	743.80	8.12	1098.81	4.56	1373.51
	平均逗留天数(天)	1		1.05		1.1
	人均花费(元/天/人)	25.25		50		80
	旅游收入(万元)	18780.91	25.16	57687.53	15.94	120868.88
旅游总人数(万人次)		746.90	8.10	1102.81	4.56	1378.51
旅游总收入(万元)		19028.91	25.04	58167.53	15.90	121668.88

请根据以上信息,完成以下任务:

居民用水量每人每天 240 升,游客用水量每人每天 20 升计算,结合相关数据,计算出该旅游区 2010 年和 2015 年供水量和污水排放量,并填入表 7-2。

表 7-2 X 旅游区 2010 年和 2015 年供水量和污水排放量

项目	2010 年	2015 年	备注
居民用水量(万吨/年)			按每人每天 240 升计算
游客用水量(万吨/年)			按每人每天 20 升计算
绿化用水(万吨/年)			按＿＿＿＿＿计算
消防用水(万吨/年)			按＿＿＿＿＿计算
生活污水排放(万吨/年)			按＿＿＿＿＿计算
总计			

任务分析

景区设施的涵盖面比较广,分类的方法有很多种,了解各种设施的概念、类型、功能及特征是进行景区设施规划的首要条件。

学生首先要掌握景区给排水设施中用水量的分类、用水量、排水量计算原则和方法,然后列出计算公式,最后分析 X 旅游区 2010 年和 2015 年的相关数据,逐项计算出该旅游区给排水量的相关结果。

相关知识

一、景区设施的概念及分类

(一)景区设施的概念

景区设施是旅游者在旅游景区进行"食、住、行、游、购、娱"各项旅游活动所必须借助的建筑物、场地、设备及相关物质条件的总称。景区设施除了要求具备最基本的功能以外,还必须具备特定的旅游功能,有时某一种旅游功能还承担着吸引旅游者的特定任务。因冯小刚导演的《非诚勿扰2》而走红的海南"鸟巢度假村"海景房,除了具备所有酒店客房容纳游客食宿的基本功能外,现在更加增添了一项吸引游客功能,房价大幅上涨,最高时涨幅高达250%,仍然供不应求。

(二)景区设施的分类

按照不同的标准,景区设施的分类方法很多,大多数旅游研究者认为景区设施可以划分为旅游服务设施(游客需要支付费用而获得服务的设施设备)和公共基础设施(游客无需支付费用即可使用的公共设施)。

根据付费原则,旅游服务设施包括食宿设施、康乐设施、购物设施、表演设施和交通设施;公共基础设施包括交通设施、通信设施、导识设施、景观设施、水电设施、排水排污设施、环卫设施和安全防卫设施。

二、景区设施规划方法

游客来到景区参观游览,追求舒适安全、放松悠闲的感官享受,希望得到完善、可靠、优质、文明的服务,他们在景区内的游览活动必须借助于景区设施和配套的服务,景区设施的规划与建设成为优质服务的前提保障。

景区设施的规划属于前期管理的范畴,是景区设施建设的重要组成部分,是指从制订设施规划方案起到设施完全投入运行期间的全部建设工作,包括以下四个基本环节:

(一)项目论证环节

景区管理机构根据景区总体规划,提出某一设施项目的建设目的和要求,进行调查研究,收集相关资料,进行数据分析、投资效果分析和可行性研究,并编制相应的项目建议书。

(二)项目决策环节

景区管理机构在项目建议书获行业主管部门和当地发展计划部门批准后,综合平衡,起草并向上报批设施建设项目的可行性方案和设计任务书。

(三)项目设计环节

景区管理机构在设计任务书获得批准之后,邀请具有专业资质的单位参与竞标,就设施设计方案、保障措施、工作进程安排、设计费用报价等内容给出标书,然后在招投标管理机构的监督下,委托专业人士组成的评标委员会挑选出技术经济上最合理的中标方案。

(四)项目施工环节

景区管理机构领取《建筑工程施工许可证》,办理开工报告和工程质监手续,然后组织设计、监视、施工等单位在建设工程质量监督部门的监督下进行设施的施工,选择设施的型号和生产厂家,签订购货合同,设备进场;安装调试,测试运行,并最终完成设施的使用准备,对设备的运行作出初步评价,反馈给厂商。最后等待项目主管部门、地方政府部门的竣工验收。

三、景区食宿设施规划

"食、住、行、游、购、娱"是旅游活动的六大要素,在这六大要素中,食和住排在首位,由此可见,食宿设施是景区设施中最为关键、最为重要的组成部分之一。旅游活动中的游客,无一例外都是到其惯常环境外的地方去旅游的人,出门在外,首要解决的就是吃饭和睡觉的问题,景区是否能够满足游客食宿的需求,所提供的服务水平的高低影响到游客对景区和当地的印象。食宿设施和服务水平标志着景区和当地的旅游发展水平及经济发展水平。同时,景区的食宿设施还可以增加旅游收入,创造许多就业机会,带动区域经济的发展。

(一)景区食宿设施的概念及类型

景区食宿设施就是为游客、景区工作人员及当地居民提供食宿服务的空间设施。狭义上讲,景区食宿设施仅指景区范围内的食宿设施。广义上讲,景区周边的食宿设施也承担了景区的食宿服务任务而被纳入景区食宿设施的范畴。

景区食宿设施的类型如表7-3所示。

表7-3　景区食宿设施的类型

设施类型 分类标准	食	宿
按服务功能分类	餐厅、茶楼、风味小吃店、 快餐店、酒吧、咖啡馆	宾馆、酒店、度假别墅、 旅馆、野营地
按建设等级分类	高、中、低等多个等级	
按旅游资源背景分类	度假型、健身型、疗养型、文化景观型	

(二)景区食宿设施的布局与选址

景区食宿设施作为景区硬件条件最为重要的部分,合理的规划,良好的布局,精确的选址,既能满足游客住宿、饮食的需要,又能增强景区吸引力、增加旅游收入,为景区的持续性发展奠定良好的基础。

1.布局的原则

在进行景区食宿设施布局时,需要考虑景区的类型、性质和功能,游客的规模,建筑用地,给排水状况,环境条件等因素,注意以下几条原则:

(1)协调一致原则。食宿设施布局应与总体规划保持协调一致,符合国家相关强制性标准与规范的规定。

(2)保护自然生态环境原则。食宿设施布局应立足于保护自然与文化遗产,保护原有景观特征和地方特色,维护生物多样性和生态良性循环,防止污染和其他公害。食宿设施的布局还需考虑环境的承载能力,控制和降低游客食宿活动给自然环境带来的负面影响。

(3)满足游客生理、心理原则。景区食宿设施的布局应保证游客的游玩质量,尽量做到具有安全性、舒适性,根据景区的自然特征、游览线路、游览时间,考虑游客的体力和游览规律,合理布局。

(4)建设成本的经济性原则。在进行景区规划布局时,应充分考虑保护景观资源,满足游客需求,还应考虑场地施工条件、市政基础设施的供给情况等相关因素,分析投资建设成本,同时,还应结合对投资方式和游客规模的分析,预估食宿投资的盈利回报周期及收益。具体布局时,尽量依托景区及景区外缘的居民点,利用部分交通和基础设施,减少投资成本,从而加大当地居民在旅游产业中的参与度,提高景区居民的收入水平。

(5)设施建设的阶段性原则。随着景区旅游业的发展,食宿需求也会发生变化。为满足游客的需求,更好地保护自然景观,食宿设施的布局要讲究阶段性原则,将布局规划分三个阶段考虑:近期(1～5年)、中期(6～10年)和远期(11～15年),并根据景区实际发展情况进行及时调整。

2.布局的模式

景区游客的食宿与游览活动关系密切,根据食宿与游览活动之间的对应关系以及旅游资源的分布情况,景区食宿设施的布局模式有两种:游住食结合式和游住食分离式。

(1)游住食结合式,即游客游玩到哪里,食宿设施就修建到哪里,食宿设施主要依附于景点的吸引力而存在,其规模较小,水电供应、垃圾污水处理能力不足,对环境的破坏力非常大。

(2)游住食分离式,即景区内食宿设施的用地与游客游览休憩用地相对分隔,这种模式主要应用于占地面积较大、游客众多的自然风景区或历史城镇,对环境的负面影响比较小。

3.选址

有了食宿设施的布局方案,就要为这些设施设备选择适当、具体的建设地址。成功的选址直接关系到后续运营期的经济效益、生态效益和社会效益。

(1)食宿一体的设施。食宿一体的设施包括星级宾馆、廉价旅馆、特色旅馆等,建设规模比较大,需要综合考虑的因素比较多,具体包括:景观资源状况、地形地貌条件、交通条件、市政基础设施条件、建设资金状况等。选址时,注意以下几个要求:

①选择观景条件好、环境噪声小的景观从属地段。游客在挑选食宿场所时追求自然景观和人文景观优美,环境优雅宁静,所以景区食宿设施选址时应考虑将其建在距离核心景观稍远,距交通主干道一定距离的地段。

②选择用地条件好的地段。为降低施工难度,节约建设成本,食宿设施应选择大面积的平地及坡度适宜的用地条件好的地段。

③选择可进出性强的地段。作为景区重要的旅游服务设施,方便的旅游交通是食宿设施的使用和经营的重要影响因素,所以,食宿设施应设置在景区内外水陆直达性强的地段,为方便游客不同线路的游玩,最好设置在线路交叉处的交通节点附近。

④选择离居民点近、水电基础设施及物资供应方便的地段。这种选择既可以方便游客,又可以通过利用已有的资源和设施,降低建设和营运成本,同时促进当地居民收入的提高。

(2)独立的餐饮设施。独立的餐饮设施包括餐馆、茶楼、饮食店等(见图7-1),选址时应考虑以下几个方面:

图7-1 景区独立的餐饮设施

①应充分融入景区的景观。单独的餐馆、饮食服务点一般应靠近景区中的旅游点,建筑风格应与整个景区相协调,力争成为点缀景区的建筑小品。

②要成为观景点。单独餐馆应选在有较好风景轮廓线的地方,成为游客的一个观景场所。

③应依托居民点、游览线等设置。这样可以降低建设成本,提供给游客乡土特色的餐饮服务。

4.景区食宿设施设计

景区食宿设施的种类、规模、数量、各自的功能等都是规划设计的主要内容,规划设计者需要考虑多种因素,如本景区的类型,景区经营的模式,预计接待游客的规模,每个食宿设施的类型、包含的设施项目、容纳量,所需土地面积,投资承受能力,雇佣管理人员及专业人员的可能性,养护设备供应,相关物资供应,附属装置的供应等,根据以上因素作出调查并形成调查报告。

(1)设施类型的确定。在实施设施类型调查时,需要收集和分析的数据包括:住宿设施的数量及类型(简易型、一般型、中等型、高级型、豪华型),餐饮设施的数量及类型(饮食点、饮食店、一般餐厅、中档餐厅、高档餐厅、茶楼、咖啡吧),是否设计停车位,预计车位数量等。

(2)设施规模的确定。景区食宿设施的规模是指在保护生态环境和文化景观的前提下,景区食宿设施接待的游客量和占地面积的大小,它决定了设备、服务人员的配备量以及经济收益的大小。确定景区食宿设施的规模需要考虑两大基本因素:一是市场需求情况,包括游客规模的季节性变化、游客对各类食宿设施的偏好、游客的平均停留天数等;二是景区设施的建设条件,包括用地面积、自然景观特征、周边道路交通及配套设施容量等条件。

四、景区康乐设施的规划

康乐设施可以为游客在游览之余、身体疲惫之时提供健身养生、休闲娱乐,满足了游客旅游活动六大要素中的"娱"的需求,是景区吸引游客、稳定客流量、增加旅游收入的重要设施之一。随着经济的发展,民生的改善,人民生活水平不断提高,游客对康乐活动的需求越来越高,越来越多样化。

(一)景区康乐设施的概念

景区康乐设施是景区为提高游客兴致,满足游客娱乐需求,放松游客身心,增进游客身心健康而建立的建筑物和器材设备。它由最初的依托于宾馆、饭店而存在的附属设施发展成为景区的独立经营部门,成为景区内相对独立的设施。

(二)景区康乐设施的类型

根据经营的业务内容,景区康乐设施可划分为体育健身、疗养保健、游艺和文化娱乐四大类型。

1.体育健身设施

根据景区的特征和自然条件,景区可以设置的体育健身设施可以有运动场、各类球场(馆)(含高尔夫球场、保龄球馆)、游泳池(馆)、溜冰场、滑冰馆、滑雪场、赛车场、健身房、射击场、射箭场、蹦极塔、跑马场、滑草场等(见图7-2)。

2.疗养保健设施

疗养保健设施可以为游客提供美容美体、修养身心、保健疗养等服务,是人们对旅游产品的需求日趋多样化的产物,是一种既达到旅游目的,又达到健身目的的专项特殊旅游设施,包括浴池、温泉浴室、桑拿室、氧吧、蒸汽按摩室等。

3.游艺设施

游艺设施是以参与性娱乐、游戏为主要活动形式的场所及附属设备,是目前旅游景区的重要设施之一。其特点是趣味性和参与性强、容易吸引游客注意力。游艺设施的内容比较丰富,形式多样,有电子游艺室、手工艺品制作室、有轨电车、水上运动设备、旋转木马、滑梯、充气堡、蹦蹦

图 7-2　景区游泳池

床、碰碰车、卡丁车等。

4.文化娱乐设施

文化娱乐设施是以热场文化娱乐或是专题性文化展示、体验为主要内容的活动场所及相关设备，是大型自然风景区及人文类景区所必备的基本设施，能够丰富景区的日常娱乐活动，这些设施包括歌舞厅、KTV、电影厅、剧场、博物馆、艺术馆、音乐厅、杂技场、表演场等。

(三)景区康乐设施的布局与设计

1.景区康乐设施布局需考虑的因素

景区在进行康乐设施布局与设计时，应考虑以下几个方面的因素：

(1)选择合适的项目。在进行景区康乐设施建设之前，需要收集和整理国内外旅游市场的数据，研究竞争对手的康乐设施建设状况和游客市场上康乐活动的热点，分析旅游市场上的竞争需求和游客期望值，根据旅游市场的变化形式作出相应的选择和调整。

(2)掌握游客的消费层次和客源的季节变化。同时需要考虑的是通过调查来掌握游客消费档次的变化趋势，通过收集和分析游客对景区康乐项目的意见，根据游客对康乐设施的需求与期望值，结合客源的季节变化来进行康乐设施项目的建设、管理和更新。

(3)考虑景区的自然环境特质。景区康乐设施的布局和设计还受到自然环境的影响和制约。环境的容量和立地条件决定着景区的建设规模；景区的自然特质影响到康乐设施的类型，水上运动设施必须建在有水的景区，有冰雪资源才有建设冰雪运动设施的可能性；自然环境还影响到建设场地选址和建设成本，有地质或气象灾害威胁的地段不能建设康乐设施。

2.景区康乐设施布局的原则

景区康乐设施的布局应符合国家的有关强制性标准和规范，在景区的总体规划框架内，根据景区的主题定位、功能分区、线路安排以及相关设施的布局，并结合景区的地形地貌特点，综合考虑。

(1)因地制宜原则。景区康乐设施的布局，应充分考虑景区的产品主题、功能分区状况及自然环境特征，顾及游客体验的阶段性需求。景区康乐设施的选址可结合自然环境进行设置，突出其外显性，但是又须防止其喧宾夺主，所以可考虑选在景区的生活服务区进行建设，并考虑到噪声对游客食宿的影响。

(2)保持敞开性原则。开敞的空间是景区康乐活动场地安排的基本要求,其目的是可以保证良好的空气流通性与采光性,便于游客集中和分散,消除安全防灾工作的隐患。

(3)强调经济型。在立足于保护自然景观和资源的基础上,康乐设施的选址应充分考虑建设成本的降低。

(4)景观协调性。维持良好的景观是景区可持续发展的基本条件,康乐设施的建设要充分考虑对景观资源的保护,尽量避免破坏景观资源现象发生。设施的造型、规模要充分考虑与景区自然及人文环境的协调,功能设计上要尽量考虑环境污染的减少。

五、景区购物设施的规划

购物是旅游活动六大要素之一,旅游购物及旅游商品带动了旅游业的产业链发展,增加旅游业的经济效益,增加地区性及国家的收入及传播着当地的文化特色。旅游商品承载了满足旅游者购物需求和传播旅游地形象的双重价值,对于旅游业的发展起了重要作用。无论在旅游业的发展过程中还是在游客的旅游过程中,旅游购物都扮演着不可缺少的角色,发挥着重要的作用。因此,做好景区购物设施的规划十分重要,不能把旅游购物等同于一般的购物活动。

(一)景区购物设施的概念

景区购物设施指的是景区为方便游客购买旅游商品而建立的建筑物和设施设备。旅游商品可以分为两大类:旅游纪念品,指旅游者在旅游目的地购买的具有浓郁当地特色的土特产品或手工艺品;旅游用品,指旅游者为实现特定的旅游目的需要或日常生活需要而购买的商品。

(二)景区购物设施的类型

景区的规模大小决定着购物设施的种类,总的来说,景区内的购物设施可以分为大型综合商场或购物中心、购物街、纪念品商店、货亭、货摊等。

(三)景区购物设施的布局与设计

1.景区购物设施的布局原则

旅游购物设施要与景区环境、文化协调一致。在旅游景区规划中要把旅游商品购物设施作为其中一个重要的辅助设施考虑进去,其建筑物的样式风格、形与神应与景区的整体风格一致,与主体建筑协调,与景区的整体形象美和文化气质相吻合,使之融于周围自然环境与文化环境,成为景区的有机组成部分。

2.景区购物设施的选址策略

旅游景区内旅游购物设施选址宜选在景区风景线的必经之路上,这样不仅能保证最大的客流量,同时也能确保有购物需求的游客不至于错失购买机会。

(1)购物设施选址的最佳位置。购物设施的选址有两个最佳位置:旅游景区前入口处和旅游景区前出口处。前入口处就是旅游景区检票入口处之前的附近位置,一般在景区的有形分界线以外;前出口处就是旅游景区验票出口之前的附近位置,一般设在景区内。

位置不同,所适宜销售的旅游商品也有所不同。对于在游览过程中必需的旅游商品或有可能用到的旅游商品应选择在前入口处销售。如香客到佛教寺院进香所需的香火、登山所需的手杖等。入口处所销售的主要是旅游用品。旅游纪念品和土特产品的销售设施应布局在景区游览的最后一段,也就是景区出口前最为合理。一方面从心理学上分析,当游客即将离开旅游景区时为了落实出发前的购物计划,并实现游览过程中激发出的新购物欲望,有一种机会即将失去的紧迫感,此时的购买欲望最为强烈;另一方面从消费行为学看,游客在游览景区之前对此地的特色旅游商品一无所知或知之甚少,出于规避风险的心理,一般不作出购物决定,当游览景区之后对景区当地的自然资源、人文历史、风土人情等有了较为深入的了解,对于体现景区当地自然人文历史等特点的特色旅游商品也就有了详细丰富的信息储备,出于对此游览的纪念或赠送亲朋好友的目的,此时购物理所当然在情理之中。

当然,旅游者在游览过程中也会产生情境式即时消费。这种消费机会出现突然,能给游客带来惊喜、意外的满足。游客往往即时产生购买需求,即时作出购买决策,当地购买即时消费,如在一些景区的某个特殊景点,在某物上悬挂连心锁,以示情人心心相印、忠贞不渝,这类商品的销售理应布局在现场。

(2)景区购物设施的插入式布局。如果景区面积较大,游客在游览过程中物质、能量消耗较多,游览过程中需要补充饮料、食品或其他物品,此类商品的销售可在主风景线上择点做插入式布局。大型主题公园也非常适宜插入式布局。

(3)景区购物设施的组合式布局。山岳、水体等自然观光类景区往往出口和入口合二为一,这类景区的旅游购物设施主要布局在入口(出口)两侧,风景线上辅助插点布局;以古建筑、园林、民俗、表演等人文景观为主的景区应布局在前出口处;以朝圣为主的宗教类景区适合前入口处和前出口处两点布局;博物馆、展览馆、工业旅游、农业旅游等观光类适宜在前出口处布局旅游购物设施。

六、景区交通设施的规划

旅游交通是旅游活动的六大组成要素之一,良好的景区旅游交通设施是景区旅游环境的主要体现,是旅游者游览活动成功与否、愉快与否的重要保障,建设和管理好景区交通设施意义十分重大。

(一)景区交通设施的概念

景区交通设施是指游客出入景区以及在景区内完成游览、体验服务时所利用的各类道路网络、交通工具及配套设施。

(二)景区交通设施的类型

根据交通设施的功能和用途,大致可以分为交通道路、交通工具和配套设施。按照运输方式,道路分为机动车道、游览步道、游览水道、索道;交通工具主要包括汽车、电动游览车、船舶、火车、自行车、皮筏、竹筏、缆车等;配套设施包括停车场、码头、候车站台等(见图7-3和图7-4)。

图7-3 景区游步道与景区机动车道

图 7-4 景区停车场

(三)景区交通设施的布局与设计

景区交通设施的主要目的在于帮助游客实现空间上的转移,同时还要满足游客休闲、观赏、猎奇的心理需求,它是景区旅游服务质量的重要保证。景区交通设施的建设,应结合景区的地形地貌、景点位置、开发主题以及交通工具的选择进行系统的规划与布局。

1.景区交通设施规划需考虑的因素

影响景区交通设施规划的因素主要包括景区的自然条件、景观保护、消防设施、供水设施的建设需要等。

(1)自然条件的限制。景区所在地的气候状况、地形地貌、地质构造和植被覆盖对景区道路的选线、路面材质的选择、路面的类型、道路的宽度、道路施工的难度都起到决定性的作用。

(2)景观保护的要求。景区是观景的地方,任何道路的建设都应尽量不破坏景区的自然和文化景观,道路的规划、选线、设计既要考虑游客到达景点的便利,又要注意保护景区自然景观,保持与景观的协调性。

(3)消防、供水等设施建设的需要。消防、供水、后勤补给等设施需要景区设置独立的或专门的消防通道、供水通道和后勤补给通道,这些方面的需求自然而然会影响到景区交通设施的规划与设计。

2.景区道路交通设计的基本要求

(1)功能性。功能性是景区道路交通的基本要求,能够满足便利通达各景点和服务点,以保证旅游者能充分游览景区。

(2)安全性。要根据不同道路的性质和特点,合理选择道路平面线形式、断面形式、路面结构、材料等,保证车辆、行人交通的安全和通畅。

(3)舒适性。在空间位移的过程中,保证游客乘坐的舒适性,以便游客能很好地享受景区提供的其他服务。

(4)景观性。景区道路是旅游者对景区的第一印象,道路设计要强化景区的自然和文化特色。注意道路的景观设计与沿线自然条件和建筑物协调,注意道路绿化的整体性和连续性。

(5)可持续性。应重视道路设计和建设过程的生态要求,充分考虑道路建设的近远期结合问题。

七、景区给排水设施的规划

景区给排水规划主要对景区所需水源的供给、污水排放的方式等进行规划。景区给排水规划包括四个部分的内容,即景区取水规划、景区水处理规划、景区输水规划以及景区排水规划。

(一)景区取水规划

景区水源供应的第一个步骤就是取水,景区水资源主要用于满足景区内的生活用水、景区的消防用水和景区其他用水,如苗木灌溉、水景用水等。

1.水量需求预测

充足的水源是景区接待和服务的关键,景区给排水规划需要对水资源需求量进行预测,并以此选择适当水源。

(1)生活用水。景区生活用水主要包括旅游者、景区住宿接待、餐饮服务、景区员工以及景区内居民的生活用水需求。

(2)消防用水。一般旅游景区中消防用水是按照整个景区用水量的10%~30%来计算,在实际规划中,通常取20%作为估算消防用水需求的比例。

(3)其他用水。其他用水就是旅游景区中进行灌溉、绿化等工业业务的用水,一般按照15~20升/平方米来定额计算或按照旅游景区总用水量的10%来估算。

2.水源选择

旅游景区取水水源的选择应满足以下条件,即水源充沛、水质良好、取水方便。景区的给水一般可来自外部城镇水厂直接供水、景区内部采水、直接供水与自采水相结合的方式。

(二)景区水处理规划

景区饮用水必须符合我国相关质量标准的规定,在从水源取水后,水源的水需经管道导入一定的设施进行相应的水处理,以适应不同类别的用水对水质的要求。

水净化消毒处理使用的消毒剂主要有:氯气、臭氧、紫外线、二氧化氯和溴等。

(三)景区输水规划

1.给水管网类型

景区给水管网包括输水管渠和配水管网两大部分,水源的输送首先经过输水主干管从净化站输送到景区,再由支干管连接到景区内各分区,然后通过支管向各用水单位输送,最后通过用户管供给各类人员使用。

2.输水管道敷设

输水管道在敷设时应注意以下几点原则:

(1)要根据景区发展规划、用地布局,考虑分期建设的可能。

(2)要根据地形和道路的情况进行布置,一般在主干道上地势较高的一侧布置主管线。

(3)输水管道尽量避免穿越道路以及河流等,以免发生磨损。

(4)如果景区内地形复杂,地势多样,最好采用分级布置的方式。

(四)景区排水规划

景区排水主要分为两类,一类是生产生活污水,一类是雨水,这两类水都需要及时加以排除和处理,否则,就会造成洪涝或污染环境,对景区旅游资源和人员安全构成威胁,景区排水设施的建设和管理对于景区的可持续发展具有十分深远的意义。

1.排水量估算

景区的排水量应该是生产生活污水和雨水的总和,景区生产生活污水一般与景区供水量相一致,在计算时以景区供水量为依据。而景区雨水排放量则通过当地降雨强度、汇水面积以及径流系数等指标来进行估算。

雨水排放量的计算公式是:

$$设计流量＝径流系数×降雨强度×汇水面积$$

2.排水管网类型

按照排水的内容,排水管网可分为雨污分流式、雨污合流式;按照排水的通道,排水管网可分为明沟排放、暗沟排放;按照排水的流程,排水管网可分为直接排放、处理后排放。

3.排水管网设计、布置

景区排水管网的设计和布置要考虑诸多因素,例如雨水的汇水区域划分、管线的平面布局、明暗渠设计、管道敷设等。

景区排水管网设计时应以景区地形状况为基础,结合接待服务设施的布局来进行,既要考虑技术上的通畅性,又要考虑经济上的合理性,充分利用地势,就近排放,依托景区旅游交通规划,尽量利用道路两侧的边沟来排除地面径流,生产生活污水尽量利用暗渠排放,排水管道最小直径为 300mm 等。

(五)景区污水处理设施

通常情况下,生产生活污水要加以适当处理后方能排放,根据景区的规模,可以设置污水处理厂(站)、公厕污水处理设施、地埋式小型污水处理站和人工湿地污水处理设施等。

1.污水处理厂(站)

污水处理厂(站)一般适用于大型景区,可以是景区自建,也可以将污水通过管道汇集后送往区域中心污水处理厂进行净化处理。

2.公厕污水处理设施

公厕是景区不可缺少的环卫设施,方便了游客也产生了污水。为了有效地处理公厕污水,景区一般会在公厕下面设置污水净化处理系统,最普遍的形式就是化粪池。

3.地埋式小型污水处理站

地埋式小型污水处理站适用于城市污水管网难以到达的景区或者小型景区,其噪音小,占地省,处理效率高,运行费用低,维护管理也比较方便,其地上部分还可以规划为绿地或者广场,优点非常突出。

4.人工湿地污水处理设施

人工湿地污水处理,即在仍控制的条件下,将污水投配在湿地上,通过"土壤—植物"系统在物理、化学及生物学方面的自净能力和净化过程,使污水得到净化的一种污水生物处理工艺。它的处理系统所包括的设施有预处理设备,调节、储存设备,输送、配备和控制系统与设备,湿地净化田,净化水的收集、利用系统。

🔧 **任务实施**

步骤一　领受任务

将学生划分为若干个小组,教师介绍任务的内容、要求、关键点及注意事项。各小组提问,教师答疑,准确理解任务,完成任务领受。

步骤二　分析任务

各小组按教师的要求,分析任务的内容,阅读相关知识,制订完成任务的工作程序及任务分配方案,补充查阅其他相关资料,拟写调查内容与调查计划。

步骤三　实施任务

各小组具体完成情境中提出的问题,写成调查方案,有条件的做成 PPT,并做好两方面准备:既做发言准备,又扮演听众,准备提问。做好预演,准备汇报。

步骤四　任务汇报与总结

各小组根据任务的要求,在教室中汇报并相互提问。指导教师及时控制汇报进程,最后进行点评。各小组对本次汇报及时进行总结,形成文字材料,作为作业上交指导教师。指导教师依据该项目任务考查表,给出各小组评价综合得分。

考核评价

旅游景区设施的规划任务评价考察表

目标＼内容	评价标准	小组评价（50%）	教师评价（50%）	综合得分（百分制）
理论知识（20分）	掌握景区设施的概念、分类、规划方法			
专业技能（20分）	初步具备景区设施规划与设计的能力			
通用技能（20分）	具有团队协作能力;具有团队运作信息收集能力			
任务完成（20分）	纸质作业、PPT及任务回答的有效性			
学习态度（20分）	完成任务的态度、责任感			
综合评价及建议:				

拓展知识

景区通信建筑物类型及通信设备选型

1.景区内的通信建筑物

(1)公用电话亭。景区公用电话亭,在位置、规模、功能、形式、材质、色彩等方面进行设计。布点上要因地制宜,既为游客提供便捷的服务条件,又不能占用大量土地和空间,对景区资源和景观造成破坏。最适宜安装公用电话亭的地方就是景区出入口和游客中心;电话亭应注意避免干扰人流,妨碍景区交通;电话亭的形式、材质、色彩应与景区的环境对立统一,做到风格独特,造型多样;电话亭的布置应与指示牌等结合考虑,做到醒目突出。

(2)邮政所。景区邮政所主要向游客提供景区纪念信封、邮戳、明信片,寄收信件,售卖报刊等服务。邮政所宜设在交通便利,邮件运输车辆易于出入,地形平坦,地质条件好的地段。建筑物的造型、材质应与景区的自然和文化环境相符合。

(3)电信综合楼。电信综合楼是景区内专门为安装固定电话网、移动通信网、数据通信网等多种类型电信业务设备而使用的生产性房屋及辅助生产性房屋。其选址、设计都应满足景区通信网络规划和通信技术的要求。

(4)移动通信基站。移动通信基站是安装移动通信收发信设备的房屋,其选址应注意视野开阔,没有阻挡,不受干扰,同时基站的建设要与周围环境相协调,引入绿色环保新概念。

(5)卫星通信地球站。卫星通信地球站是景区内安装地面卫星通信设备的房屋,其选址宜选在风力较小,水、电、交通便利,各种电磁干扰较小的地方。

2.景区通信设备选型

景区通信设备分为有线通信设备和无线通信设备,分别又包含多种主要设备,见表7-4。

表7-4　景区通信设备选型

项目内容 设备选型	设备名称	功能/主要设备
有线通信设备	程控交换机	用于电话交换网的交换
	电力线载波机	高速传输模拟或数字信号
无线通信设备	微波通信设备	需设立微波天线和天线塔
	卫星地球站设备	包括天线分系统、发射设备分系统、接收设备分系统、地面通信设备分系统、终端设备分系统、监视分系统、电源分系统等
	移动通信设备	无线程控交换机
有线广播、电视设备	节目接收设备	接收天线、馈线、塔(杆)、接地设施
	发射设备	天馈线、塔(杆)、地网、天线场地等
	节目传送设备	电缆、光缆、放大器、分支分配器、用户盒、供电器、吊线、线杆
	节目监测设施	监测台、站及附属设备

案例与讨论

云南丽江泸沽湖景区道路交通规划

一、对外交通

根据泸沽湖在大香格里拉旅游区中的区位及景观资源条件,泸沽湖可成为其重要的旅游中转基地。而制约泸沽湖发展的主要原因就是交通问题。目前,泸沽湖的对外交通联系仅有两条通道,即宁蒗至泸沽湖、东岸四川盐源至泸沽湖。丽江至宁蒗110km为三级公路,宁蒗至泸沽湖75km为四级公路。四川盐源至泸沽湖为三级公路。但泸沽湖与香格里拉(中甸)、亚丁、木里的道路尚未打通,经奉科与重要客源地丽江的联系环线也未打通。对外交通的薄弱和进出通道的单一,极大地制约了泸沽湖旅游区的发展和对外交往,应对这几条公路进行完善和改造建设,这对更好地开发利用泸沽湖旅游区的旅游资源和促进其旅游业的持续发展,带动沿线经济发展和人民脱贫,将起至至关重要的作用。

因此,根据国家或地方交通部门的有关计划,结合旅游发展的需要,规划将重点对以上对外交通道路进行修建或改建;通过以上措施,解决和改善泸沽湖旅游区对外交通联系不畅,进出通道少,扩散范围面过窄等状况(以上道路的具体规划和建设要求见表7-5)。本次规划建议宁蒗—泸沽湖三级旅游公路的选线应考虑到泸沽湖资源保护、旅游发展及竹地建设的需要,选线方向根据《丽江农村路网规划》从红桥经木底箐至拖支、永宁,全长82km。改变现状进入泸沽湖方向,避免经过景观核心区再到游客接待中心的境况,促进女儿国旅游小镇建设及永宁坝区的发展。这条路可结合木底箐水库的建设节省投资。在此公路建成前,规划建议对现状公路进行改建。

规划建议建设泸沽湖支线机场,机场选址经专家对永宁坝、草甸子、豹子洞、红桥坝四处,初步选址确定在豹子洞,规划建议出于保护摩梭文化的需要,机场选址不要位于永宁坝,见表7-5。

表7-5 对外交通道路规划一览表

起讫地点	长度(km)	现状等级	规划等级	建设性质	备注
丽江—宁蒗	110	三级沥青	二级	改建	
丽江—奉科—永宁	220	等外公路	三级沥青	改建、新建	丽江—奉科,拉伯—永宁为改建,奉科、拉伯为新建
宁蒗—泸沽湖	62.2	四级	二级	改建	经狗钻洞至小鱼坝
宁蒗—泸沽湖	82		二级	新建	经木底箐、拖支至永宁
中甸—永宁	186		二级	新建	永宁境内约70km
永宁—木里大寺—亚丁	283		三级沥青	新建	永宁境内约33km
永宁—拉伯—俄牙同—亚丁	344		三级沥青	新建	永宁境内约110km

二、游览车道

规划区游览车道按地域分为两部分:环湖游览车道和环坝游览车道。

1. 环湖游览车道

(1)环湖北路:省界—杜家村—小落水—里格—竹地垭口。全长9.5km。已改建成为三级旅游公路。

(2)环湖中路:竹地垭口—落水—三家村。全长11.9km。按三级旅游公路改建,路面宽8.5m。

(3)环湖南路:三家村—吕家湾子—蒗放—山跨。全长8.5km。按四级公路新建,路面宽7m。

2. 环坝游览车道

(1)环坝东路:竹地垭口—中海子—者波—泥鳅沟—温泉。规划为三级旅游公路,全长21.4km,其中4.4km新建,17km为改建。

(2)环坝西路:竹地垭口—扎实—忠实—永宁接环坝东路。全长11km。规划按四级公路改建。

(3)坝区内道路:建立联系东、西环坝路的道路,西起陈家弯—达坡—思落—忠瓦—者波。全长5.2km。按三级旅游公路建设。

游览车道既要满足交通的需要,又要突出景观效果,路的线形应随地形的变化而有起伏和弯曲变化。游览车道路宽度为7m,路面铺装可采用水泥或泥结石材料。云南片区的主干道在宽度和线形上应保持现状,仅可在局部拓展停车场和汇车点。游览车道交通应根据游人车辆的情况,分别采取限制车型、限制外部车辆,开辟专用游览车等交通管制办法,以减少对风景环境的干扰。

以上道路建设内容、项目、投资估算详见《泸沽湖旅游区基础设施项目可行性研究报告》。

三、游览步道

游览步道分布在一些景点、村落、山谷和山上。村落中的步道一般宽度为2～3m,可采用碎石铺装。位于山上的步道宽度1.5～2m,游人集中的地段可加强路网密度,不宜拓宽路面。坡度较陡的地段可辅以木制栈道和配置扶栏。步道的建设对景观的引导作用十分重要,道路本身的隐蔽性、观赏性的要求也较高,因此步道的选线应在详规和设计阶段确定。

四、游船航线

泸沽湖上的猪槽船航线均应近岸选线,以避免因突起风浪造成的危险。航线不得进入特级保护区。规划在泸源湾、泸源崖、安娜娥岛、达祖村、木夸村南、赵家湾、里乌比岛、长岛湾、博瓦俄岛、博洼湾之间,红崖子半岛至泸源湾一带安排航线。总的航线长约 20km。每个上岸点尽可能利用现有自然滩地或石岸,不再另建固定的码头,更不得建石砌或混凝土码头。

资料来源:泸沽湖管委会. 泸沽湖景区综合规划[EB/OL],云南省政府信息公开门户网站,2008-09-22.

案例讨论题:

1. 此交通规划中主要考虑了哪几个方面的因素?

2. 此交通规划主要遵循了哪几个规划原则?

3. 你认为在该景区游览时可以使用哪些交通工具?

思考与讨论

在进行景区设施的规划时,需要综合考虑自然因素和人文因素。自然因素具体包含哪些方面的内容? 人文因素又包含哪些方面的内容呢?

技能训练题

《新水浒传》的热播,掀起了一股水浒热潮,海内外众多游客涌入位于山东省济宁市梁山县水泊梁山风景区体验原汁原味梁山文化,请发挥你的想象,为水泊梁山风景区设计出独具特色的旅游厕所标志牌。

图 7-5 和图 7-6 为某些景区富有特色和艺术性的旅游厕所标志牌,供参考。

图 7-5　迪士尼乐园厕所门口标志牌

图 7-6　阿拉伯风格的博物馆内厕所门口标志牌

任务二 旅游景区设施的维护与保养

情境设计

　　南湖公园位于××市区东南部，是一座集水体景观和亚热带植物园林风光于一体的综合性公园。随着××市经济社会的快速发展和城市建设管理目标"136"的推进，市政府为了整治南湖周边环境，扩建景区面积，同时，添置和改造相应的配套公共设施，以突出的"城市森林"景观，营造"中国绿城"标志性园林作品，投入了大量的资金，使如今的南湖公园景区——"南湖名树博览园"已经成为"中国绿城"中又一张靓丽名片，塑造了城市新形象。因此，南湖公园景区配套公共设施的建设和维护直接影响着××市的城市形象和反映建设管理单位对南湖公园的综合管理水平。

　　公园自2002年10月1日免费开放以来，投入了大量人力、物力、财力，其中治安巡逻90多人、绿化养护、卫生保洁人员150多人，物业维护管理人员10多人，在景区配套公共设施维护管理工作中，虽然取得了明显成绩，但与国际化城市园林景区配套公共设施维护管理标准要求和园林局领导提出"南湖名树博览园"要超一流的"养管"工作标准的要求，还有很大差距。

　　由于在扩建景区工程项目中，设置的配套公共设施存在一些质量"后遗症"等原因，给维护管理工作带来很多问题。例如，在2002年扩建南湖景区，而人们俗称的"南湖南广场"，后改名称为"南湖名树博览园"的一、二期工程建设项目中，由于工程设计和施工质量等问题，敷设的地下电缆线没有按照国家电力安装施工标准要求，整条电缆线没有穿套PVC阻燃管，电缆接口处又没有按照防水、防潮材料工序进行包扎，这两期工程竣工自交接使用六年多以来，一遇到雨天，时常造成电缆线路短路引起电源开关跳闸，甚至电缆线烧坏等故障。位于一期工程的东面停车场的照明灯线路一直没有电源到位，由于原施工单位的责任至今仍未修复。这两期工程还有一个比较严重的"后遗症"，那就是在设计新建三座公厕工程项目中，没有考虑到景区广场的人流量大，如厕人员自然也多等因素，设计安装的排污管道不够大（直径只有110mm），造成三座公厕的排污管道经常堵塞，时常污水溢出地面，影响游人如厕，特别是南湖南广场一期工程新建位于西面停车场旁的公厕（水幕电影前）化粪池排污水因地势比排污管道地势低，故造成化粪池污水不能自然排放；公园自接管六年多以来一直用抽水泵来抽取化粪池污水排到双拥路市政排污管道，这就给保洁工作和维护管理工作带来很大的工作量和难度，也直接影响到南湖名树博览园的声誉和形象。

　　资料来源：公园景区配套公共设施维护与管理的现状与对策［EB/OL］. 2008 - 07 - 05. http://www.cjqjj.com/Article/HTML/396. html.

　　请根据以上信息，完成以下任务：

　　1. 讨论该景区所出的设施问题属于哪些类设施方面的问题，是什么原因造成的。

　　2. 根据讨论的结果，请为该景区制定出合理的设施维护与保养制度。

任务分析

　　景区设施的规划属于前期管理的范畴，景区设施的维护与保养则属于中期和后期管理的范畴。景区在运营的过程中，反映在景区设施上的各种各样的问题都可能出现，制定相关制度，最好定期检查、维护与保养，是景区正常运营的重要保障。

　　为了完成第一个任务，首先要找出"情境设计"所列景区的问题所在，然后针对这些问题进行分析，找出问题出现的原因。

在第一个任务的基础上,重点完成第二个任务。首先结合第一个任务中对该景区设施管理漏洞的分析,逐条列出设施维护与保养整改措施;然后结合整改措施,扩大范围,针对景区所有设施制定出合理的设施维护与保养制度,避免类似管理漏洞的出现。

📖 相关知识

景区各种硬件设施建设完工之后,其经营管理的主要内容就是设施、设备的使用、维护、保养、维修和更新。科学的设施管理与经营不仅可以保证设施正常运转,提高服务质量,还有利于游客安全,有效控制运营成本,提高景区的生态效益和社会效益,对实现景区的综合可持续发展具有重大意义。

一、景区设施设备的保证系统

对景区设施设备实施有效的管理,必须有一个行之有效、制度完善的保证系统,包括设施设备管理系统、设施设备信息系统、设施设备技术系统和设施设备物流系统,对于景区设施的维护与保养,主要依赖于设施设备的管理系统,在此将做重点介绍。

(一)设施设备管理系统的内容

景区设施设备管理系统就是由景区管理人员依照景区设施设备管理制度,对景区设施设备管理对象(景区设施设备)实施管理并由管理者负责控制的一个体系。由此可见,景区设施设备管理系统包括管理制度、管理人员和管理对象。

1.设施设备管理制度

建立和健全以安全生产、安全旅游责任为中心的各项设施设备管理制度,是保障安全生产和安全旅游的重要组织手段,也是贯彻安全生产方针、实现安全管理目标的有效载体。管理制度可以加强对景区内设备设施的管理,充分掌握设施设备的运行动态,提高设备设施的完好率,保障景区各项活动正常进行,有利于游客旅游活动的顺利进行,也有利于保障游客的生命与财产安全。

设施设备的管理制度主要涉及景区设施设备的采购、安装、调试、使用、点检、维护、保养、维修与更新,也涉及设施设备的档案管理、管理人员的分配与培训。

2.设施设备管理人员

有了制度,执行和实施制度就要依靠人来完成了。景区设施设备的管理人员有管理层人员、运行操作人员、维护检修人员和日常操作监督人员等。在管理制度的分配和约束下,管理人员各司其职,共同进行设施设备的管理、使用、维护、保养与更新。

3.设施设备管理对象

前面已经提到过,设施设备的管理对象就是指景区内各类设施设备,不同的设施设备其管理方法稍有区别,维护和保养的方式也有所不同。

(二)设施设备管理系统的任务

1.安全管理

景区设施设备安全管理的任务就是建立安全管理责任制,定期检查安全设施,设立警示标志等,保障景区财产、人员以及游客安全。

2.人员管理

景区设施设备人员管理的任务就是定期对管理人员进行设施设备管理、维护与保养方面的培训,督促和监督管理人员做好设施设备的维护与保养工作,保证设施设备的正常运行。

3.档案管理

景区设施设备档案管理的任务就是建立景区设施设备档案,定期维护,确保其性能完好,安全可靠,并做好维护和保养记载。

4.应急管理

景区设施设备应急管理的任务就是建立必要的紧急情况应对机制,采取一系列必要措施,保障公众生命财产安全。

(三)设施设备的日常管理要求

(1)正确引导和约束景区内游客的游览行为,防止其不安全行为导致事故。例如不顾各种安全警示,跨越安全栏,随意攀爬,接近危险水源;在游览过程中,不遵守相关的安全规定,不按照规定的操作执行等;不在指定的吸烟区域吸烟,或在禁火的景区乱丢烟头等。

(2)要求旅游设施设备操作人员严格按照规范操作,防止违章作业导致事故。例如因操作不当导致漂流船翻沉、客运索道停止运行、游艺机械造成人员受伤等事故。

(3)要求景区员工按照既定的标准和流程操作,避免在服务提供过程中产生不安全行为。例如在为游客提供餐饮、购物等过程中,造成客人烫伤、食物中毒或物品过期等事故。

(4)搞好景区范围内的治安保卫工作,防止偷盗、抢劫等犯罪行为的发生,避免造成游客的人身伤害或财物损失,及时查禁"黄、赌、毒"等社会不良现象,依法打击强买强卖、敲诈勒索、殴打辱骂游客等各类违法犯罪活动等。

(5)景区内如有建设或维修施工的,应做好安全防护工作,防止施工过程中的不安全行为对游客造成伤害。

(6)做好景区内的道路交通设施、各种车辆以及停车场的安全管制工作,特别是在旅游旺季、高峰期尤为重要。

(7)做好景区内各种游乐场所、游览道路、游客休息停留场所及其周边环境的安全管理工作,避免或减少可能对人员造成的伤害。

(8)做好员工工作或生活场所的安全管理与教育,如不得私拉电线、私用电炉,注意交通安全等。

(9)做好如台风、洪水以及山体塌方或泥石流等自然灾害的预报或防范措施,尽可能减少景区或游客的生命财产损失。

(10)做好特种旅游项目的安全管理,如攀岩、冲浪、骑马、拓展等。

二、景区设施设备维护与保养制度

景区设施设备的维护与保养制度属于管理制度的一部分,包括设施设备的日常维护与保养、设施设备的定期维护与保养、设施设备的区域维护与保养。

(一)景区设施设备的日常维护与保养

(1)加强景区配套公共设施的日常维护管理。首先,要建立日常维护管理工作机制,发现设施损坏或被盗的,要及时维修和恢复,消除隐患,保持景区配套公共设施有效、安全,避免因维护管理缺位而引起负面影响。

(2)采取多种措施,加强景区公共设施的长效管理。一是制定并落实维护管理人员的值班巡查制度及责任,强化巡查管理;二是不断改进和加强防范措施,采取人防与技防相结合,注重技防手段在公共设施中的运用。要结合公共设施的分布现状和价值大小情况,因地制宜加强技术防范管理。

(3)加强景区治安管理工作。要加强治安管理人员的管理、教育,增强治安管理人员的责任心。在日常治安巡逻和日常维护管理中,治安管理部门与物业管理部门要加强信息沟通,互通情况,及时掌握动态信息情况,一旦发现景区公共设施毁坏、被盗等情况的,要及时通报,及时做好维护、维修管理。

(二)景区设施设备的定期维护与保养

设备定期维护是按照预定的维护内容和周期,有计划地安排进行。其目的是对设备进行检查、局部修理、保养和清洁,防止故障和事故的发生,保持设备"健康水平",是充分发挥设备潜力的重要措施。

(1)制订定期维护计划,安排设备管理及维护人员组织实施设备的定期维护与保养。

(2)维护工作完成后必须填写《设备定期维护记录表》,分析设备状况。

(3)严格执行维护质量的验收工作,加强质量管理。

(三)景区设施设备的区域维护与保养

设备区域维护又称维修人员承包机制,即维修人员承担一定生产区域内的设备维修工作,与生产操作人员共同做好日常维护、巡回检查、定期维护、计划修理及故障排除等工作,并负责完成管区内的设备完好率、故障停机率等考核指标。区域维修责任制是加强设备维修为生产服务、调动维修人员积极性和使生产人员主动关心设备保养和维修工作的一种好形式。

设备区域维护主要组织形式是区域维护组。区域维护组全面负责生产区域的设备维护保养和应急修理工作,它的工作任务是:

(1)负责本区域内设备的维护修理工作,确保完成设备完好率、故障停机率等指标。

(2)认真执行设备定期点检和区域巡回检查制,指导和督促操作人员做好日常维护和定期维护工作。

(3)在机械管理员指导下参加设备状况普查、精度检查、调整、治漏,开展故障分析和状态监测等工作。

三、景区设施设备点检制度

设施设备点检是一种现代先进的设施设备管理方法,它是应用全面质量管理理论中关于质量管理点的基本思想,对影响设备正常运行的一些关键部位进行经常性检查和重点控制的方法。设施设备点检的"点"就是预先确定的设备的关键部位或薄弱环节,"检"就是通过人的感官和一定的检测手段进行调查,以便及时准确地获取设备、部位的技术状况异常或劣化的信息,及早采取措施预防维修。

(一)设施设备点检制度的特点

(1)定人。设立设备操作者兼职的和专职的点检员。

(2)定点。明确设备故障点,明确点检部位、项目和内容。

(3)定量。对劣化倾向的定量化测定。

(4)定周期。不同设备、不同设备故障点,给出不同点检周期。

(5)定标准。给出每个点检部位是否正常的依据,即判断标准。

(6)定点检计划表。点检计划表又称作业卡,指导点检员沿着规定的路线作业。

(7)定记录。包括作业记录、异常记录、故障记录及倾向记录,都有固定的格式。

(8)定点检业务流程。明确点检作业和点检结果的处理程序。如急需处理的问题,要通知维修人员,不急处理的问题则记录在案,留待计划检查处理。

(二)设施设备点检制度的优点

(1)提高维修保养的针对性和主动性,减少盲目性和被动性。

(2)各个项目明确且量化,保证维修工作质量,培养维修技术人员的分析能力和判断能力,提高其专业技术水平。

(三)设施设备点检的方法

(1)确定设施设备检查点和点检路线,检查点应确定在设施内一些重点设备的关键部位和薄弱环节上。

(2)确定点检项目和标准。

(3)确定点检周期,使用规范化点检表,便于实行点检考核,增强工作人员的责任感,提高工作效率。

(4)落实点检责任人员,进行点检培训。

(5)建立和利用点检资料档案,积累设备的原始资料,有利于充实和完备设备技术档案,为设施设备信息化管理奠定基础。

(6)点检工作结束后,进行点检工作的检查。

四、景区设施设备的维修与更新

(一)景区设施设备的维修

景区设施设备在使用过程中,会产生磨损与损坏,为了保证设施设备能够继续发挥功能,就要进行一定形式的维修与保养。

(1)定期维修。定期维修就是以一定的时间周期为基础的一种预防性维修。

(2)状态检测维修。状态检测维修是以设备技术状况检测和诊断信息为基础的一种预防性维修。

(3)更换维修。设施设备使用一段时间后,虽然没有损坏,但是出现了老化现象,可能会影响运行效果,此时就要进行更换维修,更换一些旧的部件。

(4)事后维修。在设施设备使用的过程中,发生故障而进行的一种维修。

同维护与保养制度、点检制度一样,景区设施设备的维修制度在实施的过程中也必须制订出详细的维修计划,大致可以按照时间周期制订出月度维修计划、季度维修计划和年度维修计划,指定维修人员,做好维修记录,建立维修档案,维修之后,进行维修工作检查。

(二)景区设施设备的更新与改造

随着设施设备使用年限的延长,设施设备的有形磨损和无形磨损日益加剧,故障率增加,可靠性相对降低,导致使用费上升,安全性下降。当设施设备使用到一定时间以后,继续进行大修理已无法补偿其有形磨损和全部无形磨损;虽然经过修理仍能维持运行,但很不经济,也不安全。解决这个问题的途径是进行设施设备的更新和改造。

1.设施设备更新的概念

从广义上讲,补偿因综合磨损而消耗掉的设施设备,就叫设施设备更新。它包括总体更新和局部更新,即设施设备大修理、设施设备更新和设施设备现代化改造。从狭义上讲,是以结构更加先进、技术更加完善、生产效率更高的新设施设备去代替物理上不能继续使用,或经济上不宜继续使用的设施设备,同时旧设施设备又必须退出原生产、服务领域。

2.设施设备更新的分类

(1)根据目的不同分类,设施设备更新分为两种类型:一种是原型更新,即简单更新。也就是用结构相同的新设施设备来更换已有的严重性磨损而物理上不能继续使用的旧机器设施设备,主要解决设施设备损坏问题。另一种更新则是以结构更先进、技术更完善、效率更高、性能更好、耗费能源和原材料更少的新型设施设备,来代替那些技术陈旧,不宜继续使用的设施设备。

(2)根据规模来分类,设施设备的更新可以分为三种类型:第一种就是全面更新,对陈旧或不能满足服务需求的设备设施进行全面更新;第二种是系统设备更新,是针对某一设施内具有特定功能的配套系统设备性能下降、效率低或能耗高、环保特性差等具体问题所采取的改造和更新技术的措施;第三种是单机设备更新,就是对单一的某种设备进行的更新。

3.设施设备更新方案比较

(1)更新方案比较的原则。旅游景区的设施设备在服务过程中有形无形的磨损,使设施设备的使用成本逐渐增加,服务效果日益降低,或者由于出现了性能更先进完善、外形更美观的设施设备(见图7-7)。旅游景区出自对更高的经济目标和服务效果的追求,可能会在旧设施设备还能使用的情况下考虑购进新一代的设施设备。

图7-7　景区道路的改造更新

在进行设施设备更新方案的比较时应该遵循的基本原则是:

①必须假定设施设备的收益成效是相同的,而后对它们的费用进行比较。

②对于两种使用寿命不同的设施设备,必须比较它们的年度费用。

③原设施设备的价值必须按目前实际值多少来计算,不能以当初的原值计算。

④必须采取同一个时间参照点,不同时间参照点的比较会产生错误的结果。

(2)更新方案比较。在考虑购进新一代设施设备时,一定要进行方案比较。考虑是购买原值高但使用和维修等成本费用低的新设施设备,还是既购进新设施设备又保留旧设施设备,或者是其他方案。类似的更新方案的比较会因各种情况的不同而出现多种多样必须研究的问题,最主要的有以下三种:一是由于适应性问题的更新,二是由于维修问题的更新,三是由于效益问题的更新。

设备的更新是全部恢复设备的使用价值和价值。在实际工作中,既要及时更新过时的设备,又要节省景区的开支,所以要合理确定旅游景区设施的使用期限,其使用期限通常由如下一些因素来确定:设施的使用频率及磨损程度;设施的维修保养状况,设施使用不当、浪费等可能性的大小;旅游景区及设施设计标准的高低等。

(3)设施设备更新的技术经济分析。

①自然寿命,指其从开始使用到报废所经过的时间。主要取决于设施设备的质量、使用和维修。

②经济寿命,指根据设施设备的使用费用来决定的设施设备的寿命。

③技术寿命,指设施设备从开始使用,到因技术落后而被淘汰所经历的时间。科技发展越快,技术寿命越短。

总之,在进行设施技术改造和更新时,要突出重点,要把有用的人力、财力和物力优先用于关键设施和重点项目,要少花钱多办事,努力增强竞争力。具体来说,要注意计划性和资金的投入产出等技术、经济分析。旅游景区要根据发展目标,制订3～5年的设备添置和技术改造、更新计划。对旅游景区来说,投资回收期在5～7年比较合适。对其设备处理,要及时在财务账和固定资产账上具体反映出来。

任务实施

步骤一　领受任务

将学生划分为若干个小组,教师介绍任务的内容、要求、关键点及注意事项。各小组提问,教师答疑,准确理解任务,完成任务领受。

步骤二　分析任务

各小组按教师的要求,分析任务的内容,阅读相关知识,制订完成任务的工作程序及任务分配方案,补充查阅其他相关资料,拟写调查内容与调查计划。

步骤三 实施任务

各小组具体完成情境中提出的问题,写成调查方案,有条件的做成 PPT,并做好两方面准备:既做发言准备,又扮演听众,准备提问。做好预演,准备汇报。

步骤四 任务汇报与总结

各小组根据任务的要求,在教室中汇报并相互提问。指导教师及时控制汇报进程,最后进行点评。各小组对本次汇报及时进行总结,形成文字材料,作为作业上交指导教师。指导教师依据该项目任务考查表,给出各小组评价综合得分。

考核评价

旅游景区设施的维护与保养任务评价考察表

目标 内容	评价标准	小组评价（50%）	教师评价（50%）	综合得分（百分制）
理论知识（20分）	熟练掌握景区设施中后期管理的相关知识,正确理解设施维护与保养的方法			
专业技能（20分）	熟悉景区设施管理的要求,初步具备制定景区设施管理制度的能力			
通用技能（20分）	具有团队协作能力;具有团队运作信息收集能力			
任务完成（20分）	纸质作业、PPT 及任务回答的有效性			
学习态度（20分）	完成任务的态度、责任感			
综合评价及建议:				

拓展知识

设施设备使用的基本要求

旅游景区设施设备数量多、分布广、使用范围大。要搞好设施设备的使用管理,就要推行"设施设备全员管理"制度,要做到谁使用,谁就要维护好。要达到这个目的,首先要求抓好设施设备操作基本功和操作纪律的培训。设备部门和操作人员的基本要求有以下几条:

1.对设施设备使用部门的"三好"要求

(1)管好设施设备。每个部门必须管理好本部门的设施设备,重要设施设备要定机定人操作,未经领导同意,不准他人随意使用。

(2)用好设施设备。所有设施设备使用、操作人员必须严格按照操作规程使用,不得超负荷使用,禁止不文明操作。

(3)保养好设施设备。旅游景区内所有供游客使用的设施设备,景区服务人员不仅要管好、用好,还应保养好设施设备,使它们保持完好的状态。如有损坏,应积极配合维修人员修好设施设备。

2.对操作人员的"四会"要求

(1)会使用。操作人员应事先熟悉每一个设施设备的用途和基本原理。学习掌握设施设备的操作规程,正确进行使用。

(2)会维护。学习和执行设施设备维护规程,做到设施设备维护的四项要求,整齐、清洁、润滑和安全。

(3)会检查。了解自己所使用设施设备的结构、性能,了解设备易损零件的部位,熟悉日常点检、设备完好率的检查项目、标准和方法,并能按照规定要求进行点检。

(4)会排除故障。旅游景区的工程管理部门,要懂得所有设施设备的特点,能鉴别设备正常与异常情况,懂得拆装方法,会作一般的调整和简单故障的排除,自己解决不了的问题要及时报告,并协同维修人员进行检修。

3.操作者的"五项纪律"

纪律是管好、用好设施设备的保障。每一个操作人员都应严格执行"五项纪律"。

(1)实行定人定机、凭证操作制度,严格遵守安全技术操作规程。

(2)经常保持设施设备清洁,按规定加油。要做到没完成润滑工作不开车,没完成清洁工作不下班。

(3)认真执行交接班制度,做好交接班记录及运转台时记录。

(4)管理好工具、附件,不能遗失、损坏。

(5)不准在设备运行时离开岗位。发现异常声音和故障应立即停止,进行检查。自己不能处理的应及时通知维修人员检修。

4.服务人员的"两介绍"

(1)向游客介绍设施设备使用方法并示范操作。

(2)向游客介绍使用设施设备的安全注意事项。

资料来源:章平,李晓光.旅游景区管理[M].北京:科学出版社,2007.

案例与讨论

游客景区内受伤,谁之过?

上海游客费先生与同事参加了旅行社组织的旅游。在某景区一景点拍照留念时,费先生脚踏该景点内的石凳、石桌,因石桌台面晃动,从石桌上摔下导致右腿骨折。当时现场的景区讲解员因为忙着为其他游客提供讲解服务,没有注意到费先生的行为。事后,费先生将景区经营方及旅行社告上法院。日前,上海市闸北区人民法院作出一审判决:景区经营方安全保障措施不健全,应承担相应的民事赔偿责任,旅行社承担连带责任,费先生获赔3万余元。

案例讨论题:

1.此案例中游客、景区经营方和旅行社分别应负什么责任?

2.景区经营方在设施设备的管理中存在哪些问题?请列举出来。

思考与讨论

作为景区设施管理人员,应当具备哪些能力和素质?

技能训练题

请查阅相关资料,收集并列举出5～10例近年来我国旅游景区因设备原因而造成的旅游安全事故,详细分析事故原因并简要提出整改措施。

项目八　旅游景区资源管理

学习目标

知识目标：了解旅游景区资源管理的内涵和中国世界遗产概况；认识景区可持续发展的重要意义；掌握旅游景区资源管理的主要手段。

技能目标：能分析旅游景区资源特点并提出管理措施；能对世界遗产及重点风景名胜区的开发、保护与管理提出相应的对策措施。

项目分析

景区资源是旅游景区赖以以生存、经营和发展的基础，只有认识到景区资源的重要性，合理地保护和开发利用景区资源，有效地对景区资源进行管理，才能保证旅游景区可持续发展。本项目内容主要包括旅游景区资源管理的概念、特征和手段，旅游景区资源管理与可持续发展及世界遗产的保护和管理，重点在于掌握旅游景区资源管理的基本手段，难点是实现景区可持续发展的思路与措施，理解在旅游业蓬勃发展时期加强世界遗产保护的意义和途径。

任务一　旅游景区资源管理方法与技术的制定

情境设计

为打破旅游产业体制壁垒，全面整合旅游资源，承德市新近成立的市避暑山庄及周围寺庙景区管理委员会成功将全市景点整合为四大景区，变旅游资源优势为产业优势，发挥出"1＋1＞2"的效果，这是该市建设国际旅游城市的有效尝试。

承德因遍布众多历史文化遗产和独具特色的自然资源，成为闻名遐迩的旅游城市。尽管每年前来承德旅游的游客以百万计，但因避暑山庄及周围寺庙景区分别由文物、民宗、林业等部门多头管理，多年来，这些旅游资源并没有发挥其最大效能，体制的壁垒阻碍了旅游产业的跨越发展。为了打破体制壁垒，整合旅游资源，使各景区得到均衡发展，承德市经过多年的积极筹划，协调各方利益，2010年5月12日，市避暑山庄及周围寺庙景区管委会正式成立。新成立的景区管委会为市政府管理的事业单位，经费形式为自收自支。原由市文物局管理的避暑山庄、普陀宗乘之庙、须弥福寿之庙、安远庙、普乐寺、普佑寺及其他未对外开放的寺庙，市民宗局管理的普宁寺，市林业局管理的磬锤峰国家森林公园，人财物及经营管理权等将一并划归管委会。景区资源整合后，实行景区整体经营与管理，按照同区域、相邻同质的原则，把避暑山庄作为一个景区，普陀宗乘之庙、须弥福寿之庙整合为布达拉行宫景区，普宁寺、普佑寺整合为普宁寺景区，普乐寺、安远庙、磬锤峰国家森林公园整合为磬锤峰景区。门票的价格经过省、市物价局审批，对外在销售时均以景区为单位实行一票制。

据了解，四大景区整合时间虽不长，但已经取得了明显效果。"安远庙5月2日当天就接待游客 1000 多人,是往年全年的接待量。普乐寺 5 月份的游客接待量已经与往年全年持平。"虽然受上海世博会影响,来承德游客数量今年比往年下降了 20% 至 30%,但通过景区管委会加强管理,收入却比往年略有增长。

目前,景区管委会以打包形式对外统一推荐承德优质旅游景点。承德在完成旅游体制改革后,下一步将在旅游机制上寻求突破。将引进战略投资者,组成旅游发展集团,在景区为游客提供游玩内容的同时,更好地提升景区服务接待水平及相关配套设施建设,从而改变承德旅游长期"白天看庙,晚上睡觉"的状况,最终实现旅游发展集团的上市。

未来的规划值得所有人期待,但承德旅游产业因种种原因积沉下的诸多"病疾",依然需要时间和加倍努力去一一化解。

资料来源:陈宝云.避暑山庄外八庙整合成 4 景区规划成立上市公司[N].燕赵都市报,2010-06-22.

根据以上情境,完成以下任务:

1.分析承德旅游资源的特点及实施旅游资源整合的原因。

2.承德市实施旅游资源整合采取了什么措施?还要从哪些方面进行完善?

任务分析

承德市旅游资源丰富,但因多头管理等方面的原因致其没有充分发挥效能。本任务应从分析承德市景区旅游资源管理的内容与特点入手,结合该市旅游资源的实际情况和发展阶段进行分析归类,理解进行旅游资源管理及整合的必要性,并从该市进行资源整合的具体做法,掌握法律、经济、行政、规划等资源管理手段,进而了解旅游景区资源管理的技术方法。

相关知识

一、旅游景区资源管理的内涵

(一)旅游资源定义

《旅游区(点)质量等级的划分与评定》中对景区旅游资源定义为:"自然界和人类社会凡能对旅游者产生吸引力,可以为旅游业开发利用,并可产生经济效益、社会效益和环境效益的各种事物和因素。"凡是能够造成对旅游者具有吸引力的自然因素、社会因素和其他任何因素,都可构成旅游资源;景区旅游资源是限定于景区之内的,而旅游资源还包括未利用的资源,因而景区旅游资源是旅游资源的一个组成部分。

所谓景区旅游资源管理,是指运用规划、法律、经济、技术、行政、教育等手段,对一切可能损害景区旅游资源的行为和活动施加影响,协调旅游发展、资源利用和环境保护之间的关系,从而实现经济效益、社会效益、环境效益的有机统一。

(二)旅游资源管理的意义

1.旅游资源是旅游景区赖以生存、经营和发展的基础

多年以来,旅行社组织的出游客人,都是以游览旅游景区为目标,很少有游人是为了住一个饭店到某一个城市。所以,旅游景区在旅游发展过程中的地位始终是非常重要的,而且越来越重要,因而旅游景区资源是旅游景区赖以生存、经营和发展的基础,也是旅游景区可持续发展的根本。

2.旅游资源不仅需要开发和利用,更需要保护与管理

开发利用和保护管理是一对矛盾,又相互依存、相互促进。合理的开发利用不仅可以促进当地的经济发展,还可以保护资源避免人为的破坏。一个好的旅游资源在开发利用中被破坏了,或者在无意中被损坏了,对旅游工作者和旅游者来说都是一种损失。

3. 旅游资源决定了景区的品质、吸引力和价值

要保持景区的吸引力和价值,首先要保护景区的资源,而有效的管理是资源保护的重要途径之一。景区资源有多重价值体现,如艺术价值、历史价值、游憩价值、科学价值、环境价值等,景区资源管理的主要任务就是要使多重的价值得以体现。

4. 人与自然和谐发展是旅游资源管理的最终目标

景区的可持续发展是建立在保护和开发相互和谐的基点上的,使景区资源保护和经济效益获得"双赢"。保护景区资源和环境不受破坏是第一要务,是发展现代旅游业、实现旅游收入效益最大化目标的基础;而景区的经济发展,则是资源保护基金积累的基本来源,只有在旅游经济得到发展的条件下,才能使景区资源得以有效的保护。保护和开发是相辅相成的,只有在保护中开发,在开发中保护,才能把旅游景区资源的保护和管理工作做好。

二、旅游景区资源管理的历史进程

邹统钎(2004)认为,西方旅游景区开发的模式是随着社会经济的发展、旅游需求的变化而不断演变的。世界旅游发展经历了三个阶段,伴之而来则是景区开发发展的三个阶段:大众旅游阶段、可持续旅游阶段与体验旅游阶段。以此为基础,旅游景区资源的管理也经历了三个阶段:

(一)经济增长型管理阶段

20世纪50年代后,旅游活动不仅恢复了第二次世界大战之前的水平,还出现了前所未有的发展趋势。景区资源的规划者、促销者、管理者都以增长为其主要焦点,国家、社区坚信只有壮大旅游业才能获得更大的经济效益。因此,只要是他们认为有价值的旅游项目,都会尽其能力加以开发。旅游业的发展壮大的确为社会提供了大量的就业机会,政府收入和税收不断增加,旅游业成为很多国家和地区的支柱产业。

在这个阶段,旅游资源管理的重点是产品开发、土地规划和市场促销,主要目标是景区经济利益的最大化。资源管理的导向是开发商的利益,缺乏系统的旅游规划,过度开发和利用景区旅游资源,部分景区处于超负荷运转状态,带来了严重的环境问题和社会问题。针对这种情况,人们提出了"逆营销"(demarketing)的行动原则和"再开发"原则。

(二)可持续性管理阶段

自从可持续旅游被提出后,人们开始对以前的资源利用方式进行反思和总结,尤其是资源的过度利用带来的一系列问题向世人敲响了警钟,使人们意识到资源的管理和利用不能局限在开发者或本地区的利益上,而应该把旅游业的发展纳入一个整体,从人类的发展角度考虑资源的利用方式。至此,旅游业的开发和规划开始朝着可持续发展的方向前进,资源的利用也开始注意均衡发展,旅游资源管理和环境保护走上协调发展的道路。

(三)体验管理阶段

约瑟夫·派恩(B. Joseph Pine II)和詹姆斯·吉尔摩(James H. Gilmore)在《体验经济》一书中提出:"体验经济是继农业经济、工业经济、服务经济之后的人类经济生活发展的第四个阶段。它追求的最大特征就是消费和生产的个性化。"旅游景区资源的体验管理,就是要满足旅游者不断增长的差异化的旅游需求,以提高旅游者的旅游质量为主要目标,追求人与自然和谐统一发展。

三、旅游景区资源管理的基本手段

(一)法律手段

景区旅游资源管理是否有效,基础在于是否具有完善的法制,在旅游资源管理中,与旅游相

关的法律、法规和标准发挥着十分重要的作用。可以说，旅游业的可持续发展必须要有切实可行的法律、法规作保障，做到"以法兴游"、"以法治游"。

旅游资源管理的法律手段具有权威性、强制性、规范性和综合性的特点，主要是通过实施旅游资源法。旅游资源法是调整人们在旅游资源开发、利用、管理和保护过程中所发生的各种社会关系的法律规范的总称，一般包括国家公园（风景名胜区）、文物古迹、自然保护区、海滩、游乐场、野生动植物资源保护等方面的法律、法规、法令、条例和章程等。

当前在旅游资源管理法律手段方面存在以下问题：法律不健全，关于资源管理方面的法律法规更是缺乏；普法宣传教育不足，没有做到家喻户晓，各种法律条款仅作为一纸公文在政府间自上而下地传达；在执法方面缺乏效力，执法力度不够，如一些破坏旅游资源的行为未能受到法律的严厉制裁。

（二）经济手段

所谓经济手段，是指国家或主管部门，运用价格、税收、补贴、罚款等经济杠杆和价值工具，调整各方面的经济利益关系，把景区的局部利益同社会的整体利益有机结合起来，达到资源的合理和持续利用。在税收方面，我国已开征旅游税、旅游资源税、环境资源税。

（1）旅游税：一方面有利于限制和禁止某些过度开发行为，为旅游资源及环境的保护提供稳定而有保障的资金；另一方面，可以通过政府对税收的掌握，投向旅游业的薄弱环节，平衡旅游业的发展。

（2）旅游资源税：它是体现国有资源有偿使用的原则，同时调节开发自然资源的单位因资源结构和开发条件的差异而形成的级差收入。它是调节因资源差异而形成级差收入而征收的一种税。

（3）环境资源税：也叫绿色税，是国家为了保护环境资源、促进可持续发展而对一切开发、利用环境资源的单位和个人，按照其开发、利用自然资源的程度或污染、破坏环境资源的程度征收的一个税种。

（三）规划手段

规划是旅游业中必不可少的环节，它在景区管理中扮演着极其重要的角色，科学而有效的规划可以促进旅游资源的开发和旅游环境的保护。

旅游业发展规划包括近期发展规划（3~5年）、中期发展规划（5~10年）和远期发展规划（10~20年）。其主要任务是明确旅游业在国民经济和社会发展中的地位与作用，提出旅游业的发展目标，优化旅游业发展的要素结构与空间布局，安排旅游业发展的优先项目，促进旅游业持续、健康、稳定地发展。

旅游区规划按规划层次分为总体规划、控制性详细规划和修建性详细规划等。总体规划的期限一般为10~20年，其主要任务是分析旅游区客源市场、主体形象、市场营销、旅游区的用地范围及空间布局以及旅游景区产品和项目策划等。

（四）行政手段

行政手段是依靠各级行政机关或企业行政组织的权威，采取各种行政手段，如下命令、发指示、定指标等办法，对旅游环境实行行政系统管理。旅游业的发展、旅游景区的资源管理，都需要各级政府的支持和帮助，需要一个相对稳定适宜的外部环境，政府可以通过行政手段，有效控制盲目开发、破坏资源以及各种不良现象的发生。

（五）宣传教育手段

宣传教育手段就是指通过现代化的新闻媒介和其他形式，向公众传播有关旅游资源管理和环境保护的法律知识和科技知识。其目的是使人们正确认识旅游资源问题，树立良好的资源利用意识和环保意识,养成文明的旅游资源消费习惯。

相对而言,我国公民的旅游消费习惯不是太好,旅游者在景区乱扔垃圾、乱刻乱画、乱喊乱叫等现象屡见不鲜,必须加强宣传教育,提高我国旅游者的环境意识和自身素质,这也是旅游资源管理和旅游业可持续发展的重要手段。

(六)科技手段

在资源管理中还有科技手段、物理手段、化学手段、生物手段和工程手段等,将它们单一或组合使用以达到资源永续利用的目的。

科技手段在景区资源保护和开发中的应用非常广泛,如我国许多雕刻艺术品和石窟艺术,都需要用高超的保护技术,防止风化、侵蚀以及人工损害。有许多景区为了不破坏景区的原始资源,运用索道技术把游人隔离于景区之外,以及景区的清淤技术等,都是科技的应用。科学技术的应用可以提高旅游资源的利用效率,把对资源的破坏减到最小。

四、旅游景区资源管理的技术方法

一百多年来,国家公园运动在资源保护、规划和管理技术等方面取得了很多进展,为旅游景区资源管理技术提供了有益的借鉴。有关的技术主要是以下七种:

(一)LAC 理论

LAC 理论英文全称为"limits of acceptable change",中文可译为"可接受的改变极限"。它是用于解决国家公园和保护区中的资源保护与利用问题的一种理论。20 世纪 90 年代以后,该理论广泛应用于美国、加拿大、澳大利亚等国家的国家公园和保护区的规划和管理之中。

LAC 理论是在环境容量的基础上发展而来的。20 个世纪 60 年代,世界上许多科学家认为,如果能计算出环境容量的具体数字,那么它将成为解决资源保护和利用之间矛盾的金钥匙;后来发现,如果环境容量的变量是如此之多,变量之间的关系是如此复杂,以致要计算出一个准确的、可以作为管理依据的数据来说,几乎是不可能的。实践也证明,如果将环境容量仅仅作为一个数字对待的话,管理的结果往往会以失败告终。这是因为,环境容量本身虽然是一个很好的概念,但如果只着眼于"数字",则可操作性很差。另一方面,科学家们认识到,只控制"量"是不够的。旅游活动的种类、管理能力的高低、游客的素质,都会对自然状况和旅游品质造成影响。因此,有必要从"数字游戏"中跳出来。

1985 年,美国农业部林业局的几位科学家提出了 LAC 理论,用以解决游憩环境容量问题(注意不是数字)。它主要是用来在绝对保护和无限制利用之间,寻找一种妥协和平衡。LAC 的逻辑包括以下几点:①只要有利用,资源必然有损害、有变异,关键的问题是这种变化是否在可接受的范围之内。②资源保护和游憩利用是国家公园规划和管理的两大目标,要取得平衡,这两个目标都必须妥协。③决定哪一个目标是主导性目标(在国家公园,通常主导性目标是资源与旅游品质的保护)。④为主导性目标制定"可允许改变"的标准(包括资源状况和旅游品质两个方面),在可允许改变的标准以内,对游憩利用不加严格限制;一旦资源与旅游品质标准超出了"可允许改变的"范围,则严格限制游憩利用,并采取一切手段,使资源与旅游品质状况恢复到标准以内。目前,LAC 理论已经得到了大多数科学家的推崇和应用。

(二)ROS 技术

游憩机会类别(recreation opportunity spectrum,ROS)是解决资源保护与游客体验之间关系的一种技术,它与 LAC 理论紧密相关,可以用它来给不同的游客体验制定目标。游憩机会类别是一种描述如何在一个资源保护地内,管理不同区域的旅游活动的方法。它的使用前提是假设某些活动最适于在某些区域进行。例如,野外跋涉在相对无人触及的林区进行,比在农耕地区进行要更加适合。它还要假设这些活动必须要提供给游客某种体验或机会,比如安静或冒险。如在坦桑尼亚的乞力马扎罗山,规划人员建立了一个徒步旅行区,在这一区域里,游客人数受到控制,而且游客很少能接触到其他的徒步旅行者。另一个更加受限制的荒野区域,只允许最小限度的使用。在这样的区域里,所有的茅屋和永久性设施都被拆除,只允许搭帐篷露营。由于避免了人类的永久存在,所以那里能提供最安静的感受。为了区分不同的活动,游憩机会类别系统使用了一种被称为"机会等级"的预先制定好的分类方法。它可以把保护地的自然资源和它们最适合的活动相匹配。例如在一个混合型遗产地,一个空间区域可能是考古旅游,而另一个可能为观鸟旅游。机会等级描述不同分区的理想状态,并为管理目标提供指导方针。在美国,公园和林业管理机构使用的是一套预先制定的机会分类法,它包括原始的、半原始非机械化的、半原始机械化的、乡村的和现代城市的。应用 ROS 的其他国家,也都各自设计了与它们具体地区的自然资源相适应的分类法。每种机会等级都包含一套为游客准备的体验和活动。举例来说,一个被列为原始等级的地区,可能就要作为一片荒野继续保持下去,不允许有车辆通行,游客可以在那里尽情体验体能的挑战和安静的感觉。由于这样的地区会吸引游客前来寻找一种野外的体验,所以可以开展一些适当的活动,像背包徒步旅行和划独木舟等活动。

保护地内的乡村地区,例如农田,在机会频谱中,就有不同程度的人类的影响,因而游客希望在那里能接触其他的人,那么类似野外徒步旅行的活动,可能在那里就不太适合了。而另一方面,沿着田间道路观察鸟类可能就成为比较合适的旅游活动。

为不同活动服务的基础设施建设,是与该地区的机会等级密切相关的。游憩机会类别系统能够使基础设施的建设目标和提供给游客的体验协调一致。举例来说,如果旨在提供一种孤独的野外体验,那么只要建设一些最基本的设施就可以了;如果是在有人居住的乡村地区,那么基本设施可能就需要更完善一些,要有满足游客需求的膳宿接待。

(三)VERP 方法

VERP 方法,是美国国家公园局根据 LAC 理论和 ROS 技术等,开发的一种适用于美国国家公园总体管理规划的方法。它基本上包括以下九个步骤:

(1)组织一个多层次、多学科小组。

(2)建立一个公共参与的机制。

(3)确定国家公园的目标、重要性,首要解说主题,规划主要课题等。

(4)资源评价和游憩利用现状分析。

(5)确定管理政策的不同类别(zone description)。

(6)将管理政策落实在空间上(zoning)。

(7)为每一类分区(zone)确定指标和标准,建立监测系统。

(8)监测指标的变化情况。

(9)根据指标变化情况,确定相应的管理行动。

VERP 的特点主要有五个方面:保护和利用之间的妥协关系明确量;游览机会的提供取决于资源状况、现有的游览体验和服务设施;抽样化的游客体验;用定性属性定义游客体验;强调多学科参与和公众参与,将监测管理和规划实施纳入整个规程。

(四)SCP 技术

SCP (site conservation plan)技术是大自然保护协会制定的一个用于保护生物性的方法。该方法主要包括三点:

(1)确定重点保护的生态系统并分析其活力。

（2）了解这些生态系统产生的不利影响、各种危机及其根源，并对它们进行排序。

（3）慎重评估各保护项目的实施效果以便对目标地区的保护行动进行适整。

SCP技术的逻辑关系很直观。首先确定规划地区的保护对象。通过对保护对象的保护，使这一地区的生物多样性（不包括外来物种）均得到有效保护。从理论上说，生物多样性得到有效保护，就是使它们所受到的威胁减轻。因此，消除造成各种危机的根源，就会使生态系统所受到的威胁得到缓解，从而增强保护对象的活力。有些根源是不可能消除的，或当这些根源消除后而危机仍会继续存在。在这种情况下，就需要对保护对象进行直接的恢复。因而，制定并实施保护对策目的是：①使引起危机的关键根源得到控制；②使生态系统得到恢复。此外，还要进行一些能力建设项目，从而使生物多样性保护得以延续下去，同时，让关键利益相关者更多地参与到生物多样性保护活动中来。评估则是看这些保护活动对于减轻威胁因子、恢复和维持可存活保护对象及这一地区的生态功能是否有效，即进行威胁状况与缓解程度测定及生物多样性安全状况监测。

SCP技术首先需要收集各种资料，再经过一些分析步骤，最后才能制定出保护对策。收集各种资料应相互关联，并围绕三个方面进行：①确定这一地区的主要保护对象并判断其存活能力；②对关键威胁因子进行分析和优选排序；③对利益相关者进行针对性考察，以了解他们与保护对象及其威胁因子之间的联系。

明确了保护的总体目标和优先重点之后，规划人员就可以着手进行规划。规划应包括：①给出一组优选对策，这些对策将有助于改善保护对象的保护状况、缓解关键威胁因子和加强保护能力建设；②提出一整套监测指标，以评估这一目标地区各种保护行动的效果。这一规划过程的一个重要特点是其互动性。即它是一个可以不断完善和更新的框架，可以对它不断进行调整，以保障那些对于改善生物多样性保护状况和减轻其威胁因子十分有效的保护活动能不断得到延续。

（五）市场细分的概念

市场细分是20世纪50年代中期，由美国学者史密斯提出的。主要有两个依据即顾客需求的异质性和企业资源的有限性。细分的目的是为了进行更为有效的市场竞争，并针对不同的市场，提供不同的游憩机会。传统的市场细分包括：地理细分（游客区域、城镇规模等）、社会经济和人口学细分（教育、性别、年龄、职业等）、心理学细分（社会阶层、生活方式等）和行为细分（旅游动机等）。市场细分的目的在于识别出未来可能的目标市场，包括因子混合聚类方法和先验细分方法。

（六）zoning 技术

土地分区管理（zoning）是美国和加拿大在城市发展管理中的一种常用手段。它起源于19世纪末的德国，美国在20世纪初开始采用，后来加拿大也开始采用这种方法。土地分区管理的方法应用到国家公园，起源于美国国家公园局的实践。美国国家公园的土地使用分区制，有一个不断发展的过程。二分法是美国国家公园最早的分区方式。二分法把资源的保护和利用作为一对对立物，土地被分为自然和游憩两大区。接着，由于保护核心自然区的小气候、地质以及生态系统完整性的需要和降低人为直接冲击的要求，开始实行三分法，即在周边游憩区与核心自然保护区之间，设置一条带状缓冲区。随着国家公园范围的不断扩大，设施种类的不断增多，以及解说教育方式的不断改变，三分法的分区方式已无法满足国家公园的管理要求。于是，在1960年拟定了以资源特性为依据的分区模式，分别建议各区的位置、资源条件、适宜的活动和设施及经营管理政策。1982年，美国国家公园局规定，各国家公园应按照资源保护程度和可开发利用强度，划分为：自然区、史迹区、公园发展区和特殊使用区四大区域，并就每个分区再划分为若干次区。这种分区制是适合美国国家公园种类多样、资源丰富、土地广阔的特点的，也是到目前为止世界上较为完整的分区技术。1998年,美国国家公园局又对它的分区体系作了进一步调整。

(七)环境与社会影响评价

环境影响评价又称环境影响质量预测评价,是指在某一地区进行可能产生影响的重大工程建设、规划,或城市建设与发展、区域规划等活动之前,对这一活动可能对周围地区环境造成的影响进行调查、预测和评价,并提出防止污染和破坏的对策。其目的在于使环境保护与经济发展相协调。

1964年,在加拿大召开的国际环境质量评价会议上首次提出了"环境影响评价"概念。但在世界范围内,美国首开环境影响评价制度先河。1966年10月,在美国众议院所属科学研究开发小组委员会进行的进展报告中,首次正式采用了"环境评价"这一术语。1969年,美国制定了《国家环境政策法》(NEPA),首次明确了环境影响评价制度,并被作为"保护环境的国家基本章程"。1970年4月3日开始执行的《改善环境质量法》,是NEPA的很好补充,该法授权国家环境质量局,为环境质量委员会提供专业管理人员。环境影响评价制度是美国环境政策的核心制度,在美国环境法中占有特殊的地位。美国自20世纪70年代初至今,不论是联邦还是州一级法律,都建立了较完备的环境影响评价法律体系,不仅为实施国家的环境政策提供手段,而且为实现国家环境目标提供法律保障。实践证明,NEPA自产生至今对美国的环境一直发挥着重要作用,它迫使行政机关将对环境价值的考虑纳入决策过程,使行政机关正确对待经济发展和环境保护两方面的利益和目标,改变了过去重经济轻环保的行政决策方式。虽然NEPA不是针对国家公园体系而定,但对美国国家公园局和国家公园体系的影响丝毫不逊于《国家公园基本法》。从某些方面来说,环境影响评价制度改变了20世纪60年代以后的国家公园规划和管理思想。

任务实施

步骤一 领受任务

教师介绍任务的内容、要求、关键点及注意事项。各小组提问,教师答疑,准确理解任务,完成任务领受。

步骤二 实施任务

各小组按教师的要求,制订完成任务的工作程序及任务分配方案。阅读相关知识,查阅其他相关资料。分析承德市景区旅游资源管理的内容与特点,对该市旅游资源的实际情况和发展阶段进行归类;分析该市进行资源整合所采取的经济、行政、规划等手段;运用旅游景区资源管理的技术方法,对该市资源管理的进一步发展提出建议。完成情境中提出的任务内容,写成任务报告,做成PPT,准备汇报。

步骤三 任务汇报

各小组根据任务的要求,在教室中汇报并相互提问。指导教师进行点评与总结。各小组对本次汇报及时进行总结,形成文字材料,上交指导教师。指导教师给出各小组评价综合得分。

考核评价

旅游景区资源管理方法与技术的制定任务评价考察表

学习目标	评价标准	小组评价 (50%)	教师评价 (50%)	综合得分 (百分制)
理论知识 (20分)	理解旅游景区资源的分类、景区资源管理的内涵及历史进程,旅游资源管理的主要手段			

学习目标	评价标准	小组评价 （50%）	教师评价 （50%）	综合得分 （百分制）
专业技能 （20分）	辨析旅游景区资源特点，提出管理措施，掌握旅游景区资源管理的技术方法			
通用技能 （20分）	小组讨论中的表达能力、沟通能力与团队协作能力			
任务完成 （20分）	小组讨论中所起到的作用、任务完成的有效性			
学习态度 （20分）	完成任务的态度、责任感			
综合评价及建议：				

拓展知识

1. 旅游景区资源保护的委托—代理理论

如何保护旅游景区的资源不被破坏是人们最为关心的问题，有关学者在这方面进行了大量探讨。根据旅游景区资源的价值构成及资源的非经济价值与经济价值之间的相互关系，一方面，资源价值的保值与增值需要靠经营者的资金投入和劳动投入，委托人国家的利益增加建立在代理人利益减少的前提下；另一方面，资源价值的保值与增值也能够增加市场对旅游景区产品的需求，增加经营者的收益。然而，由于资源价值的外部性及经营权转让者与获得者之间的信息不对称，经营者没有积极性保护景区，经营者保护景区的行为需要靠委托人的监督；而委托人的监督成本很高，而且由于交叉补贴的存在，真正破坏资源的行为难以发现。委托—代理理论认为，在信息不对称的情况下，通过赋予经营者一定程度的剩余索取权，能够使代理人的目标与委托人的目标趋向一致。该理论在我国各行业的产权制度安排中已得到广泛的应用。

2. 旅游景区资源的经营权转让

目前我国景区经营权的转让条款中大都规定了经营者获得经营权的条件以及经营期间的行为要求，但对经营权转让结束时景区资源价值的剩余索取权的归属未作任何规定。这样，在经营权结束时，实际上是资源所有者获得资源价值的所有剩余索取权。在这种制度安排下，由于经营者对自己的行为后果不负责任，经营者对景区资源进行保护时所获得的收益小于对景区不进行保护时所获得的收益，从而激励经营者对资源过度利用，而将资源破坏的成本强加给后人。

在旅游景区的经营权转让问题上，如何保护旅游景区的资源不被破坏是人们最为关心的问题。根据旅游景区资源的价值构成及资源的非经济价值与经济价值之间的相互关系，有关经营权产权配置的制度创新安排主要有：第一，给予经营者在经营期限结束时资源价值一定比例的剩余索取权。这样会使经营者认识到，对于那些投资回报周期比较长的项目，或者位于经营权即将结束时的投资项目，经营者进行投资也同样会得到收益。经营者在经营期间内为保护景区资源进行的投资行为如果在经营期间内得不到补偿，在经营权结束时能够在资源价值的剩余索取权分配上得到补偿。第二，给予经营者在经营期限结束时优先购买景区经营权的权力。这有利于避免在经营权结束时因资源价值评估不合理对经营者造成的损失。由于旅游资源的价值受人们的主观因素影响很大,不同的评估者对资源价值评估的结果相关很大。而我国当前对旅游资源评估还没有一个合法的程序。如果资源价值被低估,经营者剩余索取权的利益将得不到实现。如果给予经营者优先购买景区的下期经营转让权的权力,经营者如果认为资源价值评估过低,可通过优先以较低的价格购买下一期景区经营转让权的方式使损失得到补偿。

案例与讨论

武夷山得天独厚的天然资源,是世界级的不可再生的人类瑰宝,每一山石、竹木、花草、水流、兽、鸟、虫、鱼都极具珍贵,应当严加保护,不能以任何理由为借口,以牺牲生态环境为代价来换取一时的经济利益。因此,要搞好山体、水体的保护,凡在遗产地红线范围内应严格禁止一切开山炸石、取土挖沙、破坏地形地貌的违法行为,保护九曲溪水质的洁净,以及溪中鱼类的正常繁衍。

野生动物是发展旅游业必不可少的资源,武夷山良好的生态环境,为野生动物提供了一个理想的筑巢栖居、繁衍生息的场所。武夷山野生动物数量多,大黑熊、铃羊、长尾雉鸡、金丝猴、穿山甲、五步蛇、角怪、大鲵(娃娃鱼)、白蝙蝠等这些天然的物种资源,都极其珍贵,必须严加保护,严禁捕猎、残杀。

野生植物的保护品类繁多,但对于武夷山来说,最重要一是古树名木的保护,二是风景植被的保护。武夷山的古树名木虽遗存不多,但都极具历史价值。如武夷宫内的两棵"宋桂"已有近千年的历史,保护区内的银杏树、红豆杉等树种都已被称为景区的活化石,是国家一级保护树种。植被保护则是九曲溪水源涵养的基础,也是武夷山竹筏漂流旅游的生命线。

武夷山文化遗产十分丰富,但因历史的原因和疏于保护,许多文物古迹已造成不可挽回的毁坏和损失。如武夷精舍的仁智堂被拆毁建为礼堂,现在废为草地;山北白岩洞中,一具完整的船棺被盗后锯为三段。

案例讨论题:

1. 武夷山有哪些独特的旅游资源?其保护状况如何?
2. 对武夷山旅游资源管理应采取何种措施?

思考与讨论

1. 旅游景区资源管理的重要性是什么?
2. 比较旅游景区资源管理各项措施的优劣。

技能训练题

1. 调查分析当地景区旅游资源状况及特点。
2. 试对当地景区资源提出资源整合的方案或办法。

任务二　旅游景区资源管理与可持续发展

情境设计

南京市中山陵园风景区是世界著名的自然风景和人文历史名胜,风景区里的一草一木都受到法律的严格保护。从2004年开始,陵区禁止商业开发。但是在中山陵园的核心风景区,有人在大兴土木,扩建别墅群,时间已经持续了一年。昨日,央视《东方时空》栏目曝光了这一事件。

本报记者了解到,别墅小区原本是部队的一个疗养院,2003 年时房产公司租赁了其中一部分,等中山陵园管理局执法人员发现里面在大兴土木时,门口的保安以挂着"军事禁区"的牌子为由,一再阻止执法人员进入。此事经过报道,目前已经引起南京市政府的高度重视。昨天中午南京市领导批示要彻查此事。有知情人士透露,房产、规划等多部门也已介入调查。

近日,位于中山陵的德基紫金山庄,里面依然是热火朝天的施工场面。南京市也专门成立了中山陵园管理局负责管理和保护工作,德基紫金山庄大规模的扩建持续了一年,为什么没有被制止呢?中山陵园管理局行政执法支队支队长许建荣说,任何单位和个人不能在我们景区内进行房屋的建设,如果需要建设,必须要报我们规划建设处审批,再报南京市规划局和土地局进行复查,这个房屋什么手续也没有,也没申报,所以在这里盖房子,严重违反我们管理条例的规定。

既然得知紫金山庄严重违规,为什么中山陵园管理局没有出面制止,而是任由开发商施工将近一年之久呢?中山陵园管理局行政执法支队二大队负责人说,从 2008 年开始,已经四次以上去执法,不管是围墙还是房屋扩建,他们都把我们拒之门外。由于德基紫金山庄位于中山陵风景区的最核心位置,开发商给扩建后的别墅每平方米定价在 5 万元人民币左右,如成功出售,无疑将给开发商带来巨额利润。

资料来源:宋南飞.有人在中山陵景区违观扩建别墅[N].扬子晚报,2010 - 12 - 28.

根据以上情境,完成下列任务:

1. 中山陵园风景区扩建别墅群的动因何在?对旅游资源和景区发展有何影响?
2. 就中山陵园风景区旅游景区资源管理与可持续发展下一步应采取的办法与措施展开讨论。

任务分析

中山陵园风景区扩建别墅群对景区旅游资源可持续发展不可避免地造成重大的影响,应从旅游景区可持续发展的内涵、原则及标准入手,分析这种影响的具体表现,进一步加深对景区旅游资源可持续管理重要意义的理解;为实现景区可持续发展,关键是分析景区相关系统、旅游系统及其外部影响因素和可持续发展系统,并从社区管理和旅游者管理的角度,提出实现景区旅游资源可持续发展的应对之策。

相关知识

一、旅游景区的可持续发展

(一)内涵

可持续发展(sustainable development)最初是指生态的可持续性,后来又发展为社会、经济等的可持续性。1987 年联合国世界环境与发展委员会发布的《我们共同的未来》中提出的可持续发展即"满足当代人的需要,又不损害后代人满足其需求能力的发展"。可持续发展是发展和可持续的统一,是全球、全人类的共同发展,是当代人和后代人之间的协调发展,是一种动态平衡的发展,以生态环境的良性循环和自然资源的合理利用为基础,以科技不断进步和劳动者素质的全面提高为根本途径,最终目标是人类的全面发展以及人与人之间的和谐统一。

旅游景区可持续发展(sustainable development of tourism landscape)是在保护旅游景区资源原真性和文化完整性的前提下,使得旅游景区资源既满足当代利益相关者的需求,又能满足后代人发展的需要,保持景区资源、环境、旅游和谐、统一的发展。其内涵如下:

1.有效保护与合理利用

旅游景区的可持续发展,不是完全的保护,而是在保护的前提下允许合理地开发和利用。保护强调对旅游资源、生态环境和社会文化的有效保护,避免造成不可挽救的损失,发展强调对旅游资源的合理开发,并争取实现资源利用的最优化。"保护"和"发展"是相辅相成的,不能过分强调开发或过分注重保护,这都不符合可持续发展的要求。

2.正确规划与有效管理

旅游景区的可持续发展,要以正确的规划和有效的管理利用为前提,在规划中明确哪些资源必须保护以及如何保护;哪些资源可以开发,开发到何种程度;在管理中制约破坏景区资源和环境的行为,对旅游者采取不同的管理方法;在规划和管理中,追求景区的可持续发展。景区的发展不可无限制的发展,景区资源也不能无节制地利用,必须做好景区相关规划和管理,使旅游区走上集约化发展的道路。

3.体现人与自然的和谐统一

旅游区的可持续发展必须以正确的产品向导为基础,在设计和提供景区产品时,尽量满足旅游者追求新、奇、异的旅游需求,并引导旅游者热爱自然、保护环境、文明消费,反对景区产品的过分商业化和庸俗化,提倡绿色消费,环保旅游,对景区内产品的位置、文化内涵、色调等方面要求与景区的主体文化相适应,避免不协调景观的出现,提倡布局科学化、造型景观化、色调自然化、设施生态化、管理人本化,创造一个自然、和谐、清洁、有序的景区环境。

4.系统优化和综合管理

旅游景区的可持续发展,需要把景区的内部要素和外部环境统一起来。比如,一个景区的良好运营,必须建立在与当地居民关系融洽的基础上,如果出现当地居民排斥或抵触旅游者的情况,那景区的可持续发展就无从谈起。所以,景区的发展必须要有良好的社区关系,景区的发展必须兼顾当地居民的发展需要。同时,景区的发展必须考虑未来发展的需要,为未来的发展留下空间。景区的持续吸引力是景区发展的动力,同时,景区的发展要照顾到旅游者的旅游质量,做好社区服务。

5.科技手段和管理者素质

景区的可持续发展应引进先进的科学技术,建立先进的景区解说系统、景区预警系统以及管理信息系统等,并且运用科学技术丰富旅游产品,运用先进的环保技术保护和修复景区的环境等。可以说,先进的科学技术是景区可持续发展的后盾。同时,景区也应有优秀的、高素质管理人员,景区管理水平的高低,取决于管理者水平的高低,管理者需要有超前的管理意识和环保意识,有长远的发展目光。可以说,管理者水平和素质的高低是景区可持续发展的关键。

(二)原则

1.公平性

在社会发展中,资源和技术等要素分配的不公平是可持续发展的主要瓶颈,要想可持续发展,必须坚持公平性原则。所谓的公平性,主要是指机会选择的平等性,而要实现可持续发展,必须坚持代内公平(使当今世界各国人民享有公平的发展权)和代际公平(给后代以公平利用的权利)。

2.持续性

持续性即把人类的活动限制在生态环境的承载能力之内,发展和需求要以生物圈的承受能力为限度,经济增长必须以保护自然资源的质量为前提。要调整人类的生活方式,提倡有节制地消费,给后代人留下可用的资源。坚持持续性原则要做到"3R":减量化(reduce)、再利用(reuse)、再循环(recycle)。

3.整体性

整体性即地球作为一个整体,全人类之间具有制约性和依赖性,为了人类世世代代的幸福,全世界不同种族、不同国家和地区的人民应当团结起来，共同参与维护地球生态环境的行为，共同实施、推进可持续发展战略。把发展与环境保护视为一个有机整体，形成环境与效益的双赢局面。

(三)基本标准

1.社会发展标准

社会发展标准，即旅游景区能否保证开发成本和收益的公平分配，当地居民能否从旅游景区的发展中获得经济利益和就业机会；社区能否参与旅游决策；旅游景区是否可以增进对优良文化传统的保护。

2.旅游经济标准

旅游经济标准，即旅游景区的经济能否实现可持续增长，不断为地方经济注入新的发展资金。

3.旅游保护标准

旅游保护标准，即旅游景区能否对自然环境的保护和管理给予资金支持，促进对自然和文化资源的保护；旅游景区的发展能否促使旅游者和当地居民对自然环境保护持支持态度。

4.可持续地区的伦理标准

可持续发展伦理观，是学术界研究可持续发展和环境伦理学过程中形成的一种新型的环境伦理理论，它强调在人与自然和谐统一的基础上，承认人类对自然保护作用和道德代理人的责任，以及对一定社会中人类行为的环境道德规范研究。贝蒂和马丁(Beatle & Manning,1997)归纳了一套新的可持续地区的伦理标准(见表 8-1)。

表 8-1 可持续地区的伦理标准

现有伦理	可持续地区的伦理
个人主义、自私	互相依赖、群体
目光短浅、现状导向的伦理规范	目光长远、未来导向的伦理标准
贪婪、商品导向	利他主义
物质性的、消费导向	非物质性的、社区导向
傲慢、自大	谦卑、谨慎
以人类为中心	人与生物界的和谐关系
区域性的、狭隘的乡土观念	超本土

二、旅游景区资源与可持续发展的关系

旅游景区资源是旅游吸引力的主要来源，也是旅游景区的主要支柱，可持续发展也可看做是一种资源利用方式；而资源的均衡利用则是可持续发展的基础。随着现代旅游的发展，环境同样成为景区的重要吸引物，资源与环境的多样性是独特游客体验的必要条件，也是景区可持续发展的体现。

资源管理与可持续发展是互相促进、统一发展的。如果景区资源管理不当，造成了资源的过度利用或破坏，那么景区的可持续发展就无从谈起。

被誉为"欧洲乐园"的阿尔卑斯山，横亘法国、瑞士、德国、意大利、奥地利和斯洛文尼亚，由于发展旅游业有利可图，各国纷纷在这里开辟旅游景点。在没有合理的资源管理系统支撑之下，造成这里数百平方公里的森林被砍伐，使得地表难以保存和吸纳水分，导致发生水土流失、洪水、山崩、雪灾等自然灾害的敏感性加大。

反之，如果资源管理有效，实现资源利用最优化，则可以促进景区的可持续发展。通过对旅游资源及环境的合理开发和利用，实现旅游的良性循环与发展，进而可以促进旅游资源的合理利

用。因此,把景区的资源管理与可持续发展统一起来讨论具有十分重要的意义。资源管理的主要措施促进了景区的可持续发展,而景区的可持续发展理念保证了资源管理的正确方向。

黄山给旅游景点"放假"。自 2005 年 12 月 1 日起,黄山莲花峰实施封闭轮休,轮休期暂定三年。莲花峰海拔 1864 米,为华东最高峰。黄山风景区自 20 世纪 80 年代初开始对景区内游人集中的景点实施封闭轮休,以利生态自然休养生息。该峰 1994 年结束上一轮封闭轮休后对外开放。11 年来,特别是 1997 年莲花新道贯通形成环道之后,游人激增。为防止景点疲劳接待,保护景区生态环境,确保旅游资源可持续利用,黄山风景区管委会作出上述决定。据黄山园林部门负责人介绍,封闭轮休期间,景区园林管理部门将继续实施资源监管,做好病虫害防治和水土治理工作,通过人工辅助手段,促进自然植被和生态环境的恢复。

三、旅游景区可持续发展的实现

对于旅游业来说,涉及的因素很复杂,这条产业链上包括很多不同类型的部门,只有这些部门之间紧密联系,整个旅游系统才能顺利运行,否则就会失灵。必须通过各种方式加强这种内部联系,使得整个旅游业成功的机会增强,包括提高游客满意度,促进景区和商业发展,而实现资源的可持续发展,必须先明确景区旅游系统的构造。

(一)景区旅游系统

景区旅游系统可以从不同的角度划分,如旅游空间系统、旅游组织系统、旅游经济系统等,而比较有代表性的是旅游功能系统的模式,见图 8-1。

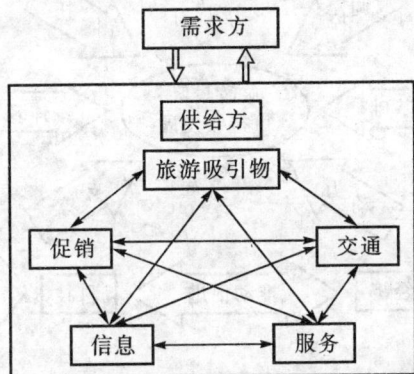

图 8-1　旅游功能系统结构

资料来源:克莱尔·A.冈恩,等.旅游规划理论与案例[M].4 版.大连:东北财经大学出版社,2005.

由图 8-1 可以看出,一个旅游系统包含需求方、供给方、旅游吸引物、交通、服务、信息、促销七大要素,所以在进行可持续管理时,必须把这七大要素都考虑在内。

(二)旅游系统的外部影响因素

旅游功能系统同时受到许多外部因素的影响,见图 8-2。

因此,实现景区旅游的可持续发展不但要考虑旅游系统的内部组成部分,同时也应当把这些外部因素纳入考虑范围。这些外部因素有时会起到相当大的影响作用。

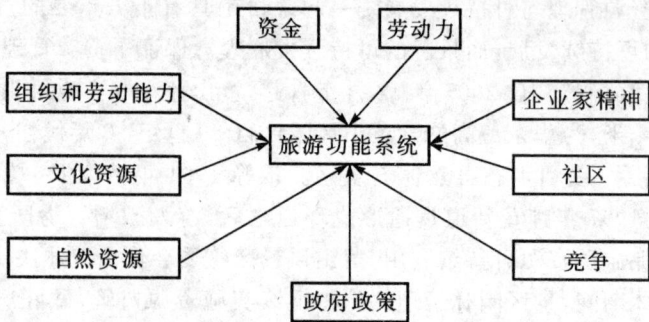

图 8-2 旅游系统的外部影响因素

资料来源:同图 8-1.

(三)旅游景区可持续发展系统

以景区旅游系统和外部影响系统为基础,用旅游景区可持续发展系统来研究景区的可持续发展问题(见图 8-3)。

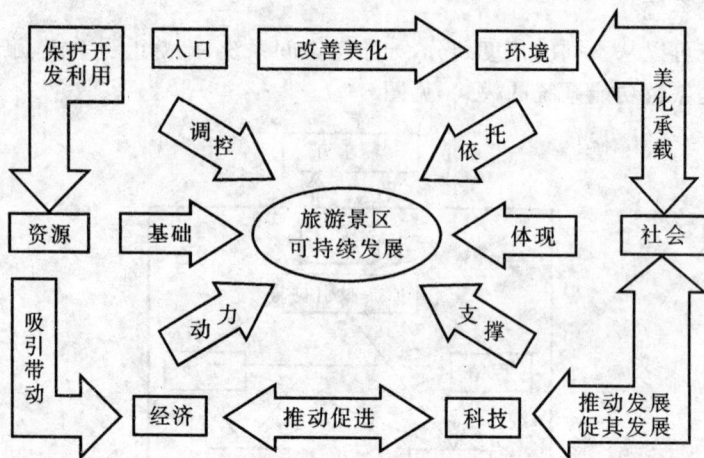

图 8-3 旅游景区可持续发展系统结构图

资料来源:邹统钎.旅游景区开发与管理[M].北京:清华大学出版社,2004.

总体来说,旅游景区可持续发展系统结构是一种循环立体网络结构,主要因素有:人口、资源、环境、社会、科技、经济。可以看出,景区可持续发展系统与景区旅游系统、外部影响系统有着本质上的相同性,可以说是异曲同工。

(四)社区管理与旅游者管理

随着旅游业的不断发展,业界人士开始认识到社区和旅游者的行为对旅游发展的影响越来越大。

1.社区管理

在可持续旅游中,强调的是社区参与(community participation)。"社区参与"从广义上来说,既是政府及非政府组织介入社区发展的过程、方式和手段,更是指社区居民参与发展计划、项目等各类公共事物与公益活动的行为及其过程,体现了居民对社区发展的责任的分担和对社区发展成果的分享;从狭义上来说,仅仅指居民的参与实践,而社区参与最重要的主体是社区居民。社区参与意味着在可持续旅游的规划和管理中,授权"当地人"确定他们的目标及达到目标的方法。

2.旅游者管理

旅游者管理是可持续旅游管理中最关键且又最困难的内容。对于景区来说,旅游者的进入或多或少都对景区的资源和环境带来了影响。游客影响可以分为游客过于拥挤、人为磨损与破坏、与交通相关的问题、对当地社区的影响及游客管理对旅游吸引物真实性的影响等。

为保证景区的可持续发展,必须把上述影响控制在一定的范围之内,具体可以采取以下措施:

(1)严格控制游客数量。确定景区的各种容量指标,确定各个时期游客的接待量,制订科学合理的游客接待计划。

(2)有效限制游客活动。游客对于景区环境的干扰程度有多大,取决于游客个体在景区内的活动方式,景区尤其是生态旅游景区必须严格限制旅游者的活动,规定游客的旅游线路、旅游时间、活动范围和活动方式等。

(3)对游客的宣传和教育。在景区旅游活动中,应该采取各种方法和手段(如宣传手册、标识、导游手册、旅行指南、游客服务中心等)对游客进行大量的生物多样性和环境保护的普及教育。这一方面强化资源的管理,另一方面也激发了公众的保护意识。

(4)在景区内旅游,游客的安全问题不容忽视。游客在景区内有可能遇到这样或那样的危险,景区应做好必要的安全教育、安全预警工作,防患于未然。

(5)导游的管理和培训。景区内导游的一言一行都直接影响着游客的行动和认识,旅游者旅游质量的高低在一定程度上取决于导游的素质。所以,导游必须接受有关资源和环境保护的培训。

(五)实现景区可持续发展的具体措施

1.端正景区开发与发展的思路

景区开发要摒弃"有资源就可开发"、"靠山吃山,靠水吃水,靠风景吃风景"之类的错误或片面性提法,真正把开发和建设思想统一到与社会和环境协调一致的可持续发展思路上来。

2.杜绝走"先污染后治理"的老路

不能再走曾经走过的以牺牲自然环境的巨大代价来换取经济繁荣的错误之路。景区开发规划中必须充分论证开发对社会和环境的影响,特别要重视对环境的消极影响,实行开发与保护相结合,或者是在保护基础上适度开发。

3.实现旅游"生态发展"

生态旅游是在生态学的观点与理论指导下,享受、认识、保护自然和文化遗产,带有生态科教和科普色彩的一种特殊形式的专项旅游活动,即旅游开发和旅游活动以不违反生态规律为原则。旅游景区都有环境承载力,如果游客数超越了最大承载力,则旅游景区的环境衰退和破坏现象将随之发生和加剧。旅游生态发展的实质,是要在旅游业发展中充分认识到开发和保护、经济发展与生态平衡的辩证关系,坚持经济发展和环境保护一起抓。

但是,生态旅游也会对自然保护区造成不利影响。保护区人口数量的季节性增加、车辆流动和废气排放都会给动植物本来宁静的生存环境带来干扰。特别是接待性污染会严重影响景观的环境质量,伴随旅游活动而来的践踏花草、攀折树木以致偷猎野生动物的事件也时有发生。因此,森林公园或自然保护区开展旅游,必须以保护自然环境不受损害或破坏为前提,精确论证最大接待量,保证社会和环境效益并重。

4.坚持旅游景区开发的有序性

有序性即开发顺序。开发有先有后,既要考虑到眼前,又要考虑到未来,绝不能与子孙后代"抢饭吃"。"暂时不开发的保护起来,留待后人去开发",这是一个非常有远见的开发观。

西安周围有秦始皇陵及许多汉、唐帝陵,大部分没有开发而是加以保护,一方面是考虑到目前科技水平尚未达到保证地下文物一旦出土不致变质的水平,另一方面也是为了给后人留下一些开发对象。杭州的南宋太庙遗址出土后予以回填,也是基于这种考虑。1997年,国务院作出暂不主动发掘大型帝王陵寝的决定。

5. 提倡文明旅游,杜绝旅游污染

游人的文明程度在很大程度上决定着旅游景区的环境质量,游客乱扔垃圾、随地吐痰、乱涂乱画、高声喧哗等文明习惯改变之日,就是旅游环境改善之时。对此要加强宣传教育,同时辅以严格的处罚规定。对于不文明行为,罚而不严,等于不罚。在这一点上,新加坡等国家的经验值得借鉴。

任务实施

步骤一　领受任务

教师介绍任务的内容、要求、关键点及注意事项。各小组提问,教师答疑,准确理解任务,完成任务领受。

步骤二　实施任务

各小组按教师的要求,制订完成任务的工作程序及任务分配方案。阅读相关知识,查阅其他相关资料,从旅游景区可持续发展的内涵、原则及标准入手,分析扩建别墅群对中山陵园风景区的影响;分析中山陵景区旅游系统及其外部影响因素、可持续发展系统;从社区管理和旅游者管理的角度,提出实现景区旅游资源可持续发展的措施。完成情境中提出的任务内容,写成任务报告,做成PPT,准备汇报。

步骤三　任务汇报

各小组根据任务的要求,在教室中汇报并相互提问。指导教师进行点评与总结。各小组对本次汇报及时进行总结,形成文字材料,上交指导教师。指导教师给出各小组评价综合得分。

考核评价

旅游景区资源管理与可持续发展任务评价考察表

学习目标	评价标准	小组评价（50%）	教师评价（50%）	综合得分（百分制）
理论知识（20分）	理解景区资源可持续发展的重要意义及其与景区资源管理的关系			
专业技能（20分）	认知景区可持续发展的理论与方法、景区旅游系统的构成及其外部因素			
通用技能（20分）	小组讨论中的表达能力、沟通能力与团队协作能力			
任务完成（20分）	小组讨论中所起到的作用、任务完成的有效性			
学习态度（20分）	完成任务的态度、责任感			
综合评价及建议:				

拓展知识

旅游景区可持续发展的产权界定问题

随着人类开发力度的加大,景区内的生态系统不可避免地会遭到不同程度的退化甚至破坏,"环境—经济—社会"系统实际上受到了不可持续发展的威胁。在传统的经济体制和资源管理体制下,中国的旅游资源产权关系长期模糊,所有权虚置。如果没有一个能唯一代表国家行使经营和管理景区资源的组织,则难以避免景区资源的过度使用,这必然导致资源破坏与浪费。因此,景区产权模糊导致的外部效应,只能由资源产权界定来解决。

世界级和国家级旅游资源是不可再生资源,对这类特殊资源的管理制度设置,一些国家已有很多成功的经验,例如美国,从中央到地方,实行国家管理局、地区管理局、基层管理局三级垂直管理体系,具有统一的规划设计、人事任命、调配以及风景资源保护管理法规与办法,与地方政府没有任何关系。这种管理体系具有职责分明,运作效率高的特点,能够避免与地方政府产生矛盾。事实证明,资源产权越明晰,造成景区资源非可持续开发的可能性就越低,社会收益就越高。这对中国景区管理体系的创新设计是有一定借鉴意义的。中国的企业产权明晰问题已逐渐被社会认同,而景区资源产权明晰问题,已经是中国旅游业蓬勃发展形势下,要求建立和完善市场经济体制所出现的一个富于挑战性的新课题。只有产权明晰,才能为风景名胜区的决策、规划、组织、监督控制等制度的确立指明方向,也才能从根本上建立保护风景名胜区资源的创新机制。

案例与讨论

人间天堂环境已不堪重负?

九寨沟独特的景观资源、丰富的生物资源和传统的藏民俗资源,相得益彰,使它赢得了"人间天堂"的美誉。自2000年后,每年有超过100万人次的游客涌入,并且数量年年递增。"黄金周"里游客塞满九寨沟,车队排成了长龙,足足堵了几个小时,有的游客在沟外排队排到夜里也没能进来,沟内沟外的旅馆均爆满,不少人睡在车上。除了游客的破坏,还有一些影视剧出于商业利益,也纷纷选择到九寨沟拍摄,使得九寨沟"不堪重负"。有九寨沟这样困境的景区,全国不在少数,诸如都江堰—青城山、海螺沟冰川、峨眉山这样的景区,都不同程度地存在着生态被破坏的现象。

关于"20年后九寨沟消失"的结论是依据景区的游人最大容量得出的。所谓"容量"指的是风景区维护当地生态环境处于正常水平的条件下所能接待的游人数量。过去,学术界一直将"容量"作为一个景区是否过度开发的衡量标准。在实际评估当中,应以景区生态环境可接受的最大极限量作为判断标准,因而景区的容量可以在一定的范围内动态地变化。如按照过去一个游人对景区的破坏影响程度来计算,景区的最大容量为1万人次/日。但是通过改进管理,增添相应的环保设施后,单个游人对环境的破坏可以降低到过去的一半,那么景区的最大容量就可以相应地扩大到2万人次/日,实际上总的影响程度和过去是持平的。事实上,九寨沟景区正是通过各种手段来降低单个游人对环境的破坏影响,从而保证景区的游人容量。所以不能只看到年度游人数量的增长,就简单地判断破坏程度在加剧。

游客对于九寨沟的破坏主要来自三个方面:游客进入森林后,对林区土地的践踏,对树木的触摸等,这些是对景区生态环境最直接的破坏影响;其次,大量的游客到达九寨沟后,食、住、行所产生的废水、废气和生活垃圾,以及当地居民为了接待游客而过度地消耗当地自然资源,这些是间接的破坏影响;除此以外还有噪音等其他因素,也会对九寨沟的动植物正常生长有所影响。

管理部门针对这些问题都采取了相应的措施。在九寨沟正式对外开放之前,有关方面就曾提出"沟内游、沟外住"的构想,但是由于早期一窝蜂式的发展,这项措施一直没有得到严格的执行。2001年5月,管理部门下了死命令:景区内的宾馆饭店一律关闭,游客一律"沟内游,沟外住"。投资近百万元的跑马场也在一片责骂声中被拆除。管理部门从每年的门票收入中拨钱给当地居民作生活保障费,同时安排当地人给景区打工。沟里1000多居民绝大部分都在景区内找到了保洁、护林、消防、票务等工作。有了稳定的收入,农民自觉地退耕还林还草,64000公顷的保护区,森林覆盖率恢复到63.5%。从2001年7月1日起又实行了"限量旅游",限制每天进沟的人数。所有旅行社都必须在网上预订,给沟内减压。

为了避免游人直接践踏林区,管理部门投资了数千万元在各景区建立起人行栈道,游人全部在栈道上行进,既能不受干扰地观赏美景,又可避免直接接触景区。为了满足游人接触自然的愿望,有关部门在一些次森林地带用铁丝网圈出一定的区域,让游人在限定的范围内直接"下地",而更多的原始森林则被封闭在游人活动范围之外,这样以较小的代价在发展旅游与保护生态间取得一个平衡点。同时在景区栈道、景点(不影响景观)已修建17处钢架结构游人休息厅,集观光、休息、购物(限饮料、干杂食品)于一体,每个休息厅可容纳50至100人。为了解决游客的吃饭问题,管理局在沟口兴建了唯一的一个带环保设施的餐厅。

车辆不得进入景区,游客一律乘坐环保大巴。目前各候车点已安装了7个隔离栏,做到人车分离,有序排队上车。改变以往乘车时拥挤、争位的现象,保障游客乘车秩序,便于观光车灵活调度。

景区内还采用了不少国内甚至国际领先的环保设施。"景区内原本是旱厕,游人的排泄物就地处理。现在28座生态厕所取而代之。这些环保厕所采用电子监控,自动更换保洁用袋,排泄物通过自动打包后,由专用清洁车运出景区进行处理。原本在九寨沟沟内设有垃圾厂,景区内产生的垃圾就地埋在山里,这对九寨沟的破坏可想而知。现在诺日朗、火花海两座现代化污水处理厂启用,景区内的生活垃圾也一律运出沟外处理。

管理部门还委托四川省环境科学院制定了九寨沟环境保护规划和景区污染防治规划,建立了九寨沟环境监测站,开展水质、大气和噪声等监测。

资料来源:陈璐,张辰.九寨沟生态遭遇破坏　人间天堂环境已不堪重负[EB/OL].2005-05-13.http://finance.sina.com.cn/20050513/102758452.shtml.

案例讨论题:

1.为保护九寨沟旅游资源,管理部门采取了什么有效的措施?

2.九寨沟景区资源可持续利用还要做何工作?

思考与讨论

1.请分析旅游功能系统各要素,并结合案例予以说明。

2.结合当地著名景区,谈谈如何加强景区资源管理保证可持续发展。

技能训练题

1.结合景区可持续发展系统各要素,对当地著名景区进行分析。

2.实现旅游景区可持续发展的主要举措有哪些?

任务三　世界遗产的保护与管理

情境设计

　　张家界有着一个很特别的建筑,那就是"世界最高的全暴露户外电梯,世界最高的双层观光电梯,世界载重量最大、速度最快的客运电梯"——百龙天梯。这个建筑从动工以来,就一直备受争议。

　　2002 年 5 月 1 日,百龙天梯开始试运行。除了当地政府不遗余力地支持百龙天梯外,社会上大部分声音都反对在张家界建天梯。勉强坚持到 9 月份,百龙天梯终于停运了。随后在投资者孙寅贵的多方努力下,天梯重新运行。

　　一位著名建筑规划专家说:在世界自然遗产的核心景区内修建天梯无疑是"一大败笔",破坏了景观的原始风貌,不能以破坏真实性和完整性为代价来满足少数"懒得走"的人的需要。有专家比喻:这是"挂在美人脸上的鼻涕"。

　　当记者来到百龙天梯的入口处时,发现队伍很长,要排到位置,至少需要十分钟。"黄金周的时候人更多。"据开电梯的小姐介绍,电梯的总高度为 326 米,以每秒 3 米的速度匀速运行,一次电梯总运行时间为 1 分 58 秒,途中要经过人工由下往上反凿出来的 154 米的山体内竖井。如果没有故障,天梯每天运行 12 个小时,每五分钟一班,一台电梯分上下两层,一层能装二十来个人,是同时运行的。一共三台,平时开一台,黄金周的时候三台都开。

　　关于百龙天梯的争议,几乎所有人都知道。在等候电梯的过程中,记者和一位带韩国旅游团的导游攀谈起来。

　　导游:电视上不是打过几次广告吗,说张家界的百龙天梯破坏自然景观,所以就停运了半年。

　　记者:这样一个大洞,不会对山体造成影响吗?

　　导游:应该不会,现在有机器专门挖山洞的……

　　记者:那你觉得它破坏自然景观了吗?

　　导游:应该破坏了一点吧。但是……既然建好了就保留下来嘛,要是拆了,留一个大洞,不还是破坏更多的自然景观。所以这个是唯一保护下来的(与迁出的高级旅馆作对比)。

　　资料来源:阿潘,文杰.世界遗产还能卖好久——利益驱动下的"申遗"灾难[N].国际先驱导报,2007-09-20.

　　根据以上情境,完成以下任务:

　　1.试分析张家界在遗产保护上的问题。

　　2.应如何采取措施保障世界遗产可持续发展?

任务分析

　　在世界遗产名录不断扩张的同时,中国世界遗产保护面临着严峻的形势,张家界的开发与保护就是其中的典型。本任务以了解世界遗产的相关概念及其分类为基础,根据景区旅游资源可持续发展的要求,分析该景区世界遗产保护与管理状况,指出其中存在的问题,并能从旅游景区资源可持续利用的角度,提出相应的解决办法。

相关知识

一、中国世界遗产概况

(一)世界遗产的概念及类型

世界文化遗产和自然遗产是人类祖先和大自然的杰作,有效保护世界文化遗产和自然遗产,就是保护人类文明和人类赖以生存的环境。1972 年 11 月 16 日,联合国教科文组织大会第 17 届会议通过的《保护世界文化和自然遗产公约》。中国于 1985 年 12 月 12 日加入《保护世界文化和自然遗产公约》,在 1999 年 10 月 29 日当选为世界遗产委员会成员。世界遗产有文化遗产、自然遗产和文化景观三种类型。

1. 文化遗产

(1)文物:从历史、艺术或科学角度看,具有突出、普遍价值的建筑物、雕刻和绘画,具有考古意义的成分或结构,铭文、洞穴、住区及各类文物的综合体。

(2)建筑群:从历史、艺术或科学角度看,因其建筑的形式、同一性及其在景观中的地位,具有突出、普遍价值的单独或相互联系的建筑群。

(3)遗址:从历史、美学、人种学或人类学角度看,具有突出、普遍价值的人造工程或人与自然的共同杰作以及考古遗址地带。

2. 自然遗产

从美学或科学角度看,自然遗产是指具有突出、普遍价值的由地质和生物结构或这类结构群组成的自然面貌;从科学或保护角度看,自然遗产是指具有突出、普遍价值的地质和自然地理结构以及明确划定的濒危动植物物种生态区;从科学、保护或自然美角度看,自然遗产是指具有突出、普遍价值的天然名胜或明确划定的自然地带。

3. 文化景观

(1)由人类有意设计和建筑的景观:包括出于美学原因建造的园林和公园景观,它们经常(但并不总是)与宗教或其他纪念性建筑物或建筑群有联系。

(2)有机进化的景观:它产生于最初始的一种社会、经济、行政以及宗教需要,并通过与周围自然环境的相联系或相适应而发展到目前的形式。

(3)关联性文化景观:这类景观列入《世界遗产名录》,以与自然因素、强烈的宗教、艺术或文化相联系为特征,而不是以文化物证为特征。庐山风景名胜区是我国"世界遗产"中的唯一文化景观。

(二)世界遗产的申报程序

从遗产的提名到被列入《世界遗产名录》要经历若干程序和相对漫长的时间。办理申请的程序和时间表大体如下:

(1)每年 7 月 1 日,接受提名申请截止。

(2)9 月 15 日,秘书处登记并索要所缺材料,材料完整的申请将被交给国际古迹遗址理事会或国际自然及自然资源保护联盟,这两个组织再次检查并索要所缺材料。

(3)到第二年 4 月 1 日前,这两个组织根据委员会制定的标准进行专业评估并将结果通知秘书处,结果有三种:无保留地建议列入名录;建议不列入名录;不清楚是否适宜列入名录。4 月,秘书处核对评估结果并通知委员会成员国。

(4)6 月和 7 月,遗产委员会办公室检查提名申请并向委员会提出建议,建议有四种:无保留地列入;不列入;发回申请国要求补充说明和材料;由于要进一步评估或研究而推迟审理。

(5)7—11 月,秘书处将办公室的建议发送给遗产委员会的全体成员国政府和其他有关国家的政府。属于建议列入名录的,秘书处要等候各国反馈的信息,收到后再转递给国际古迹遗址理事会、国际自然及自然资源保护联盟和遗产委员会各成员国。假如到 10 月 1 日收不到所需信息,在当年 12 月的委员会会议上就不再审议这项提名。对于要求补充材料的遗产,如果只是核对事实的材料,当年会再审议。

(6)12月,世界遗产委员会召开全体会议,在委员会办公室建议、有关国家提供的附加信息,以及国际古迹遗址理事会和国际自然资源保护联盟评估报告的基础上审核提名,最后通过决定,决定共有三种:列入;不列入;推迟审核。

(7)1月,秘书处将世界遗产委员会12月会议上的全部决定送交给所有国家的政府。至此,一轮申报工作完成,即申报一项新的世界遗产,至少需要一年半时间。

二、中国世界遗产保护管理的基本情况

自1987年至2012年7月,中国先后被批准列入《世界遗产名录》的世界遗产已达43项,其中文化遗产27项,自然遗产9项,文化和自然双遗产4项,文化景观遗产3项。中国的世界遗产数量众多,类别齐全,自然与人文融为一体,造就了很高的价值,同时其时间跨度大,空间分布不均匀。目前,世界遗产所在地政府对保护与管理工作比较重视,世界遗产周边环境不断得到改善,取得的社会效益和经济效益明显,对当地经济增长和社会发展起到了十分重要的推动作用,形成了不同的管理模式。

我国世界文化遗产大多实行属地化管理,在管理体制方面具有多样性的特点,大体上有三种管理模式:①博物馆式和城市园林式管理。如故宫、敦煌莫高窟、大昭寺、苏州园林等都是全国重点文物保护单位,其构成主体单一,范围较小。这类管理方式基本是封闭性的,对遗产的保护较好。②管委会或管理局统一管理。如泰山、都江堰,这类遗产地往往辖区面积较大,里面不但有古建筑群、宗教活动场所、自然景观,甚至还有村镇居民。当地政府设立具有政府职能的管理局或管委会,对辖区内事务实行统一管理,协调与周边的关系。这类机构管理水平参差不齐,但管理和保护工作基本是有序的。③公司进行企业化经营管理。少数地方把世界遗产全部或其中一部分作为资产交由公司经营;有的名义上是政府机构,实际上实行"一套班子、两个牌子",在世界遗产保护上出问题的大多是这种管理模式。

目前,我国的世界遗产保护和管理与《保护世界文化和自然遗产公约》的要求,和发达国家相比存在较大差距,主要存在以下几个方面的问题:

1.一些地方世界遗产保护意识淡薄,重开发轻保护的现象比较普遍

申报世界遗产的根本目的是为了加强保护。但不少地方在认识上还有很大的差距甚至错位。有的地方不惜投入巨资申报世界遗产的出发点就是为了拿一块"金牌"赚钱。申报成功后又片面强调开发利用,"文化搭台,经济唱戏";有的表面上强调"双赢"、"开发与保护并重",而实际上重开发轻保护,甚至只开发不保护。一些地方对世界遗产进行超负荷利用和破坏性开发,盲目扩建新景区和服务设施。

泰山前几年先后修了3条索道,每小时运量达到1500人,在0.6平方公里的岱顶上容易造成人满为患。登泰山在于一个"登"字,"登山如读史"。现在花几十元买一张索道票,几个小时游览完了,不但失去了登山的意境,对当地经济发展好处也不多。

2.管理体制不顺,多头管理,管理层次总体偏低

我国多数世界文化遗产地集文物、寺庙、古城、林业、风景名胜区、旅游区等为一体,由多个部门分割管理。这给保护和管理带来了很多问题,有利益大家争,遇事互相扯皮,文化遗产资源得不到整合。我国现有世界遗产有的由国务院有关部门和省(自治区、直辖市)直接管理,多数由地(市)和县级政府管理。总体上说管理层次偏低,在管理水平、价值理念、科学研究、吸引人才等方面,存在的问题较多。由于受经济利益驱动,不少县(市)都要求把世界文化遗产交由当地管理。

黄山风景名胜区规划是山上游,山下住。由于山下的黄山区和山上的黄山风景名胜区行政上分设,为了"肥水"不流山下,山上搞了不少宾馆餐饮,致使山上居住的游客和管理人员居高

不下。

3. 少数地方把文化遗产交由公司管理承包经营，导致保护问题得不到落实

世界遗产是一项公益性、社会性事业，保护管理工作专业性、科学性很强。由公司承包经营后，往往只注重投资回报，采取掠夺性经营、短期行为，门票不断提价，游客越多越好，在保护和管理上漏洞百出。

曲阜的孔府、孔庙、孔林管理机构2001年与深圳华侨城旅游集团合作之后，为搞庆典发生了"水洗三孔"事件，使古建筑和壁画等受到不同程度的破坏，事后虽然采取了补救措施，但有些损失是难以挽回的。峨眉山前些年"捆绑"上市时规定，每年门票收入的50%（一年3500万元左右）归上市公司，剩余收入除去管理费用，用于保护的很少。

4. 世界文化遗产保护与管理法制不健全，存在有法不依和无法可依的情况

目前，我国尚没有关于世界文化遗产保护的专项法规。《文物保护法》尽管涉及这方面内容，但不能涵盖全部文化遗产。一些单项法规还有不相衔接、不相协调乃至互相抵触的情况。无论保护规划的制定，保护标准安全设施的配备，还是门票收入的管理使用等，都缺少相应的规范。现有的法律法规，有些地方也没有严格执行。

5. 世界文化遗产保护管理经费严重不足

原因既有使用不当的问题，也有投入不足的问题。在我国文化遗产和文化自然双重遗产中，大多数门票收入应该能满足保护和管理的基本需要。由于分配和管理不当，造成保护、维修、研究、消防经费不足。主要原因有：一是大部分文化遗产的门票收入按相当的比例上交地方财政或有关部门，一般在40%～50%，有的高达80%。二是我国世界文化遗产管理机构多数是自负盈亏的事业单位，普遍存在大而全、小而全的问题，机构臃肿，冗员过多。三是不少世界文化遗产地有上亿至数亿元银行贷款，有些是盲目开发留下的，有些是申报期间投入大量资金，甚至负债治理欠下的，申报成功后需要还贷。四是门票收入的相当部分被用于商业性开发。此外，一些文化遗产地还存在财务管理混乱、收支不清的问题，特别是寺庙的门票等收入缺乏规范。

目前，我国世界文化遗产保护与管理没有专项财政资金。每年中央财政用于全国重点文物保护单位和国家风景名胜区有一定的经费，但分到世界文化遗产地的很少，地方财政用于这方面的支出也微乎其微。无论是加强世界文化遗产地的自身收入管理，还是增加财政投入，都需要认真研究和规范。

三、加强世界遗产保护管理工作的措施

世界遗产是中华民族文化精粹的集中载体，是祖先留给我们的珍贵财富，是不可再生的宝贵资源。世界遗产保护管理工作关系到中华文明和优秀文化的保护、延续和利用，关系到增强中华民族的凝聚力和创造力，关系到我国在国际上的形象，迫切需要有针对性地切实加强这方面的工作。

（一）端正世界遗产保护管理工作的指导思想

地方各级政府应充分认识保护和管理好世界遗产的重要性和紧迫性，坚持保护第一的原则，正确处理保护与开发的关系。要遵循《保护世界文化和自然遗产公约》各项要求，不能以牺牲和破坏世界遗产为代价无限度开发利用，换取暂时的"经济繁荣"。基本建设项目和旧城改造都要和《文物保护法》相衔接。要将世界遗产保护纳入经济和社会发展计划，纳入城乡建设规划，纳入财政预算，纳入体制改革，纳入各级领导责任制，要将地方各级政府和有关部门保护世界文化遗产的责任进一步具体化，确保工作到位，责任到位，措施到位，投入到位。

（二）理顺世界遗产管理体制

要加强国家统一管理。设立国家世界遗产保护管理工作协调领导小组，建立世界遗产保护

管理部际联席会议制度,负责协调解决世界遗产保护和管理中的重大问题。世界遗产所在地省级政府成立相应的保护管理工作领导协调机构。要加强对世界遗产的行业管理。我国世界遗产除了少数自然遗产外,绝大多数是文化遗产或文化自然双重遗产,而且大多是全国重点文物保护单位。在世界文化遗产和自然文化双重遗产属地管理总体不变的情况下,应由国务院文物行政主管部门负责对世界文化遗产的行业指导和管理。这也符合《文物保护法》关于"国务院文物行政主管部门主管全国文物保护工作"的规定。要明确国有不可移动文物和风景资源属国家所有,作出不得转让、抵押或变相出让,不得作为企业资产经营的规定。各地除特许的旅游服务类设施项目以外,世界文化遗产地已转包个人、社会团体或企业作为资产经营的,必须限期改正。要逐步解决管理层次过低的问题,为提高世界遗产地的总体管理水平,世界文化遗产地的管理机构原则上应由省或地市级政府领导。

(三)加强世界遗产保护法制建设

加快制定我国世界遗产保护管理条例。在已有的相关法律法规中,凡是同世界遗产保护不相适应的内容,要作必要的修改和调整。同时,地方各级政府应根据遗产地的具体情况,制定和完善地方性法规和管理规章,明确保护管理工作的具体制度要求、保护标准和目标及相关的法律责任。要抓紧制定遗产地保护规划,明确遗产地保护范围、保护措施和目标,并按程序审批。规划一经批准就要严格执行,任何单位和个人都不得擅自调整遗产地保护规划。在保护范围内,不能乱搞乱建,拆旧建新,要坚决杜绝乱修乱建乱迁现象。

(四)严格世界遗产保护监督和执法

要建立世界遗产保护咨询制度,设立由多学科专家组成的咨询委员会,世界遗产保护和管理中的重大问题决策前要经专家委员会论证。要把世界遗产的保护和管理工作置于全社会的监督之下,建立国家世界遗产保护监测制度。定期派出监测组,对世界遗产保护和专项法规的实施情况进行监督检查。充分发挥新闻媒体和群众监督作用。要严格执法,对于在世界遗产保护和管理中出现的违法违规行为,对于因失职渎职造成遗产破坏毁坏的,要追究有关人员的责任。

(五)加强世界遗产保护队伍建设

深化改革,精简机构,分流和压缩行政管理人员。提高遗产地管理队伍的业务素质,专业人员要达到一定的比例。要引入竞争机制,面向国内外延揽人才。专业人员要经过培训,持证上岗,切实承担起对遗产的保护、监测、研究责任。世界文化遗产保护管理机构的负责人要加强学习,接受系统培训,不断充实更新遗产保护业务知识,提高管理水平。加强财务管理,加大对保护经费的投入,将世界遗产的门票收入交由财政实行专项管理,并全部用于世界遗产的保护和管理。

(六)加强宣传教育和科学研究工作

通过宣传引导,普及与世界遗产相关的法律法规和知识理念,让更多人分享世界遗产对人类和社会发展所蕴涵的丰富价值,形成全社会都来关心、爱护并参与遗产保护的风气。研究世界文化遗产保护和管理工作的规律,吸收和借鉴国内外的先进经验。要充分重视高新技术在保护管理工作中的作用,增加保护管理和研究工作的科技含量。尽快建立我国世界遗产地管理信息系统,采取现代技术手段,加强对全国世界遗产保护情况的动态监测。

🔧 任务实施

步骤一　领受任务

教师介绍任务的内容、要求、关键点及注意事项。各小组提问,教师答疑,准确理解任务,完成任务领受。

步骤二　实施任务

各小组按教师的要求,制订完成任务的工作程序及任务分配方案。阅读相关知识,查阅其他相关资料。根据世界遗产的分类与特性,指出张家界景区开发与保护中的问题;根据可持续发展理论,分析这一问题的危害性;结合世界遗产保护的相关规定及中国世界遗产保护的做法,对如何处理好张家界景区开发与保护的关系提出针对性的措施。完成情境中提出的任务内容,写成任务报告,做成 PPT,准备汇报。

步骤三　任务汇报

各小组根据任务的要求,在教室中汇报并相互提问。指导教师进行点评与总结。各小组对本次汇报及时进行总结,形成文字材料,上交指导教师。指导教师给出各小组评价综合得分。

考核评价

世界遗产的保护与管理任务评价考察表

学习目标	评价标准	小组评价 (50%)	教师评价 (50%)	综合得分 (百分制)
理论知识 (20分)	了解中国世界遗产的分布概况,认识其存在的问题,理解保护措施			
专业技能 (20分)	运用可持续发展的理论与方法,对世界遗产及重点风景名胜区开发、保护与管理提出相应的对策措施			
通用技能 (20分)	小组讨论中的表达能力、沟通能力与团队协作能力			
任务完成 (20分)	小组讨论中所起到的作用、任务完成的有效性			
学习态度 (20分)	完成任务的态度、责任感			
综合评价及建议:				

拓展知识

1. 世界遗产公约

1972 年 11 月 16 日,联合国教科文组织大会第 17 届会议在巴黎通过了《保护世界文化和自然遗产公约》(简称《世界遗产公约》,Convention Concerning the Protection of the World Cultural and Natural Heritage)。公约主要规定了文化遗产和自然遗产的定义,文化和自然遗产的国家保护和国际保护措施等条款。公约规定了各缔约国可自行确定本国领土内的文化和自然遗产,并向世界遗产委员会递交其遗产清单,由世界遗产大会审核和批准。凡是被列入世界文化和自然遗产的地点,都由其所在国家依法严格予以保护。

公约的管理机构是联合国教科文组织的世界遗产委员会,该委员会于 1976 年成立,同时建立《世界遗产名录》。被世界遗产委员会列入《世界遗产名录》的地方,将成为世界的名胜,可受到世界遗产基金提供的援助,还可由有关单位招徕和组织国际游客进行游览活动。

关于文化和自然遗产的国家保护和国际保护,公约规定,缔约国均承认,"本国领土内的文化和自然遗产的确定、保护、保存、展出和遗传后代,主要是有关国家的责任。该国将为此竭尽全力,最大限度地利用本国资源,必要时利用所能获得的国际援助和合作,特别是财政、艺术、科学及技术方面的援助和合作"。

关于文化遗产和自然遗产的所有权等,公约明确规定,缔约国在充分尊重"文化和自然遗产的所在国的主权,并不使国家立法规定的财产权受到损害的同时,承认这类遗产是世界遗产的一部分,因此,整个国际社会有责任合作予以保护"。各缔约国不得故意采取任何可能直接或间接损害公约领土内的文化和自然遗产的措施。

列入世界文化遗产的条件有四个:①具有突出普遍价值;②有充足的法律依据;③历史比较久远;④现状保护较好。

根据《保护世界文化和自然遗产公约》的规定,世界遗产委员会设立濒危世界遗产名录。列入濒危世界遗产名录的遗产首先要具备世界遗产的资格,同时面临被毁坏的危险。这些危险包括:蜕变加剧、大规模公共或私人工程的威胁、城市或旅游业迅速发展带来的破坏、未知原因造成的重大变化、随意摈弃、武装冲突的爆发或威胁、火灾、地震、山崩、火山爆发、水位变动、洪水、海啸等。在紧急情况下,世界遗产委员会可以在任何时候把面临上述危险的遗产列入濒危遗产名录。有濒危遗产的国家、世界遗产委员会成员或世界遗产委员会世界遗产中心可以提出对濒危遗产的援助申请。截至2008年7月,世界有30处"濒危"世界遗产。

2004年7月7日,第28届世界遗产委员会会议通过"苏州决定",将《保护世界文化和自然遗产公约》缔约国原先每年只能申报一项世界遗产的"凯恩斯决定"修改为:从2006年起,一个缔约国每年可至多申报两项世界遗产,其中至少有一项是自然遗产。自2006年起,世界遗产委员会每年受理的世界遗产申报数将增加到45个,包括往届会议推迟审议的项目、扩展项目、跨国联合申报项目和紧急申报项目。决定指出,这一修订仍然是一个"试验性和过渡性"的措施。

2.《黄山宣言》呼吁推动世界遗产地可持续发展

2008年3月,来自世界各国的专家学者在安徽黄山召开的世界遗产地旅游管理与可持续发展国际会议上通过了世界文化遗产地与旅游管理《黄山宣言》,呼吁"全球的世界遗产地应关注旅游带来的挑战和发展机会,加强部门间与利益相关方协调,平衡旅游和环境的关系,促进世界遗产地旅游管理和可持续发展"。

《黄山宣言》呼吁世界各国在联合国世界旅游组织和联合国教科文组织及其咨询机构的一致行动和协作下,联手应对遗产地过度开发带来的挑战,着力加强世界遗产地的保护,高标准建设遗产地展示中心,鼓励社区和公众参与世界遗产地的管理,提高全社会对遗产资源突出价值的认识;制定世界遗产地综合管理及发展规划,以尊重遗产地价值、注重其环境和文化的方式,建立新的旅游收入分配机制,确保旅游收入中的相当一部分用于遗产地保护和当地社会经济发展;确定合理的游客承载量,减少或避免世界遗产地受到的来自过度旅游发展、不足或不当基础设施建设、遗产地周边和缓冲区的发展项目以及其他新挑战所带来的影响,确保遗产地保护与可持续发展二者间的平衡。

案例与讨论

数字技术让莫高窟益寿延年

2004年10月22—24日,中央电视台以前所未有的规模,直播了敦煌莫高窟的考古、保护和最新发现。于是,在那片荒凉沙漠上,延续了千年的古代艺术之美,又一次吸引了所有人的目光,震撼着人们的心。

据悉,目前敦煌壁画中约 1/3 至 1/2 存在着不同程度的病害,莫高窟约有 106 个洞窟、1246 平方米的壁画有白粉层起甲病害。苏伯民博士对记者说,他们所采取的保护措施,只是在一定程度上延缓了莫高窟壁画的消亡。从目前的技术发展和应用研究看,数字技术无疑是永久性无损害保护敦煌遗产的最佳手段。

从 20 世纪 90 年代起,敦煌研究院与国内外科研机构合作,开始了"数字敦煌"的探索和研究,目前他们在文物图像采集与保存、文物历史复原、洞窟虚拟模拟、壁画图案创作等方面已经取得并掌握一套成熟的技术和经验,特别是与浙江大学人工智能研究所联合进行的《多媒体与智能技术集成及艺术复原》项目及与美国梅隆基金会、美国西北大学共同开展的《数字化敦煌合作研究》项目,备受世人关注。

同时,日益增多的游客让这座有着 1600 多年历史的"世界人类文化遗产"不堪重负,文物保护问题日显突出。过于集中的游客引起窟内温度、湿度、二氧化碳浓度及墙体表面温、湿度的变化,这是除了风沙、雨水、虫害等自然因素外,造成莫高窟壁画、彩塑褪色、起甲、空鼓的主要原因。

敦煌研究院对日益增多的游客开始实施干预。在 2000 年,对游客实行了窟内分流,将开放的 50 个洞窟划分为 8 条参观路线。启动了游客参观预约制,并与澳大利亚合作开展了"洞窟游客承载量"综合研究。专家们认为,这些措施和研究项目的开展一定程度缓解了保护压力,但并未从根本上解决保护与利用间的矛盾。

于是,一个新鲜而大胆的计划应运而生——利用数字技术和虚拟漫游"再造"莫高窟。在与国内外机构的合作下,通过数年努力,目前敦煌研究院已经完成 42 个洞窟的计算机虚拟漫游试验。通过数字技术将敦煌遗书加工成电子文献,既可以实现这一遗产的永久无损保存,又可以借助互联网络实现对敦煌遗产整合的梦想,同时,这一技术还可以让敦煌资料效益最大化,发挥纸质载体难以达到的效果,让世界范围内的学者更加充分地进行敦煌学研究。

资料来源:游雪晴.数字技术让莫高窟益寿延年[N].科技日报,2004 - 11 - 02.

案例讨论题:

1. 敦煌莫高窟保护面临什么问题?
2. 游客预约制在其他世界遗产旅游景区是否可以推广?
3. 结合案例思考世界遗产旅游可持续发展的对策措施。

思考与讨论

1. 分析国内某世界遗产保护与管理成功的经验或不足之处。
2. 加强世界遗产保护与管理还有何对策与措施?

技能训练题

1. 试分析当地或周边某重要历史文化景点申报世界遗产的可行性。
2. 如何用旅游资源可持续发展理论指导中国世界遗产旅游的开发与保护?

项目九　旅游景区社区与环境管理

学习目标

知识目标：掌握旅游景区与各社区关系的协调与管理；了解旅游景区环境卫生管理的特点；掌握旅游景区环境卫生管理的内容；了解旅游景区环境卫生管理的标准。

技能目标：掌握旅游景区协调社区居民关系的方法与技巧；掌握旅游景区协调媒体关系的方法与技巧；具备运用旅游景区环卫标准提出改进环境卫生措施的技能；具备运用旅游星级厕所的标准评定旅游厕所的技能。

项目分析

我国旅游业在快速发展的同时也给旅游地社区带来了社会、环境和文化方面的负面影响。社区居民总是这种负面影响的主要被动承担者，从而导致居民的不满情绪，严重影响目的地旅游业的可持续发展。所以，旅游规划者以及管理者在规划和经营旅游景区的同时不得不考虑当地社区的利益，社区管理目前也已经成为旅游景区管理的一个重要方面，其管理成效是衡量景区管理水平与旅游业发展水平的重要标准。

景区环境是景区得以存在和经营的一切物质基础和外部条件，优良的环境是景区吸引力的重要组成部分，是旅游景区可持续发展的基础与保证。协调好景区发展同环境保护之间的关系，处理好景区与周边社区的相互关系，创造出景区友好和谐的自然生态环境和社会人文环境，使旅游发展既满足游客的需求，又能保护旅游资源，防治环境污染和破坏，最终实现经济效益、社会效益和环境效益的共同发展。

任务一　旅游景区社区关系的协调与管理

情境设计

白水洋景区附近村民举牌"乞讨"

游人如织的白水洋景区内，约 20 名农民胸挂纸牌，向过往游客讨要生活费。

今年五一期间，去宁德屏南县白水洋游玩的张先生，对景区奇特的自然景观赞叹不已的同时，也深深记住了这非常不和谐的一幕。

"乞讨"的农民称，他们都是白水洋景区的原住民，之所以这样做，是因为景区断了他们的生计。

"乞讨风波"持续了半个多月后，暂时停止了。为防止事态扩大，屏南县政府专门成立了一个由白水洋景区管委会、县公安局、双溪镇、景区开发商福建圣阳白水洋旅游集团（以下简称圣阳公司）组成的协调组，争取早日彻底解决此事。

"乞讨"事件：摆摊引发肢体冲突　20 多民村村民挂牌"乞讨"

5 月 1 日上午 9 时许，白水洋河边步行道上，20 多名隶属景区岩后行政村上谭头自然村的村民,带着姜汤、地瓜、玉米等土特产品,摆起了地摊。村民们知道,假期游客一定多,是个赚钱的好机会。

而此时,屏南县城管大队会同圣阳公司员工到景区展开节日市场整治。

由于双方的立场对立,冲突发生了:城管和圣阳公司工作人员,要求村民们立即停止占道经营,村民们不听,被没收了摊点上的物品。

村民们不服,动手想抢回自己的物品,导致了一场肢体冲突。

当日下午,部分村民在白水洋河边,拉起了表达抗议的横幅标语,还有近20名村民胸挂纸牌,向过往游客"讨要"生活费,引得不少游客驻足围观。

原因剖析:景区生意火爆　引发利益博弈

"乞讨"风波,实质是为景区开发中的商业利益之争。对于这一点,当地村民、圣阳公司和景区管委会都直言不讳。

近年来白水洋景区火了,游客量连续两年实现翻番,在2008年达到了60.2万人次,仅景区门票收入就有2000多万元,更带动了屏南县餐饮、住宿等相关产业近2亿元的消费。

景区内的村民们,虽然不一定知道这些具体数字,但他们仅从景区的游客暴增这一事实,就能判断出其商业利益。

于是,村民们以景区旅游开发以后,村民们不得随意砍柴、捕鱼,原来的进村公路被封,生产资料运输困难,生产生活跟先前比较,受到了制约为由,向圣阳公司及屏南县政府提出了多项要求,希望分享景区开发利益。

这些要求包括在景区内摆摊赚钱,对景区门票收入予以分成,将景区观光车的运行交付村民自主经营,圣阳公司在招用工人时优先考虑接受当地村民,以及在景区内经营农家乐餐饮项目,等等。

开发商有自己的底线,双方由此产生很多矛盾。

圣阳公司有关人士称,村民在景区内摆摊属于占道经营,既影响景区内的游客通行,也影响了景区的美观,圣阳公司因此多次被上级旅游管理部门批评,也遭游客投诉。

同时,按景区规定,村民们的亲戚朋友来访,只要村民们前往景区入口处带领,就可以免收门票。可实际上,有些村民为了赚钱,在景区外拉客,把外来游客当自己亲戚带进景区,自己收门票。

这些矛盾一时很难调和,终于引发了持续半个月之久的"乞讨"风波。

资料来源:周雄伟,陆乙鑫.白水洋景区开发利益受损　附近村民举牌"乞讨"[N].东南快报,2009-05-21.

根据以上情境,完成下列任务:

1. 白水洋景区为何会出现居民举牌乞讨的现象?

2. 作为景区管理者,该如何处理旅游景区与社区之间的关系?

任务分析

景区、社区本是两个不同的本体和独立系统,随着旅游业的发展,科学、人性化旅游理念的深入人心,景区的社区化和社区的旅游化使得这两个不同的本体和独立系统发生了相互依赖关系,使景区和社区由原本的独立体汇合成一个整体系统。我国的旅游景区(点)都是从地方社区脱胎而来的,与社区有着千丝万缕的联系。当社区利益与景区利益一致时,社区会协助景区开展经营活动;当社区利益与景区利益不一致时,社区会采用种种方式破坏、阻碍景区经营,加大景区经营困难。因此,作为景区经营管理者,应该根据景区现行的社区关系状况,采取合理的协调和管理策略,打开景区、社区"双赢"的局面。

相关知识

一、社区关系与景区管理

我国社会学界关于社区定义的一般概括是,社区"一般是指聚集在一定地域范围内的社会群体和社会组织格局根据一套规范和制度结合而成的社会实体,是一个地域性社会生活共同体"。简单来说,村落、乡镇、街道等都属于一定的社区。对于景区来说,社区是指本景区所在的区域及其相互关系的总称,包括当地政府管理部门、当地居民和地方团体组织等。

社区在地理上与旅游景区密不可分,是旅游景区的生存空间和根基。在位置关系上,社区与景区二者可能分离,如河南少林寺、龙门石窟等景区;还可能二者在空间上重叠,即居民生活的社区也是景区,如焦作云台山、新乡郭亮万仙山等景区。无论何种位置关系,在景区开发、经营过程中,建立良好的社区关系,对景区管理具有重大意义。

1. 社区为景区提供人员保障

社区可以为景区提供各类建设、管理和服务人员,是景区生存的重要力量,这不仅能为景区降低成本,缓解在住宿、伙食及车旅等方面的压力;同时,在工作过程中当地居民要比外来人员更了解景区的社会背景。例如,在导游服务中,当地导游更熟悉本地的风土人情、宗教禁忌;在建设和管理中遇到问题,当地居民更容易与当地供给部门进行沟通,具有比外来人口就业更大的优势。

2. 社区居民是传统文化的载体

社区居民是当地传统文化的载体之一,许多旅游景区的拳头产品出自当地居民。例如,云南由当地居民表演的"三道茶"、"丽江纳西古乐"深受游客喜爱。在古镇、古村落旅游中,参观民居是重要的旅游产品,民居所有权属于居民,居民有权决定是否让游客参观,如果居民不配合,则会直接影响此类旅游产品的开发。

另外,社区居民是塑造游客体验的重要"道具"。在体验旅游时代,忽视游客体验,产品就没有市场。在一些古镇和民族村寨的旅游开发过程中,充满生活气息的民居,以及原住居民多年形成的风土人情本身就是一种稀缺资源,是这类旅游景区主要的旅游吸引物。游客通过参与社区休闲活动,感受其历史文化和民俗文化,从而获得高质量的旅游体验。可见,将旅游开发与社区建设结合起来,维护社区文化的多样性和自然生态的多样性,对于促进旅游景区文化多样性的保护意义重大。

3. 社区为景区提供各种物质供应和社会服务保障

景区的活动直接受社区制约,景区的供水、供电、供热等基础设施和其他各种社会服务保障均需要社区提供。景区所在社区的治安状况、制度建设、交通、卫生、邮政、商业等都直接影响甚至控制着景区工作的正常运行。离开社区的支持,景区的一切活动将难以进行,甚至瘫痪。景区要善于同物质供应部门和社会服务部门保持良好的社会关系,以争取社区提供各种地方性的服务和支持,使景区能够在各种完全不同的社区环境下获得生存和发展。

4. 良好的社区管理为景区创造一个安全的环境

景区所在社区的管理和服务水平,是能否为旅游者提供一个安全、方便、舒适的旅游环境的关键。旅游者除游览景观之外,还要在社区停留,社区是旅游者比较集中的地方,是进行旅游消费的重要场所。社区只有负起管理的责任,大力整治旅游环境,全面进行安全管理,才能保障旅游市场的诚信和旅游者人身、财产及心理安全,让旅游者放心旅游。

5. 社区关系直接影响着景区的公众形象

社区公众涉足当地政治、经济、文化、教育等各个流域,类型繁多,涉及面广,对景区的各种评价和看法就容易相互传播,形成区域性的影响,因此景区与社区关系好坏,直接影响着景区的社会公众形象。一个景区如果没有良好的社区关系,就很难在社会上获得较高的知名度和美誉度,进而很难获得市场上旅游者的认可和选择。

二、旅游景区与地方政府关系的协调与管理

1. 社区地方政府各部门的构成

(1)中央及各级地方政府。在我国,中央及地方各级政府主要从宏观角度制定相关政策法规,指导旅游景区的开发与可持续发展。如各级旅游局、林业局、文化局、交通管理局、国土资源局、文物局等。

(2)旅游行政管理部门。在景区开发与经营管理过程中,旅游行政管理部门具体执行国家的相关政策和法规,并与旅游专家沟通、协作,具体指导和管理旅游景区的开发和发展。因此,旅游管理部门所行使的职权同旅游景区的规划开发和经营管理关系密切。

(3)各相关部门和行业的行政管理部门。旅游业的发展依赖于很多行业的大力支持,否则旅游系统难以运行。也就是说,旅游业是建立在第一产业、第二产业和部分第三产业基础上的综合性服务产业,它的发展涉及交通运输业、旅馆业、餐饮业、邮电通信业、娱乐业、文化卫生业、商业、农业、工业等,其发展水平很大程度上依赖于区域的经济发展水平。同时,景区的发展,作为当地一项重大经济结构调整,必然会影响原有社会经济的格局,而格局的变化就意味着不同行业、部门利益的变动,面对这种变化,利益受损的行业和部门不会无动于衷,必然会有相应的反应,从而影响旅游景区的开发与经营管理。因此,旅游景区规划与开发和经营管理要综合考虑这些与旅游业直接或间接相关的产业,使之协调发展。

2. 景区与地方政府有关部门之间关系的协调与管理

地方政府通过推动景区经营发展来增加地方财政收入和就业机会,促进基础设施建设;景区则必须面对和接受政府的管理和约束,需要与政府的各种管理部门就有关问题进行交涉。因此,景区必须与地方政府各职能部门建立和保持良好的沟通,争取政府及各职能部门对旅游景区的了解、信任和支持,从而为景区的生存和发展争取良好的政策环境和行政支持,这是景区生存与发展的重要保障。

(1)关注政策变化,争取政府政策性支持。在与政府有关部门的沟通过程中,景区一方面要了解政府方针政策的变化,随时按照这种变化来调整景区的发展政策和活动,把握政策变化给旅游景区带来的有利时机,并避免不利影响;另一方面要争取政策性的优惠和支持,并采取向政府建议的方式影响政府的决策,使政府制定出来的政策法规更加有利于景区的发展。这些联系和沟通,可使政府的有关政策信息和景区的有关情报信息得以及时相互传递,主动调整和相互适应,形成良性循环。

(2)积极配合政府有关职能部门的工作,保持良好关系。景区与政府沟通的具体对象是当地政府及各职能部门(如文物、园林、城建、旅游、工商、税务、环保、市政、交通、治安、法院、海关、人事等)、政府官员和工作人员。当这些行政机构对景区行使管理权时,如旅游局、安检局、税务局、卫生局、公安局等各职能部门对景区进行监督管理和执法检查时,景区要主动配合、积极支持、提供方便、协助工作,以保持景区与政府职能部门的良好关系。

(3)积极响应政府宏观协调活动,贯彻实施政府相关政策和法规。政府的政策、法律和管理条例是一个景区决策和活动的依据和基本规范,景区的一切行为都必须保持在政策法令许可的范围之内,同时景区还应积极配合政府所采取的一系列推动和促进景区经营发展的措施。例如,积极参加政府组织的各种旅游交易会,围绕地区的整体目标和形象定位宣传自己;积极配合地方

职能部门联合整治旅游周边环境的活动,共同营造本地的和谐社会。

(4)邀请政府领导参与和出席景区大型活动,获得政府认可。政府的认可和支持对景区发展最具权威性和影响力,景区应当把握一切有利时机,利用各种公关手段,如邀请政府领导参与和出席景区大型活动等,让政府及时了解景区对社区及地方的贡献,以此赢得政府对景区工作的认同与支持,获得官方的良好评价。

(5)利用政府职能部门掌控的信息,完善相关的信息网络并建立危机预警系统。景区要同公安、消防、医疗、疾病防控、交通、通信、保险等机构和组织进行定期的信息交流和联系,加强跨部门、跨行业、跨地域的交流与合作,建立稳固的关系。通过这些关系的建立,旅游景区一方面能及时从政府各职能部门收集相关信息,短期或不定期地进行自我诊断,找出薄弱环节,减少危机发生;另一方面有助于景区建立现代危机管理体系,形成防范和处理危机的能力。

三、旅游景区与当地社区居民关系的协调与管理

1.当地社区居民参与旅游景区管理的内容

提及居民参与旅游景区管理发展,不外乎参与旅游景区发展决策,通过参与而享受到经济、社会等各方面的利益。其参与范围应贯穿生态旅游发展的过程,利益的获得更体现在参与的过程之中。居民参与景区的旅游发展主要体现在以下三个方面:

(1)参与旅游景区发展决策。这包括授权居民自行决定生态旅游发展目标,倾听居民对发展旅游景区的希望与看法,并将这些意见纳入政府的决策之中。已有研究表明,旅游地若能充分考虑居民要求并使其受益,则居民表现出支持旅游进一步发展的倾向,并以更积极姿态继续介入;反之,若很少考虑居民的要求,让他们眼睁睁看到旅游业在发展,自身却不但不能从中受益而且还不得不忍受由于旅游发展而带来的消极影响,这时,便可能产生抵制和敌对情绪,甚至会产生居民的对抗行为。

(2)参与旅游发展而带来的利益分配。这与参与旅游发展决策是相辅相成的。能够分享到旅游带来的利益,就有机会参与旅游发展决策。这主要包括:不断增加居民的就业机会和商业机会;保证本地居民优先被雇佣的权利;旅游商品尽量采用本地原料进行加工;向居民开放为旅游者而兴建的服务设施和环保设施(回收水和废水处理等)。

(3)参与有关旅游知识的教育培训。这些教育培训或是为提高居民旅游意识和环境观念而进行的教育,或是为增强居民在旅游发展中的生存能力和技能而进行的培训,如针对所有社区居民可以开展基础性培训,包括基础的礼貌礼节、本地旅游资源的介绍、环境保护等;针对从事旅游行业的社区居民可以开展业务性培训,包括导游技巧、英语交流等。培训主体可以是多元化的,包括旅游行政管理部门、旅游企事业单位等。如对居民进行服务接待和经营方式的简单培训后,可将部分民居装修改造为供出租的客房,并提供简单膳食,最终使之从中受益。从这个意义上说,居民参与教育培训与参与利益的分享是相辅相成的,目标上是一致的。

2.当地社区居民参与旅游景区管理的措施

(1)健全和完善管理机构及其职能。首先,在旅游规划的编制内容上增加居民参与的条款,从法律上肯定居民参与的合法性。其次,加大居民参与重要性的宣传力度,从舆论上保证居民参与的合理性。在组织实施上要考虑到居民的心理状况,对症下药,尽量使居民参与的方式、方法富有人情味,而不是例行公事似的机械应付。最后,为适应社区居民参与的需要,旅游景区管理机构应进行适当的调整,发挥社区居民在资源保护与可持续发展方面的作用,提供机会让社区居民在一定程度上参与景区经营管理,并负责监督和规范当地居民的参与行为。

(2)提供社区居民参与机会。首先,让当地居民参与规划,使他们了解旅游发展规划的进行

情况,征求他们的意见。任何的旅游开发必须立足本地,尊重当地居民意见,维护其权益,才能被他们所接受。其次,从管理和经营的角度而言,尽量由社区居民担任旅游接待服务和经营管理工作。旅游是建立在社区参与的基础上的,旅游景区的保护管理工作相当大程度上需依赖当地居民的支持和配合才能得到落实执行。最后,通过给予居民实际的利益来消除他们对旅游发展的疑惑态度和对旅游发展决策的神秘感。这包括:旅游服务设施对居民开放,并适当给予优惠;保护当地居民的私营企业和个体工商户的经营不受干扰等。

(3)加强和完善社区的建设。社区参与水平很大程度上有赖于社区本身的发展状况。首先,当地政府应提供各种培训机会,提高社区参与能力。其次,应了解社区的需求、资源使用情况和社区经济发展的机会和潜力,采取多种形式帮助社区发展旅游经济,如通过减税、免税、提供无息贷款、社会捐资和集资等方式,为社区发展旅游业筹措资金,在税收、资金等方面扶持社区发展旅游业。

(4)建立旅游景区股份合作制。为了避免景区旅游开发的社会成本较高,不利于社区旅游资源的管理与保护,通过宣传教育,提高公众的环境意识,激励公众积极参与是十分必要的,但这远远不够,还必须设置一种内在的经济激励机制,把社区居民的责(任)、权(力)、利(益)有机结合起来,引导公众自觉参与他们赖以生存的旅游资源的保护。采用旅游资源经营管理新机制——旅游景区股份合作制,既能激励社区居民积极参与生态保护,又有利于实现资源的最优化管理及社区的可持续发展。

旅游景区股份合作制经营的根本目的是调动社区公众参与的积极性,通过社区居民的有效参与,达到保护旅游环境的目的。因此,入股形式应以旅游资源、劳动为主,配以适宜的资金股;原则上股份合作制中的个人股不宜太低,这样才有利于居民成为旅游资源经营管理的主人,充分发挥其积极性。

(5)确定合理的利益分配结构。利益分配结构是否合理是决定公众参与旅游经营和保护旅游资源积极性的重要因素。合理的利益分配是保证股份合作制经营企业长远发展、股东眼前利益和长远利益实现的重要机制。旅游景区股份合作制经营的税后收益分配应该包括以下三部分:

①公积金。在一般的股份合作制企业中,这部分净收入是企业用于扩大再生产的积累资金。积累是利益分配的结果,企业积累合理、发展快,利润率上升,合作者就可从中多受益。旅游景区收益主要依赖于景区旅游资源所提供的各种服务,因此这部分资金主要用于区域生态保护与恢复及相应的旅游设施的建设与维护,以达到旅游景区的可持续发展。

②公益金。公益金主要用于股份合作制企业的公益事业,用于对当地社区的居民进行环境教育,旅游景区经营技能培训如导游培训、旅行社经营和农家度假村管理,以及维持公众参与机制的运行等。

③股金分红,支付股东的股利。即按国家、集体和个人的持股比例进行股利分配,分配的办法应体现“风险共担、利益共享、多投入多得”的原则。这样,国家、集体和个人可在生态旅游开发中按照自己的股份获得相应的收益,实现社区参与的深层次转变。

四、旅游景区与地方团体关系的协调与管理

在景区与社区关系中,当地地方团体分为两种:一是与旅游景区有供求关系的组织,如旅行社;二是与旅游景区无供求关系的组织,如公共组织、新闻媒体、学术机构等,这些团体与景区的关系体现在其对旅游景区资源与环境保护、旅游服务的关注与监督上。

1.旅游景区与旅行社之间的关系协调与管理

景区与旅行社作为旅游业的两大支柱,二者相互制约、相互依存。一方面,景区作为旅游目

的地,旅行社出售的产品线路是以旅游景区为首的,旅行社的生存必须依赖于景区产品;另一方面,旅行社作为客源的组织者,搭建了景区与游客之间的桥梁,旅游景区的营销最终离不开旅行社的帮助。协调景区与旅行社之间关系的措施有:

(1)旅游景区与旅行社联合推广。旅行社是旅游景区营销不可或缺的一个"渠道",景区在缺少资金、专业营销人才及距离客源市场较远的情况下,充分利用旅行社的促销能力,把景区的形象宣传与旅行社的产品(线路)宣传相结合,联合推广,将景区和旅行社独立宣传转变为品牌景区与主流旅行社捆绑宣传、联手促销,将景区的全面宣传促销转变为景区的资源优势和旅行社网络的客源优势互相结合、合而为一,这样更有利于景区迅速提升品牌。

(2)旅游景区与旅行社利益双赢。

①景区通过门票折扣让利旅行社。景区与旅行社之间利益分配不均会导致旅游景区与旅行社之间关系恶化,旅游景区需要牺牲一些利益,让利给旅行社以换取市场。有的地区明确提出"重要文物古迹、大型博物馆、风景名胜区和自然保护区等对旅行社组团的游览参观团队实行70%的优惠票价",这对旅行社积极推广景点能产生相当的动力。

②景区通过免费项目让利旅行社。景区与旅行社通过签订协议,将旅游景区的特色表演项目或特种交通项目让利给旅行社的团队游客,吸引旅行社和旅游者的好奇心,刺激其旅游需求,为景区增加客源。

③提高景区旅游产品质量。要处理好旅游景区门票折扣与旅游景区服务质量的矛盾关系。旅游景区门票折扣率很高,原因是一些低档次的景点将门票折扣作为吸引旅行社的主要手段,这种做法会破坏旅游景区所在地区的整体旅游形象,是对游客的欺骗行为。地接旅行社为争夺客源乱杀价,若无钱可赚,只得用推销景区商品拿回扣等来补贴亏空,导致服务质量下降。景区与旅行社是一种互补关系,旅游景区文化内涵和服务质量提升,吸引力增大,同时也会为旅行社带来更多客源,最终达到景区与旅行社双赢的局面。

2. 旅游景区与媒体之间的关系协调与管理

旅游景区与各类媒体传播机构(包括报社、杂志社、广播电台、电视台及各种网站)以及各类媒体人士(包括记者、编辑)等的关系,称作媒介关系。大众传播是旅游景区与其他公共信息沟通的"中介"环节,为旅游景区公共关系的重要内容。旅游景区应当争取各类媒体等传播媒介对景区的了解、理解和支持,以便形成对本景区生存与发展有利的舆论氛围,并通过各类媒体实现与外界的沟通,密切景区与社会公众之间的联系。

(1)与媒体建立良好的合作关系,提升旅游景区的知名度。旅游者更多的是通过传媒宣传了解旅游景区,因此景区可以采取多种形式,如与知名电视台合作,制作专题节目;与行业报纸《中国旅游报》、《旅游时报》、《中国青年报》等合作,扩大影响力;利用网络扩大旅游信息的发布和传输范围等,扩大多种媒体对景区的宣传,提升旅游景区的知名度。

(2)正确对待媒体的舆论监督。在现代社会,媒体及其传播系统逐步发展成为实现舆论监督的主要途径,当前舆论监督在改变政府决策与旅游景区非可持续开发方面已发挥着越来越大的作用,即一旦具有明显违法性的开发行为在公众媒体中曝光后,社会各界往往会提出强烈的反对意见,导致相关政府管理机构及施工单位承受越来越大的公众压力,并最终迫于各方面的压力,宣布开发活动暂停或者取消。此外,对多数游客反映强烈的问题,对个别旅游景区环境和服务脏、乱、差的状况以及侵害群众利益的事件,新闻媒体的曝光和批评是督促这些旅游景区从自然环境、社会环境和服务环境三方面着手改进工作的重要手段之一。

(3)对媒体采取开放性态度,主动与媒体沟通。旅游景区要充分利用媒体两方面的作用,对媒体采取开放性态度。如在泉州,不管是本地新闻单位,还是其他国内新闻单位,只要是带有新闻采访性质,个人持有国家新闻出版总署统一颁发的记者证的,开元寺均允许其个人免费进入景区参观、采访。

当然,景区还必须重视媒体的负面报道所带来的巨大影响,充分认识媒体"双刃剑"的作用。景区在遇到危机时,尽早并随时与媒体沟通,为记者提供真实的信息和后续信息,尽快澄清对景区不利信息的真相,避免谣言的传播,避免在信息不通畅的情况下,传播其他来源不正确的信息。在遇到媒体报道失实的情况下,景区应主动与新闻界取得联系,及时予以指出并要求更正。无论遇到何种情况,景区都应保持冷静和理性的态度,建立广泛的信息来源,并与新闻界取得谅解,争取新闻界的合作。

任务实施

步骤一　领受任务

教师介绍任务的内容、要求、关键点及注意事项。各小组提问,教师答疑,准确理解任务,完成任务领受。

步骤二　实施任务

各小组按教师的要求,制订完成任务的工作程序及任务分配方案,阅读相关知识,查阅其他相关资料,分析白洋淀景区与社区居民的关系,提出解决社区居民"乞讨"的管理措施,完成情境中提出的任务内容,写成任务报告,做成PPT。既做好预演,准备汇报,又扮演听众,准备提问。

步骤三　任务汇报

各小组根据任务的要求,在教室中汇报并相互提问。指导教师及时控制汇报进程,最后进行点评与总结。各小组对本次汇报及时进行总结,形成文字材料,作为作业上交指导教师。指导教师依据该项目任务考查表,给出各小组评价综合得分。

考核评价

旅游景区社区关系的协调与管理任务评价考察表

学习目标	评价标准	小组评价(50%)	教师评价(50%)	综合得分(百分制)
理论知识(20分)	了解景区的社区关系,景区与各社区关系的协调与管理			
专业技能(20分)	分析景区与周边社区关系现状,制定合理协调关系措施			
通用技能(20分)	具有团队协作能力;具有团队运作信息收集能力;具有团队处理问题的能力			
任务完成(20分)	纸质作业、PPT及任务问答的有效性			
学习态度(20分)	完成任务的态度、责任感			
综合评价及建议:				

拓展知识

昆明西山景区探索"景区社区一体化"带动社区致富

走进社区就到了景区,观风景名胜的同时还可感受到浓郁的乡村气息,来到西山国家级风景名胜区就如同走进自家的后花园,扑面而来的是一种亲切、舒畅的幸福感。猫猫箐社区纳入西山国家级风景名胜区后,为西山国家级风景名胜区创建国家 5A 级旅游景区和打造"西部第一、全国先进、世界一流"提供了有力支持。

探索"景区社区一体化"

西山风景名胜区在自身发展的同时,充分发挥辐射带动作用,积极支持景区周边社区发展建设,带动周边社区走上发展致富的道路。

此前猫猫箐社区属西山区碧鸡街道办事处,与西山国家风景区为邻,占地 23.2 平方公里,位于景区生态休闲度假片区规划范围内,辖马鞍山、猫猫箐、赤松坪 3 个居民小组,居民以从事农家乐为主。去年,西山国家级风景名胜区接管西山区猫猫箐,为西山国家风景区全面提升改造,猫猫箐借力发展、加快打造生态休闲旅游度假区提供了有利条件。实现景区与社区一体、产业升级,带动整个西山周边经济发展。

同时,景区成立了社会事务办公室,做好社区民政、教育、森林防火、抗旱救灾、水利建设、旅游开发、社会维稳治安、环境综合整治等各项工作,在解决社区群众实际困难上做了大量实事,赢得了社区群众的支持和信赖。

"两房建设"还在猫猫箐社区推进,进一步健全社区服务体系,保证社区活动场所办公用房,切实加强社区服务机构基础设施建设,目前已完成该项目前期的房屋鉴定、选点及建设实施方案、立项预算房屋设计等工作。

人均年收入达 6350 元

目前,景区积极筹措资金,共投资 74 万元,建设马鞍山居民小组水泵站一座,更换抽水机一台,猫猫箐小组更换抽水机一台,抽水线路 176 米,更换抽水管道 8852 米,赤松坪小组更换抽水管道 5135 米。为解决猫猫箐社区马鞍山居民小组 178 户饮用水困难问题,景区调用消防水车运水 100 车次,并协调聂耳墓至民航局水利设施抽取景区饮用水对其进行补给,基本上解决了猫猫箐社区居民生产、生活用水问题。根据猫猫箐的实际情况,积极筹备修建旅游生态市场,大力发展社区生态旅游,继续做好产业结构调整工作,共栽种香椿树 150 亩、核桃树 50 亩,为下一步农户的增收奠定了基础。

结合"三沿五区"整治工作积极开展社区"农家乐"周边环境综合整治,翻修社区道路 2 条,建成污水处理池 16 个,化粪池 25 个,投入资金 25 万元,栽种漆树 2500 棵、竹子 30000 丛、唐柏 1000 棵,进一步改善了猫猫箐社区的整体环境。今年猫猫箐社区居民人均年纯收入达到 6350元,饮用水合格率达到 93%,卫生厕所普及率达到 80%,生活垃圾定点存放清运率达 70%。

西山风景名胜区充分利用景区旅游发展优势,培训并吸收社区富余劳动力到景区从事旅游服务工作,充分解决了当地居民就业、生活问题。景区还在各大节日期间积极开展走访慰问活动,西山风景名胜区管委会班子领导采取入户慰问、召开座谈会的形式,走访慰问了猫猫箐社区60 岁以上老人等共计 310 人,发放慰问品和慰问金 11 万元,充分体现了景区对猫猫箐社区群众生活上的关心和帮扶。

资料来源:陶园园.昆明西山景区探索"景区社区一体化"带动社区致富[N].昆明日报,2012-03-22(A05).

案例与讨论

万仙山群众与景区关系恶化 村民开观光车一再被罚

在河南省辉县市（县级市）万仙山景区，"五一"期间，景区不仅没迎来游人如织的场面，反而陷入瘫痪。

由于山村变成了景区，景区内的村民建房要被罚55万元，拆房子也要被罚2000元；景区内的村民不准用面包车拉游客，把车换成政府要求的电动观光车，依然要被罚款。在种种矛盾难以调解的情况下，"五一"前，村民以停业、堵路等方式抗议种种处罚，使景区经营陷入瘫痪，被迫停业整顿。

发展旅游本是利国利民的好事。然而，在万仙山景区，原本贫困的山村开发成了旅游景区，旅游发展了，群众与景区开发者、群众与政府之间的关系为何却恶化了？

村民：建新房罚55万元，拆旧房罚2000元

5月3日，记者赶到万仙山景区时，景区依然在停业之中。景区大门口，一位从新乡来景区内南坪村办事的人要进入景区，景区工作人员对其进行身份确认，并要求其签了安全责任书后才放行。

记者扮成一位村民的表弟才进入了景区。村民告诉记者，景区大门是景区内郭亮、南坪、水磨3个行政村1500多名村民出入的唯一通道。来到南坪村，记者看到停车场上8辆电动观光车整齐停放，整个南坪村冷冷清清，没有游客的身影。

记者调查发现，引发景区此次停业的导火索是村民建房问题。

南坪村村民李福山告诉记者，2007年11月，他征得了村民小组全体成员和村委会的同意，并向小组缴纳了6500元购地款后，准备在南坪游客接待中心房后盖新房。

"后来，乡里和当时的旅游公司总经理郝卫东说，要向景区交3000元平整地基的保证金才能盖房。"李福山说，2008年年底，他向景区交钱后，景区还派车帮他清理了石头。

此后的一张处罚决定书却让李福山大吃一惊。2009年7月21日，李福山收到一份《辉县市旅游风景管理局行政处罚决定书》，该决定书称，"李福山属未经风景名胜区管理机构审核，于2007年底在万仙山景区南坪游客中心后边开山从事建设活动，处以55万元罚款"。

"没多久，我又收到市法院下达的《行政裁定书》和《行政案件执行通知书》，要强制执行55万元罚款和8150元的执行费。后来，法院经过调查，说我们家情况特殊，不符合执行条件。"李福山无奈地说，"盖房子的事也就一直搁这了，我一直反映，上边总是说让等规划。"

村民们向记者反映，不仅李福山家那种在新宅子上盖房子要罚钱，旧房拆了重盖也要被罚钱。

村民安宝山家因老房破旧无法居住，去年国庆节时，他将自家房子拆掉了。"今年3月，旅游局通知我们，拆了老房盖新房要交2000元罚款。和我一样拆旧房子的9户村民都要罚款。"

安宝山向记者提供了一张罚款收据。记者看到，收据上收款单位填写的是"辉县市旅游风景局"，单据中"违法（章）事项"和"处罚依据"栏都是空白，并且9家村民的1.8万元"罚款"合并开在了一张罚款单上，收据上加盖着辉县市旅游风景局财务专用章。

按照政府的要求，安宝山交了2000元罚款，但他的房子还是不能建。"旅游公司把守着出入景区的大门，不让我们把建筑材料拉进来。"安宝山说，"旅游公司要我签一个《居民建筑保证书》，并交3万元的押金才能盖房子。"

"乡里和景区一直说是要等景区规划出来之后才能盖房，可都等了四五年，规划还没有出来，还不让老百姓盖房子。"一位村民很不满地说。

村民开观光车一再遭处罚

景区内交通营运权的争夺,则是引发景区停业事件的直接导火索。

村民宋云山告诉记者,他之前一直是驾驶面包车在景区里接拉游客,辉县市旅游管理委员会对他的车进行过安全检查。"去年冬天,乡里通知说要取缔景区里的面包车,并给我们下发了《辉县市人民政府关于取缔旅游景区内非法营运车辆的通告》,规定景区内运营车辆必须是九座以上的客运车辆或经有关部门许可的观光车辆。"

"面包车是8座的,不符合政府规定。通知说观光车能跑,我们村就商量着一起买电动观光车。规定要求,观光车要到特种车辆安全监督管理部门登记后才能跑。我们去审批时,安检部门说要有景区的证明才能进行登记,可旅游公司又不给我们开证明。"宋云山说。

宋云山告诉记者,景区内郭亮、水磨、南坪3个村之间距离较远,几个村离景区门口也有好几公里的路。"慢慢转入旺季后,游客越来越多,3个村的百十辆无法拿到手续的观光车就都跑起来了,我也就开着电动观光车跑起来了。"

3月下旬,宋云山突然收到了辉县市旅游风景管理局下达的《行政处罚事先告知书》。告知书称:"你在景区内无手续从事营运载游客活动,不能保证游客的人身、财产安全,处以19000元罚款。"

"不是我们不办手续,是旅游局不给我们办。"宋云山说,"不给办手续,然后又罚款,这样的罚款我不服!"

那么,旅游公司为什么不愿给村民的电动观光车出具证明呢?

景区的经营方——万仙山旅游发展有限公司总经理王文德说,2009年,旅游景区内以面包车为主体的"小交通"数量急剧增加,给景区和旅游安全带来了很多安全隐患,"同时,经营交通的村民安全和服务意识不够,无法保障游客的人身安全。遇到旅游高峰期,胡乱要价、欺骗,甚至一言不合与游客发生打骂的事件时有发生。一旦出了问题,景区却要赔钱、赔礼道歉,对景区的影响很坏。"

"去年11月12日,公司和景区所在的沙窑乡政府签订了《景区内部交通组建及运营》的合作协议,由我们独立经营景区内部交通。"王文德说,"公司对村民面包车的补偿款给了政府,并给村民一些逐年递增的让利费用。但是后来,村民们仍然堵路、砸车窗,阻挠我们公司的中巴车运营。"

一位村民告诉记者,4月27日,沙窑乡政府发布通知,要求所有无证观光车停止营业,"100多户村民的观光车不能运营,不少人还被罚了款,村民们意见很大,开始停止经营家庭旅社、餐馆,甚至封堵山路,阻止游客上山。4月30日下午,乡政府下了通知,要求景区停业整顿。"

据记者了解,2007年9月,沙窑乡政府对万仙山景区按照经营权、所有权和管理权"三权分离"的形式进行了改制。如今,景区管理权归乡政府,经营权归万仙山旅游发展公司,景区山林等的所有权归村民。

对于这种"三权分离"的体制,刚到任不久的沙窑乡党委书记郭东卫说:"名义上乡政府对景区有管理权,可村民盖房要首先通过规划,还要向旅游公司交保证金才能往山里面运建筑材料。我们对景区哪有什么管理权?都是旅游公司与村民发生矛盾后,由我们做协调工作。"

"一般来说,山下盖了旅馆的家庭每年能收入三四十万元,但山上没有旅馆的家庭只能收入6000元至1万元。"郭东卫说,很多没有旅馆收入的村民,就想着跑景区交通增加收入,"跑观光车风吹雨淋的,村民们其实也挣不到几个钱"。

"这样发展旅游，对我们有啥意义？"

对于李福山盖房被罚款 55 万元的问题，辉县市旅游风景管理局局长王建新说，该局是根据《风景名胜区条例》第四十条第一款规定作出的处罚。该规定要求："在风景名胜区内进行开山、采石、开矿等破坏景观、植被、地形地貌活动的处 50 万元以上 100 万元以下的罚款。"

"可村民拆了自己家的房子，为什么也要被罚款？"记者问。

王建新认为，村民们的房屋是在核心景点内，房子本身就是看点，村民们不按规划要求拆掉老房子是对景点的破坏。"我们结合法律的公平和百姓的接受程度制定出了处罚标准，罚款就是要让听话的百姓与不听话的百姓有所区别。"王建新说。

王建新说："近年来，游客数量增长很快，给农家乐带来了很好的经济效益，部分村民的思想膨胀，没有家庭旅馆的也想建旅馆。由于万仙山景区有着自身的独特性，村民所在的村庄就是景区的核心景点，不统一规划就会对景点造成破坏。"

对于规划一直没有制定出来的问题，王建新说，旅游公司承包景区之前，乡政府就开始请有关专家对景区进行规划。但旅游公司来了后，又觉得不符合他们的发展方向，就又重新进行了规划，"制定规划的时间确实长了些"。

一位跑景区交通的当地村民抱怨说："政府发展旅游，我们的村子成了他们的景区，我们的旧房子成了景区的景点，可景区的规划迟迟不出台，我们以前没有盖房子的村民一直不能盖房。村民想在景区里跑交通挣点钱，政府也不允许。这样发展旅游，对我们有啥意义？"

资料来源：韩俊杰.万仙山群众与景区关系恶化 村民开观光车一再被罚[N].中国青年报,2011-05-13.

案例讨论题：

1.该景区为何在"五一"旅游黄金周期间会陷入瘫痪状态？

2.如何营造景区发展与居民实惠的利益双赢局面？

案例分析：从案例事件中可以看出，景区与社区居民关系处理不好，会对整个景区的发展带来巨大打击，甚至会影响到一个地区的经济长足发展。政府、旅游公司和周边的社区居民三方都非常愿意万仙山景区能够越来越好，当然同时也都希望能从旅游业的发展中获取利益，政府希望以此能够提高当地的 GDP，居民希望能够从此走上致富之路，旅游公司更是希望投资早日回收。在利益面前，自然就出现了矛盾，矛盾之一是禁止居民在景区内建房、修房，以免破坏景区环境；矛盾之二是取缔居民在景区的运营车辆，并且不颁发合法运营证，这两大矛盾都关乎社区居民的切身利益，需要政府、旅游公司进行深刻的反思，真正意识到村民是景区重要的组成部分，明确"群众兴，景区兴，群众致富，景区发展"的思路，多想一些方法，如在村民中找些联络员，实现景区和村民的直接沟通，及时解决一些问题，不让矛盾积少成多，这样才能取得景区的永续发展。

思考与讨论

1.社区关系对旅游景区的发展有何影响？

2.分析旅游景区该如何处理好各种社区关系。

技能训练题

1.调查本地区的主要旅游景区与周边社区的相处现状。

2.分析发现这些景区与社区之间存在的问题，并给出合理的建议。

任务二 旅游景区环境卫生的维护与管理

情境设计

青岛东部景区海边"脸"太脏

暑期来临,青岛迎来了旅游高峰。由于人流激增,很多景区周边环境压力增大,海滩垃圾无人清理,出租车随意停放,花坛损坏、护栏生锈,这些问题既影响了景区美观又给游客带来不便。

记者在通往海边的楼梯间看到,台阶上散落着很多垃圾,更有游客把这儿当成了厕所,整个楼梯间臭气熏天。花坛内除了生长着一些杂草之外就是塑料瓶、废纸等杂物,海边礁石间到处可见塑料袋、啤酒瓶。在附近游览的市民任女士拿着空的矿泉水瓶说,她想找个垃圾桶把瓶子扔进去,但是一直没有找到。海边垃圾那么多,确实影响美观。

记者看到,该景区附近一段二三百米长的海岸线一个垃圾桶都没有,也没见到负责清洁的环卫工人。在附近摆摊的商贩说,海边没有垃圾桶,清洁工也不常来,究竟谁负责这片海滩的环境卫生他们也不清楚。

据景区清洁工许师傅介绍,他负责景区前面的马路和停车场,负责景区外围的清洁工有 15 人左右。他们从早上 7 点上班,一直工作到晚上 6 点,游客随手丢票根、塑料袋的现象很多,他们中午都是换班吃饭,根本闲不住。

资料来源:朱夏雅南,董彦.东部景区海边"脸"太脏[N].齐鲁晚报,2011-07-20.

根据以上情境,完成下列任务:

1. 青岛东部景区海边的环境为何会如此之差?
2. 作为景区经营者,应如何对景区的环境进行维护和管理?

任务分析

景区内的卫生状况是景区环境质量最重要的外在表现,直接影响着游客的游览质量以及游客对景区的整体印象。据调查显示,游客市场对景区的了解 60% 以上是通过口口相传的方式获得的。曾有一相关性报告指出,如果游客对其所游览过的某一景区非常满意的话,会有 85% 的可能向他的亲友推荐该景区,而他的亲友在出行时则有 70% 的可能首选该景区;相反,如果游客对某一景区非常不满意,则有 90% 以上的可能将其对该景区的消极评价传达给亲友,而这一部分人在出游时选择该景区的可能性则低于 5%。从这一点我们可以看出,一个景区如果在游客心中留下了负面的印象,影响到的将不仅仅是游客的重游几率甚至是与此名游客相关的数人的出游几率。游客的减少不仅直接影响到景区的经济收益,还可能在市场上形成负面影响,为景区带来不可估计的无形损失。因此,这就要求景区管理者在明确环境卫生管理任务的基础上,根据任务制定相应的卫生标准,并采取切实有效的管理方法,逐步塑造洁净卫生、安静舒适的景区环境。

相关知识

一、旅游景区环境卫生管理的特点

1. 全面性

景区的环境卫生贯穿于旅游活动的各个环节、各个部门、各个岗位。纵向上,卫生工作任务应从决策层逐级落实到各个岗位;横向上,卫生工作应扩散到各个部门。因此,景区应做到上下结合,统一行动。

2. 连续性

旅游者在景区的活动是一次连续的、完整的旅游体验,因而景区的卫生管理工作应实现空间和时间上的流畅性。任何环节出现卫生问题,都将影响到其他部门的卫生质量,甚至是整个流程的卫生质量。

3. 多样性

由于旅游者需求的多样性,其对卫生的要求程度也不同。旅游者需求的多样性决定了景区场所的多样性,各种不同功能的场所要求符合不同的卫生标准。各国根据本国的实际情况,针对同一项目又有不同的标准,各景区也必须根据本地区的经济技术状况制定切实可行的卫生标准。

4. 季节性

旅游业的经营活动具有很强的季节性。在不同的季节,景区对卫生的要求也不同。在旅游旺季,卫生工作要做到"勤";在旅游淡季,要做到"精"。

5. 非常规性

景区对于特别的团体或 VIP 客人,须针对他们的特殊要求,打破常规开展卫生工作,全面彻底地进行清理,最大限度地满足客人的需求。针对重大的卫生问题,必须采取非常规的管理模式,优先给予重点处理。

6. 超前性

在旅游者进入景区之前,景区服务人员应做好卫生工作,迎接客人的到来,为旅游者营造舒适安静、清洁卫生的游玩环境。

7. 及时性

景区一旦发生卫生问题,须及时给予处理;一旦有旅游者的投诉,须及时找出问题,尽快地改进;一旦发生卫生事故,须及时地给予解决,吸取经验,防止类似事件再次发生。

二、旅游景区环境卫生管理的内容

1. 旅游景区游览卫生管理

旅游景区游览卫生管理主要包括游客乘坐的交通工具(游览车、游船、索道、缆车、休息座椅等)、游步道、景点等部位的卫生管理。

2. 旅游景区公共卫生管理

旅游景区公共卫生管理主要包括旅游景区的大门、广场、游客中心、卫生间、厅堂、商场等各种服务场所周围环境的卫生管理。

3. 旅游景区住宿卫生管理

旅游景区住宿卫生管理主要指提供住宿服务的旅游景区,它以为客人提供清洁、舒适的住宿条件为重点,具体内容包括客房卫生、卫生间卫生、客用的各种消耗用品卫生等的管理。

4. 旅游景区食品卫生管理

旅游景区食品卫生管理以食品卫生法为中心,以预防食物中毒和疾病传染为重点,具体内容包括食品原材料采购、储藏、加工制作、产品销售、食品化验、消毒等各个环节的卫生管理。

5. 旅游景区个人卫生管理

旅游景区个人卫生管理主要指旅游景区的一线从业人员,包括导游、销售员、保安以及各级管理人员的身体健康状况、仪容仪表、着装以及个人卫生等各个方面的卫生管理。

三、旅游景区环境卫生管理的任务

1. 配备卫生管理人员和建立制度

景区应配备专职或兼职的卫生管理人员,建立岗位责任制度,把卫生服务纳入整个服务工作的考核内容中。员工人数多的部门由专职或兼职卫生人员组成卫生管理队伍（小组或委员会），采取积极措施全面落实岗位责任制中的各项卫生工作，并促使本部门全面达到国家或景区规定的卫生标准。

2.组织从业人员学习和掌握卫生知识和技能

景区的从业人员必须掌握并执行好国家及景区制定的有关方面的卫生标准、条例和细则。各个部门还要结合本部门的情况列出卫生工作要点，落实到各个部门每个从业人员的工作中，并组织从业人员进行学习和督促其自觉执行，使其掌握必要的卫生操作技能和常用的消毒方法，了解传染病的传播途径和预防措施，增强环境保护意识。

3.制订规范的卫生操作程序

景区的服务种类错综复杂，每一个服务种类的操作内容大不相同，景区有必要对某些特定的服务流程制订卫生操作规范，在保证服务本身卫生的同时，将其对景区环境的影响降低到最低限度。

4.加强卫生检查，保证卫生质量

定期开展景区的卫生检查，对卫生死角、容易忽视的卫生环节予以高度重视，进行有重点的、全面的卫生大检查，一旦发现问题，及时予以解决。

5.开展对旅游者的卫生宣传和教育

景区在管理好景区本身的卫生工作的同时，要求旅游者协助和监督各部门从业人员执行卫生制度和准则，并遵守景区的卫生行为规范。因此，必须首先向旅游者介绍和说明景区的卫生制度和规范，进行卫生宣传工作（如采用图片、模型、实物、电视等直观生动的宣传教育材料，讲解生动、易懂），增强旅游者关心与保护景区环境的自觉性，更好地协助和监督景区从业人员搞好景区环境卫生管理。

四、旅游景区环境卫生管理的标准

（一）ISO14000 标准

1. ISO14000 标准产生的背景

伴随着 20 世纪中期爆发于一些发达国家的公害事件，人类开始认识到环境问题的出现及其严重性。环境污染与公害事件的产生使人们从治理污染的过程中逐步认识到，要有效地保护环境，人类社会必须对自身的经济发展行为加强管理。因此世界各国纷纷制定各类法律法规和环境标准，并试图通过诸如许可证等手段强制企业执行这些法律法规和标准来改善环境。

正是在这种环境管理国际大趋势下，考虑到各国、各地区、各组织采用的环境管理手段工具及相应的标准要求不一致，可能会为一些国家制造新的"保护主义"和技术壁垒提供条件，从而对国际贸易产生影响，国家标准化组织在汲取世界发达国家多年环境管理经验的基础上，制定并颁布了 ISO14000 环境管理系列标准，成为一套目前世界上最全面和最系统的环境管理国际化标准，并引起世界各国政府及企业普遍重视和经济响应。

2.ISO14000 标准的建立和实施

ISO14000 是国际标准化组织推出的一套环境管理系列标准，其标准号从 14001—14100，共 100 个标准号，统称为 ISO14000 系列标准。其中，ISO14001 是 ISO14000 系列标准的核心，它不仅是企业建立环境管理体系并开展审核认证的依据，也是制定 ISO14000 系列其他标准的依据。

ISO14000（国际管理系列标准）包括 ISO14001—14009（环境管理体系 EMC）、ISO14010—14019（环境审核 EA）、ISO14020—14029（环境标志 EL）、ISO14030—14039（环境行为评价 EPE）、ISO14040—14049（生命周期评估 LCA）、ISO14050—14059（术语和定义 T&D）、ISO14060（产品标准中的环境指标）。

3.ISO14000 标准带给景区的效益

实施认证将带给景区明显的绩效：

(1)提高景区市场竞争力,树立优秀企业形象。

(2)降低成本,节约能源和资源。

(3)预防污染,减少环境责任事故的发生。

(4)提高景区环境管理水平和员工的环保意识。

总之,"预防为主"是贯穿 ISO14000 系列标准的主导思想,它要求企业必须承诺污染预防,并在体系中加以落实。持续改进是 ISO14000 系列标准的灵魂,组织通过实施标准,建立起不断改进的机制,在持续改进中,实现自己对社会的承诺,最终达到改善环境绩效的目的。

(二)旅游厕所星级评定

1.我国旅游厕所概况

所谓旅游厕所(tourism toilets),就是在旅游者活动场所建设的、主要为旅游者服务的公用厕所。根据世界厕所组织提供的数字,每个人每天大约上厕所 6 至 8 次,一年就是约 2500 次,算下来人的一生大约有两年时间耗费在厕所里,如厕实在是每个人生命中的一件大事。因此,可以说,厕所的变迁反映了时代的变化、文明的进步,是一个国家、一个地区物质和精神文明的体现,也是其经济和社会发展总体水平的体现。在旅游景区卫生管理中,旅游厕所的建设档次、分布格局、方便程度和卫生水平更是直接影响旅行全过程感受和旅游服务质量高低的重要因素。

在我国旅游业发展的相当长时期内,旅游厕所始终没有得到相应发展,一些旅游景区和主要旅游线路普遍存在旅游厕所"脏、乱、差、少"的问题,使之成为海外旅游者投诉最多、涉及地区最广的问题。这些问题,严重影响我国的文明形象和我国旅游业的声誉。

(1)数量较少,影响了"市场供给"。受建设资金短缺、认识水平落后等因素影响,旅游厕所建设没有被提到重要议事日程之上,除涉外旅游宾馆和定点餐馆内有一定数量和档次的旅游厕所之外,在全国绝大部分旅游景区和主要旅行线路上,旅游厕所供给十分有限,给游客造成了极大不便,厕所门外排队等候成为许多景区一道令人尴尬的"风景"。

(2)位置偏僻,影响了"可进入性"。因于传统观念,许多地方将旅游厕所视为见不得人的地方,对这一人类少不得的场所唯恐避之不及,把建设旅游厕所的选址原则曲解在"不入视野,不登大雅之堂"之上。在大型旅游景区,厕所布点不规范、不科学,选址偏散偏远,散则不易管理,远则麻烦游客。

(3)卫生较差,影响了"旅游情趣"。由于管理混乱、资金不够,仅有的旅游厕所大多数年久失修,外观破旧,内部破损,有的屋顶渗漏,有的内墙剥离,有的厕门损坏;由于无人看管,一些厕所成了垃圾死角和蚊蝇孳生地,厕内蛛网吊灰多,地面污迹多,少数旅游厕所让游客毫无立足之地;因旱厕居多,异味明显,少数水冲式厕所也因设计、管理等原因而没有达到标准。旅游的美好感受与厕所内的龌龊场面形成的鲜明反差,大大影响了游客的旅游情趣。

2.旅游厕所质量等级评定标准

为规范我国旅游厕所建设和管理,提高旅游厕所建设和管理水平,更好地为国内外旅游者提供服务,保护自然生态,优化旅游环境,提升旅游形象,提倡文明用厕,2003 年,由国家旅游局起草、国家质量监督检验检疫总局发布了旅游厕所质量等级的划分与评定标准(GB/T 18973－2003)。

该标准中主要从厕所设计及建设、特殊人群适应性、厕位、洁手设备、粪便处理、如厕环境、标识、管理等八个方面对旅游厕所进行了等级划分,并用星级来表示旅游厕所的等级,星级标志为五角星形状。用一颗五角星表示一星级,两颗五角星表示二星级,三颗表示三星级,四颗表示四星级,五颗表示五星级,共划分为五个星级,即一星级、二星级、三星级、四星级、五星级,星级越高表示厕所等级越高。

3.旅游厕所质量等级评定检查评分细则

该细则满分为300分,实际检查评分达到180分以上可以评定一星级,195分以上可以评定二星级,215分以上可以评定为三星级,240分以上可以评定为四星级,270分以上可以评定为五星级。

(三)旅游景区环境的绿色管理

旅游业是一个综合性很强的行业,对资源、环境具有很强的依赖性,只有保证环境资源的可持续发展,才能保证旅游业的可持续发展。因此,在景区中导入可持续发展的理念,对景区的人力资源、财务、经营、旅游者、营销等整体环境实行绿色管理就尤为重要。从经营角度出发,可以从以下几方面努力:

(1)降低能源消耗。在不影响旅游者接待质量的前提下,通过安装隔热设置、停止供热、关闭电源等方法,降低能源消耗。当然,景区在采取这些措施时,必须取得旅游者的理解和支持。

(2)尽量减少水、空气和噪声污染。

(3)尽可能从当地供应商处进货,减少运营成本。

(4)仅从对环境问题负有责任心的供应商处进货。

(5)限制旅游者的流量。

(6)保证一定的环境维护成本。

(7)规范旅游者的行为,增强其对环境保护的意识。

任务实施

步骤一 领受任务

教师介绍任务的内容、要求、关键点及注意事项。各小组提问,教师答疑,准确理解任务,完成任务领受。

步骤二 实施任务

各小组按教师的要求,制订完成任务的工作程序及任务分配方案,阅读相关知识,查阅其他相关资料,分析青岛东部景区所出现的环境卫生问题,提出相应的管理措施,完成情境中提出的任务内容,写成任务报告,做成PPT。既做好预演,准备汇报,又扮演听众,准备提问。

步骤三 任务汇报

各小组根据任务的要求,在教室中汇报并相互提问。指导教师及时控制汇报进程,最后进行点评与总结。各小组对本次汇报及时进行总结,形成文字材料,作为作业上交指导教师。指导教师依据该项目任务考查表,给出各小组评价综合得分。

考核评价

旅游景区环境卫生的维护与管理任务评价考察表

学习目标	评价标准	小组评价 (50%)	教师评价 (50%)	综合得分 (百分制)
理论知识 (20分)	掌握旅游景区环境卫生管理的内容及标准			
专业技能 (20分)	了解景区概况,提出旅游景区环境卫生改进措施			

续表

学习目标	评价标准	小组评价 (50%)	教师评价 (50%)	综合得分 (百分制)
通用技能 (20分)	具有团队协作能力;具有团队运作信息收集能力;具有团队处理问题的能力			
任务完成 (20分)	纸质作业、PPT及任务问答的有效性			
学习态度 (20分)	完成任务的态度、责任感			

综合评价及建议:

拓展知识

厕所的管理学思考

1. 厕所是一个管理问题

朋友一家从美国旅游回来。我问他家小孩:"美国什么东西最好?"童言无忌,答道:"厕所。加州迪斯尼的游客比我们动物园的人多得多,但上厕所不用排队,一点都不臭,也不脏,不像我们公园里的厕所;高速公路边的厕所就跟我们五星级酒店的厕所一样……"朋友赶紧打断小孩的话。西方的月亮比东方圆已成崇洋媚外的标签,如果说美国的厕所比我们的好,会不会就招来千古骂名?厕所确实是个问题。在国内旅游,我最怕的就是上厕所。每一趟去旅游,我都一再了解"酒店离风景区有多远?"因为我最怕上路边的厕所。在旅途中,我宁愿整天滴水不沾(尽管这是对皮肤最大的伤害),也绝不愿意上任何路途中的厕所。厕所难道不是管理的问题吗?据说日本企业培训新员工是从洗厕所开始的。有一份报道说,有位新员工第一天上班,来到厕所不知所措。这时来了一位老员工,不慌不忙地洗厕所,洗完后,拿起一个杯子,在抽水马桶里装了一杯水,悠悠然地喝了起来。这个故事既阐述了认真的含义,也说明了厕所是管理的一部分。

2. 厕所与经济效益

台湾的蔡先生在广东做了多年的生意,事业发展得很顺畅,于是打算让两个孩子也来内地读小学。蔡太太参观了几所学校,各方面都没有多大意见,但是,她怕孩子们不适应学校的厕所,再三考虑还是决定留在台湾。从经济角度看,蔡先生仅仅是广东台湾两地往返的机票费都是一份不菲的支出,但蔡太太说,她宁可两地分居,也不情愿让孩子使用在操场边就闻到异味的厕所。这是一个因为厕所问题而增加家庭费用的个案。因厕所问题,有多少人却步旅游,这里我没有统计数据。

3. 厕所是衡量管理的指标

参观一家大纺织厂,厂长滔滔不绝地说,由于引进美国先进的生产设备和先进的管理思想,工厂改革取得了巨大成就。会后上厕所,一个多小时厂长的雄辩大论,在肮脏不堪的厕所前,所谓管理取得的成就,无论如何也不能让人信服。一处人人、天天都要到的地方都管理不好,别的地方能管理得好吗?考察一个企业的管理,厕所就是一个衡量标准,于细微处见真实吗,何况是一个人人必去的地方呢。

4.管理没有雅俗之分

生意没有雅俗之分,适应市场的需要、满足市场的需要,在合法的范围内,就是好生意。开发软件是好生意,从事沐足业,也是好生意。管理也没有雅俗之分,管理好酒店大堂与管理好厕所一样重要。谈论厕所的管理、认真管理好厕所,一点都无损我们高贵的尊严,管理理论的书籍多得可谓汗牛充栋,但是,最重要的一条就是管理是基于最基本的常识的,就如小孩也能感受到的一样,从厕所管理开始,从最基本的开始。

案例与讨论

"旅游垃圾"弄脏了景区原本美丽的"脸"

碧绿的草原,巍峨的雪山,茫茫的荒漠……由于偏远与艰险,新疆许多美景至今仍完好保存在人迹罕至的区域,被外界称为"净土"。然而伴随探险旅游和考察活动的升温,越来越多的游客进入这些景区,带走了记忆,却留下了垃圾。

美丽的"楼兰姑娘"与无数解不开谜的遗迹,让游客对楼兰古城心驰神往。然而这个布满汉陶与晋瓦的古城内,如今也增添了塑料瓶、易拉罐等现代文明带来的垃圾。楼兰文物保护站站长崔有生说,为了减轻车辆进出楼兰古城的负担,极少有游客会将生活垃圾再带回去,而是就地掩埋;一些环保意识差的游客,则会将垃圾随地乱扔。他告诉记者,工作人员每次到楼兰古城巡查时,都会顺便捡拾地上的垃圾,但下次再去的时候,这里又会布满新的垃圾。

旅游垃圾也弄脏了草原原本美丽的"脸"。记者在新疆那拉提草原看到,随着游客的大量涌入,他们用过的矿泉水瓶、啤酒瓶、废纸箱、冷饮罐等随处乱扔,景点周围的网围栏和牧草丛挂满了五颜六色的塑料包装袋,大杀风景。

是什么原因导致旅游垃圾大量出现呢?乌鲁木齐原点户外运动俱乐部一个名叫"牧羊者"的工作人员说,主要在于极少有游客养成"旅游垃圾"回收带走的习惯。他说,探险旅游选择的景区往往交通和生活条件不便,因此探险者需要随身携带大量的生活物资。为了减轻负担,用过的物资往往被集中甚至随手丢弃,这样便给景区带来了污染。"提高游客的环境公德心十分重要。""牧羊者"说。同时他也表示,旅游、环保等部门对"旅游垃圾"尚未建立起有效的监督机制,缺乏对游客乱扔垃圾的管理。

"牧羊者"告诉记者,俱乐部每年组织的登山活动都会鼓励队员们捡垃圾。"我们的力量还很微薄,希望有更多的人加入我们的队伍,更希望游客们能够增强环保意识,将洁净的美景留给后人。"

资料来源:邢静,王植云."旅游垃圾"弄脏了景区原本美丽的"脸"[N].新民晚报,2006-02-10.

案例讨论题:

1.新疆的旅游景区环境为何会出现如此状况?

2.新疆旅游景区的经验管理者应该采取哪些措施维护景区的环境卫生?

案例分析:新疆美丽的草原因为游客的"慷慨"而面目全非,大多时候游客只顾享受美景,却忘记了如何保持美景,此时恰是需要景区管理人员进行管理引导的时候,无论是哪一种类型的景区,如果不对其内部的环境卫生加强管理,景区都将失去她原有的面貌而失去游客的青睐。这些污染和破坏本身就是由游客造成的,但是就像主人不能因为是客人弄脏了你的沙发就不去清理一样,游客们无意识破坏的时候正是需要景区人员引导、治理的时候。否则,当"碧绿的草原,巍峨的雪山,茫茫的荒漠……"这被世人所向往的既神秘又美丽的天堂一步步变成我们眼里的垃圾场时,我们要问的就不只是"远方的朋友为何你还不来?"而是:我们拿什么才能够拯救你,我美丽的草原?

思考与讨论

1. 旅游景区环境卫生管理的内容包括哪些?

2. 旅游景区环境卫生管理的方法有哪些?

3. 试述旅游 A 级景区与旅游星级厕所之间的关系。

技能训练题

1. 选择并调查本地区的主要旅游景区,了解其环境卫生现状。

2. 分析这些景区环境卫生管理的可取之处和缺漏,并提出改进措施。

3. 调查本地区主要旅游景区内的旅游厕所建设情况,分析、发现问题,给出建议。

项目十 旅游景区的危机与创新管理

学习目标

知识目标：掌握旅游景区的危机类型及种类；了解旅游景区实施危机管理的必要性和紧迫性；掌握旅游景区实施危机管理的策略；理解旅游景区创新管理的原则；掌握旅游景区创新管理的内容及手段。

技能目标：能掌握旅游景区实施危机管理的方法；能掌握旅游景区管理创新的方法；能掌握旅游景区产品创新的方法；能掌握旅游景区经营创新的关键点。

项目分析

旅游业的繁荣发展给旅游目的地带来巨大的经济、社会、文化以及生态效益。然而，作为一种对安全与健康异常敏感的产业，一方面，旅游业很容易受各种危机事件的影响而产生波动，这种波动在造成经济损失的同时，还可能对旅游目的地的形象、社会与环境发展等产生消极影响，并破坏目的地旅游业的正常、有序发展。另一方面，随着旅游产业的发展，全国各地现行的旅游景区管理体制及管理模式呈多样化发展态势，有些管理体制及经营模式与旅游产业的发展不相适应。因此，对景区实行危机管理及创新管理已成为旅游景区发展的迫切要求。

任务一 旅游景区的危机处理

情境设计

滑道事故致游客受伤

江苏宜兴竹海景区滑道事故已致 4 死 24 伤，原因仍在调查——江苏宜兴竹海风景区是国家 4A 级旅游区，是华东地区最大的竹资源风景区，有"华东第一竹海"美誉。然而对于 8 月 13 日下午来景区游玩的游客们来说，更像是一场梦魇。

滑道事故致 4 死 24 伤

8 月 13 日下午 3 点左右，宜兴竹海风景区发生一起滑道安全事故。受到强风暴雨的影响，部分游客乘坐的滑道小车相撞、冲出滑道，数名游客从滑道中被甩了出来。截至目前，事故已经导致了 4 名游客死亡、24 名游客受伤。

宜兴市第二人民医院离竹海景区仅 20 分钟车程，受伤的游客都被送往这里医治。一进医院，情绪激动的家属们就将记者团团围住。他们不明白，为什么这么大的景区中的游乐项目如此不堪一击？他们更加不明白，为什么暴雨来袭还让游客乘坐滑道？"这种雨天，这种没有任何安全措施的项目应该关闭，这是拿游客的生命开玩笑。"

受伤游客指景区管理不善

据了解，这起事故的发生主要因为强风暴雨导致了游玩滑道设施受损，不过记者在采访过程中感受到,很有可能管理方面不完善也是发生这起事故非常重要的原因。

在医院10楼骨科病房记者见到了江阴游客董先生,由于从滑道中滑出,董先生左臂多处骨折,右臂严重划伤。董先生告诉记者,这个周末他约了好友一行9人来到宜兴竹海旅游,由于起初天气良好,他们决定乘坐滑道下山,可购票之后天气骤变,雨越下越大。"反正价钱一样,我们就说坐缆车。售票员说不行,这个票已经检过了。"董先生一行人和工作人员交涉改乘缆车未果,"他应该提醒我们,比如等一会儿乘、雨下过了再乘,但是他们没说。就说快快快,坐上去就滑下去了。滑下去大概100米左右吧,雨越下越大,越来越滑,就控制不住了。"董先生一行9人全部受伤。

景区大门昨日紧闭

记者昨天来到竹海风景区,景区大门已经紧闭,门外有公安和工作人员看守,不让记者和游客进入。

据记者了解,在事故发生的第一时间,无锡市对这件事非常重视,宜兴市也专门成立调查小组,上面专门设了伤员救治、家属接待、事故调查三个工作组,相关人员已经到位了,救治和安抚的工作也在进行当中。

资料来源:刘浩邦,俞声扬. 江苏宜兴竹海景区滑道事故已致4死24伤 原因仍在调查[EB/OL]. 2011 - 08 - 14. http://china. cnr. cn/xwwgf/201108/t20110814_508366248. shtml.

根据以上情境,完成下列任务:

1. 面对该游客安全性危机,竹海景区应当怎么做?

2. 旅游景区内的各种危机时有发生,景区该如何做好危机管理?

任务分析

旅游景区的良性发展不仅需要策划、规划和开发出高质量的旅游产品,以获取广阔的旅游市场,还需要科学高效的管理,以能获取较高的市场利润。在一个企业中,危机总是与稳定相伴,而对于市场风险较大的旅游业和旅游景区来说,危机更是无处不在,研究旅游景区的危机和危机管理意义重大。

相关知识

我们把那些事关组织或个人生死存亡的突变(突发性事件),称作"危机"。"危机管理",就是对危机进行管理,以达到防止和回避危机,使组织或个人在危机中得以生存下来,并将危机所造成的损害限制在最低的限度。企业在实现其目标的过程中,总会遇到一些难以预料的事情或事件,导致企业难以实现目标,甚至危及企业的生产和经营,危机几乎无处不在。唐代魏征有句名言"思其所以危,则安矣;思其所以乱,则治矣;思其所以亡,则存矣。"旅游业是个依赖性强的脆弱行业,旅游企业必须时刻有强烈的忧患意识和危机感,居安思危,防患于未然,及时果断应对,才能不断更新以求生存和发展。

一、旅游景区的主要危机及类型

旅游景区危机是指任何危及景区经营目标的事情和事件,致使景区处于一种不稳定状态,威胁景区目标的实现。旅游景区可能面临的危机有很多,按照不同的分类依据可以分为不同的类型。

按照危机的来源分,可以分为两类:一类是景区外部环境危机,主要指来自景区外部的宏观政治、经济、社会文化的变化等而对旅游景区经营发展产生的危害。例如,2003年爆发的"非典",给旅游景区的经营带来极大的冲击。另一类是景区内部管理危机,主要指由于景区内部的经营管理失误而引发的组织危机,通常集中表现在战略管理、财务管理和人力资源管理方面。例如,我国很多主题公园类的景区因主题的大量重复和雷同导致景区经营效益不佳而难以维持。

按照危机产生的对象分,可以分为两类:一类是景区游客安全性危机,主要指游客人身财产安全遭到损害的景区危机。此类危机对于景区的影响较大,往往对景区形象造成很坏的影响,尤其是媒体和舆论的介入会在社会上造成十分广泛的影响。此类危机主要有旅游犯罪、意外事故和自然灾害三种常见形式。另一类是资源环境侵害型危机,是指旅游景区因重要旅游资源和旅游环境受到破坏和损害而产生的危机,包括生物物种入侵对景区资源和环境的影响、气候变动对资源和环境的破坏等。例如,上海崇明岛东海岸的互花米草入侵导致了候鸟保护区的候鸟急剧减少就是典型的外来物种入侵对景区资源和环境的破坏。

根据危机的性质和产生的原因,也可以分为两大类:一类是由自然灾害或人为因素引起的突发性事件,前者如火灾、地震、台风等引发的突发事件,后者如游乐设施故障或管理不力引发的公共安全事故;另一类则是完全由于人为因素引起的潜在危机,如规划失误、产品结构不合理、开发过度或保护措施不力导致的景区形象品牌破坏、生态破坏、景观破坏等。这些危机事件的直接危害是对游客人身安全和财物造成损害,旅游景区经济效益和公共信誉下降,间接危害则更为广泛,更为长久。

具体地说,旅游景区危机的形式又可以分为战略危机、资源危机、产品危机、形象和品牌危机、服务质量危机、安全危机、财务危机、人才危机、客源地危机、目的地危机以及突发事件危机等10多种类型,现挑选常见的几种叙述如下:

1. 战略危机

战略是贯穿于一个企业在一定历史时期内,决策或经营活动中的指导思想及其指导下关系到全局发展的重大谋划。没有这种全局战略,景区就会陷入懒散、怠慢甚至混乱之中。战略制定的主要依据是企业的环境分析和企业经营实力的优劣势的客观评估。一旦景区制定的发展战略不适应景区面临的优劣势和内外动态环境,必将威胁着景区的进一步生存和发展。景区战略危机表现在以下几个方面:①战略缺失。即景区没有制定发展战略或制定发展战略不完善。②战略混乱。即景区制定的发展战略目标不明晰,甚至有几个发展战略,但其相互之间充满了矛盾而导致战略混乱。③战略滞后。即景区战略滞后于景区内外环境的发展,如不进行战略调整,则不利于景区的进一步发展,甚至影响到其生存。曾经辉煌一时的"广州飞龙世界游乐城"短短4年便夭折,从旅游科学的角度来总结,就是战略和策略的失误。"飞龙"是由有"东南亚蛇王"之称出身于蛇医世家的港商钱龙飞先生创办,是一座以蛇文化为主题、民俗文化为背景的大型主题公园。按照"飞龙"的创意,景区的建设必须是蛇文化及与其融合的民俗文化项目,但其首期12个景区中,有花果山水帘洞、飞龙大剧院、儿童乐园等6个景区与蛇文化无关,而且这些离题景区规模宏大、造价昂贵;第二期工程除赛蛇馆、恐龙山庄外,其他大部分景区如保龄球馆、赛车场、坦克大战场、大象乐园、野生动物养殖场、海豚表演池等,不但超越主题,而且与邻近的"飞图梦幻影城(后易主为森美反斗乐园)"重复,在背离主题的歪道上越走越远,经营收入每况愈下,陷入了战略混乱的危机,最终只得关门。

2. 资源(产品)危机

旅游资源(产品)是旅游景区开发的前提和基础,也是观光活动的场所。自然旅游资源是自然环境的产物,人文旅游资源主要是历代的知名古迹和现代的人造景观,两者经开发后统称为旅游产品。旅游资源(产品)受到自然的尤其是人为因素的损害和破坏,使得旅游吸引力降低,旅游市场萎缩,旅游开发陷入危机。当前这种危机主要表现在如下几个方面:

(1)旅游资源(产品)受到人为因素破坏,旅游品位降低。张家界武陵源自然风光独特秀丽,

1992 年被联合国列为世界自然遗产,成为国内外旅游热点。但该景区在开发过程中滥建食宿、娱购设施,至 1997 年充斥景区的建筑面积达 36 万平方米,著名的景点锣鼓塔成为一座"宾馆城"。有"世界最美丽的峡谷"之称的金鞭溪每天被迫接受 1500 吨生活污水,风光严重受损,受到世界遗产委员会的严厉批评。类似案例在全国各省区不乏其例。景区过度开发使自然景区某些珍稀动植物及其原始生活环境受到破坏,具有科学教学研究价值的地质地貌景观损害。这种景区城市化倾向,游览景区局部水体被污染,如不制止,危机继续恶化,最终危机爆发,导致企业破产,景区走向死亡。

(2)游客超过旅游景区环境容量,"人满为患"造成景点景物受到践踏磨损,水体、水质污染,噪声污染,公共设施常被挤坏。

(3)景区产品重复建设,特色不鲜明,经济效益低。20 世纪 90 年代初,深圳"锦绣中华"—"中华民俗文化村"—"世界之窗"成功实现了三级跳,开创了我国人造景观的先河。一时间,广东沿海地区人造景观一哄而起,广州的"世界大观"1996 年建成开业,"华夏奇观"、"航天奇观"、"中华百绝"破土动工,广州增城的"华夏春秋"、"风情大世界"着手筹建,珠海"圆明新园"、阳江"宋城"、潮州"美人城"快速跟上……结果或是胎死腹中,或是半途夭折,建成开业者亦好景不长,经济效益低下,惨淡经营,难以为继。

3. 形象和品牌危机

景区形象是旅游者对景区的感性反映,品牌反映了旅游者对景区认可和接受的程度,形象的好坏和品牌知名度的高低对旅游者选择旅游目的地及其生存发展有着巨大的影响。景区形象和品牌危机如下:

(1)景区形象不鲜明或形象重叠。如广东省现已建有一定规模的注册旅游区 400 多个,但绝大部分景区没有进行过形象设计,以往的风景旅游区总体规划,亦大多忽略了这点。广州著名的白云山国家级风景名胜区,历代的"羊城八景"几乎都金榜题名(入选),如宋代的蒲涧濂泉,元代的白云晚望,明代的粤秀松涛,清代的粤秀连峰、镇海层楼、白云晚望,但到底白云山风景区的总体形象是什么? 与周边的同类景区形象差异如何等至今也模糊不清,危及其进一步的升级和发展。

(2)景区形象差。由于没有进行形象策划或形象定位简单粗糙,因而景区建设主题不突出,个性不鲜明,服务设施以至整个城市的文化氛围难以形成支撑。例如,广州从化温泉水质一流、生态优雅、开发悠久、区位优越,曾经是广东乃至我国温泉旅游度假开发的一面旗帜。然而近 10 多年来不注意形象和品牌工程建设,城镇化现象严重,主题混乱,形象不佳,"从化温泉"金字招牌日趋暗淡,已经危及旅游区的生存。

(3)宣传力度不足,知名度低。以旅游、娱乐、体育健身、文化传播等为主的"休闲经济"将成为下一个经济大潮,休闲产业将在 2015 年前后占世界 GDP 的一半,成为最大支柱产业。我国旅游景区如不抓住机遇,迎头赶上,塑造出具有民族地方特色、形象突出的品牌旅游区,并实行科学的品牌管理和营销,危机将日益加重。

4. 服务质量危机

景区服务质量是景区质量评价的一个重要内容,直接影响旅游者的旅游体验,关系到其对旅游景区的评价,从而产生"口碑"效应,影响旅游市场的发展。景区服务质量危机主要表现在以下几个方面:①服务设施和设备不健全、质量低下;②服务环境(包括自然环境与人文环境)质量低;③旅游商品质量低下、质价不符;④服务操作不规范、服务态度恶劣、服务技能质量低;⑤景区综合管理混乱,缺乏有效的投诉和奖惩机制;⑥景区解说不简明,甚至出现错误;等等。例如珠海御温泉旅游区,资源等级、规模和市场区位并不优秀,但通过创立优质、特色的服务文化,资源和产品得以增值,形成良好口碑和品牌,景区良性发展。

5.突发事件危机

近年国内外发生的海啸、瘟疫、火山、泥石流、热带风暴等自然灾害和军事入侵、国际经贸摩擦、恐怖活动乃至景区本身管理不善等人为灾害等突发事件,均会对依赖性、关联性和脆弱性极强的旅游业带来重创。如2003年突发的SARS是人类历史上从未出现过的重大疫情,给社会经济尤其是旅游业造成了重大的影响:国内外游客数量和旅游收入锐减、旅游业陷入困境;SARS过后游客激增,部分旅游区出现超负荷运作。

6.人才危机

人才是景区建设、经营管理和进一步发展的支柱,上述诸多景区危机的主要根源之一是景区人才危机造成的。我国景区人才危机主要表现在以下几方面:①景区人才特别是高级管理人才不足;②景区骨干人才流失,特别是掌握景区核心客源和商业秘密的人员以及技术、外联、营销等方面的骨干突然流失;③高级管理人员或技术骨干的不当行为;④人才信誉和道德危机。

二、旅游景区危机管理策略

对于旅游景区危机管理的定义,往往只注重企业受到打击后的应付对策,忽视了危机两重性的特点,不利于科学实施危机管理。景区危机管理是企业为了预防、摆脱、转化危机而采取的一系列维护企业生产经营的正常运行、使企业脱离逆境、避免或减少企业财产损失、将危机化解为转机的一种企业管理的积极主动行为。危机管理是对危机潜伏、形成、高潮、消退全过程的全景式控制管理。显然,危机管理的精髓就是善于在危机中发现、培育,进而收获潜在的成功机会。危机管理的目标就是变危机为机遇,使企业走过困境进入新的发展阶段。随着我国旅游业的发展,旅游景区类型日趋多样,景区危机类型也日趋复杂,因而无论发生何种危机,景区危机管理仍然有其共同的原理、应对技巧和策略,主要包括以下三方面内容:危机防范、危机处理和危机总结。

1.危机防范

危机管理主要是对危机进行防范,危机之前要未雨绸缪、居安思危,减小危机影响的最佳方法就是事先做好充分准备。危机防范是危机管理的重点。绝对不能低估任何一种危机可能对旅游景区发展造成的损害。对于像自然灾害那样的"天灾",在现阶段固然尚难以完全避免;但是,对于像事故等原因造成的"人祸",大多是由于认识不足、感情冲动、管理松懈以及误解等人为因素造成的,在预防和回避方面存在着相当大的回旋余地和可能性。

(1)树立危机意识并贯穿于管理的全过程。长期以来很多景区忌讳谈危机,而实际上危机的发生往往不以人的意志为转移。国内外企业管理的大量实践证明,越是有危机意识,越是实行危机管理,旅游企业就会离危机越远。旅游景区管理机构和管理者一方面要树立"凡事预则立,不预则废"的意识,充分认识加强危机管理的重要性和必要性,提高危机敏感度,严格管理,在源头上降低危机事件发生的可能。另一方面运用危机教育先进经营理念,对员工进行经常性的、系统性的危机教育,强化危机意识,建构危机处理的共识,培养他们的危机处理方法和技巧,提高反制危机的能力,培育景区无形的战斗力;同时,危机管理强烈的忧患意识,可以对员工产生压力,并由压力转化为动力,从而使组织自求发展,自我完善,在日益激烈的市场竞争中始终占有一席之地,使企业始终处于良性循环的轨道中。

(2)评估旅游景区的风险。旅游景区的危机主要来自质量、人员、品牌、财务、公害、犯罪、事故、天灾等方面。旅游景区应在事前将各类风险发生的可能性,一旦发生可能对景区造成的损失及处理危机的费用尽可能作出详细而科学的评估,以此作为建立危机预警和应变系统的依据。

(3)建立旅游景区危机预警和应变系统。景区危机是非常态事件,依靠常规管理程序是不能

有效化解的,必须建立危机预警和应变系统,这一系统包括以下几个内容:

①组建景区内部危机管理小组。我国旅游景区企业规模相对较小,危机管理小组应由企业最高决策人担任负责人,危机管理小组应建立工作制度,定期分析、研究企业可能发生的危机,并结合景区自身特点有针对性地开展模拟危机处理。

②强化危机意识,观察发现危机前兆,分析预计危机情境。旅游景区发生危机大都有前兆,主要表现在:市场环境方面,服务质量投诉增多、产品价格非理性变化、新的竞争对手加入、国家调整旅游产业政策等;内部管理方面,信息沟通渠道堵塞、人际关系紧张、人才流失、亏损增加、过度负债、技术设备更新缓慢等;在产品促销方面,缺乏整体战略、新产品开发缓慢、促销费用不足等。旅游景区要从危机征兆中透视企业存在的危机,并引起高度重视,预先制订科学而周密的危机应变计划。危机管理的成功与否,关键在于危机发生时,景区是否已有一套危机应对制度,它应该包括如下方面:设立专门的应对组织及企业发言人;设立对策负责人及联络方式;设立迅速、统一、公开的信息发布方式;注重与相关领域的重要媒体建立长期信任关系;将危机管理制度制作成手册或文件。

③进行危机管理的模拟训练。定期的模拟训练不仅可以提高危机管理小组的快速反应能力,强化危机管理意识,还可以检测已拟订的危机应变计划是否充实、可行。

2. 危机处理

"及时发现,妥善处理"是危机管理的重要原则。有效的危机管理机制是在危机关头正确处理危机的保障。

(1)应当冷静对待,快速处理。景区危机管理小组应采取果断有效措施,隔离危机,防止危机态势的进一步扩大,在范围和程度上限制危机所造成的损失及其危害,并迅速找出危机发生的原因,并有效地解决危机。在危机处理的过程中,速度至关重要,时间就是生命。如果初期反应滞后,将会造成危机的蔓延和扩大。

(2)要善于应变。由于危机情况的产生具有突发性和紧迫性,因此尽管事先已制订出危机应变计划,由于不可预知危机的存在,任何防范措施也无法做到万无一失。在处理危机时,应针对具体问题,随时修正和充实危机处理对策,做到有进有退,果断取舍。

(3)千万不要忘记受害者。一旦有人员伤亡,人们对经济损失就不那么敏感了。旅游业是一个人道主义的行业,所以要尽可能在处理危机中向公众展示其富有同情心的一面。着眼于大局和长远利益,危机期间,旅游景区应更多地关注消费者的利益而不仅仅是公司的短期利益。应把公众的利益放在首位,尽量为受到危机影响的公众弥补损失,这样有利于维护企业形象。

(4)要与媒体保持良好关系,引导正确的报道,使景区尽快越过陷阱进入新的发展阶段。

3. 危机总结

危机之后,科学总结,重塑形象,变危为机。危机总结是指对危机的表现形式、危机出现的原因以及危机处理的方法和措施进行总结,以便能更加有效地管理危机。危机总结分为调查、评价和整改三个阶段。对危机发生的原因和预防与处理的全部措施进行系统的调查。对危机管理工作进行全面评价,包括对预警系统的组织和工作内容、危机应变计划、危机决策和处理等各方面的评价,要详尽地列出危机管理工作中存在的各种问题。对危机涉及的各种问题综合归类,分别提出整改措施,并责成有关部门逐项落实。真正从危机中顺利走出,在危机中找到机会,实现危机管理的目标。

随着我国旅游业的发展,旅游景区类型日趋多样,景区突发事件危机也更趋复杂,但景区突发事件危机管理也是有章可循,有策略应对的。景区时刻树立危机意识,观察发现危机前兆,建立应对危机预案,处理好危机防范、危机处理和危机总结各个阶段工作。只要切实加强景区的危机管理,不断提高管理水平,将危机的负面影响降至最低,全面提升旅游环境、旅游安全、旅游观念、旅游服务,就能促进我国旅游景区的健康快速发展。

任务实施

步骤一 领受任务

教师介绍任务的内容、要求、关键点及注意事项。各小组提问,教师答疑,准确理解任务,完成任务领受。

步骤二 实施任务

各小组按教师的要求,制订完成任务的工作程序及任务分配方案,阅读相关知识,查阅其他相关资料,分析竹海景区游客安全危机问题,提出相应的管理措施,完成情境中提出的任务内容,写成任务报告,做成 PPT。既做好预演,准备汇报,又扮演听众,准备提问。

步骤三 任务汇报

各小组根据任务的要求,在教室中汇报并相互提问。指导教师及时控制汇报进程,最后进行点评与总结。各小组对本次汇报及时进行总结,形成文字材料,作为作业上交指导教师。指导教师依据该项目任务考查表,给出各小组评价综合得分。

考核评价

旅游景区的危机处理任务评价考察表

学习目标	评价标准	小组评价 (50%)	教师评价 (50%)	综合得分 (百分制)
理论知识 (20分)	了解景区的危机及类型,认识到景区实行危机管理的必要性			
专业技能 (20分)	分析景区现状,制定危机管理方法			
通用技能 (20分)	具有团队协作能力;具有团队运作信息收集能力;具有团队处理问题的能力			
任务完成 (20分)	纸质作业、PPT 及任务问答的有效性			
学习态度 (20分)	完成任务的态度、责任感			
综合评价及建议:				

拓展知识

企业如何"危机管理":少林寺 5A 摘牌的启示

少林景区是全国首批 66 家 5A 级旅游景区之一。去年 10 月,全国旅游景区质量等级评定委员会对其暗访复核,发现该景区"管理混乱,总体印象较差",存在服务缺失、黑车拉客、商贩围追兜售和僧人算命骗钱等恶劣现象,未能达到 5A 级景区标准,遂发"整改通知"。消息曝光之后,景区客流量应声而落,2012年春节游客接待人次同比下降41.8%,门票收入下降13.7%。

龙年春节前,国家旅游局对全国20个5A级景区组织暗访,由河南登封市政府与香港中旅集团联合开发的河南嵩山少林景区因管理混乱,面临"摘牌"危机。国家5A级景区是我国当前景区的最高标准,具有"不可再生、不可复制、不可再造"的特殊地位,对当地知名度提升和经济发展具有极大的作用。以少林景区为例,被要求整改的消息传出后,2012年春节的游客接待人次应声而落,比2011年同期下降了41.8%。难怪登封市承诺"以壮士断腕的决心"来大力整顿了。

在4A级景区过于泛滥,5A级景区仍属稀缺的情况下,旅游管理部门从少林景区这样的知名品牌入手,打破5A景区终身制,这是一种负责任的管理行为,理应受到公众和媒体的支持。国家旅游局2005年8月颁布的《旅游景区质量等级评定管理办法》中明确规定,A级景区经复核达不到要求的,或被游客进行重大投诉经调查情况属实的,将受到警告通知、通报批评、降低或取消等级的处理。日前,北京徐悲鸿纪念馆等11家A级景区已被取消资格。而少林景区的整改限期是3月底,届时如果复核不达标,5A景区将被直接摘牌。这一点,无疑会引起当地政府的高度重视,并对其他5A景区起到警示作用。

少林寺和少林景区是两个不同的概念。少林寺和少林景区的关系如同蛋黄与蛋清。少林寺只能管到蛋黄部分,而整个蛋清部分被多个权力部门利益瓜分,并笼统地归于"少林景区"管理。少林寺方丈释永信说,少林景区的问题大多是政府或官员介入所致,希望还少林寺一个清静的信仰环境——少林寺方面尽管强调了少林寺内外的区别,但一堵围墙挡不住外面的喧嚣与浮躁。同一个鸡蛋中的蛋清与蛋黄,显然是一荣俱荣、一损俱损的关系。通过少林景区的品牌危机,我们应得到什么启示呢?著名危机管理培训专家谭小芳老师总结出处理企业危机可以做出以下几点假设:

1.假设问题要比表相更糟糕

因企业本身失误或故意而为之的行为引发的危机往往会以意想不到的速度进行扩散,舆论的冲击力度和传播范围经常会超出企业公关人员的预料,从而导致措手不及。从专业危机公关的角度来看,PR人员一定要学会假设你碰到的任何问题都要比表相要糟糕,这样才能慢慢培养出专业素养。

2.假设世界上并无秘密,人们最终会知道一切真相

有句话说得好,人在做天在看,没有事情是不可能不被外界知晓的,这是自然规律,无从违背。在互联网开放的今天,任何一个人都有可能成为曝光企业负面信息的传播者,这是防不胜防的,你没有选择,只能做好自己。互联网时代,舆论的发达本身就企业来说也是一种软约束,这是好事。

3.假设你和公司对危机的处理将被别人以最敌对的态度描述出来

危机公关面对的是企业涉及的所有利益相关者,包括竞争对手,而不仅仅是我们平时理解的基于媒体的公关。企业一定要做好你正面回应负面信息后依然有人对你不依不饶的做派,这是不以企业的意志和行为为转移的,需要忍耐。

4.假设在危机处理过程中,有关的人和事会产生变化,必须有人付出代价

当企业涉及的危机严重地影响了大众的情绪时,仅仅有态度是不够的,还必须对相关涉案人进行处理,这可能会让企业陷入两难的境地,毕竟很多时候涉案人的行为本质是公司授意下的行为,但这没有办法。

5.假设你的组织将因经历了考验而变得更强壮

企业要学会把每一次的危机当成是自身成长路上的学习机会,不断地反思总结,唯有这样才

能不断提高自身的危机防范能力。每一个优秀的企业都是在考验中逐步壮大的。一般企业的危机管理都有专门的负责人,但组织上往往十分原始,很多国企甚至没有公关部抑或企划部,即使处理完危机事件后也没有彻底改变,组织上的功能不健全,人事上的职责靠兼职代理,往往导致出现危机事件后反应迟钝,缺少准备工作,应对的尺度和原则一时间很难统一并付诸实施,最终导致事件恶化乃至不可收拾。

这种现象在高度集权的国企和外企都时有发生,只有建立了明确的处理危机事件的职能部门,并设立严密有序的部门职能规范,明确部门的编制和职员岗位描述,进而建立一套高效严密的危机预警体系。有了组织上和人事上的保障,并有充分的处理原则和充分的授权,这样企业在面对危机时才能有效控制危机的发展,争取在最有利的时机内扭转不利的形势,才有了把危机管理变成管理危机的前提和基础,才能上一个新的管理境界。

资料来源:企业如何"危机管理":少林寺5A摘牌的启示[EB/OL]. 2012 - 03 - 28. http://oxford. icxo. com/htmlnews/2012/03/28/1445211. htm.

案例与讨论

墨西哥旅游业是这样走出地震危机的

从"9·11"、"巴厘岛"、"蒙巴萨"、"阿富汗"、"巴尔干"、"亚洲金融危机"等事件到1991年海湾战争都没能把旅游业拖垮。值得一提的是,经历过严重地震灾害的墨西哥旅游业,在沉寂了7个月后又重新兴旺起来。

墨西哥是世界上有名的旅游国家,旅游业发达,居世界前五位,目前已成为美国、加拿大之后美洲第三个重要的旅游胜地。旅游业成为墨西哥经济的重要支柱不是偶然的,墨西哥有着丰厚的旅游资源。

墨西哥首都墨西哥城是世界最大的城市之一,它是举世闻名的古玛雅文化、中美洲阿兹特克族人文化和托尔特克文化的发祥地。墨西哥城的查普尔特佩克公园是全城的旅游中心,这里是保留了人口密度、环境繁华喧闹的城市中心区的一片被人们称之为"墨西哥城市之肺"的幽静的地方。这里建有露天音乐厅、儿童园地、动物园,这里四季如春、景色绮丽、气候宜人。

这样一个受到世界各国游客喜爱的著名旅游国家,1986年发生的一场大地震却使它的旅游业骤然遭受到空前的巨大打击。人们当时谈墨色变,那里再是好玩,谁还敢去呢?墨西哥的旅游人数由空前的几千万人,一下子几乎降为了"零"。当时已订好了机票、饭店的游客,纷纷取消了出游的计划。

在这万分危急之中,墨西哥出资请了美国的著名公共关系专家来到墨西哥策划,意在挽救国家经济重要支柱的旅游业。美专家通过一番深入的调查和努力,了解了真实的墨西哥地震后的形象,通过电视、新闻等诸多媒体向外如实地报道损失,使游客对墨西哥地震后的现状有一个正确、直观、现实的了解,消除游客们对墨西哥震后惨状的猜测、疑虑和可怕的想象。

然后则是出巨资到美国、日本等发达国家邀请文艺、体育和政界名流到墨西哥旅游。在他们下榻饭店客房里、在著名的景区和街头巷尾,到处留下这些名人的身影,然后由墨西哥新闻界将这些录像在世界各地播放,用名人影响解除人们来墨西哥旅游的顾虑,引起外国游客对墨西哥的探究心理,在短时间内取得了极大的效果,一个多月的沉寂之后,墨西哥的旅游业又兴旺起来,游客人数竟超过了地震前,墨西哥的旅游业不但没有因此而崩溃,反而通过努力使诸多相关的行业也兴旺起来,获得了盈利。

更有意思的是,因为大地震,人们对墨西哥玛雅民族从人类大家庭消失的谜团竟有了新的解释。

资料来源:乔奕.墨西哥旅游业是这样走出地震危机的[N].中国旅游报,2003-04-11.

案例讨论题:墨西哥旅游业为何在遭遇地震这一突发危机之后没有崩溃?

案例分析:旅游业是一个非常朝阳而又非常脆弱的行业,任何一种情况(强烈地震、森林大火、政治动乱、战争……)都会严重危及一个国家和一个地区的旅游业。但是,正如世界旅游组织秘书长弗朗加利所言,旅游业本身又具有很强的恢复性,经历过一次危机后会变得更成熟。面对严重的地震灾害,墨西哥旅游业的发展岌岌可危,濒于崩溃,但是管理者却并没有被打倒,在危机面前反而是理清思路、沉着应战,在专家的指导下客观冷静地采取一系列危机管理措施如组织媒体如实报道、邀请名流前来旅游等,"功夫不负有心人",终于在沉寂了7个多月后,墨西哥的旅游业就又重新兴旺起来。

思考与讨论

1. 旅游景区常面临的危机有哪些?
2. 面对各种危机,旅游景区应该如何做好危机管理?

技能训练题

1. 调查本地区的主要旅游景区近年来出现过哪些危机。
2. 分析发现景区在处理这些危机时采取的措施是否得当,并给出合理的建议。

任务二　旅游景区的创新管理

情境设计

重庆奉节天坑地缝景区开发滞后陷冷淡门

7月26日从重庆奉节县有关部门获悉,因开发滞后,享有"绝世奇观"之称的重庆奉节天坑地缝旅游日益显得门庭冷落。

该天坑地缝景区位于长江三峡西首奉节县南部山区,北靠三峡风景区的瞿塘峡,南接湖北恩施土家族苗族自治州,东连巫山龙骨坡古人类文化遗址。东西长37.5公里,南北宽19.5公里,辖区面积455.7平方公里,早在2005年就被评为国家级风景名胜区。

说起这里的自然景观,奉节县旅游局一位负责人用"特异"两字来形容。在其两大特色板块中,"天坑"被专家称为世界上深度和容积最大的喀斯特岩溶漏斗。"地缝"是两座平行山峦间凹凸下去呈"V"字形的一条大裂缝,是一条世界罕见的"一线天"景观。

记者7月26日在此采访时发现,虽然正值星期六,这里却鲜有游客。记者在景区转了一下,这里包罗万象的石林、溶洞、洼地、暗河及竖井等无一不让人震撼,但已经破旧甚至断裂的栈道等,又处处留给人衰败的凄凉。令人最感吃惊的是,在整个景区居然没有看到一个醒目的大门,在仅有4平方米左右的售票亭,见有人过来,售票员才会漫不经心地走出来。

就出现这种情况的原因,奉节县旅游局这位负责人在接受记者采访时也是直摇头。据介绍,早在1998年,为了激活这里的开发,奉节县就分别和北京、四川的两家公司签署了共同开发协议:由中国高新投资集团出资1000多万元占股55%,四川省文化旅游有限公司出资500多万元占股30%,奉节县将天坑地缝景区折合300万元占股15%,并于次年成立了重庆天地名胜景区开发有限责任公司(简称重庆天地公司),共同拥有"天坑地缝"50年的经营权,并对景区进行开发。

"但重庆天地公司除了前两年在这里进行过道路硬化和简单的栈道修建等外,就再没有大的投资。"这位负责人表示,鉴于景区投资规模和发展速度缓慢,在2000年,奉节县人民政府还和合伙开发商补签了一份协议,重点对开发力度等进行了界定,但一直未能见到大的起色,也因为此,原本一直打算申报世界自然遗产的计划也一推再推。

据了解,到2007年,这里的年游客接待人数还不足2万人,年门票收入在60万左右,在冷清时节,到此的游客每天甚至仅几个人。"为了充分利用这一世界罕见的特异奇观,我们已有'收回经营权'的打算。"这位负责人说。

资料来源:彭国威.重庆奉节天坑地缝景区开发滞后陷"冷淡门"[EB/OL].人民网重庆视窗,2008-07-27.

根据以上情境,完成下列任务:

1. 重庆奉节天坑地缝景区为何会如此地经营惨淡?
2. 作为旅游景区经营管理者,该如何采取适合的景区创新手段。

任务分析

从本质上讲,旅游景区的创新是为了更好地满足游客的需求和期望。只有创新才能打造出优秀的景区,只有创新才能给景区带来持久的发展动力。想使景区健康发展、保持活力,创新管理是关键。

相关知识

旅游业是一个需要不断创新的行业,尤其是景区,往往以其独特、新颖的面貌吸引旅游者,没有创新,景区就没有活力;没有创新,景区就失去了发展的动力。因此,景区管理者应明确景区创新的内容,并将景区的创新工作贯穿于景区管理研究以及旅游活动的整个过程。

一、旅游景区创新管理的原则和内容

1. 旅游景区创新管理的原则

(1)市场需求是创新之源。进行细致入微的针对性市场调查,包括顾客的现实需求和潜在需求、游客的抱怨和投诉,然后分析和发现游客需求,寻找解决问题的方案,开展有益的创新。

(2)服务理念是创新之基。服务理念是创新的动力,服务理念的核心是让游客满意。正是有了"顾客至上"的服务理念,所有员工才会有动力去主动创新,并自觉养成一种不断进取的服务意识,游客的需求才能反馈到景区管理人员面前,景区才能获得持续不断的市场信息来源。

(3)全员参与是创新之本。许多员工认为创新只是少数科研人员或管理人员的工作,一些景区不但没有全员创新的意识,反而对提出新思路的员工漠不关心或进行批评,扼杀了员工创新的热情。实际上,创新是与人们密切相关的活动。每个员工在工作的时候,对于景点发展和产品技术等方面都已形成自己的一套看法。这些都是企业创新活动的元素,是创新的重要信息。

2. 旅游景区创新管理的内容

旅游景区创新管理包括了景区开发、经营过程中的各个方面,涉及活动开发、服务提供、市场营销、体制改革、科技进步、需求研究等诸多内容,大致可以归纳为管理创新、产品创新、经营创新,它们共同构成了旅游景区的创新管理体系。这三大创新机制相互影响,共同架构了旅游景区的创新平台,为旅游景区的全面创新提供保障。

二、旅游景区管理创新

在旅游景区经营管理创新当中,管理创新是指通过计划、组织、指挥、协调、控制等职能的创

新,对旅游景区内部进行重新组织与安排,以求在新的经营环境下,提高景区的工作生产效率。

旅游景区内项目的运行好坏与管理是密不可分的。景区管理者所执行的决策、组织、协调、控制等职能很大程度上影响了景点项目的成功机会。因此,管理创新是旅游景区创新的保障,其关键是根据需求层次理论和现代管理科学成果,建立景区的战略管理和运行管理的约束机制、激励机制和监督机制。

1. 景区管理创新的原则

(1)层次性与整体性原则。从空间上考察,一个景区新产品要经历从概念信息到具体投入运行,从产品到产品链或群等多个层次;从时间上考察,产品创新要经历市场研究、功能规划、成本设计、市场开发等多个阶段。因此,景区经营管理创新也必须采用新的方式与手段,从抽象到具体,从简单到复杂,逐层分析,层层建立评价、优化、决策的创新机制。与此同时,低层次管理创新必须服从高层次的管理创新,局部管理创新必须服从整体管理创新,使景区的管理机制整体而协调。

(2)目的性与开放性原则。旅游景区进行管理创新必须始终围绕景区发展的目标,并为其服务。景区在各个发展阶段都有不同的发展目标,如扩大市场份额、提高知名度和美誉度、提高景区利润、消除竞争对手等,针对不同的目标,景区推出的服务产品是不同的,所以景区管理创新的方法与手段也是不同的。另外,景区创新要坚持开放性原则,有选择地向先进与发达地区或国家的景区学习,借鉴成熟经验,促进自身发展。

(3)稳定性与突变性原则。旅游景区管理创新需要一个稳定创新的环境。创新管理首先要建立稳定的开发机制和组织体系;做好开发项目的确定性与不确定性分析工作,尽可能减少和避免不确定性因素,力求每个发展阶段都能达到一定的均衡。同时,景区管理创新还应具有预备突变的功能,处理景区产品创新思维中出乎寻常的新构想、新方案,同时处理好由此带来的新的协调平衡工作,并能够及时采用信息反馈、专利保护、战略调整等措施。

2. 景区管理创新的内容

(1)管理思想创新。

①总体管理。旅游景区要长期规划、总体控制,实行从家门到景区大门的全程空间管理。政府要鼓励公众参与规划,严格监管企业开发行为,制定行业规范,评估与监控旅游影响,对游客进行教育与沟通,培养负责任的旅游者,推行"天然林保护"、"退耕还林"、"以粮代赈"等政策。

②资源与环境管理。资源与环境的多样性是游客体验的必要条件,也是新鲜感的基础。没有了生态多样性,自然就不能给游客带来新鲜感,必须在满足经济、社会和审美需要的同时,保证文化统一、基本的生态进程、生物多样性和生命支持系统,对文物保护采取"有效保护、合理利用、加强管理"指导方针,以及因地制宜,采用分区、容量控制、轮休等方法保证资源与环境的可持续利用,防止"吃祖宗饭、造子孙孽"的恶性开发。

③社区参与和旅游扶贫。社区是塑造游客体验的重要道具,社区参与的原因主要有两个:一是社区居民对景区开发的影响感受最深;二是社区居民本身是构成游客体验中"友好气氛"的必要成分。促进社区发展实质上是保护了文化的多样性,社区为游客的新鲜感以及亲切感提供必要的基础。景区开发要带动社区发展,增加地方就业、社会收入与人民生活水平。在老少边贫地区,旅游扶贫是中国特色的景区开发的必要使命。

(2)管理手段创新。管理思想创新直接体现在管理手段的创新上。今后旅游景区之间的竞争是一种核心能力的竞争,是一种非价格的竞争,是一种差异化的竞争。在旅游景区和管理手段上,在瞬息万变的市场环境中,景区管理者必须敏锐地抓住景区竞争的核心竞争力,找到自己的独特优势,建立起自己景区的市场号召力。

①景区游客忠诚度管理。游客忠诚的概念包括两个层面的含义:首先,游客忠诚是一个心理学的范畴,它代表了游客对某一产品或服务的高强度的心理依恋,包含着对这一产品或服务性能、品质等的信任,以及在需要该类产品或服务时,首选购买该产品或服务的责任;其次,是在这一心理指导下的购买该产品或服务的行动和对该产品或服务的宣传推介。

当今市场竞争的性质已经发生了革命性的变化。对于许多企业来说,重要的问题并不是统计意义上的市场占有率,而是拥有多少忠诚的顾客,即企业竞争的目标由追求市场份额的数量(市场占有率)转向市场份额的质量(忠诚顾客的数量)。顾客忠诚的数量决定了企业的生存与发展,也是企业持续发展的根本保证。有学者曾经对许多服务行业进行了长时间的观察分析。他们发现顾客忠诚度在决定利润方面比市场份额更加重要。在他们所分析的服务行业中,当顾客忠诚度上升5个百分点时,利润上升的幅度将达到25%～85%! 同时,企业为老顾客提供服务的成本是逐年下降的。更为重要的是,忠诚的顾客成为"传道者",努力向其他人推荐企业的服务,并愿意为其所接受的服务支付较高的价格(溢价效应)。可以说,忠诚顾客是企业竞争力重要的决定因素,更是长期利润最重要的源泉。

②旅游景区品牌管理。品牌管理是通过识别功能,以品牌作为沟通代码,承诺和保证产品的质量、价值、用途、信誉,自始至终确保其价值功能,能为消费者提供认为值得购买的功能利益及其附加价值产品。

旅游市场竞争日趋激烈,旅游产品的生命周期越来越短,迫使旅游景区重新审视自己的旅游产品。美国的迪斯尼乐园长盛不衰,并且能在世界各地建立自己的连锁式迪斯尼帝国,这就是品牌的魅力所在。

旅游景区的品牌管理是根据景区的竞争状况和产品优势确定旅游产品在目标市场上的竞争优势。根据旅游者的需要和动机进行分析,通过传播塑造品牌形象,与旅游者沟通并得到认知,使旅游者的需求得到满足,以此形成景区的竞争优势,从而力图在旅游者对同类产品的购买动机中,排他性地选择自己的旅游产品。

三、旅游景区产品创新

产品创新是旅游景区创新的中心环节。产品创新的关键在于开发、设计、包装令人耳目一新的具有强烈吸引力的旅游项目和景点。要在深挖景区内涵的基础上,做足"新、奇、特、绝、精"文章,充分反映地方特色,进行准确定位,树立精品意识,防止趋同性和重复性,强调独特性和新颖性。

1.景区产品创新的模式

景区产品创新包括设计新产品和改进老产品。全新的旅游景区的推出固然称得上是景区新产品,但旧有的景区产品经过部分改动、调整、更新、改良、完善,成为一种富有新意、为景区增添新的吸引力的产品,这样的旧产品也应成为景区产品创新的范畴。

(1)景区新产品的创新模式。

①获得创意。新产品开发的创意往往是通过与别人交流、在媒体上接受信息、出外旅行游历、读书阅报等方式来获得灵感。

②寻找资源。在确定创意可以实施后,就要寻找能够实施创意的优秀资源,除了对资源进行评价以外,风景区所处的地理环境和区域条件也应该纳入考虑的范围。

③实地考察。无论是景区开发还是旅游线路的组织都离不开旅行社的推广,因此,实地考察活动应该由产品开发者和旅行社或旅游代理商一同进行。

④实施与完善。景区产品从开发到销售过程中要进行信息的收集,合理运用反馈机制,不断完善产品。

（2）景区旧产品的创新模式。

①确定问题。景区旧产品在进行创新之前，首先要对现状进行分析，了解存在的问题。问题的确定代表着创新过程的发展方向及最终目标，所以景区管理者与决策者必须注意把握方向，这个过程实际上是一个提出问题、分析问题的过程。

②搜集方案。这个过程可以由管理者依靠个人灵感进行发挥，但更好的方式是集思广益，可以借鉴西方的"头脑风暴"法激发各种解决问题的创意及方案。就景区产品改进而言，最有发言权的是一线的工作人员，他们每天直接接触产品及游客，对景区产品的优劣有较为全面的了解和认识，往往对如何改进景区产品的不足之处也有自己独到的见解。游客和旅行社也是听取意见的重要渠道，前者是景区产品的直接消费者，后者则掌握了大量依靠反馈的信息。所以在收集信息时，这三类人的意见是不容忽视的。

③筛选与确定方案。这个步骤是一个比较、分析、判断的过程。决策者在对整个方案的优劣进行评价、比较之后，需要对所选方案进行可行性研究，整个过程要求决策人员必须谨慎而又果断，因为所选方案是否正确决定了产品能否获得市场成功。

④实施方案。决策者虽然没有必要在方案实施过程中事必躬亲，但必须注意检查配套设施、服务是否到位，以及细节上是否完善。服务业有 $100-1=0$ 的著名公式，即在服务过程中有一件事做得不符合要求，客人便可能对服务提供者给予全盘的否定。

⑤评价与修正。在对景区产品进行改进后，需要不断跟踪，从一线工作人员和旅游者、旅行社那里了解市场上对于产品的反映和评价，及时发现问题并加以解决，努力使产品趋于完善。

2.景区产品创新的原则

（1）协调性原则。很多景区给人的感觉是杂乱无章，眼下时兴什么景区就操办什么，一点都不考虑景区已有的环境氛围条件。这样使游客在景区的体验没有重点，不能留下深刻的印象。景区在产品创新时，无论是设计新产品，还是改进旧产品，都必须与原有的景观协调一致，不能破坏原有景区的整体性和完整性。

（2）差异性原则。旅游本身就是一种求异动机所驱动的行为，新异刺激能给旅游者以更多的满足。越是富有特色和地域性的旅游产品，就越能满足旅游者"新异刺激"的需求。因此，景区产品的创新要提出产品的差异性，注重"人无我有"的特色产品。由于任何项目都要衰老，维持差异性和新鲜感的根本是产品和项目的持续创新。西方国家对主题公园衰老问题的对策是每三年进行一次产品更新，而节庆表演节目则每年有 30% 的更新率。

（3）真实性原则。随着消费意识的日益成熟，旅游者对游乐空间和情感体验对象的要求不断提高和深化，出现了追求本原性、真实性景观环境和游乐体验的趋向。景区所要做的就是尽量贴近景观、文化、历史的原貌，让游客有更真实的体验。这种需求趋势反映到旅游景区的产品创新，就要求景区的管理者仔细地去分析游客的消费心理，从游客的消费动机出发，寻找体现游客追求事物的有效载体，但这种载体必须是原生的、贴近现实或历史本貌的。

3.景区产品创新的方向

（1）注重游客体验。景区产品是一种体验，要如何加深游客在景区的体验，给游客一次难忘的经历呢？派恩和吉尔摩将体验分成了四个部分：娱乐、教育、逃避现实和审美。它们相互兼容，形成了独特的个人境遇。在体验经济时代，旅游者闲暇时间会更加积极地寻求可提供参与和学习的机会，以及有趣和有娱乐性的目的地，也即积极寻求娱乐、教育、逃避现实和审美的体验，因此景区产品应该更为注重游客体验。景区产品在创新时，就更应该以提高产品的娱乐性、教育性和审美性为导向，增加娱乐性强、参与性高、文化内涵深的项目，让游客在景区得到更丰富的体验。

（2）注重生态环境。随着人们物质生活的满足，消费者对生态环境和生活质量越来越关心，人们比以往任何时候都更加珍惜自己的生存环境，反对资源的掠夺性开发和使用，追求永续消费。人们愿意为保护环境出钱出力，而改变消费习惯以利于环保的进行。旅游景区基于游客需要以及自身发展的要求，需要更加重视生态环境的保护和利用，如宣传环保知识，开发绿色产品，实现生态旅游等，这也将是未来景区持续发展的必由之路。

4.景区产品创新的方法

（1）主题创新。主题是旅游景区的灵魂，任何景区都应该有特定的主题，无论是人文自然景观型还是人造景观型或科技参与型，都必须有贯穿该景区所有产品的主题。目前比较受欢迎的主题有：教育游览、珍禽异兽、植物园林、外国文化、历史陈列、科技博览、河流历险、生活娱乐、水上公园、动物表演等。在主题资源不变的情况下，景区可以根据市场形势的变化，进行主题创新，在动态中把握并引导旅游需求。

（2）结构创新。旅游产品大体可以分为三类：观光产品、度假产品和专项产品。传统的旅游市场观光产品占的份额较大，而现在随着人们消费能力增强、文化层次提高，将更倾向于度假旅游和专项旅游，同时还会不断地有新层次的旅游者产生，因此，要适应这种发展趋势，景区必须进行产品结构的创新，使产品结构丰富起来，以适应不同旅游者的不同需求。景区产品的结构创新主要是对现有旅游产品的补充，对原有产品的组合状况进行整合，加强度假、商务、会议、宗教、探险等多种旅游产品的开发，完善产品结构。

（3）功能创新。我国大部分的旅游景区，向游客提供的仅仅是一种"观感"，且"观感"的内容仅仅是具体的、缺乏游客参与性的景物，而没有对产品进行深层次的开发。如果在旅游景区中多开发一些让游客参与的休闲娱乐活动，可以有效提升景区产品的活力和生命力。借鉴国内外景区的成功经验，如开发一些节庆表演活动就是目前国内外景区的一个成功经验，也是景区产品功能创新的主要途径。

四、旅游景区经营创新

经营模式是旅游景区经营管理的核心问题，也是旅游景区发展中最为重要、最受关注的焦点问题，研究意义重大，对事件的指导意义很强。对于旅游景区的发展而言，选择一个合理的经营模式，形成一个既有利于保护，又有利于发展的管理体制，创造一个富于激励和有效约束的经营机制，是旅游景区未来发展的重要课题。

1.目前我国旅游景区经营管理中存在的问题

（1）多头管理，多重目标。目前我国旅游景区的宏观管理格局是政出多门、体制混乱。我国的旅游景区分别隶属多达12个不同的政府部门管理，风景名胜区、自然保护区、森林公园和文物保护单位，本身既有保护的职能，又有组织生产、发展经济、解决就业和社区管理的职责。我国风景名胜资源和文物资源的管理权由各级、各有关行政主管部门行使。根据我国现行的行政体制，各类风景名胜资源和文物资源仍分别归建设、林业、环保、文化、文物、宗教、海洋、地质、旅游等部门行使管理权，并按其科学价值、历史文化价值、美学价值和地域范围等划分为国家级、省级、县级，分别由各级相关行政主管部门管理。必要时成立了相应的行政管理机构，如风景名胜区、国家森林公园、自然保护区管理委员会（或管理局）、文物管理委员会（或文管所）等，作为国家资源所有者代表，统一实施管理权。这些景区管理机构的主要职责是执行有关法律法规，确定开发利用方针，制定和审批保护与发展规划并监督其实施，审核有关开发项目的可行性报告和方案，有的代表政府管理区域内的民政事务。

（2）机制落后，观念保守。我国旅游景区微观主体机制落后，观念保守。风景名胜区、文物点、博物馆等,有些是社会公益事业,不能严格按企业来要求。现在造成的情况是不伦不类,因为财力不足,很多不应该作为企业的,进行企业化运作,但在机制上又是落后的,在观念上自然是保守的。也有的明确是企业,但又赋予一定的政府职能,尤其是一些大的山岳型景区都是这样的体制。

(3)秩序混乱,服务较差。旅游景区安全隐患较为严重,旅游者的权益得不到确实保证。这几年发生的大的旅游安全事故,相当一些都是这样发生的。急功近利,内部机制不合理、不科学,管理混乱。有的景区层层转包,各行其是,秩序混乱。

(4)条块分割,名实不符。我国的风景名胜、文物、森林资源名义上属于国家所有,但实际上中央、省、市、县、乡各级政府及其部门都能出面操作。往往在同一景区内,建设、文物、林业、水利、旅游等多个部门插手管理。在条块分割、各据一方的情况下,在地方、部门、单位、个人利益的驱动下,有法不依、执法不严,貌似建设、实为破坏,名为保护、实为垄断的现象极为常见。大量的风景名胜区,都可以看到在核心景观区看到这个厅、那个局建的"培训中心"、"疗养所",破坏景观的现象比比皆是。

(5)财政困难,举步艰难。国家对风景文物资源保护的财政拨款十分有限,国际援助和社会赞助杯水车薪。管理经费和职工工薪部分靠财政拨款,部分靠自筹自支,有的完全实行自筹自支。在此情况下,大多数地方只能勉强维持现状和职工生计,谈不上有效保护和积极建设。区内居民和职工迫于生计,开山取石、毁林伐木、捕猎动物,破坏资源和环境的现象屡禁不止。等于是捧着金碗要饭吃,宝贵的资源成为了财政的负担。

(6)政企不分,政事不分。在许多风景名胜区及文物景区中,由于条块分割和政、企、事不分,政府机关的衙门作用与旧国营企业的各种弊端兼而有之。在经营接待上,基本上是等客上门,很少主动宣传促销;在经济收支上,财政拨款加单位创收,有的稍有盈余,多数出不敷出;在劳动人事制度上,机构臃肿,冗员众多;在分配制度上,死工资,"大锅饭",平均主义盛行。这种管理体制和经营机制导致了许多地方一方面是风景文物资源的闲置与浪费,另一方面是风景旅游开发和经营中的无序、低效以至破坏,严重困扰着资源环境的保护和风景名胜事业、文物文博事业、旅游业和地方经济的发展。

2.景区经营创新的主要模式

旅游景区经营模式体系包括10种模式,在此主要选择其中较常见的3种,并按其经营的市场化程度从高到低依次讲述如下:

(1)整体租赁经营模式。整体租赁经营模式,是指在一个旅游景区内,将景区的所有权与经营权分开,由政府统一规划,授权一家企业较长时间地(最长为50年)控制和管理,组织一方或多方投资,成片租赁开发,垄断性建设、经营、管理该旅游景区,并按照约定比例由景区所有者和出资经营者共同分享经营收益。这一模式的特点是,旅游景区实行企业型治理,其经营主体是民营企业或民营资本占绝对主导的股份制企业。其代表性景区是四川碧峰峡景区,重庆芙蓉洞景区、天生三桥景区、金刀峡景区,以及桂林阳朔世外桃源景区。在这一模式中,景区的所有权与经营权分离,开发权与保护权统一。景区的所有权代表是当地政府,民营企业以整体租赁的形式获得景区30～50年的独家经营权;景区经营企业在其租赁经营期内,既负责景区资源开发,又对景区资源与环境的保护负有绝对责任。

(2)上市公司经营模式。上市公司经营模式,是指旅游景区经营企业经过股份制改造上市以后,受景区管理机构的委托,代理经营包括景区门票之内的一切旅游业务,成为景区内唯一负责景区经营的机构,对旅游景区实行垄断性经营的方式。这一模式的特点是,旅游景区实行企业型治理,其经营主体是股份制上市公司。其代表性景区是黄山风景区和峨眉山风景区。这一模式中,景区的所有权与经营权、资源开发权与保护权完全分离。地方政府设立景区管理委员会,作为政府的派出机构,负责景区统一管理。景区的所有权代表为景区管理委员会,经营权通过交缴景区专营权费由景区管理委员会直接委托给上市公司长期垄断;景区管理委员会负责旅游保护,上市公司负责资源开发利用。

(3)非上市股份制企业经营模式。非上市股份制企业经营模式,是指旅游景区为了筹集开发建设资金,对景区经营企业实行股份制改造,并由政府委托股份制企业独家经营旅游景区,或在景区经营企业的基础上新组建一家股份制公司,政府授权其独家经营景区资格的方式。这一模式的特点是,旅游景区实行企业型治理,其经营主体是未上市的股份制企业。它可以是国有股份制企业,也可以是国有与非国有参与的混合股份制企业。其代表性景区有青岛琅琊台景区、浙江桐庐瑶林仙境景区、浙江柯岩景区及曲阜孔府、孔林、孔庙景区。在这一模式中,景区的所有权与经营权分离,但资源开发权与保护权统一。景区的所有权代表是作为政府派出机构的景区管理委员会等,景区经营由政府委托给股份制企业;景区经营企业既负责景区资源的开发,又负责景区资源的保护。

3.旅游景区经营创新的关键点

旅游景区的两权分离,甚至是四权分离是旅游景区高效运转、持续发展的趋势。这种经营上的创新为每况愈下的旅游资源经营管理注入了鲜活的血液,带来了新的生机。在实行景区"权利"分离操作时,应该注意以下几个关键点:

(1)平衡利益主体关系。景区资源是历史上留下来的财富,具有公共性,以往的景区"两权"分离,只是政府部门与企业双方面之间的协议谈判,忽略了公众主体利益,这也为景区后期的改革道路设置了无形的障碍。因此,可以通过合理补偿景区居民、景区福利大众化(门票大众化)、召开听证会、了解当地景区居民的意见等多种形式,形成一种以政府、企业、社会大众三方面组成的利益组合体。

(2)理顺产权隶属关系。目前,我国大多数景区都是多头管理,解决这个问题的根本途径是明确和逐步强化功能性管理,使政府的职能部门各在其位、各司其职,如建设部门是规划管理功能,公安部门是治安管理功能,林业部门是林业管理功能,环保部门是环境管理功能,旅游部门是旅游市场秩序和质量管理功能等,减少职能交叉甚至冲突因素,逐步推行风景、文物、旅游合而为一的经营管理体制,合署办公,形成发展旅游的合力。

(3)坚持市场化运作。景区经营创新要走大开放的路子。无论是国有企业,还是民营企业,甚至是外企,谁有资金、懂管理、有本事,都可以干,作为政府部门则应该全力支持。景区经营权的转让要向社会公开招标,坚持好中选好、优中选优,确保景区经营权真正转让给那些懂经营、会管理、资金实力雄厚的企业或个人。在经营管理过程中,政府部门既要保护投资商的合法经营,又要确保景区开发规范有序、资源利用科学合理。

任务实施

步骤一　领受任务

教师介绍任务的内容、要求、关键点及注意事项。各小组提问,教师答疑,准确理解任务,完成任务领受。

步骤二　实施任务

各小组按教师的要求,制订完成任务的工作程序及任务分配方案,阅读相关知识,查阅其他相关资料,分析天缝地坑景区经营管理所出现问题,提出相应的创新管理手段,完成情境中提出的任务内容,写成任务报告,做成PPT。既做好预演,准备汇报,又扮演听众,准备提问。

步骤三　任务汇报

各小组根据任务的要求,在教室中汇报并相互提问。指导教师及时控制汇报进程,最后进行点评与总结。各小组对本次汇报及时进行总结,形成文字材料,作为作业上交指导教师。指导教师依据该项目任务考查表,给出各小组评价综合得分。

考核评价

旅游景区的创新管理任务评价考察表

学习目标	评价标准	小组评价 (50%)	教师评价 (50%)	综合得分 (百分制)
理论知识 (20分)	理解旅游景区创新管理的内容、方法和手段			
专业技能 (20分)	了解景区概况,提出旅游景区创新管理的方向和方法			
通用技能 (20分)	具有团队协作能力;具有团队运作信息收集能力;具有团队处理问题的能力			
任务完成 (20分)	纸质作业、PPT及任务问答的有效性			
学习态度 (20分)	完成任务的态度、责任感			
综合评价及建议:				

拓展知识

景区管理的新潮流——景区托管

"企业托管"并不是一个新名词,但景区托管却是一件顺应时代潮流的新鲜事物。随着旅游景区的飞速发展,旅游业的众多行家里手都在为旅游景区的未来发展出谋划策,旅游界的众多专家学者都在为旅游景区的发展献计献策,正是在这样的背景下,景区托管应运而生。

一、什么是景区托管

所谓景区托管,就是对旅游景区进行委托管理,是旅游景区所有者将景区的经营权、管理权交给具有较强经营管理能力,并能够承担相应景区经营风险的法人或自然人去有偿经营,以明晰景区所有者、经营者责权利关系的一种经营管理方式。换言之就是通过契约形式,受托方有条件地接受管理和经营委托方的旅游景区,以有效实现景区的保值、增值。景区托管经营通过本景区之外的经营管理者把有效的经营机制、科学的管理手段、成熟品牌、资金等引入景区,对景区实施有效管理。同时,景区托管经营过程中受托方凭借自身的管理和资金优势获取一定的经济回报。

二、景区托管的目的

景区托管是在不改变或暂不改变旅游景区原先产权归属的条件下,直接进行对景区的资产等要素的重组和流动,达到资源优化配置、拓宽融资渠道以及资产增值的目的,从而谋取景区资产整体价值的有效、合理的经济回报。

三、景区托管的优势

根据我们多年的市场研究、综合跟踪评估,在山东淄博周村旱码头景区,以及江西、湖北等景区托管业务的实际经验,我们认为,简明而言,景区托管独特的优势在于:

(1)景区托管能有效实现所有权与经营权分离,其目标是提高旅游景区资产的运营效率,因而有利于资源的调动和旅游景区的整改,并有利于景区的中长期发展。

(2)景区托管是景区引入有效的经营机制、科学的管理手段、成熟品牌等的便利模式,是降低管理成本、提高资本质量的重要途径。

(3)景区托管是市场对旅游景区的各种生产要素进行优化组合,提高旅游景区的资本营运效益的重要方式。

四、景区托管的适用对象

(1)当运用其他方式进行旅游景区重组存在体制性障碍时,可考虑托管方式。为回避某些体制性障碍,可通过景区托管方式暂缓原始产权的转让,而先将法人产权让渡出去,一方面先努力救活旅游景区,另一方面设法给予受托方更优惠的经营条件,以满足受托方的利益要求。

(2)当适用其他方式进行旅游景区重组存在资金投入过大的障碍时,可考虑景区托管办法。此时景区托管可有效地缓解买方主体的资金压力,因而它可暂不进行原始产权的变更,进而可暂时免交购买这项产权的费用。

(3)适用于一些暂时能够维持运转但已明显感到经营管理力不从心的旅游景区。景区的原始产权主体既无力自我经营景区,又不愿放弃或不愿轻易放弃景区所有权,托管就可能成为最佳的重组方式。

(4)当买方主体一时说不准购买目标景区的未来前景,抑或本不想购买目标景区原始产权时,可通过景区托管方式在一定程度上减小这项投资的风险。

(5)适用于一些经营恶化、挽救乏术、濒于倒闭的旅游景区,比如一些缺乏市场竞争力的旅游景区,一些债务负担沉重甚至资不抵债而又告贷无门的旅游景区,一些经过多次和多方式整顿而无效的旅游景区等。

五、景区托管的现状

目前国内景区托管还处于起步阶段,为数不多的几家从事景区托管业务的公司,其主营业务基本都是旅游策划、规划或者其他旅游相关业务,景区托管只是其派生业务。不过,旅游景区托管业务正在被越来越多的企业重视。

尽管景区托管无论从概念、范围和指导理论等方面都还很模糊,需要认真界定,但可以肯定的是,景区托管具有可以快速扭转旅游景区的不利局面的“神奇”效果。景区托管是一剂帮助旅游景区走出困境、快速发展的良方。

六、景区托管的四重境界

一谈到景区托管,多数人都会联想到那些经营恶化、挽救乏术、濒于倒闭的景区,联想到降薪裁员、辞职离岗的“血雨腥风”的场面。其实,这仅仅是对景区托管的误解或片面理解。适于进行托管的景区,不但包括那些濒于倒闭的景区,还有一些经营较好的景区出于不同的目的,也要求托管。根据 SWOT 分析法,笔者将景区托管大致分为四种情况,在这里称为四重境界。

第一重境界:减员增效——猛虎下山

当我们面对一些机构臃肿、人员冗杂、效率低下而且外在威胁严重的托管景区时,减员增效不失为一种简单适用的好办法。这也是景区托管的入门境界。

减员，就是精简机构、削减人员，这一刀挥下，原有的体系四分五裂，原有的人员分崩离析，其势头之猛烈如猛虎下山。但减员并不是目的，而是手段，减员增效的重点是增效。进行此类景区托管的难点也在增效，减员过多，影响人力资源数量、影响人员心态情绪，最终达不到增效的目的，托管也就成为一种空谈。如果减员的幅度过小，不能根本转变以往企业面貌，也达不到增效目的。

有经验的景区管理公司在进行减员增效时，不仅要进行环境分析、优劣势分析，还要充分考虑景区现状和未来发展，并根据科学的工作流程和组织结构来决定如何减员增效。减员增效以后，不仅可以节约人力成本，还可以提高员工工作效率，提高景区运行的效率，提高景区的效益，其势头之凶如猛虎下山。

第二重境界：开源节（截）流——蛟龙出海

有一些被托管旅游景区，区位优势明显，内部管理也不错，但外部威胁严重，且景区营销工作滞后。针对这样的景区，采取开源节（截）流的措施比较可行。

开源，就是广开客源，针对客源市场进行细分，找准目标市场，展开市场营销。已经具备内部优势的旅游景区，通过景区管理公司制定正确可行的营销战略和战术，可以迅速扭转不利局面，其势头迅猛如蛟龙出海。

节（截）流，包括两个层面、两种含义。第一个层面叫"节流"，就是"少流出"，也就是我们平时说的节约开支。但节约只能够减少不必要的浪费，好的景区管理公司不仅把目光集中在节约方面，如何增加景区必然的收入才是更重要的，这就是节流的第二个层面，"截流"，即"多留下"，就是让来到景区的游客多花钱、多住宿、多光顾，关键点在于如何针对已经进入景区的游客开展营销工作，这和前面讲到的"开源"，正好是相反的两个方向。通过"截流"，增加客人消费数额，增加客人消费的次数，提高了销售效率，提高了客人满意度，必将带来很好的经营效果。

好的景区管理公司非常注重景区内部的营销，开源和节（截）流并举，取得如蛟龙出海般的效果。

第三重境界：品牌培养——未雨绸缪

针对托管景区进行的减员增效和开源节（截）流的措施，往往只能是"治标"，而非"治本"。旅游景区要想在激烈的市场竞争中立于不败之地，必须拥有自己的品牌。

旅游是一种注意力经济，注意力经济的竞争方式表现为赢家通吃，强者更强、弱者更弱。旅游景区如何吸引消费者的注意力，要靠品牌。旅游景区的品牌的运作将直接关系到一个旅游企业的生存与发展，旅游景区必须拥有自己的品牌，并且要不断培育、强化自己的品牌。旅游景区培育品牌，必须以品牌的目标市场为导向，不仅要通过各项管理手段强化内部人员的品牌意识，还要通过广告传播和公关传播等途径对外树立景区品牌。

在四重境界中，第三重境界涉及的被托管的旅游景区最少。原因在于，这些旅游景区运转良好，景区领导人和员工大多认为进行托管没有必要。只有那些有远见的景区领导人才会认为培育品牌是未雨绸缪的明智之举，而多数获得良好发展的旅游景区，成功的原因就在于这个"未雨绸缪"。

第四重境界：品牌扩张——乘风破浪

尽管旅游景区品牌的竞争主要集中在品牌所在的旅游地，但是这并不能认为旅游景区品牌只在该旅游地生老病死，景区品牌也可以像其他产品品牌一样，跳出地域的限制，在更广阔的市场中寻求新的发展。旅游景区要获得更大的发展，就必须进行品牌扩张，这也是景区托管的最高境界。

旅游景区品牌扩张有利于原景区快速拓展市场，有利于强化旅游景区品牌定位，有利于扩大旅游景区品牌的市场影响力。旅游景区品牌的扩张可以使品牌在潜在旅游者心中先入为主,为将来的竞争打下良好的基础;同时也可以增加旅游景区品牌的竞争力,使品牌在使用中增值。旅游景区品牌扩张的主要途径有两个:一是实行品牌连锁,通过投资、参股、租赁、特许经营等形式实现品牌扩张;二是实行同一品牌的多种产品模式,这种模式比较适合影响力较大的景区的发展。

第四重境界所涉及的情况往往是部分托管,即托管公司只是托管景区的某些部门,重点针对景区品牌扩张开展工作。品牌扩张使旅游景区在市场经济的大潮中乘风破浪,不断进取。

旅游景区托管的这四重境界既可以是针对情况不同的四个景区,也可以是针对同一个景区托管的四个过程;既可以是针对景区的全面托管,也可以是针对景区的部分托管,关键要根据托管景区具体情况确定。

七、派驻景区管理人员的素质要求

签署景区托管协议以后,景区管理公司要向托管景区派驻景区管理人员(以下简称派管人员),这无疑会打破原有的领导体系、人际关系体系,甚至利益分配体系。体系的打破往往会形成一边是"空降兵",一边是"地头蛇",双方明争暗斗、僵持不下的局面。在现实中,结果又往往以"空降兵"失败或妥协而告终。除了其他外部因素,派管人员的素质是取得这场斗争胜利的关键。高素质的派管人员,不仅能够迅速扭转不利局面,而且会争取双赢的结果,使得景区托管工作顺利进行。因此,派管人员素质问题,成为研究景区托管的一个重要问题。

(一)派管人员的个人性格是很重要的

派管人员应善于接受新观念,思维开放,个性温和谦虚,能倾听和接纳别人的意见,而不是超级自信、主观。托管景区由于历史影响,旧势力和文化都是比较强势的,面对有强烈抵触情绪的下属,温和的性格是很重要的。这样既可以不激发强烈的冲突,也可以被下属很快地接受。人们面对友好、有诚意、能宽容者,往往很快能够建立起沟通、理解的桥梁,尤其这个人是他(她)的上司。而一个个性十足、禀性刚烈的人是不适合在这种情况下出任托管经理的,即使这个人很有权术和手腕,例如会分化瓦解对立阵营,因为通常会引起大规模的内耗和人员流失,特别是在企业内形成一种不合作的文化,对企业长远发展是极其有害的。

(二)使命感对于派管人员是必需的

一个职业管理人员或者职业经理人,只有具有高度的使命感,才能淡化个人荣辱和利益得失,才能有胸怀和思路。以往的景区托管案例中,"空降兵"不能"摆平""地头蛇",很大一部分原因是这些派管人员过多考虑了个人的权威、面子、利益,把一些重要的、容易出成果的或有个人利益的决策自己来做,而不是做自己应做的重大决策,缺乏从整体上去考虑托管景区的发展,平衡不好个人利益和托管景区利益的关系。

(三)派管人员应该精通业务、富于创新

各景区的资源和吸引物是不同的,比如森林公园、国家水利风景区和主题公园,都有自己的特殊业务。民间有句老话"业务不熟,底气不足",作为一个派管人员,对托管景区业务有一定程度的了解,对决策和把握整体方向等都是很有帮助的。可以说,一定程度的"外行"或相关行业的成功经历,对于派管人员打破一些旧的行规、进行可行性创新是有帮助的。

(四)派管人员应该有较高的情商和"刚柔并济"的作风

派管人员进入一个有抵触情绪的环境中,面临太多的不确定性和压力,因此,必须有较高的情商,在"战火纷飞"的环境中要"外圆内方"。职业经理人是一个需要"刚柔并济"的角色,在一些时候要能做到"和风细雨",在另外一些情况下又要敢于坚决地说"不",最重要的是要能够区分好两种态度的适用情况。

当然,在不同的企业文化、不同业务性质的不同企业、不同领域的实际情况可能会不尽相同,需要在以上讨论特点的基础上随机制宜、权宜制变。

资料来源:赵铭熙.景区管理的新潮流——景区托管[N].中国旅游报,2007-07-18(13).

案例与讨论

案例一:河南某景区。 当地政府已经先后投资 5000 余万元进行景区开发建设,加上土地资源、景点资源及其他辅助投入,实际投资应该突破亿元。目前景区的进入条件、游览设施和接待设施都已经基本完备,景区对外开放已经 3 年,每年的经营收入都在 60 万元左右。景区资源至少在河南省内还是比较有特色的,区位条件也还不错,2007 年晋升为 4A 级景区。由于景区品牌包装和形象宣传不够,营销手段落后,盈利项目太少,员工服务意识淡薄,目前景区人气不旺,管理较乱,效益很差,一直处于亏损经营状态。政府和景区主管部门希望通过招商引资扩大景区规模,投资商都没有兴趣。后来又准备以一千万元将景区经营权整体转让 30 年,以便一次性偿还政府因开发景区而承担的债务,同时要求投资商继续投资扩大景区范围,增加景区项目,并且规定投资商在一定年限内必须投入 5000 余万元资金用于景区的开发。因为目前景区门可罗雀,经营亏损,投资商的现实投资回报率比较低,并且政府在转让景区经营权时还提出了要求投资商继续投资扩大景区规模的附带条件,所以,景区经营权转让也一直没有成功。

案例二:山东某景区。 政府投资超过 1.2 亿元,景区基础设施和接待设施等硬件建设相当完善,但就是人气上不来,目前资源浪费和设施闲置现象比较严重,景区 2004 年对外开放,几年来经营收入一直在 80 万元左右,主管部门不但没有投资回报,每年还需要给景区补贴 40~50 万元运营费用,政府希望将景区整体优惠转让,但一直没有投资商接盘。

案例三:山东周村古商城, 位于山东省淄博市周村区内,政府于 2001 年开始进行保护性开发,2004 年景区对外开放,由周村区旅游局主管并运营,经营效益一直不理想,开发建设速度也比较慢,并且因为资金问题出现了停滞局面。2006 年年底,周村区旅游局引进专业景区管理公司——北京巅峰国智旅游投资管理有限公司,双方共同组建景区运营公司,全面负责景区的运营管理工作,真正将旅游景区的"政府主导、企业管理、市场运作"模式落到了实处。2007 年景区直接经营收入增长了 3 倍,景区游客量增长了 5 倍,2008 年上半年周村古商城的收入和人气仍然保持了超过 200%的增长速度。由于景区效益和人气的大幅度提升,投资商机突现,投资商纷至沓来,景区被评为山东省发展最快的景区,周村古商城开发项目列入淄博市一号工程和山东旅游重点工程,景区开发建设进入了一个全新的局面。

案例讨论题:

1. 案例一和案例二中的景区管理失败之处在什么地方?

2. 案例三中的景区发展为何会转危为安、化腐朽为神奇?

案例分析: 目前国内绝大多数景区都是希望通过招商引进资金促进景区提升和发展,并且引资政策都非常优惠,效果却不是非常理想。有一部分景区尽管引资成功,但投资商进入后没有全心投入景区的开发和经营,而是利用从投资景区中获得的其他盈利项目或政策,从其他方面快速获得了投资回报,景区本身的开发和经营却并未达到预期目标。当然,在景区的开发建设中,资金是主要的,特别是新开发景区和一些基础设施、接待条件不具备或急需改善的景区;但如果景区的基础建设和接待设施已经具备或基本具备,要经营好和进一步开发景区,实现景区的综合效益,在一定程度上引智比引资更为重要,迅速管理景区、营销景区、聚集人气、创出品牌才是当务之急!

思考与讨论

1. 旅游景区创新管理的内容包括哪些?
2. 旅游景区常用的创新管理的手段都有哪些?

技能训练题

调查分析本地区一家旅游景区,看看它都有哪些创新管理的手段。

附　录

附录一　《旅游区（点）质量等级的划分与评定》
（GB/T 17775—2003）

1 范围

本标准规定了旅游区（点）质量等级划分的依据、条件及评定的基本要求。

本标准适用于接待海内外旅游者的各种类型的旅游区（点），包括以自然景观及人文景观为主的旅游区（点）。

2 规范性引用文件

下列标准的条款通过本标准的引用而成为本标准的条款。凡是注日期的引用文件，其随后所有的修改单（不包括勘误的内容）或修订版均不适用于本标准，然而，鼓励根据本标准达成协议的各方研究是否可使用这些文件的最新版本。凡是不注日期的引用文件，其最新版本适用于本标准。

GB 3095—1996 环境空气质量标准

GB 3096—1993 城市区域环境噪声标准

GB 3838 地表水环境质量标准

GB 8978 污水综合排放标准

GB 9664 文化娱乐场所卫生标准

GB 9667 游泳场所卫生标准

GB/T 10001.1—2000 标志用公共信息图形符号 第一部分：通用符号

GB/T 15971—1995 导游服务质量

GB 16153—1996 饭馆（餐厅）卫生标准

GB/T 16767—1997 游乐园（场）安全和服务质量

3 术语和定义

本标准采用下列定义。

3.1 旅游区（点）tourist attraction

旅游区是以旅游及其相关活动为主要功能或主要功能之一的空间或地域。本标准中旅游区（点）是指具有参观游览、休闲度假、康乐健身等功能，具备相应旅游服务设施并提供相应旅游服务的独立管理区。该管理区应有统一的经营管理机构和明确的地域范围。包括风景区、文博院馆、寺庙观堂、旅游度假区、自然保护区、主题公园、森林公园、地质公园、游乐园、动物园、植物园及工业、农业、经贸、科教、军事、体育、文化艺术等各类旅游区（点）。

3.2 旅游资源 tourism resources

自然界和人类社会凡能对旅游者产生吸引力，可以为旅游业开发利用，并可产生经济效益、社会效益和环境效益的各种事物和因素。

3.3 游客中心 tourist center

旅游区（点）设立的为游客提供信息、咨询、游程安排、讲解、教育、休息等旅游设施和服务功能的专门场所。

4 旅游区(点)质量等级及标志

4.1 旅游区(点)质量等级划分为五级,从高到低依次为 AAAAA、AAAA、AAA、AA、A 级旅游区(点)。

4.2 旅游区(点)质量等级的标志、标牌、证书由国家旅游行政主管部门统一规定。

5 旅游区(点)质量等级划分条件

5.1 AAAAA 级旅游区(点)

5.1.1 旅游交通

a)可进入性好。交通设施完善,进出便捷。或具有一级公路或高等级航道、航线直达;或具有旅游专线交通工具。

b)有与景观环境相协调的专用停车场或船舶码头。且管理完善,布局合理,容量能充分满足游客接待量要求。场地平整坚实、绿化美观或水域畅通、清洁。标志规范、醒目、美观。

c)区内游览(参观)路线或航道布局合理、顺畅,与观赏内容联结度高,兴奋感强。路面特色突出,或航道水体清澈。

d)区内应使用清洁能源的交通工具。

5.1.2 游览

a)游客中心位置合理,规模适度,设施齐全,功能体现充分。咨询服务人员配备齐全,业务熟练,服务热情。

b)各种引导标识(包括导游全景图、导览图、标识牌、景物介绍牌等)造型特色突出,艺术感和文化气息浓厚,能烘托总体环境。标识牌和景物介绍牌设置合理。

c)公众信息资料(如研究论著、科普读物、综合画册、音像制品、导游图和导游材料等)特色突出,品种齐全,内容丰富,文字优美,制作精美,适时更新。

d)导游员(讲解员)持证上岗,人数及语种能满足游客需要。普通话达标率 100%。导游员(讲解员)均应具大专以上文化程度,其中本科以上不少于 30%。

e)导游(讲解)词科学、准确、有文采。导游服务具有针对性,强调个性化,服务质量达到GB/T 15971—1995 中"4.5.3"和"第 5 章"要求。

f)公共信息图形符号的设置合理,设计精美,特色突出,有艺术感和文化气息,符合 GB/T 10001.1—2000 的规定。

g)游客公共休息设施布局合理,数量充足,设计精美,特色突出,有艺术感和文化气息。

5.1.3 旅游安全

a)认真执行公安、交通、劳动、质量监督、旅游等有关部门制订和颁布的安全法规。建立完善的安全保卫制度,工作全面落实。

b)消防、防盗、救护等设备齐全、完好、有效。交通、机电、游览、娱乐等设备完好,运行正常,无安全隐患。游乐园达到 GB/T 16767—1997 规定的安全和服务标准。危险地段标志明显,防护设施齐备、有效,特殊地段有专人看守。

c)建立紧急救援机制,设立医务室,并配备专职医务人员。设有突发事件处理预案,应急处理能力强,事故处理及时、妥当,档案记录准确、齐全。

5.1.4 卫生

a)环境整洁。无污水污物。无乱建、乱堆、乱放现象。建筑物及各种设施设备无剥落,无污垢。空气清新,无异味。

b)各类场所全部达到 GB 9664 规定的卫生标准。餐饮场所达到 GB 16153 规定的卫生标准;游泳场所达到 GB 9667 规定的卫生标准。

c)公共厕所布局合理,数量能满足需要,标识醒目美观。建筑造型景观化。所有厕所具备水冲、盥洗、通风设备并保持完好或使用免水冲生态厕所。厕所设专人服务,洁具洁净、无污垢、无堵塞。室内整洁,有文化气息。

d)垃圾箱布局合理,标识明显,造型美观独特,与环境相协调。垃圾箱分类设置,垃圾清扫及时,日产日清。

e)食品卫生符合国家规定,餐饮服务配备消毒设施,禁止使用对环境造成污染的一次性餐具。

5.1.5 邮电服务

a)提供邮政及邮政纪念服务。

b)通讯设施布局合理。出入口及游人集中场所设有公用电话,具备国际、国内直拨功能。

c)公用电话亭与环境相协调,标志美观醒目。

d)通讯方便,线路畅通,服务亲切,收费合理。

e)能接收手提电话信号。

5.1.6 旅游购物

a)购物场所布局合理,建筑造型、色彩、材质有特色,与环境协调。

b)对购物场所进行集中管理,环境整洁,秩序良好,无围追兜售、强买强卖现象。

c)对商品从业人员有统一管理措施和手段。

d)旅游商品种类丰富,本地区及本旅游区特色突出。

5.1.7 经营管理

a)管理体制健全,经营机制有效。

b)旅游质量、旅游安全、旅游统计等各项经营管理制度健全有效,贯彻措施得力,定期监督检查,有完整的书面记录和总结。

c)管理人员配备合理,中高级以上管理人员均具备大学以上文化程度。

d)具有独特的产品形象、良好的质量形象、鲜明的视觉形象和文明的员工形象;确立自身的品牌标志,并全面、恰当地使用。

e)有正式批准的旅游总体规划。开发建设项目符合规划要求。

f)培训机构、制度明确,人员、经费落实。业务培训全面,效果良好。上岗人员培训合格率达100%。

g)投诉制度健全,人员落实、设备专用。投诉处理及时、妥善,档案记录完整。

h)为特定人群(老年人、儿童、残疾人等)配备旅游工具、用品,提供特殊服务。

5.1.8 资源和环境的保护

a)空气质量达到 GB 3095—1996 一级标准。

b)噪声质量达到 GB 3096—1993 一类标准。

c)地面水环境质量达到 GB 3838 的规定。

d)污水排放达到 GB 8978 的规定。

e)自然景观和文物古迹保护手段科学,措施先进,能有效预防自然和人为破坏,保持自然景观和文物古迹的真实性和完整性。

f)科学管理游客容量。

g)建筑布局合理,建筑物体量、高度、色彩、造型与景观相协调;出入口主体建筑格调突出,并烘托景观及环境。周边建筑物与景观格调协调,或具有一定的缓冲区域。

h)环境氛围优良。绿化覆盖率高,植物与景观配置得当,景观与环境美化措施多样,效果好。

i)区内各项设施设备符合国家关于环境保护的要求,不造成环境污染和其他公害,不破坏旅游资源和游览气氛。

5.1.9 旅游资源吸引力

a)观赏游憩价值极高。

b)同时具有极高历史价值、文化价值、科学价值,或其中一类价值具有世界意义。

c)有大量珍贵物种,或景观异常奇特,或有世界级资源实体。

d)资源实体体量巨大,或资源类型多,或资源实体疏密度极优。

e)资源实体完整无缺,保持原来形态与结构。

5.1.10 市场吸引力

a)世界知名。

b)美誉度极高。

c)市场辐射力很强。

d)主题鲜明,特色突出,独创性强。

5.1.11 年接待海内外旅游者 60 万人次以上,其中海外旅游者 5 万人次以上。

5.1.12 游客抽样调查满意率很高。

5.2 AAAA级旅游区(点)

5.2.1 旅游交通

a)可进入性良好。交通设施完善,进出便捷。或具有一级公路或高等级航道、航线直达;或具有旅游专线交通工具。

b)有与景观环境相协调的专用停车场或船舶码头。且管理完善,布局合理,容量能满足游客接待量要求。场地平整坚实或水域畅通。标志规范、醒目。

c)区内游览(参观)路线或航道布局合理、顺畅,观赏面大。路面有特色,或航道水质良好。

d)区内使用低排放的交通工具,或鼓励使用清洁能源的交通工具。

5.2.2 游览

a)游客中心。位置合理,规模适度,设施齐全,功能完善。咨询服务人员配备齐全,业务熟练,服务热情。

b)各种引导标识(包括导游全景图、导览图、标识牌、景物介绍牌等)造型有特色,与景观环境相协调。标识牌和景物介绍牌设置合理。

c)公众信息资料(如研究论著、科普读物、综合画册、音像制品、导游图和导游材料等)特色突出,品种齐全,内容丰富,制作良好,适时更新。

d)导游员(讲解员)持证上岗,人数及语种能满足游客需要。普通话达标率100%。导游员(讲解员)均应具高中以上文化程度,其中大专以上不少于40%。

e)导游(讲解)词科学、准确、生动。导游服务质量达到 GB/T 15971—1995 中"4.5.3"和"第5章"要求。

f)公共信息图形符号的设置合理,设计精美,有特色,有艺术感,符合 GB/T 10001.1—2000 的规定。

g)游客公共休息设施,布局合理,数量充足,设计精美,有特色,有艺术感。

5.2.3 旅游安全

a)认真执行公安、交通、劳动、质量监督、旅游等有关部门安全法规。建立完善的安全保卫制度,工作全面落实。

b)消防、防盗、救护等设备齐全、完好、有效。交通、机电、游览、娱乐等设备完好,运行正常,无安全隐患。游乐园达到 GB/T 16767—1997 规定的安全和服务标准。危险地段标志明显,防护设施齐备、有效,高峰期有专人看守。

c)建立紧急救援机制,设立医务室,并配备医务人员。设有突发事件处理预案,应急处理能力强,事故处理及时、妥当,档案记录准确、齐全。

5.2.4 卫生

a)环境整洁。无污水污物,无乱建、乱堆、乱放现象。建筑物及各种设施设备无剥落,无污垢。空气清新,无异味。

b)各类场所全部达到 GB 9664 规定的卫生标准。餐饮场所达到 GB 16153 规定的卫生标准;游泳场所达到 GB 9667 规定的卫生标准。

c)公共厕所布局合理,数量能满足需要,标识醒目美观。建筑造型与景观环境相协调。所有厕所具备水冲、盥洗、通风设备并保持完好或使用免水冲生态厕所。厕所管理完善,洁具洁净、无污垢、无堵塞。室内整洁。

d)垃圾箱布局合理,标识明显,数量能满足需要,造型美观,与环境相协调。垃圾分类收集,清扫及时,日产日清。

e)食品卫生符合国家规定,餐饮服务配备消毒设施,不使用对环境造成污染的一次性餐具。

5.2.5 邮电服务

a)提供邮政及邮政纪念服务。

b)通讯设施布局合理。出入口及游人集中场所设有公用电话,具备国际、国内直拨功能。

c)公用电话亭与环境相协调,标志美观醒目。

d)通讯方便,线路畅通,服务亲切,收费合理。

e)能接收手提电话信号。

5.2.6 旅游购物

a)购物场所布局合理,建筑造型、色彩、材质有特色,与环境协调。

b)对购物场所进行集中管理,环境整洁,秩序良好,无围追兜售、强买强卖现象。

c)对商品从业人员有统一管理措施和手段。

d)旅游商品种类丰富,具有本地区特色。

5.2.7 经营管理

a)管理体制健全,经营机制有效。

b)旅游质量、旅游安全、旅游统计等各项经营管理制度健全有效,贯彻措施得力,定期监督检查,有完整的书面记录和总结。

c)管理人员配备合理,高级管理人员均应具备大学以上文化程度。

d)具有独特的产品形象、良好的质量形象、鲜明的视觉形象和文明的员工形象;确立自身的品牌标志,并全面、恰当地使用。

e)有正式批准的旅游总体规划。开发建设项目符合规划要求。

f)培训机构、制度明确,人员、经费落实。业务培训全面,效果良好。上岗人员培训合格率达 100%。

g)投诉制度健全,人员、设备落实。投诉处理及时、妥善,档案记录完整。

h)为特定人群(老年人、儿童、残疾人等)配备旅游工具、用品,提供特殊服务。

5.2.8 资源和环境的保护

a)空气质量达到 GB 3095—1996 一级标准。

b)噪声质量达到 GB 3096—1993 一类标准。

c) 地面水环境质量达到 GB 3838 的规定。

d) 污水排放达到 GB 8978 的规定。

e) 自然景观和文物古迹保护手段科学，措施先进，能有效预防自然和人为破坏，保持自然景观和文物古迹的真实性和完整性。

f) 科学管理游客容量。

g) 建筑布局合理，建筑物体量、高度、色彩、造型与景观相协调；出入口主体建筑有格调，与景观环境相协调。周边建筑物与景观格调协调，或具有一定的缓冲区域或隔离带。

h) 环境氛围良好。绿化覆盖率高，植物与景观配置得当，景观与环境美化措施多样，效果良好。

i) 区内各项设施设备符合国家关于环境保护的要求，不造成环境污染和其他公害，不破坏旅游资源和游览气氛。

5.2.9 旅游资源吸引力

a) 观赏游憩价值很高。

b) 同时具有很高历史价值、文化价值、科学价值，或其中一类价值具有全国意义。

c) 有很多珍贵物种，或景观非常奇特，或有国家级资源实体。

d) 资源实体体量很大，或资源类型多，或资源实体疏密度优良。

e) 资源实体完整，保持原来形态与结构。

5.2.10 市场吸引力

a) 全国知名。

b) 美誉度高。

c) 市场辐射力强。

d) 形成特色主题，有一定独创性。

5.2.11 年接待海内外旅游者 50 万人次以上，其中海外旅游者 3 万人次以上。

5.2.12 游客抽样调查满意率高。

5.3 AAA 级旅游区（点）

5.3.1 旅游交通

a) 可进入性较好。交通设施完备，进出便捷。或具有至少二级以上公路或高等级航道、航线直达；或具有旅游专线等便捷交通工具。

b) 有与景观环境相协调的专用停车场或船舶码头。且布局合理，容量能满足需求。场地平整坚实或水域畅通。标志规范、醒目。

c) 区内游览（参观）路线或航道布局合理、顺畅，观赏面大。路面有特色，或航道水质良好。

d) 区内使用低排放的交通工具，或鼓励使用清洁能源的交通工具。

5.3.2 游览

a) 游客中心位置合理，规模适度，设施、功能齐备。游客中心有服务人员，业务熟悉，服务热情。

b) 各种引导标识（包括导游全景图、导览图、标识牌、景物介绍牌等）造型有特色，与景观环境相协调。标识牌和景物介绍牌设置合理。

c) 公众信息资料（如研究论著、科普读物、综合画册、音像制品、导游图和导游材料等）有特色，品种全，内容丰富，制作良好，适时更新。

d) 导游员（讲解员）持证上岗，人数及语种能满足游客需要。普通话达标率 100%。导游员（讲解员）均应具高中以上文化程度，其中大专以上不少于 20%。

e) 导游（讲解）词科学、准确、生动。导游服务质量达到 GB/T 15971—1995 中"4.5.3"和"第5章"要求。

f)公共信息图形符号的设置合理,设计有特色,符合 GB/T 10001.1—2000 的规定。

g)游客公共休息设施布局合理,数量满足需要,设计有特色。

5.3.3 旅游安全

a)认真执行公安、交通、劳动、质量监督、旅游等有关部门安全法规。建立完善的安全保卫制度,工作全面落实。

b)消防、防盗、救护等设备齐全、完好、有效。交通、机电、游览、娱乐等设备完好,运行正常,无安全隐患。游乐园达到 GB/T 16767 规定的安全和服务标准。危险地段标志明显,防护设施齐备、有效,高峰期有专人看守。

c)建立紧急救援机制,设立医务室,至少配备兼职医务人员。设有突发事件处理预案,应急处理能力强,事故处理及时、妥当,档案记录准确、齐全。

5.3.4 卫生

a)环境整洁。无污水污物,无乱建、乱堆、乱放现象。建筑物及各种设施设备无剥落,无污垢。空气清新,无异味。

b)各类场所全部达到 GB 9664 规定的卫生标准。餐饮场所达到 GB 16153 规定的卫生标准;游泳场所达到 GB 9667 规定的卫生标准。

c)公共厕所布局合理,数量满足需要,标识醒目。建筑造型与景观环境协调。全部厕所具备水冲、通风设备并保持完好或使用免水冲生态厕所。厕所整洁,洁具洁净,无污垢、无堵塞。

d)垃圾箱布局合理,标识明显,数量满足需要,造型美观,与环境协调。垃圾清扫及时,日产日清。

e)食品卫生符合国家规定,餐饮服务配备消毒设施,不使用对环境造成污染的一次性餐具。

5.3.5 邮电服务

a)提供邮政及邮政纪念服务。

b)通讯设施布局合理。游人集中场所设有公用电话,具备国际、国内直拨功能。

c)公用电话亭与环境基本协调,标志醒目。

d)通讯方便,线路畅通,服务亲切,收费合理。

e)能接收手提电话信号。

5.3.6 旅游购物

a)购物场所布局合理,建筑造型、色彩、材质与环境协调。

b)对购物场所进行集中管理,环境整洁,秩序良好,无围追兜售、强买强卖现象。

c)对商品从业人员有统一管理措施和手段。

d)旅游商品种类丰富,具有本地区特色。

5.3.7 经营管理

a)管理体制健全,经营机制有效。

b)旅游质量、旅游安全、旅游统计等各项经营管理制度健全有效,贯彻措施得力,定期监督检查,有完整的书面记录和总结。

c)管理人员配备合理,80%以上中高级管理人员具大专以上文化程度。

d)具有独特的产品形象、良好的质量形象、鲜明的视觉形象和文明的员工形象;确立自身的品牌标志,并全面、恰当地使用。

e)有正式批准的总体规划。开发建设项目符合规划要求。

f)培训机构、制度明确,人员、经费落实。业务培训全面,效果良好。上岗人员培训合格率达100%。

g)投诉制度健全,人员、设备落实。投诉处理及时、妥善,档案记录完整。

h)能为特定人群(老年人、儿童、残疾人等)提供特殊服务。

5.3.8 资源及环境的保护

a)空气质量达到 GB 3095—1996 一级标准。

b)噪声质量达到 GB 3096—1993 一类标准。

c)地面水环境质量达到 GB 3838 的规定。

d)污水排放达到 GB 8978 的规定。

e)自然景观和文物古迹保护手段科学,措施得力,能有效预防自然和人为破坏,保持自然景观和文物古迹的真实性和完整性。

f)科学管理游客容量。

g)建筑布局合理,建筑物体量、高度、色彩、造型与景观相协调;出入口主体建筑有格调,与景观环境相协调。周边建筑物与景观格调协调,或具有一定的缓冲区或隔离带。

h)环境氛围良好。绿化覆盖率较高,植物与景观配置得当,景观与环境美化效果良好。

i)区内各项设施设备符合国家关于环境保护的要求,不造成环境污染和其他公害,不破坏旅游资源和游览气氛。

5.3.9 旅游资源吸引力

a)观赏游憩价值较高。

b)同时具有很高历史价值、文化价值、科学价值,或其中一类价值具有省级意义。

c)有较多珍贵物种,或景观奇特,或有省级资源实体。

d)资源实体体量大,或资源类型较多,或资源实体疏密度良好。

e)资源实体完整,基本保持原来形态与结构。

5.3.10 市场吸引力

a)周边省市知名。

b)美誉度较高。

c)市场辐射力较强。

d)有一定特色,并初步形成主题。

5.3.11 年接待海内外旅游者 30 万人次以上。

5.3.12 游客抽样调查满意率较高。

5.4 AA 级旅游区(点)

5.4.1 旅游交通

a)可进入性较好。进出方便,道路通畅。

b)有专用停车(船)场所。布局较合理,容量能基本满足需求。场地平整坚实或水域畅通。标志规范、醒目。

c)区内游览(参观)路线或航道布局基本合理、顺畅。

d)区内使用低排放的交通工具,或鼓励使用清洁能源的交通工具。区内无对环境造成污染的交通工具。

5.4.2 游览

a)有为游客提供咨询服务的游客中心或相应场所,咨询服务人员业务熟悉,服务热情。

b)各种引导标识(包括导游全景图、导览图、标识牌、景物介绍牌等)清晰美观,与景观环境基本协调。标识牌和景物介绍牌设置合理。

c)公众信息资料(如研究论著、科普读物、综合画册、音像制品、导游图和导游材料等)品种多,内容丰富,制作较好。

d)导游员(讲解员)持证上岗,人数及语种能满足游客需要。普通话达标率100%。导游员(讲解员)均应具高中以上文化程度。

e)导游(讲解)词科学、准确、生动。导游服务质量达到 GB/T 15971—1995 中"4.5.3"和"第5章"要求。

f)公共信息图形符号的设置合理,规范醒目,符合 GB/T 10001.1—2000 的规定。

g)游客公共休息设施布局合理,数量基本满足需要,造型与环境基本协调。

5.4.3 旅游安全

a)认真执行公安、交通、劳动、质量监督、旅游等有关部门安全法规。建立完善的安全保卫制度,工作全面落实。

b)消防、防盗、救护等设备齐全、完好、有效。交通、机电、游览、娱乐等设备完好,运行正常,无安全隐患。游乐园达到 GB/T 16767 规定的安全和服务标准。危险地段标志明显,防护设施齐备、有效。

c)建立紧急救援机制。配备游客常用药品。事故处理及时、妥当,档案记录完整。

5.4.4 卫生

a)环境比较整洁。无污水污物,无乱建、乱堆、乱放现象。建筑物及各种设施设备无剥落,无污垢。空气清新,无异味。

b)各类场所全部达到 GB 9664 规定的卫生标准。餐饮场所达到 GB 16153 规定的卫生标准;游泳场所达到 GB 9667 规定的卫生标准。

c)公共厕所布局合理,数量基本满足需要,标识醒目。建筑造型与景观环境协调。70%以上厕所具备水冲设备并保持完好或使用免水冲生态厕所。厕所整洁,洁具洁净、无污垢、无堵塞。

d)垃圾箱布局合理,标识明显,数量基本满足需要,造型美观,与环境基本协调。垃圾清扫及时,日产日清。

e)食品卫生符合国家规定,餐饮服务配备消毒设施,不使用对环境造成污染的一次性餐具。

5.4.5 邮电服务

a)提供邮政或邮政纪念服务。

b)通讯设施布局合理。游人集中场所设有公用电话,具备国内直拨功能。

c)公用电话亭与环境基本协调,标志醒目。

d)通讯方便,线路畅通,服务亲切,收费合理。

e)能接收手提电话信号。

5.4.6 旅游购物

a)购物场所布局基本合理,建筑造型、色彩、材质与环境基本协调。

b)对购物场所进行集中管理,环境整洁,秩序良好,无围追兜售、强买强卖现象。

c)对商品从业人员有统一管理措施和手段。

d)旅游商品种类较多,具有本地区特色。

5.4.7 经营管理

a)管理体制健全,经营机制有效。

b)旅游质量、旅游安全、旅游统计等各项经营管理制度健全有效,贯彻措施得力,定期监督检查,有完整的书面记录和总结。

c)管理人员配备合理,70%以上中高级管理人员具大专以上文化程度。

d)具有独特的产品形象、良好的质量形象、鲜明的视觉形象和文明的员工形象。

e)有正式批准的总体规划。开发建设项目符合规划要求。

f)培训机构、制度明确,人员、经费落实。业务培训全面,效果良好。上岗人员培训合格率达100%。

g)投诉制度健全,人员、设备落实。投诉处理及时、妥善,档案记录基本完整。

h)能为特定人群(老年人、儿童、残疾人等)提供特殊服务。

5.4.8 资源和环境的保护

a)空气质量达到 GB 3095—1996 一级标准。

b)噪声质量达到 GB 3096—1993 一类标准。

c)地面水环境质量达到 GB 3838 的规定。

d)污水排放达到 GB 8978 的规定。

e)自然景观和文物古迹保护手段科学,措施得力,能有效预防自然和人为破坏,基本保持自然景观和文物古迹的真实性和完整性。

f)科学管理游客容量。

g)建筑布局基本合理,建筑物体量、高度、色彩、造型与景观基本协调;出入口主体建筑有格调,与景观环境相协调。周边建筑物与景观格调基本协调,或具有一定的缓冲区或隔离带。

h)环境氛围良好。绿化覆盖率较高,植物与景观配置得当,景观与环境美化效果较好。

i)区内各项设施设备符合国家关于环境保护的要求,不造成环境污染和其他公害,不破坏旅游资源和游览气氛。

5.4.9 旅游资源吸引力

a)观赏游憩价值一般。

b)同时具有较高历史价值、文化价值、科学价值,或其中一类价值具有地区意义。

c)有少量珍贵物种,或景观突出,或有地区级资源实体。

d)资源实体体量较大,或资源类型较多,或资源实体疏密度较好。

e)资源实体基本完整。

5.4.10 市场吸引力

a)全省知名。

b)有一定美誉度。

c)有一定市场辐射力。

d)有一定特色。

5.4.11 年接待海内外旅游者 10 万人次以上。

5.4.12 游客抽样调查满意率较高。

5.5 A 级旅游区(点)

5.5.1 旅游交通

a)通往旅游区(点)的交通基本通畅,有较好的可进入性。

b)具有停车(船)场所。容量能基本满足需求。场地较平整坚实或水域较畅通。有相应标志。

c)区内游览(参观)路线或航道布局基本合理、顺畅。

d)区内使用低排放的交通工具,或鼓励使用清洁能源的交通工具。

5.5.2 游览

a)有为游客提供咨询服务的场所,服务人员业务熟悉,服务热情。

b)各种公众信息资料(包括导游全景图、导览图、标识牌、景物介绍牌等)与景观环境基本协调。标识牌和景物介绍牌设置基本合理。

c)宣传教育材料(如研究论著、科普读物、综合画册、音像制品、导游图和导游材料等)品种多,内容丰富,制作较好。

d)导游员(讲解员)持证上岗,人数及语种能基本满足游客需要。普通话达标率100%。导游员(讲解员)均应具高中以上文化程度。

e)导游(讲解)词科学、准确、生动。导游服务质量达到 GB/T 15971—1995 中"4.5.3"和"第5章"要求。

f)公共信息图形符号的设置基本合理,基本符合 GB/T 10001.1—2000 的规定。

g)游客公共休息设施布局基本合理,数量基本满足需要。

5.5.3 旅游安全

a)认真执行公安、交通、劳动、质量监督、旅游等有关部门安全法规。安全保卫制度健全,工作落实。

b)消防、防盗、救护等设备齐全、完好、有效。交通、机电、游览、娱乐等设备完好,运行正常,无安全隐患。游乐园达到 GB/T 16767 规定的安全和服务标准。危险地段标志明显,防护设施齐备、有效。

c)事故处理及时、妥当,档案记录完整。配备游客常用药品。

5.5.4 卫生

a)环境比较整洁。无污水污物,无乱建、乱堆、乱放现象。建筑物及各种设施设备无剥落,无污垢。空气清新,无异味。

b)各类场所全部达到 GB 9664 规定的卫生标准。餐饮场所达到 GB 16153 规定的卫生标准;游泳场所达到 GB 9667 规定的卫生标准。

c)公共厕所布局较合理,数量基本满足需要。建筑造型与景观环境比较协调。50%以上厕所具备水冲设备并保持完好或使用免水冲生态厕所。厕所较整洁,洁具洁净、无污垢、无堵塞。

d)垃圾箱布局较合理,标识明显,数量基本满足需要,造型与环境比较协调。垃圾清扫及时,日产日清。

e)食品卫生符合国家规定,餐饮服务配备消毒设施,不使用对环境造成污染的一次性餐具。

5.5.5 邮电服务

a)提供邮政或邮政纪念服务。

b)通讯设施布局较合理。游人集中场所设有公用电话,具备国内直拨功能。

c)通讯方便,线路畅通,收费合理。

d)能接收手提电话信号。

5.5.6 旅游购物

a)购物场所布局基本合理,建筑造型、色彩、材质与环境较协调。

b)对购物场所进行集中管理,环境整洁,秩序良好,无围追兜售、强买强卖现象。

c)对商品从业人员有统一管理措施和手段。

d)旅游商品有本地区特色。

5.5.7 经营管理

a)管理体制健全,经营机制有效。

b)旅游质量、旅游安全、旅游统计等各项经营管理制度健全有效,贯彻措施得力,定期监督检查,有比较完整的书面记录和总结。

c)管理人员配备合理,60%以上中高级管理人员具大专以上文化程度。

d)具有一定的产品形象、质量形象和文明的员工形象。

e)有正式批准的总体规划。开发建设项目符合规划要求。

f)培训机构、制度明确,人员、经费落实。业务培训全面,效果良好。上岗人员培训合格率达100%。

g)投诉制度健全,人员、设备落实。投诉处理及时,档案记录基本完整。

h)能为特定人群(老年人、儿童、残疾人等)提供特殊服务。

5.5.8 资源和环境的保护

a)空气质量达到 GB 3095—1996 一级标准。

b)噪声质量达到 GB 3096—1993 一类标准。

c)地面水环境质量达到 GB 3838 的规定。

d)污水排放达到 GB 8978 的规定。

e)自然景观和文物古迹保护手段科学,措施得力,能有效预防自然和人为破坏,基本保持自然景观和文物古迹的真实性和完整性。

f)科学管理游客容量。

g)建筑布局较合理,建筑物造型与景观基本协调;出入口主体建筑与景观环境基本协调。周边建筑物与景观格调较协调,或具有一定的缓冲区或隔离带。

h)环境氛围较好。绿化覆盖率较高,景观与环境美化效果较好。

i)区内各项设施设备符合国家关于环境保护的要求,不造成环境污染和其他公害,不破坏旅游资源和游览气氛。

5.5.9 旅游资源吸引力

a)观赏游憩价值较小。

b)同时具有一定历史价值、文化价值、科学价值,或其中一类价值具有地区意义。

c)有个别珍贵物种,或景观比较突出,或有地区级资源实体。

d)资源实体体量中等,或有一定资源类型,或资源实体疏密度一般。

e)资源实体较完整。

5.5.10 市场吸引力

a)本地区知名。

b)有一定美誉度。

c)有一定市场辐射力。

d)有一定特色。

5.5.11 年接待海内外游客 3 万人次以上。

5.5.12 游客抽样调查基本满意。

6 旅游区(点)质量等级的划分依据与方法

6.1 根据旅游区(点)质量等级划分条件确定旅游区(点)质量等级,按照"服务质量与环境质量评分细则"、"景观质量评分细则"的评价得分,并结合"游客意见评分细则"的得分综合进行。

6.2 对于初步评定的 AAAAA、AAAA、AAA 级旅游区(点)采取分级公示、征求社会意见的方法。

附录二 旅游景区管理相关网站

1. 中国旅游报 http://www.ctnews.com.cn/shouye/index.htm
2. 国家旅游局 http://www.cnta.gov.cn
3. 中国旅游网 http://www.51yala.com
4. 世界旅游组织 http://www.world-tourism.org
5. 中国休闲研究中心 http://www.chineseleisure.org
6. 中国旅游协会 http://www.chinata.com.cn
7. 中国旅行网 http://www.uuchina.com.cn
8. 中国景点网 http://www.cssn.com.cn
9. 中国旅游景区协会 http://www.chinataa.org/main.html
10. 游憩中国 http://www.u7cn.net
11. 中国世界遗产网 http://www.cnwh.org
12. 中国华侨城网站 http://www.chnaoct.com
13. 联合国教科文组织教育信息 http://www.education.unesco.org/
14. 联合国教科文组织世界遗产委员会 http://whc.unesco.org
15. 世界遗产名录 http://www.unesco.org/whc/herltage.htm
16. 国际自然及自然资源保护联盟 http://www.iucn.org
17. 国际博物馆委员会 http://www.icom.org
18. 国际古迹遗址理事会 http://www.icomos.org
19. 国际文物保护和修复研究中心 http://www.iccrom.org
20. 世界遗产城市组织 http://www.ovpm.org
21. 北京大学旅游研究与规划中心 http://www.pkutourism.com
22. 深圳艾肯卓悦旅游景区管理有限公司 http://www.icanjoy.com
23. 北京达沃斯巅峰旅游规划设计院有限公司 http://www.davost.com

参考文献

[1]王昆欣.旅游景区服务与管理案例[M].北京:旅游教育出版社,2008.

[2]陈才,龙江智.旅游景区管理[M].北京:中国旅游出版社,2008.

[3]邹统钎.旅游景区开发与管理[M].北京:清华大学出版社,2004.

[4]邹统钎.旅游景区开发与经营经典案例[M].北京:旅游教育出版社,2006.

[5]刘新静.世界遗产教程[M].上海:上海交通大学出版社,2010.

[6]徐嵩龄.中国文化与自然世界遗产的管理体制改革[J].管理世界,2003(06).

[7]王惠.世界遗产可持续发展实践模式研究综述[J].旅游科学,2007(01).

[8]郭亚军.旅游景区管理[M].北京:高等教育出版社,2006.

[9]吴忠军.旅游景区规划与开发[M].北京:高等教育出版社,2003.

[10]唐鸣镝.景区旅游解说系统的构建[J].旅游学刊,2006(1).

[11]钟永德.旅游解说牌示规划设计方案与技术探讨[J].中南林学院学报,2006(2).

[12]吴必虎,金华,张丽.旅游解说系统的规划和管理[J].旅游学刊,1999(14).

[13]钟永德,罗芬.国内外旅游解说研究进展综述[J].世界地理研究,2006(4).

[14]黄平芳,朱美兰.红色旅游解说系统探讨——以南昌市为例[J].商业研究,2008(09).

[15]李红,郝振文.旅游景区市场营销[M].北京:高等教育出版社,2006.

[16]王淑华.旅游景区经营与管理[M].郑州:郑州大学出版社,2008.

[17]王昆欣.旅游景区管理[M].大连:东北财经大学出版社,2003.

[18]Edward Inskeep.旅游规划[M].张凌云,译.北京:旅游教育出版社,2004.

[19]葛全胜,宁志中,刘浩龙.旅游景区设施设计与管理[M].北京:中国旅游出版社,2009.

[20]马勇,李玺.旅游景区规划与项目设计[M].北京:中国旅游出版社,2008.

[21]王艳平,郭舒.旅游规划学[M].北京:中国旅游出版社,2007.

[22]王鹏.旅游景区内购物设施选址及商品选择策略[J].企业活力,2007(12).

[23]冯淑华.景区运营管理[M].广州:华南理工大学出版社,2006.

[24]钟永德.旅游景区管理[M].长沙:湖南大学出版社,2005.

[25]沈绍岭.旅游景区细微管理[M].北京:中国旅游出版社,2009.

[26]董观志.现代景区经营管理[M].大连:东北财经大学出版社,2008.

[27]胡红梅.旅游景区管理[M].北京:机械工业出版社,2012.

[28]郭琰,王会战.旅游景区服务与管理[M].北京:高等教育出版社,2006.

[29]杨振之,魏荔莉,张丹,潘琳.景区升级与服务质量管理[M].北京:科学出版社,2009.

[30]崔凤军.风景旅游区的保护与管理[M].北京:中国旅游出版社,2001.

[31]张凌云.旅游景区管理[M].3版.北京:旅游教育出版社,2009.

[32]章平,李晓光.旅游景区管理[M].北京:科学出版社,2006.

[33]姜若愚.旅游景区服务与管理[M].大连:东北财经大学出版社,2003.

[34]王莹.旅游区服务质量管理[M].北京:中国旅游出版社,2003.

[35]李洪波.旅游景区管理[M].北京:机械工业出版社,2004.

[36]郑向敏.旅游安全学[M].北京:中国旅游出版社,2003.

[37]杨锐.试论国家公园发展运动的趋势[J].中国园林,2003(07).

图书在版编目(CIP)数据

旅游景区管理/张昌贵,李勤主编.—西安:西安
交通大学出版社,2013.1(2016.2重印)
ISBN 978-7-5605-4721-3

Ⅰ.①旅… Ⅱ.①张…②李… Ⅲ.①旅游点-经济
管理-高等学校-教育 Ⅳ.①F590.6

中国版本图书馆 CIP 数据核字(2012)第 283684 号

书　　名	旅游景区管理
主　　编	张昌贵　李　勤
责任编辑	史菲菲
出版发行	西安交通大学出版社
	(西安市兴庆南路 10 号　邮政编码 710049)
网　　址	http://www.xjtupress.com
电　　话	(029)82668357　82667874(发行中心)
	(029)82668315(总编办)
传　　真	(029)82668280
印　　刷	陕西丰源印务有限公司
开　　本	787mm×1092mm　1/16　印张 16.625　字数 404 千字
版次印次	2013 年 1 月第 1 版　　2016 年 2 月第 2 次印刷
书　　号	ISBN 978-7-5605-4721-3/F·334
定　　价	32.00 元

读者购书、书店添货,如发现印装质量问题,请与本社发行中心联系、调换。
订购热线:(029)82665248　(029)82665249
投稿热线:(029)82668133
读者信箱:xj_rwjg@126.com